실전 예제를 통해 배우는

모델링에서 리깅까지

3DCG
GAME
캐릭터

| 손성호저 |

DIGITAL BOOKS
디지털북스

모델링에서 리깅까지

3DCG GAME 캐릭터

| 만든 사람들 |
기획 IT·CG기획부 **| 진행** 양종엽·장우성 **| 집필** 손성호 **|**
편집·표지디자인 D.J.I books design studio 원은영

| 책 내용 문의 |
도서 내용에 대해 궁금한 사항이 있으시면
저자의 홈페이지나 디지털북스 홈페이지의 게시판을 통해서 해결하실 수 있습니다.
디지털북스 홈페이지 www.digitalbooks.co.kr
디지털북스 페이스북 www.facebook.com/ithinkbook
디지털북스 카페 cafe.naver.com/digitalbooks1999
디지털북스 이메일 digital@digitalbooks.co.kr
저자 이메일 samba00@naver.com

| 각종 문의 |
영업관련 hi@digitalbooks.co.kr
기획관련 digital@digitalbooks.co.kr
전화번호 (02) 447-3157~8

머리말

3D 그래픽을 처음 접하는 학생들이 제일 많이 하는 질문은 '어떻게 하면 빨리 만들 수 있는지'와 '어떻게 하면 잘 만들 수 있는지'이다. 나는 이런 질문을 받을 때, 항상 이야기하는 레퍼토리가 있다. 3D는 많이 만들어 본 사람일수록 효율적으로 만들 수 있고, 시간을 많이 들인 만큼 결과물의 퀄리티가 높게 나온다고 이야기를 한다. 한 시간이라도 더 앉아서 버텍스를 하나라도 더 작업한 만큼 결과물이 나온다는 기본적이고도 약간 꼰대(?)같은 답이다. 하지만 처음 3D를 접하면서부터 이때까지 이 생각은 점점 개인적인 신조가 되었던 것 같다.

필자는 그래픽 전공이 아니기에 기본기가 아예 없었지만, 어릴 때 만화 좀 따라 그려 봤던 기억과 꼭 내손으로 게임에 나온 오브젝트들을 만들어 봐야겠다는 절실함만을 가지고 무작정 3D 학원을 다니게 되었다.

학원을 다닐 때, 주변에 같이 공부하는 사람들을 보면 꼭 반마다 천재 같은 사람들이 한명씩 있었고, 불행하게도 그것은 나는 아니었다. 막연히 태어날 때부터 천재라고 생각을 했던 분들 중에 한 분이 본인의 머릿속에는 건전지가 두 개 들어 있다고 하시면서, 그 건전지가 직렬이 아니고 병렬로 연결되어 있다고(직렬 건전지 보다 병렬로 연결된 건전지가 훨씬 오래간다!!!) 설명을 해주셨다. 천재들도 천재성을 표현하기 위한 도구를 익혀야 하고 이 도구를 익히기 위해 많은 시간을 투자 한다는 것을 알게 되었다. 실제로 그날 술에 취해서 나는 다짐만 하고 잠을 잤지만, 그분은 새벽에 그림을 하나 더 그리고 주무셨다.

회사에 처음 들어갔을 때에도 항상 천재들이 있었다. 바로 경력자분들이다. 이 천재들을 따라가기 위해 '8만 시간의 법칙'을 생각했다. 열등감이 생길 때에는 자다가도 일어나서 뭔가를 만들었다. 이런 저런 생각들과 마음가짐으로 꾸준히 작업물을 만들다 보니, 그분들 보다 잘 만들지는 못해도, 똑같이 따라 만들 수 있는 정도는 되었다고 생각이 든다. (게임에 들어가는 결과물은 작품 보다는 제품의 성향이 강하다고 생각을 한다.)

경력이 쌓이고 꾸준하게 열심히 만든 작업의 과정이 계속 반복되다 보니, 작업의 도구인 그래픽 툴들에 대한 숙련도도 매우 중요하다는 생각이 들면서 조금 더 이론적인 부분을 공부하게 되었다.

이 책을 쓰게 된 계기도, 막대한 시간이 들어가는 3D 공부의 과정에서 최대한 효율적으로 툴의 숙련도를 올릴 수 있게 작은 도움이 되었으면 좋겠다는 생각이 들어서. 전체적인 작업의 공정을 익히고, 반복을 통해서 그래픽 툴의 숙련도를 올릴 수 있도록 구성을 하였다. 조금 재미는 없겠지만 소설책을 읽는다는 생각으로 가볍게 책을 끝까지 읽어 보고, 책의 순서대로 제공되는 데이터 샘플들도 같이 한번 살펴 본 다음, 처음부터 다시 책을 읽어가면서 오브젝트 제작을 따라해 보면 조금 더 공부하기에 좋겠다는 생각이 든다.

열공합시다......!!!!!!

2020년 05월
저자 손성호

CONTENTS

PART 01

게임데이터의 전체적인 제작 방식의 이해

게임 3D 그래픽에 활용도를 알아본다.

게임 3D 그래픽 오브젝트를 만드는 전반적인 순서를 알아보고, 각 순서에 맞게 사용되는 대표적인 툴(TOOL)들을 간략하게 알아본다.

CHAPTER 01 게임 그래픽 데이터 제작을 위한 프로그램들

3D 게임 그래픽 데이터는 크게 캐릭터, 배경, 애니메이션, 이펙트로 분류된다.

캐릭터나 배경은 모델링(MODELING)과 매핑(MAPPING)으로 작업이 완료되므로 서로 비슷한 툴(TOOL)을 사용한다.

대표적인 모델링 툴로는 맥스(3DSMAX)와 마야(MAYA)를 많이 쓰고, 매핑 툴로는 포토샵(POHTOSHOP)을 많이 쓰고 있다.

오토데스크(AUTODESK) : 맥스(3DSMAX)와 어도비(ADOBE) : 포토샵(POHTOSHOP)

컴퓨터와 각종 툴들이 발전해 나감에 따라 실사에 적합한 툴들과 데이터 처리 방식들이 나오면서, 모델링과 매핑의 도구들도 새로 나온 툴들이 많이 만들어졌다. 대표적인 하이퀄리티 모델링 프로그램으로는 지브러쉬(ZBRUSH)와 실사소스를 적용시킬 때 좋은 서브스텐스페인터(SUBSTANCE PAINTER)가 있다. 서브스텐스 시리즈에는 서브스텐스 페인터와, 서브스텐스 디자이너 등이 더 있지만, 본 책에서는 맥스, 지브러쉬, 서브스텐스 페인터를 사용한 게임 소스를 제작한다.

픽솔로지(PIXOLOGIC) : 지브러쉬(ZBRUSH), 서브스텐스(SUBSTANCE) : 서브스텐스 페인터(SUBSTANCEPAINTER)

부가적으로 게임 포트폴리오를 만들기 위한 마모셋 엔진을 이용한 스틸샷을 출력하는 과정까지 진행을 한다.

마모셋(MARMOSET) : 툴백(TOOLBAG)

CHAPTER 02 게임 그래픽 데이터 제작 순서 ▬

모든 게임 그래픽 데이터 소스는 모델링과 매핑의 단계를 거쳐서 엔진에 출력이 된다. 여기에 실사 이미지를 극대화시키기 위한 하이 폴리곤 모델링 기반으로 맵을 추출한 결과물인 노말맵을 기반으로 각 엔진에 맞는 다양한 매핑 소스(텍스쳐)를 사용한다.

노말 맵핑(Normal Mapping)은 폴리곤의 법선 벡터(Normal Vector)의 값을 사용하여 로우 폴리곤의 그래픽 환경에서 입체감 및 질감을 구현하는 방법이다. 물체의 질감을 폴리곤으로 표현하기엔 연산량을 많이 차지하는데 이것을 텍스쳐로 대신 표현해주는 일종의 "눈속임" 기술이다.

(아래의 표 이미지처럼 크게 모델링 공정과 매핑 공정의 두 공정으로 나뉜다.)

게임 그래픽 소스 제작 과정

실사 게임 그래픽 데이터 제작 단계

위의 표 이미지처럼 게임 그래픽 데이터의 제작 과정을 단계별로 살펴보았다.

4가지 단계로 나눈 이유는 작업 공정이 작업자에 따라, 작업물에 따라 약간씩 다르지만 순서가 바뀌지는 않기 때문에 크게 4가지의 단계로 나누어 봤다.

UNIT 1 하이폴리곤 모델링 (HIPOLGON MADELING)

일반적인 게임 캐릭터는 로우폴리곤(LOWPOLYGON)과 하이폴리곤(HIGHPOLYGON)으로 나뉘어지는데, 모델링에 들어가는 폴리곤의 숫자가 많고 적음에 따라서 로우폴리곤과 하이폴리곤으로 나누어집니다.

로우폴리곤은 보통 5000개 이하 정도로 폴리곤을 쓰고, 하이폴리곤은 10000개에서 30000개 정도의 폴리곤을 사용합니다. 하지만 기준은 딱히 정해져 있지 않습니다. 로우폴리곤과 하이폴리곤의 기준은 컴퓨터의 성능이 좋아짐에 따라서 계속 변했습니다(기술의 발전에 따라 폴리곤의 숫자가 조금씩 늘어났고, 게임 플랫폼에 따라서 면을 더 줄이거나 반대로 훨씬 더 많이 쓰기도하기 때문에 폴리곤 숫자에 따른 명확한 기준을 세우기 힘들다).

하이폴리곤을 만드는 과정도 딱히 정해져 있는 것이 없고, 만들고자 하는 오브젝트에 따라서 순서나 방법이 제일 많이 바뀐다. 그래서 처음 게임 그래픽에 입문하는 사람들이 제일 많이 힘들어 하는 부분이기도 하다.

- **MAX**(기초 모델링)-**ZBRUSH**(하이폴리곤모델링)
- **ZBRUSH**(기본모델링)-**MAX**(부품이나 추가 모델링)-**ZBRUSH**(하이폴리곤 모델링)
- **MAX**(하이폴리곤 모델링)

UNIT 2 토폴로지 (TOPOLGY)

쉽게 말하면 하이폴리곤 오브젝트 모델링을 이용해서 게임에 사용될 모델링 데이터 소스를 만들어 내는 작업을 말한다.

퀄리티에 따라서 몇 백만이 넘는 하이폴리곤 데이터의 디테일을 게임에서 활용할 수가 없기 때문에 토폴로지 작업을 통해서 면을 게임 소스로 쓰기에 적당한 숫자의 폴리곤 데이터를 만들고, 이 데이터 소스에다가 하이폴리곤의 디테일을 노말맵으로 추출(BAKING)하기 위한 작업을 이야기한다.

하이폴리곤(HIGHPOLYGON)데이터를 이용하여 노말맵(NORMALMAP)데이터를 추출하고, 추출된 맵을 토폴로지(TOPOLOGY)를 한 오브젝트에 입혀서 퀄리티를 최대한 올릴 수 있도록 준비하는 단계이다.

UNIT 3 매핑준비 (UNWRAP)

대부분의 모델링은 지브러쉬만을 이용해서 제작을 할 수 있다. 그리고 매핑하기 위한 UV 편집을 지브러쉬에서도 가능하다. 하지만 조금 더 효율적으로 UV를 편집 하려면 MAX에 포함되어있는 UNWRAP 기능을 이용해서 작업을 한다.

(다른 3d 모델링 툴들도 많이 있지만 이 책에서는 맥스를 사용하여 포즈를 잡기위한 리깅(RIGGING) 까지 진행을 한다.)

UNIT 4 매핑 (MAPPING)

그림이나 텍스쳐를 제작하는 과정이다.

포토샵으로 그림을 그리듯이 맵을 제작을 하는 방법을 '손맵'이라고 하고, 서브스텐스 혹은 포토샵 편집 등을 이용한 사실적인 텍스쳐 제작 방식을 '실사맵'이라고 구분한다.

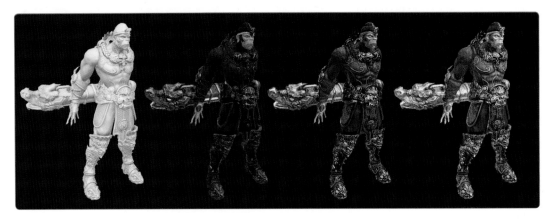

노말맵(NORMALMAP) 베이크(BAKE)부터 게임데이터 소스 완료 과정

COMMENT   게임 그래픽 데이터 소스를 만드는 툴들과 전체적인 공정을 간단하게 살펴봤다.

이 책에서 제일 강조하고 싶은 부분은 정해진 툴이나 공식이 없다는 것이다. 다양한 작업 방식들과 순서, 툴들의 기능들을 간단한 오브젝트의 반복 제작을 통해서 모델링과 매핑의 숙련도를 올려, 최종적으로 높은 퀄리티의 오브젝트를 만드는데 목표를 둔다.

생각보다 배워야 할 툴들도 많이 있고, 각각 3D 툴들이 비슷한 기능인데 다른 용어들로도 되어있는 경우가 많다.

학생들과 다년간 수업을 해본 결과, 모든 툴들의 기능과 각 용어들을 이론적인 수업으로 가르치는 것 보다, 전체적인 과정을 계속 반복하여 만들어 툴의 기능과 용어에 자연스럽게 익숙해지게 되는 방식이 제일 효율적이라 판단을 했다.

그냥 책 읽듯이 전체적인 과정을 따라 읽으면서 혹시 이해가 안 되더라도 챕터의 끝까지 계속 읽어보고, 따라 할 수 있는 실습들은 왜 이 버튼을 눌러야 하는지를 생각하기보다 책을 보면 따라서 만들다 보면 조금씩 다른 기능들과 과정으로 진행은 되지만, 반복되는 과정이고 반복해서 강조하는 부분들이 보이게 된다. 그때 이론이나 툴의 원리를 하나씩 이해하면서 작업의 난이도를 하나씩 올리는 것을 목표로 한다.

글로 읽고 이해하는 시간이 많이 걸릴 것 같지만, 간단한 오브젝트 같은 겨우는 하루에 몇 개씩 만들어 실습할 수 있기 때문에 걱정할 필요는 없다.

3d 툴들이 처음 접할 때에는 매우 낯설고 딱딱하고 지루한 툴이다. 하지만 공부를 거듭하면서 퀄리티가 어느 정도 나오게 되면 3D 작업에 재미가 생긴다!!!!

게임 그래픽 데이터 제작 순서

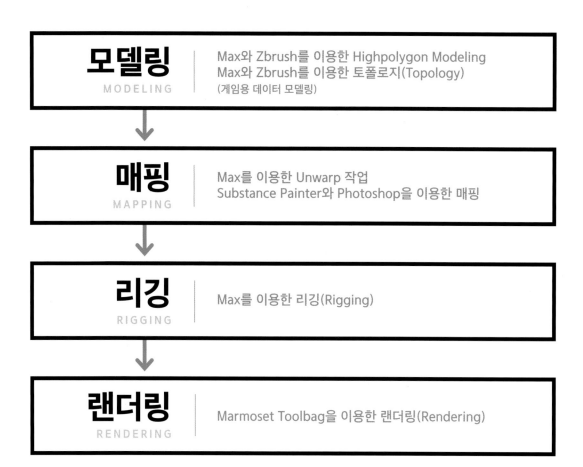

모델링
MODELING

Max와 Zbrush를 이용한 Highpolygon Modeling
Max와 Zbrush를 이용한 토폴로지(Topology)
(게임용 데이터 모델링)

매핑
MAPPING

Max를 이용한 Unwrap 작업
Substance Painter와 Photoshop을 이용한 매핑

리깅
RIGGING

Max를 이용한 리깅(Rigging)

랜더링
RENDERING

Marmoset Toolbag을 이용한 랜더링(Rendering)

PART 02

간단한 배경 오브젝트 완성하기

3D오브젝트를 만들기 위한 가장 기초적인 모델링 툴인 3DSMAX(이하:맥스)의 인터페이스와 간단한 샘플 모델링 제작 과정을 공부한다. 3D 모델링의 구조를 이루는 점(VERTEX), 선(EDGE), 면(POLYGON)등의 구조와 간단한 모델링 툴의 기능들을 숙지하는데 목표를 둔다. 맥스 프로그램은 오토데스크 본사에서 교육용으로 계정에 가입을 하면 무료로 몇 년간 쓸 수 있으므로 다운을 받아서 준비를 한다.

CHAPTER 01 3DSMAX의 기본 인터페이스 ―

매년 새로운 버전이 나오지만, 극히 개인적인 생각으로는 매년 나오는 버전의 툴보다 1,2년 이전의 버전을 사용하는 것이 조금 더 에러나 버그가 적고 다른 툴들과 연동해서 쓸 때 문제가 적다고 생각을 한다. 대부분 몇 년에 한번 정도로 살짝 인터페이스나 랜더링 방식 등이 추가가 되고 변화가 있지만, 기본적인 모델링의 인터페이스는 2016 버전 이상이면 무방하다고 생각한다.(본 책에서는 2019버전을 쓰기로 했다.)

맥스를 처음 실행시키면 다음과 같은 화면이 나오게 된다.

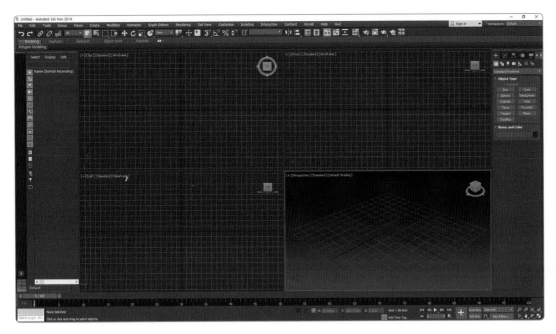

3DSMAX 기본 인터페이스 화면

상단에 MAIN TOOL BAR(기본기능 관련메뉴), 왼쪽에 SCENE EXPLORER BAR(선택 관련메뉴), 오른쪽에 CUSTOM TOOL BAR(기능 관련메뉴)들이 패널과 바의 형태로 구성이 되어 있다.

중앙에는 4개의 화면들이 top, front, left, perspective로 분할되어있다.

특이한 부분은 '퍼스펙티브 뷰(perspective)'만 다른 화면들과 다르게 뒤쪽에 그리드(grid)가 없고 바닥에 있는 이유는 '퍼스펙티브 뷰'만이 4개의 화면 중에 유일한 실제 눈이 보는 것 같은 실제 3D 화면임을 표시해 주기 때문이다.

나머지 3개의 화면은 각각 수학 책의 한 페이지들이라고 생각하면 된다.

UNIT 1 메인 툴바 (MAIN TOOL BAR)

① **언두**(UNDO), **리두**(REDO) : 취소와 되돌리기의 기능을 한다. (단축키는 각각 Ctrl + Z, Ctrl + Y)

② **무브**(MOVE) : 축(PIVOT)을 기준으로 X,Y,Z 축으로 이동을 시킨다. (단축키는 W)

③ **로테이트**(ROTATE) : 축(PIVOT)을 기준으로 X,Y,Z 축으로 회전을 시킨다. (단축키는 E)

④ **스케일**(SCALE) : 축(PIVOT)을 기준으로 X,Y,Z 축으로 크기를 키우거나 줄이는 기능을 한다. (단축키는 W)

⑤ **앵글스냅토클**(ANGLE SNAP TOGGLE) : 일정한 회전 각도를 세팅 시켜 놓고 쓸 때 활성화시킨다. (단축키는 A)

⑥ **퍼센트스냅토클**(PERCENT SNAP TOGGLE) : 스케일 퍼센트를 세팅 시켜 놓고 쓸 때 활성화시킨다.
(단축키는 Shift + Ctrl + P)

메인 툴바(MAIN TOOLBAR)

UNIT 2 선택 관련메뉴 (SCENE EXPLORER BAR)

많은 오브젝트들을 관리할 때 오브젝트들을 기능별이나, 맥스에서 보조로 사용되는 오브젝트 등을 하이드(HIDE)시키거나, 부분 선택을 할 때 등에 유용하게 사용이 된다.

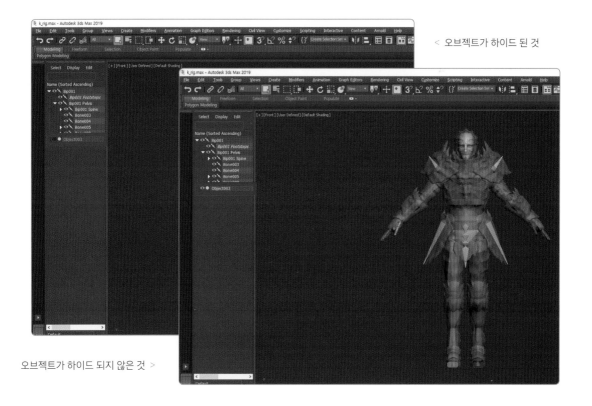

< 오브젝트가 하이드 된 것

오브젝트가 하이드 되지 않은 것 >

UNIT 3 기능 관련메뉴 (CUSTOM TOOL BAR)

메인 툴바와 같이 가장 많이 사용되는 메뉴이다.

메인 툴바는 위쪽 라인과 아래 하위 라인으로 나누어져 있고 위쪽 패널의 이름 정도는 알아두면 나중에 모델링 실습할 때, 단어들을 검색하기 편하고 기능 버튼의 위치를 파악하는데 많은 도움이 된다.

커스텀 툴바(CUSTOM TOOL BAR)

1 **크리에이트(CREATE)** : 기본 베이스 지오메트리나 바이페드, 조명, 헬퍼, 파티클 등. 뭐든지 생성을 할 수 있는 기능들이 있는 패널이다. 하위 라인에는 지오메트리(GEOMETRY), 쉐입(SHAPES),라이트(LIGHT), 카메라 (CAMERAS), 헬퍼(HELPERS)스페이스 웹(SPACE WRAP), 시스템(SYSTEM) 으로 구성되어 있다.

2 **모디파이(MODIFY)** : 크리에이트에서 생성된 것들을 컨트롤하고 모델링을 직접 해줄 수 있는 기능들이 구성되어 있다.

3 **하이어라키(HIERARCHY)** : 축 또는 피봇(PIVOT)이라고 한다. 축의 위치나 회전등을 관리할 수 있는 패널이다.

4 **모션(MOTION)** : 애니메이션 관련 기능들을 모아놓은 패널이다.

5 **디스플레이(DISPLAY)** : 화면 뷰 포트에 관련된 기능들을 모아놓은 패널이다.

6 **유틸리티(UTILITIES)** : 기타 기능들을 묶어놓은 패널이다.

CHAPTER 02 배경 오브젝트 만들기 실습 —
(BOX 오브젝트 만들기)

간단한 실습을 통해서 이전에 학습했던 3DSMAX툴의 구성을 조금 더 구체적으로 공부한다. 이미지 위주로 구성되어 있고 버튼을 누르는 순서를 중심으로 진행하므로 따라 만들어보자. 반복된 작업으로 툴의 기능을 이해하도록 한다. 3d 모델링에 사용되는 툴과 폴리곤의 구조를 파악하는 것을 목표로 한다.

UNIT 1 오브젝트 기본 도형 만들기

배경에 많이 쓰이는 박스 오브젝트를 만들어본다.

01 크리에이트 ⋯ 지오메트리 ⋯ 박스버튼을 활성화한다.

02 마우스 왼쪽클릭으로 드래그해서 박스의 가로, 세로, 높이를 적당히 정하고 마우스 왼쪽클릭으로 박스를 생성한다.

03 파라미터에서 전체 길이를 똑같이 정해준다.

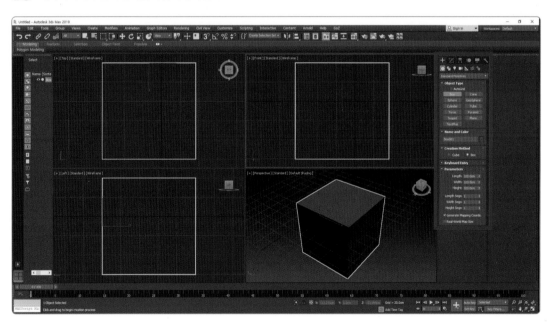

박스를 생성한다.

04 박스를 선택한 다음 피봇을 무브 옵션으로 바꾸어준다.

05 하이어라키 ⋯ AFFECT PIVOT ONLY ⋯ CENTER TO OBJECT버튼을 눌러서 피봇을 오브젝트 중심으로 이동시킨다. (이때 피봇의 모양이 변하게 되는데, 맥스 프로그램은 뭔가를 입력시키거나, 툴의 기능을 적용시킬 때 화면이 깜빡거린다거나, 아이콘이나 피봇의 모양이 바뀌므로 화면을 잘 관찰하면서 작업을 하자)

06 각각의 축을 0,0,0 으로 입력 해서 오브젝트를 중심으로 이동을 시킨다.이때 수치 입력 상자 옆에 화살표를 오른쪽 클릭을 하면 자동으로 0이 입력된다.

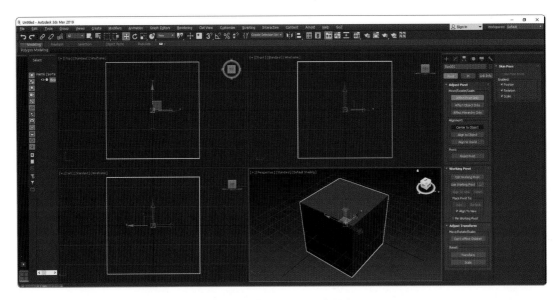

중심축 정렬과 오브젝트 정렬을 한다.

07 박스를 선택하고 마우스 오른쪽 클릭을 하면 옵션 판넬이 뜨는데, 아래 화면과 같이 CONVERT TO EDITABLE POLY를 적용
시켜서 폴리곤(POLYGON)상태로 변환시킨다. 폴리곤으로 변환시키면 아래와 같이 크리에이트(CREATE)에서 모디파이(MODIFY)
로 변경된다. 모디파이어에는 각종 기능들에 대한 대부분의 세부 가능의 명령어들이 있다. 체크부분이 생성된 오브젝트의 이름
(BOX001)이고 임의로 수정이 가능하다. 옆에 있는 회색 사각형은 BOX001의 색상을 표시하며 이것 또한 바꿀 수 있다.

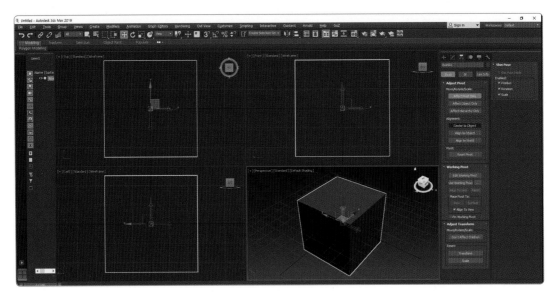

폴리곤(POLYGON)으로 변환

UNIT 2 MODIFY메뉴에서 단축 버튼의 생성

단축버튼을 등록하여 조금 더 효율적인 모델링을 할 수 있도록 세팅을 한다.

작업마다 일일이 모디파이어 박스에서 선택을 해도 되지만 단축 버튼을 몇 개정도만 등록하고 나면 작업을 조금 더 효율적으로 진행할 수 있다.

MAX의 다른 부분들도 대부분 단축 버튼을 등록하는 방법은 비슷하다.

01 CONFIGURE MODIFIER SETS 버튼을 누르고 세팅 창을 연다.

02 TOTAL BUTTONS 값을 6으로 주면 6개의 칸이 나오고 왼쪽 모디파이어창의 기능들을 등록시켜 준다.

03 CONFIGURE MODIFIER SETS 버튼을 누르고 SHOW BUTTONS를 선택한다.

04 단축 버튼들이 새로 생성된 것을 확인할 수 있다.

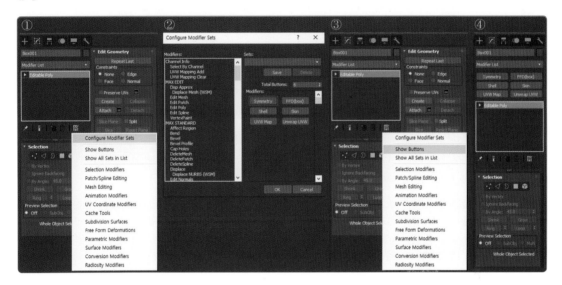

단축 버튼을 등록한다.

UNIT 3 언랩(UNWRAP) : 맵 좌표 세팅하기

01 박스 오브젝트에서 폴리곤(POLGON)으로 변환시킨 BOX_001을 선택하고, UNWRAP버튼을 누른다. BOX_001에 녹색 선이 보이게 되는데 이것을 심즈(SEAMS)라고 하며 UV좌표의 형태를 보여준다.

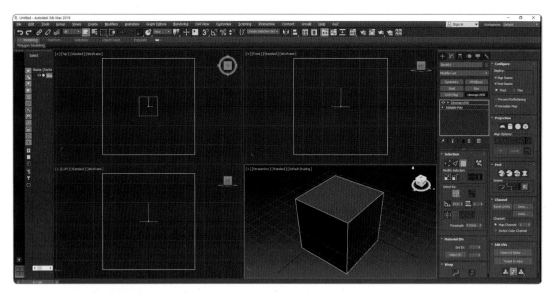

언랩(UNWRAP)을 적용시킨 화면

02 Edit UVs ⋯ Open UV Editor... 클릭하면 새로운 창이 생성된다.

03 Edit UVWs 창을 보면 체크맵이 표시되어있는 부분 안에 초록색 사각형이 하나 보인다. 체크맵은 텍스쳐의 비율을 나타내는데, 이 비율에 맞춰서 512*512, 1024*1024등의 텍스쳐사이즈가 된다. 아래의 이미지는 하나의 텍스쳐에 각각의 6면체가 서로 겹쳐져 있어서, 한 장의 텍스쳐에 들어가 있다. 즉, 하나의 그림을 그려 넣으면 6면체에 동일한 이미지가 들어가게 된다. 6면체에 다른 이미지들을 넣으려고 한다면, UV를 편집해서 체크맵 안에 따로 영역을 펼쳐두면 된다.

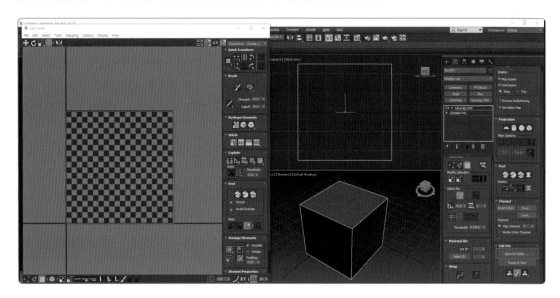

언랩(UNWRAP)을 적용시킨 화면

04 Select all(Ctrl + A)을 누르면 모든 면들이 다 선택이 되고 빨갛게 활성화된다.

05 Arrange Elements ··· Pack Custom 을 클릭하면 아래와 같이 체크맵 안에 6개의 면들이 따로 정리된다. 자세히 보면 각각의 면들이 조금씩 겹쳐져 있는 부분이 보이는데, 각각의 면들 사이를 적당히 거리를 두도록 클릭과 무브 등으로 움직여서 좌표들을 정리하는 작업을 해준다. 체크맵 바깥 테두리에 꽉 차게 배치를 하는 것보다 안쪽으로 거리를 조금씩 두게 만드는 것도 좋은 습관 이 된다. (최대한 맵을 크게 펴는 것이 중요하지만, 너무 꽉 차게 세팅을 하는 것 보다 조금씩 테두리 안쪽으로 서로간의 간격을 두 는 것이 훨씬 더 세팅이 잘 된 상태라고 생각하자!!!)아래의 이미지(01-16)는 UV를 수정한 이미지이지만 확실하게 두 개의 이미지 의 차이를 두기 위해서 조금 더 과장하여 간격을 크게 세팅을 하였다.

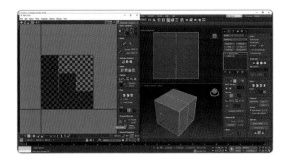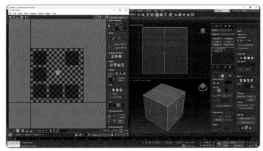

Pack Custom 적용과 UV를 편집한 이미지

06 UV의 공부를 위해서 다음과 같이 box를 2개를 만들고 각각 UV의 배치를 2가지로 세팅해 두고 Zbrush로 넘어간다. (box1, box2 의 이름으로 2개의 맥스 파일로 세이브한다.)

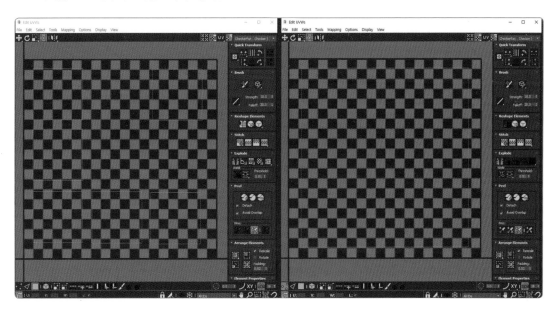

두가지의 UV 세팅을 맥스 파일로 각각 세이브해 둔다.

CHAPTER 03 Zbursh의 기초

Zbrush의 간단한 조작 방법을 알아보고, max와 연동할 수 있도록 goz를 설치하는 것을 목표로 한다. 기본적인 메뉴구성의 흐름은 영어 문장과 같다. 스텐다드 메뉴에서 메인 명령어를 정한 후, 아래에 있는 세부 쉘프(Shelf)들과 연동해서 작업이 이루어진다. (쉘프(Shelf)라는 단어는 앞으로 다룰 툴들에도 많이 쓰이는 단어이다. 주로 최근에 나온 툴들의 명령어들 중에 많이 보이는 경향이 있다.)

UNIT 1 ZBURSH의 인터페이스

Zbursh의 인터페이스는 맥스 프로그램과 비슷한 구조를 가지고 있는데, 중앙에 작업창이 하나만 있는 것이 특징이다. 창의 왼쪽과 오른쪽, 아래에 작은 바의 형태로 화살표가 그려져 있는데, 이 화살표를 클릭하면 추가로 세팅할 수 있는 공간이 생기게 된다. 오른쪽 트레이는 활성화가 되어있는 상태로 시작된다.

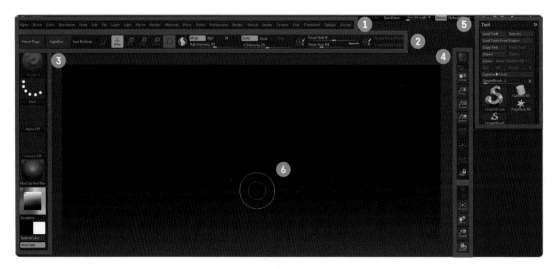

Zbrush 기본 화면

① **스텐다드 메뉴**(Standard Menus List) : 가장 기본적인 메뉴들이 모여 있다.

② **탑 쉘프**(Top Shelf) : 피봇(pivot)과 브러쉬(brush)의 설정에 관한 세팅을 할 수 있다.

③ **레프트 쉘프**(Left Shelf) : 브러쉬의 모양(brush type)과 알파(alpha), 스트로크의 설정(stroke type), 머터리얼(material), 칼라(color) 등을 세팅 한다.

④ **라이트 쉘프**(Right Shelf) : 오브젝트의 피봇 설정과 화면 제어에 관한 버튼들이 모여 있다.

⑤ **툴**(Tool) : 오른쪽 트레이가 활성화되어 있는 상태이고 여기에 툴(Tool)이 활성화가 되어있는 것이다. 툴에는 맥스의 모디파이어와 비슷한 기능들이 모여 있고, 서브툴(SubTool)이라는 프로젝트들의 모음과 프로젝트의 레이어를 관리할 수 있고, 모디파이(Modify)

⑥ **마우스 포인트** : 마우스의 위치와 세팅 값을 보여주는 포인트

UNIT 2 탑 셀프 (Top Shelf)

탑 셀프(Top Shelf)

❶ **에디트 버튼 :** 이 버튼이 활성화되어있어야 작업을 할 수 있다.

❷ **그리기, 움직이기, 크기, 회전 작업을 하는 버튼들**
(단축키 Q, W, E, R)

❸ 머터리얼 관련 버튼들이며, 머터리얼과 RGB의 통합 버튼인 Mrgb, RGB, 머터리얼(Material)의 버튼으로 구성되어 있다.
Rgb Intensity : 폴리페인트 작업(색깔을 칠할 때)에서 투명도를 말한다. 100은 원색 그대로 칠해지고 0으로 가까워질수록 색에 투명도가 더해지게 된다.

❹ Zadd와 Zsub는 브러쉬를 그렸을 때, Z 방향이 위로 올라오느냐, 아래로 내려가느냐를 설정해주는 버튼이다.
Z Intensity는 브러쉬 작업 시 Z 방향의 강도를 설정하는 바의 형태이며, 100에 가까울수록 많이 튀어 나오도록 설정이 되어 있다. 반대로 0에 가까울수록 살짝 튀어 올라온다.

❺ 브러쉬 적용 범위와 브러쉬 사이즈를 세팅할 수 있는 버튼이다.

UNIT 3 레프트 쉘프(Left Shelf)

❶ **브러쉬 셀렉트 :** 기본적으로 세팅되어있는 브러쉬를 불러올 수 있고, 각종 브러쉬들을 추가를 할 수 있다.

❷ **스트로크 셀렉트 :** 스트로크 형태에 관련된 세팅을 한다.

❸ **알파 셀렉트 :** 알파에 관련된 옵션들에 관련된 세팅한다.

❹ **텍스쳐 셀렉트 :** 텍스쳐 이미지에 관련된 세팅을 한다.

❺ **머터리얼 셀렉트 :** 머터리얼에 관련된 세팅을 한다.

❻ **색상 팔레트 :** 색상을 세팅 한다.

레프트 쉘프(Left Shelf)

UNIT **4** 라이트 쉘프(Right Shelf)

① **Perspective Distotion :** 입체공간과 평면 공간으로 뷰포트(Viewport)를 볼 수 있다. (단축키 P)

② **Fool Grid :** 그리드를 보이게 했다가 숨길 수 있다. (단축키는 Shift + P)

③ **Local Symmetry :** 대칭축을 절대기준과 오브젝트 기준으로 설정을 할 수 있다.

④ 화면 회전에 관련된 버튼들

⑤ **Fit Mesh To View :** 작업하고 있는 오브젝트를 화면에 꽉 차게 줌(Zoom) 한다. (단축키 F)

⑥ 순서대로 화면의 이동(Move), 확대/축소(Zoom), 회전(Rotate) 버튼들

라이트 쉘프(Right Shelf)

UNIT **5** 툴(Tool)

① 파일을 로드와 세이브를 한다(확장자가 ztl로 세이브가 된다).

② 프로젝트를 로드한다.

③ 확장자가 Goz, Obj, Mesh 등의 파일을 임포트(import)한다.

④ Goz 관련 옵션들
Goz : 단일 서브 툴을 Goz시킨다.
All : 전체 서브 툴들을 Goz시킨다.
Visible : 보여지는 서브 둘만 Goz 시킨다.

⑤ **서브툴 화면 :** 다른 ztl 파일들을 로드할 때, 서브툴 화면에 하나씩 추가가 된다.

Tool

COMMENT   스텐다드 메뉴(Standard Menus List)의 File 옵션에 있는 세이브와 툴(Tool)의 Save as 옵션은 파일 자체가 다르다. 스텐다드 메뉴의 세이브는 프로젝트 전체를 세이브하는 것이고, 툴(Tool)에 Save as 는 지금 만들고 있는 서브툴 하나만 세이브가 된다. 프로젝트는 여러 개의 서브툴을 불러서 사용하고 있고 화면 설정 및 기타, 다른 옵션들이 세팅이 되어 있을 때, 프로젝트로 세이브를 하면, 다른 컴퓨터에서도 같은 설정값을 가져 올 수 있다. 툴(Tool)에서의 Save는 단일 모델링 파일만 저장된다.

정리하자면 사용자에 따라서 파일을 프로젝트 단위로 저장하거나, 모델링 단위로 저장할 수 있다는 것이다.

CHAPTER 04 기본 오브젝트 생성과 화면 조작 ━

지브러쉬에서 기본적으로 제공하는 mesh들 중 하나를 생성한다. 그리고 3D 모델링을 위한 에디트(Edit)를 활성화고, Make PolyMesh3D작업까지 진행을 한다. 생성된 오브젝트를 이용하여 지브러쉬의 기본 화면 조작과 오브젝트의 조작과 관련된 단어들을 숙지하도록 한다.

UNIT 1 지브러쉬를 처음 실행시킨다.

01 지브러쉬를 실행시키면 Open File이 나오게 된다. 이 오픈 파일에서 기본적으로 세팅되어있는 환경과 모델링 등을 이용해서 진행을 해도 된다. 틈틈이 어떤 것들이 있는지 파일들만 다 열어봐도 공부가 굉장히 많이 된다. (필자는 개인적으로 새로운 툴들을 공부할 때 항상 제공해 주는 소스 샘플들이 어떤 것이 있는지 꼭 다 열어보고 이 툴이 어떤 특징을 강조하는지, 아니면 어떤 기능들을 쓸 수 있는지 꼭 살펴본다.) 하지만 완전히 오브젝트를 새로 생성해서 진행을 하도록 한다.

02 Hide를 눌러서 창을 닫는다.

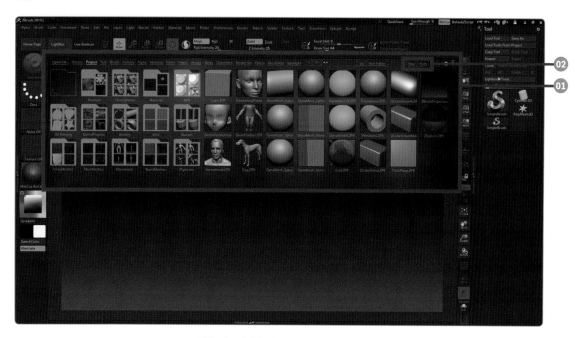

처음 지브러쉬를 생성시키면 나오는 화면

UNIT 2 오브젝트 생성하기

01 Tool 아래에 SubTool을 클릭 하면 Quick Pick, 3D mesh 등을 포함하는 창이 새로 나온다.

02 스피어(SphereBrush)를 클릭하고 작업창 위에 드래그를 하면 스피어가 하나 생성이된다.

스피어를 생성하자

03 에디트(Edit)를 활성화한다. 에디트(Edit)를 활성화 시켜야지 작업을 진행 할 수 있다.

04 Tool 에 Make PolyMesh3D를 활성화시키면 새로운 서브툴이 생성되는데, 여기까지가 기본적인 오브젝트를 생성하는 방법이다.

05 툴이 새로 추가되어 생성된 것을 확인할 수 있다.

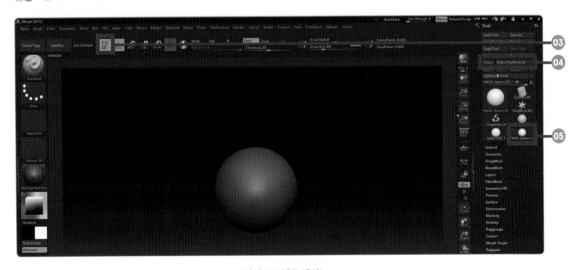

드디어 오브젝트 생성!

UNIT 3 화면의 조작

라이트 쉘프(Right Shelf)에서 언급한 버튼을 이용한 화면의 제어가 있고, 아래와 같은 각각의 조작을 통해서 화면을 조작할 수 있다.

① **화면 이동 :** `Alt` + 마우스 왼 클릭, `Alt` + 마우스 오른 클릭

② **화면 확대 / 축소 :** 화면의 이동 상태(`Alt` + 마우스 왼 클릭, `Alt` + 마우스 오른 클릭)를 만들어 두고, `Alt` 키를 때고 마우스를 앞, 뒤로 움직이면 확대 / 축소가 된다. 화면 이동을 시키는 도중에 `Alt` 키를 때면서 마우스를 앞뒤로 움직인다는 생각으로 움직여 보자.

③ **회전 :** 마우스 왼클릭, 마우스 오른 클릭

④ **Fit Mesh To View :** 오브젝트를 화면 정 중앙에 오도록 화면 정렬을 하는 기능이다. (단축키는 `F`)

CHAPTER 05 *Goz 설치하기*

이 책에서 제일 중요한 부분 중의 하나인 Goz 설치를 한다.

Goz는 간단하게 설명을 하면 지브러쉬에서 모델링 중인 오브젝트를 맥스로 옮기거나, 반대로 맥스에서 지브러쉬로 모델링 중인 폴리곤을 보낼 수 있는 강력한 기능이다.

요즘 지브러쉬 단일 프로그램만을 사용해서 대부분의 모델링을 완료할 수는 있지만, 개인적으로 아직까지 하드서페이스 모델링 부분과 Unwrap의 기능은 max나 maya등의 프로그램이 만들기 쉽다고 생각한다. 또한, 게임용 모델링에 필자가 많이 이야기 하는 부분 중에 '적당한 간격과 적당한 가격' 이라고 이야기를 하는데 와이어 프레임의 간격과 비율, 형태를 중요시 한다는 말이다. 와이어 프레임의 간격을 조금 더 편하게 만들 수 있는 모델링 툴이 Max나 Maya 같은 툴이다.

COMMENT　실제로 게임 데이터를 많이 만들어본 업계에 계시는 많은 경력자분들은 지브러쉬를 이용하지 않고도 높은 퀄리티의 게임 모델링 소스를 만들어 내고 있기도 하다. * GOz 설치 시 맥스(Max) 프로그램이 실행 되어있으면 설치가 되지 않는다.

UNIT 1 Goz 설치하기

처음 Goz를 설치하기 위해서는 오브젝트를 하나 만들어서 실제로 이 오브젝트를 Goz를 실행시켜서 설치를 한다.

지브러쉬를 실행시킨 다음 오브젝트를 하나 만들어 보자. 앞서 설명한 순서대로 스피어를 하나 만들고, 에디트를 활성화한 다음, Make PolyMesh3D까지 실행을 시켜서 새로운 서브툴에 스피어를 등록 시켜서 지브러쉬 모델링 준비단계를 마친다.(항상 이 순서를 게임의 콤보(Combo)처럼 기억을 해두자!)

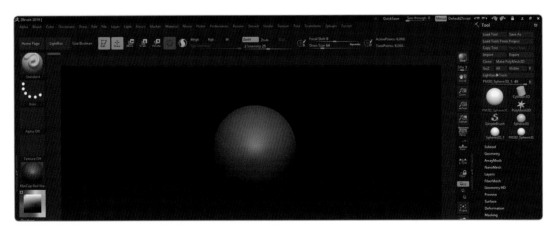

모델링 준비 단계

Goz를 실행시키면 다음과 같은 설치 관련 창이 뜬다. 시네마 4D부터 여러가지 Goz로 연결시킬 툴들의 설치 경로를 순서대로 세팅을 한다.

다른 툴들에 Goz를 설치하지 말고, 이번에는 Max에만 설치를 해준다. 다른 툴들은 설치된 것이 없으면 경로가 나타나지 않고 Not installed!를 클릭하면 다른 툴의 설치 관련 창으로 넘어가게 된다.

필자는 max 버전 두 개를 쓰고 있는데, 둘 중에 2019에 Goz를 설치를 했다.

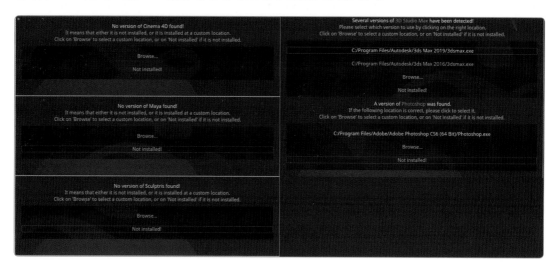

필요한 툴(Tool)에만 설치를 하면 된다.

설치가 다 진행이 되고나면 잠시 로딩 시간이 걸리면서 자동으로 맥스가 실행이 된다. 그리고 스피어 오브젝트가 맥스(Max)에도 불러와지게 된다.

아래 그림에 보면 스피어가 로딩되어 있고, 위쪽 메뉴 바(Menu bar)의 오른쪽 끝에 Goz가 생성되었다.

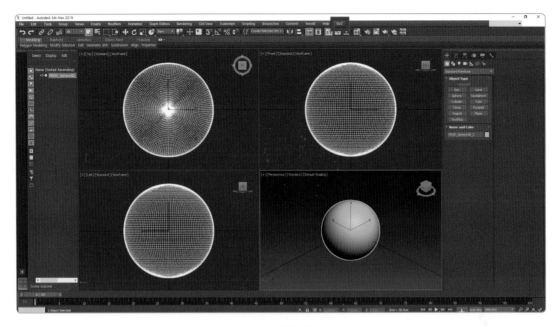

Goz가 설치된 화면

이번에는 역으로 맥스에서 고즈로 보내보자.

스피어를 선택한 다음 스케일을 y축으로만 길게 만고 나서, Goz를 실행시켜 보자. 오브젝트를 꼭 선택을 한 상태에서 Goz를 누르면 아래에 Edit in Zbrush를 클릭한다.

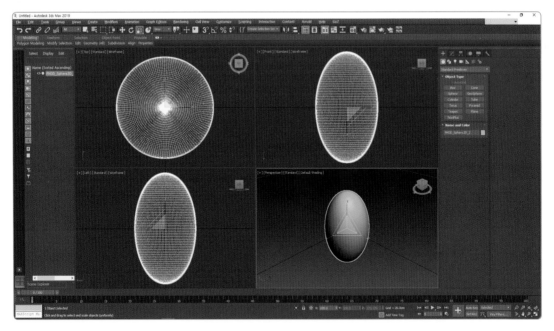

오브젝트 스케일을 변형한 뒤에 Goz를 실행

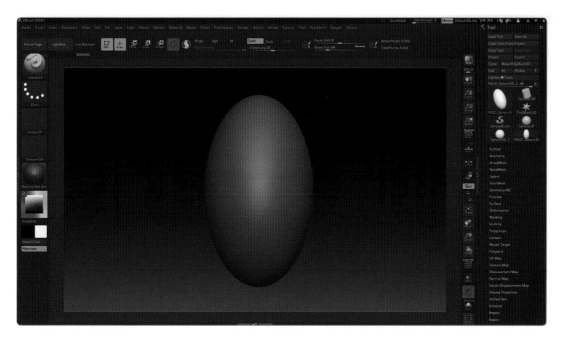

기존의 스피어가 똑같이 변형이 된 것을 확인할 수 있다.

COMMENT   Goz가 설치되지 않았거나 문제가 있을 때는 스탠다드 메뉴에 Preferences에 Goz 메뉴에 들어가면 새로 경로를 지정할 수 있다. C:₩Users₩Public₩Pixologic₩GoZApps 의 경로에 들어가면 max용 Goz 설치 파일이 있다. (경로는 조금씩 다를 수 있다.)

CHAPTER 06 상자 오브젝트 모델링 ─

맥스에서 만들어 두었던 상자 오브젝트를 Goz를 활용해서 지브러쉬(Zbrush)로 보내고, 지브러쉬를 이용한 모델링 작업을 목표로 한다. 멋있고 높은 퀄리티의 모델링 보다는 브러쉬와 기본적인 기능들을 익히고, 서브스텐스 페인터(Substance Painter)에서 노말맵(Normalmap)을 추출하고 실사 맵을 만들 수 있는 기본이 되는 하이 폴리곤 모델링 작업에 중점을 둔다.

UNIT 1 Max에서 Goz한 오브젝트를 가져오기

맥스에서 이전에 만들어 놓았던 파일 중에 box1파일을 불러와서 Goz를 시킨 다음 zbrush에서 작업을 시작한다.

Goz를 처음 실행시킨 경우에는 서브툴이 등록만 되어있는 상태이므로, 박스를 드래그를 한 다음 에디트(Edit) ⋯ Make PolyMesh3D를 순서대로 클릭해서 작업준비를 한다. (콤보를 기억하자!)

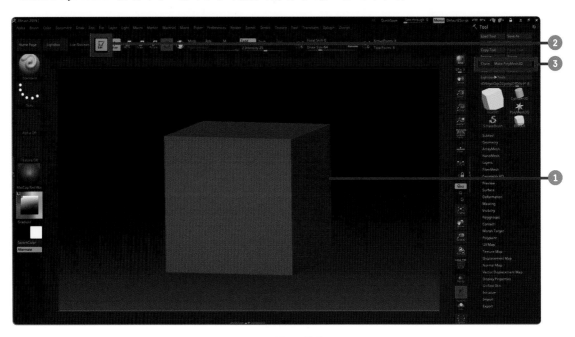

Goz로 box01를 로드한다.

UNIT 2 머터리얼(Material)을 변경한다.

머터리얼은 말 그대로 재질을 뜻한다. 작업 하고 있는 오브젝트를 조금 더 잘 만들 수 있도록 도움을 주기도 하고, 게임 엔진이나 랜더러에도 적용이 가능해서 결과물을 미리 볼 수 있기 때문에 미리 세팅을 해놓고 작업 하는 경우가 많이 있다.

각각 머터리얼의 세팅 값들이 다르기 때문에 개인적으로는 브러쉬가 조금 더 잘 보이는 머터리얼을 선호한다. (개인 적으로는 PolySkin과 SkinShader4를 많이 쓰는 편이다.)

머터리얼(Material)을 변경한다.

UNIT 3 디바이드(Divide) 모델링 방식

디바이드는 폴리곤 하나를 4개로 쪼개어서 면의 밀도를 높여주는 작업이다.

박스에 디바이드를 적용해서 작업하는데, 너무 낮은 면의 숫자로는 디바이드를 적용하는 동시에 스무스 (Smooth)가 적용되어서 오브젝트가 둥글게 되어버린다. 이때 여러 가지 방법으로 각이 있는 상태에서 작 업을 할 수 있는데, 가장 기본적인 방법으로 디바이드의 옵션버튼을 이용하는 방법으로 진행을 한다. 다음의 순서대로 일단 적용을 시킨 후에 디바이드에 대해서 조금 더 알아보자.

01 Tool 옵션 아래에 있는 지오메트리(Geometry)를 클릭하면 확장이 되면서 옵션들이 나온다.

02 Divide 버튼 옆에 있는 Smt 버튼이 활성화 되어 있는데, 이 활성화를 꺼준다.

03 디바이드(Divide) 값을 10으로 올려준다.(디바이드 버튼을 클릭하면 위의 수치가 올라간다)

머터리얼(Material)을 변경한다.

04 디바이드를 확인해 보면 아래와 같이 면들의 밑도를 4각형으로 나누면서 면의 수가 늘어나는 것을 확인할 수 있다. 와이어프레임(Draw PolyFrame)을 보려고 하면 Shift + F 를 누르거나 라이트 쉘프에 아래쪽에 있는 버튼(Draw PolyFrame)을 클릭하면 된다.

05 SDive 바를 움직이면 수치가 디바이드를 적용시킨 숫자들이 움직이면서 면이 늘어났다가 줄어드는 것을 볼 수 있다. SDivs 바 위쪽에 Lower Res와 Higher Res 버튼을 클릭하면 디바이드 단계가 하나씩 올라갔다가 내려온다.(단축키는 Shift + D 와 D) 버그인지 모르겠으나, 와이어프레임 모드에서 슬라이드를 움직이면 면이 늘어나는 것을 실시간으로 볼 수 없고, 와이어프레임을 껐다가 다시 적용시키면 면의 분할 상태를 확인할 수 있다.

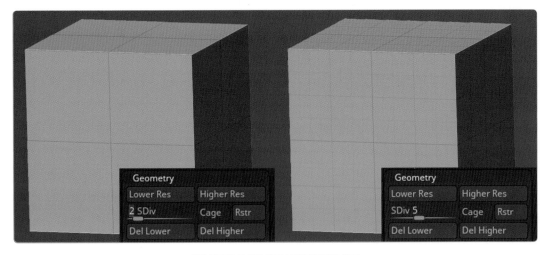

디바이드의 옵션에 따른 폴리곤의 밀도 차이

UNIT 4 스케일(Scale) 변경하기

Goz의 기능이 엄청나게 강력한 반면에 max와 Zbrush의 기본 사이즈 단위가 서로 다른데, 처음 맥스와 지브러쉬를 접하는 사람들에게는 이 사이즈 부분에 대한 설명이 무척 까다롭다.

한 두 번의 이론 설명 보다는 많은 작업을 통해서 알아가는 방법이 효율적이라 생각하고, 이번 작업에는 모델링 사이즈를 지브러쉬에서 수정을 해서 쓰도록 한다.

> **COMMENT**   맥스(Max)와 지브러쉬(Zbrush)의 단위를 맞춰주는 Scale 마스터라는 플러그인이 zbrush의 Plug-in 에 있기는 하지만, 이 책에서는 맥스에서 사이즈를 수정해서 쓰는 방식을 택하도록 한다.

아래의 그림처럼 지오메트리(Geometry)에 사이즈가 있다.

XYZ Size를 동시에 줄일 수 있는 바(Bar)가 있는데 수치를 1로 바꾸면 된다. 바를 좌우로 이동을 시켜서 수치를 조정 하거나, 숫자를 클릭 하면 수치를 직접 입력할 수도 있다. 1을 적용시켜도 소수점이 조금씩 다르게 세팅이 되는데, 다시 한 번 1을 적용시키면 되는 경우가 있다. 계속 소수점이 남아도 별 상관은 없다. 사이즈는 max의 상태에 따라서 조금씩 다를 수도 있고, Goz를 하면서 소수점 단위로 오류가 있을 수도 있다. (max에서 오브젝트를 다른 상용 엔진에 임포트(Import) 할 때에도 종종 이런 소수점 단위로 오류가 있을 때도 있다.)

문제는 브러쉬 작업을 할 수 있는 적절한 사이즈를 찾아야 하는데, 작업을 몇 번 하다가 보면 개인적인 작업에 적당한 크기가 나오게 되고 작업이 완료가 되면 마지막 출력 과정에서 정확한 사이즈를 조정을 하면 되기 때문에 항상 비율이 더 중요하다.

개인적으로 모델링에 적합한 오브젝트 사이즈는 드로우 사이즈(Draw Size)에 있는 바를 중간에 뒀을 때 오브젝트 반을 덮을 수 있는 정도로 작업을 한다.

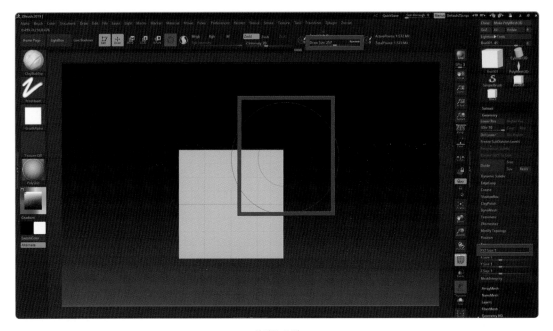

사이즈 수정

UNIT 5 나무 재질 만들기

브러쉬와 마스크 등의 기능들을 익히면서 나무판자 느낌의 모델링을 한다. 브러쉬를 스텐다드(Standard)에서 클레이 빌드업(ClayBuildup)으로 교체를 한다.

브러쉬 변경

01 기본적으로 브러쉬 작업은 Zadd/Zsub 상태에 따라서 튀어나왔다가 들어간다.

02 Shift를 클릭하고 마우스나 타블렛으로 그리면 스무스(Smooth)를 적용한다.

03 지오메트리(Geometry)에 SDiv 수치를 조금 낮춘 상태에서 작업을 하고 수치를 올려서 디테일 작업을 마무리한다. 디테일에 집착하지 말고 적당히 재질이 나무처럼 보일정도만 작업을 한다. 한쪽면만 작업을 마무리한다. (서브스텐스 작업까지의 과정을 공부하는데 목표를 둔다.)

다음과 같은 몇 개의 브러쉬만 가지고 작업을 해본다.

- **클레이 빌드업 브러쉬**(ClayBuildup) : 기본적으로 덩어리를 잡을 때 많이 쓰는 브러쉬. 사각형으로 덩어리를 붙여주는 듯이 모델링을 한다.

- **댐스텐다드**(DamStandard) : 움푹 들어가는 부분을 만들 때 사용한다.

- **트림다이나믹**(TrimDynamic) : 평평하게 펴주는 브러쉬. 각을 잡을 때 많이 쓴다.

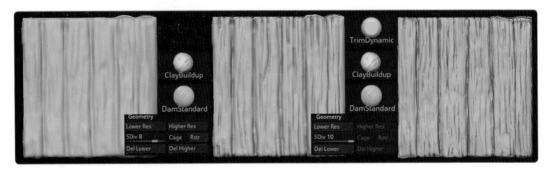

적절하게 나무결을 만든다.

UNIT 6 Fbx 파일 익스포트

지브러쉬에서 모델링한 오브젝트를 Goz를 시켜서 맥스로 보내서 Fbx를 추출한다.

01 Subtool 메뉴에서 듀플리케이트(Duplicate) 버튼을 눌러서 하나를 복사한다. (단축키는 Shift + Ctrl + D)

02 두 개 중에 하나를 선택한 다음 지오메트리(Geometry)옵션에서 Del Lower를 눌러서 아래 단계의 디바이드(Divide)를 제거해 준다.

03 All을 눌러서 두 개의 오브젝트를 맥스(Max)로 Goz를 시킨다.(간혹 All애서 에러가 나는 경우에는 하나씩 Goz를 해주면 되는데, Goz에서 오류가 나는 이유 중에 가장 큰 이유는 서브툴의 파일 이름이 겹치는 것이 있을 때이다.)

COMMENT 디바이드 단계가 나누어져 있는 상태의 오브젝트에 Goz를 실행시키면 항상 제일 낮은 단계의 디바이드 1단계를 가지고 넘어 가므로 나머지 하나의 오브젝트에 Del High 처리를 해줄 필요가 없다. 이를 이용하여 하나의 오브젝트에서 디바이드가 나눠져 있는 상태의 노말맵을 zbrush에서 추출하고, 이 노말맵과 하나의 오브젝트를 사용하여 서브스텐스 페인터(Substance Painter)에서 노말맵을 이용한 작업이 가능하다. 나중에 다시 이러한 방식을 이용하여 박스 샘플을 추출하는 방법을 설명할 것이다.

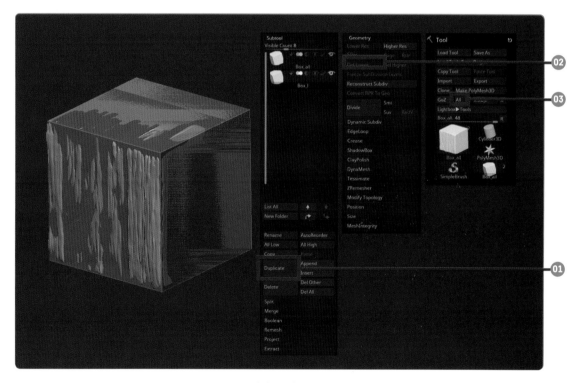

복사와 Goz 옵션들

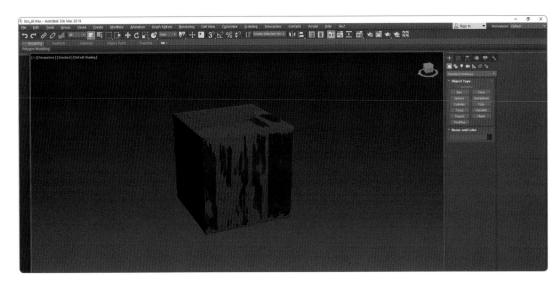

맥스에 오브젝트가 Goz 되었다.

04 두 개의 오브젝트 중에 폴리곤의 숫자가 적은 오브젝트만 선택해서 File ┈→ Export ┈→ Export Selected…를 선택해서 box_low 라는 이름으로 저장한다. 파일 확장자는 fbx로 설정한다.

05 그러면 다음과 같은 저장 옵션(FBX Export)이 나온다.

06 지오메트리(Geometry)옵션의 그림과 같은 4군데에 체크를 한다.

07 OK를 누르면 로우폴리곤(사용되는 Mesh 오브젝트)데이터가 Fbx로 저장이 되고, 이와 같은 방법으로 면이 많은 오브젝트 (HighPolygon)도 box_high라는 이름으로 저장을 한다.

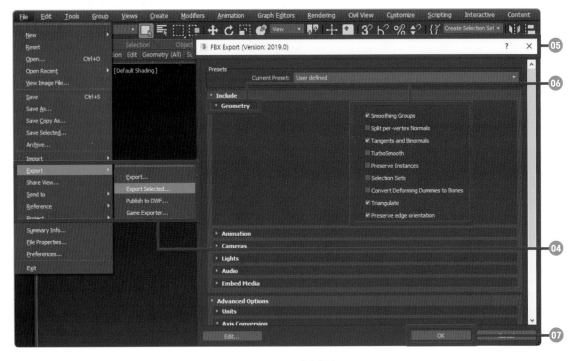

익스포트(Export) 순서와 옵션

COMMENT　　　이제 모델링 작업과 매핑 준비 작업은 끝이 났다. 맥스와 지브러쉬에서는 직접 게임에 사용되는 데이터 Mesh(Poly 라고도 한다)를 두 가지로 만드는데, 하나는 많은 면을 가지고 디테일하게 모델링이 되어있는 하이 폴리곤 오브젝트(HighPolygon) 이고, 나머지 하나는 거의 비슷한 실루엣(외곽)을 가지고 있는 적은 면을 가지고 있는 로우 오브젝트(lowPolygon)를 제작을 한다.

lowPolygon에 Unwrap를 적용하여 UV 텍스쳐를 만들고, 여기에 입체감을 주는 노말맵(Normalmap)을 추출하게 되는데, 이 노말맵의 기반이 되는 오브젝트가 HighPolygon 오브젝트가 된다. 다음은 서브스텐스에서 노멀맵을 베이크한 뒤에 간단한 기본 재질을 만드는 단계에 들어간다.

CHAPTER 07 서브스텐스 페인터의 기초 —
(박스 오브젝트의 완성)

서브스텐스 페인터를 이용하여 노말맵(Normalmap)을 만들(굽다-Bake로도 쓴다)면서, 이를 기초로 한 서브스텐스 페인터 전용 맵들을 같이 만든다. 각종 맵들을 베이스로 재질이나 효과나 광택 등을 사실적으로 표현을 한 뒤에 이것들의 최종 결과물을 게임엔진이나 랜더러에 맞게 매핑 소스로 추출하는 것이 목표 이다.

UNIT 1 서브스텐스 페인터의 기본 인터페이스

서브스텐스 페인터의 인터페이스는 맥스나 지브러쉬 툴보다는 조금 단순해 보이는 인터페이스 구조를 가지고 있고, 포토샵(Photoshop)과 비슷한 인터페이스 구조를 가진다.

레이어(Layers)구조는 지브러쉬, 포토샵, 서브스텐스 페인터 모두 동일한 개념이다. 다만 지브러쉬에서는 레이어를 서브툴이라고 명칭을 다르게 할 뿐이다.(서브툴 밑에 레이어 형식으로 오브젝트들이 쌓이는데, 마우스를 가져다 대면 서브툴1, 서브툴2 식으로 이름이 나타난다.)

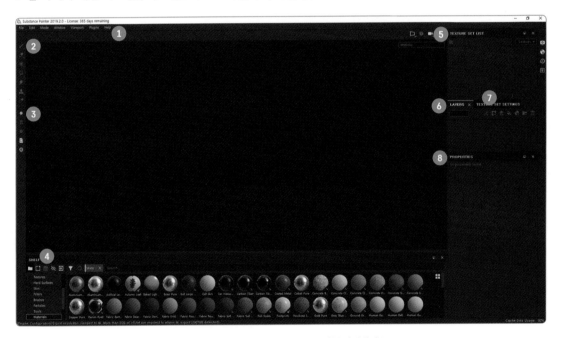

서브스텐스 페인터(Substance Painter) 기본 인터페이스

① **메인 툴바(Main ToolBar) :** 세이브 로드 및 기본 기능들이 포함되어 있다.

② **툴(Tool) :** 브러쉬의 기본 기능들이 간략하게 표시되어 있다.

③ **플러그인(plugin) :** 각종 플러그인들이 등록되어 있다.

④ **셸프(Shelf) :** 프로그램이나 씬이 포함하고 있는 대부분의 라이브러리들이 다 포함되어 있다. 새로 생성된 맵은 물론이고, 프로그램에서 제공하는 머터리얼과, 알파, 노말, 브러쉬, 알파, 텍스쳐 등이 포함되어 있고, 작업에 관련된 모든 이미지들이 다 포함되어 있다.

⑤ 텍스쳐 셋 리스트(Texyure Set List) **:** 작업할 오브젝트의 머터리얼 개수나 폴리그룹(텍스쳐) 아이디를 알 수 있는 부분이다.

⑥ 레이어(Layer) **:** 레이어 작업창

⑦ 텍스쳐 셋 세팅(Texture Set Settings) **:** 텍스쳐 관련 세팅을 하는 패널이다. 서브스텐스에서 재질 작업을 할 때 기준이 되는 텍스쳐들을 관리하는 곳이다. 텍스쳐 사이즈나 추가로 필요한 텍스쳐들을 추가하거나 뺄 수 있다. 텍스쳐는 노말맵 베이킹 시, 노말맵을 기준으로 같이 생성이 되고, 높이 값이나 그림자 맵 등등을 추출해서 이를 기준으로 사실적인 매핑 소스를 뽑을 수 있도록 해주는 맵 들이다.

⑧ 프로퍼티 (Properties) **:** 브러쉬 세부 옵션들을 조절할 수 있는 패널이다.

UNIT 2 베이크(Bake)

앞서 작업 했었던 box_01 파일을 불러와서 노말맵 및 기본 맵들을 베이크(Bake)하여 이를 기반으로 나무상자 텍스쳐를 제작 해 본다.

(화면 조작은 일단 베이크를 한 다음에 알아보는데, 화면에 메쉬가 등록이 되어야 이를 기준으로 화면 조작을 할 수 있기 때문에 먼저 파일을 불러와서 베이크를 한 다음 화면 조작을 알아보는 것이 순서라고 생각한다.)

01 New(단축키 Ctrl + N)을 눌러서 뉴 프로젝트(New Project)를 연다.

02 셀렉트(Select)버튼을 눌러서 box_low 파일을 불러온다.

03 화면에 박스 오브젝트가 등록이 되었다.

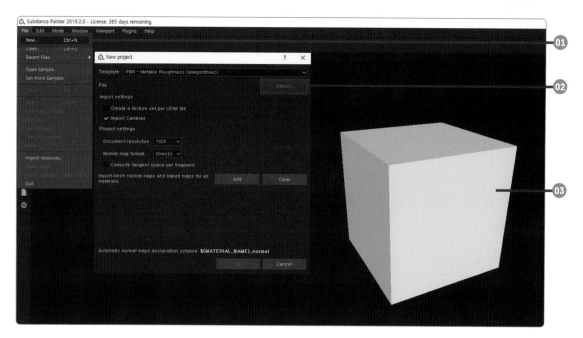

box_low.fbx 파일 로드 완료

이제 불러온 로우폴리곤(LowPolygon) 오브젝트에다가 노말맵(NormalMap)을 입혀주는 작업, 베이킹(Baking)을 할 차례이다. 로우폴리곤에다가 하이폴리곤(HighPolygon)을 연결시켜주는 작업과 베이킹되면서 다른 옵션들을 클릭해서, 서브스텐스 페인터에서 사용되는 기본 맵(텍스쳐)들을 추출한다(일단 베이크를 한 뒤에 맵의 속성, 베이크 옵션 등을 알아본다).

04 덱스쳐 셋 세팅(Texture Set Settings)에서 Bake Mesh Maps을 클릭하면 Baking창이 뜬다.

05 Output Size를 2048로 세팅한다.

06 High Definition Meshes 버튼을 클릭해서 하이폴리곤(HighPolygon)파일인 box_high.fbx 파일을 선택한다.

07 Max Frontal/Rear Distance 값을 세팅한다(각각 0.5로 세팅을 한다).

08 안티알리아싱(Antialiasing)값을 Subsampling 4x4로 세팅한다.

09 Bake DefaultMaterial Mesh Maps을 클릭하면 텍스처를 추출 한다.

베이킹 옵션들

시간이 조금 걸리고 나면 베이킹이 완료되고 각각의 텍스처가 등록되어서 아래의 그림처럼 완료가 된다.

(Id앱은 세팅을 하지 않은 상태이므로 맵 파일이 추출되지 않아도 그냥 넘어
가도 된다)

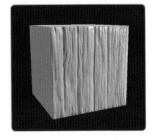

오브젝트의 베이크가 완성되었다.

베이크가 완성되면 box_end.spp로 세이브하고 다음 작업으로 넘어 간다.

UNIT **3** 화면 조작

① **이동 :** `Alt` + 마우스 휠 　**②** **회전 :** `Alt` + 클릭 　**③** **확대 / 축소 :** `Alt` + 마우스 오른 클릭, 마우스 휠

④ **화면 정렬 :** `F` 키 (오브젝트를 화면 중앙에 오도록 한다) 　**⑤** **라이트 회전 :** `Shift` + 마우스 오른쪽 + 드래그

⑥ **화면 분할 :** 3D 화면과 2D 맵(Map) 모드를 보여준다(`F1`)

⑦ **3D 뷰포트 :** 3D 화면만 보여준다(`F2`)

⑧ **2D 맵(Map) 모드 :** 2D 맵(Map) 모드만 보여준다(`F3`)

⑨ **화면 전환 :** 3D 화면과 2D 맵(Map) 모드를 번갈아 가면서 보여준다(`F4`)

⑩ **Undo / Redo :** `Ctrl` + `X` / `Ctrl` + `Z`

> **COMMENT**　　타 단축키 들은 화면에 빈 공간에 마우스를 놓고 `Ctrl` , `Alt` , `Shift` 키를 누르면 나온다.

UNIT **4** 상자 오브젝트 텍스쳐 제작

Bake된 맵들을 이용하여 간단한 나무 재질을 넣는 것을 목표로 한다. 간단한 재질의 원리정도만 파악을 하고 추출된 맵들이 어떻게 쓰이는지 간략하게 알아본다. 전에도 이야기 했지만 완벽한 하나의 오브젝트를 만들기 보다, 많은 실습을 통해 기술을 익히도록 하자! (box_end.spp파일을 서브스텐스에서 로드를 한다.)

01　쉘프(Shelf)에서 스마트 머터리얼(Smart materials)을 선택한다.

02　스마트 머터리얼에서 Wood Walnut 머터리얼을 드래그해서 박스 오브젝트에 바로 적용을 시키던지, Layer 판넬에 드래그해서 넣어준다. 스마트 머터리얼을 1차적으로 적용을 시킨 것만으로도 나무 재질의 박스가 되었다.

03　Layer 판넬에서 스마트 머터리얼이 폴더로 구성되어 있는데 폴더를 열어서 아래 레이어들 옆에 있는 눈모양 아이콘들을 한번씩 껐다가 켜면서 어떤 식으로 레이어가 쌓여서 하나의 머터리얼이 완성되었는지 확인을 해본다.

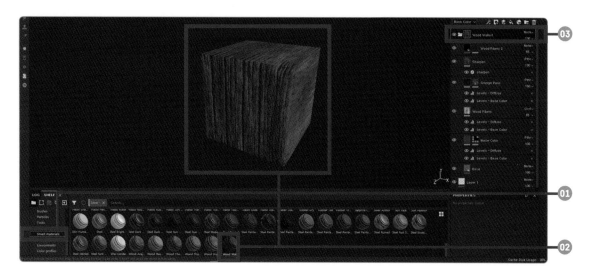

스마트 머터리얼을 적용시켜본다.

04 필 레이어(Add fill Layer)를 클릭해서 새로운 레이어를 하나 등록시킨다. 그러면 오브젝트가 하얗게 변하게 되고 처음 베이크가 된 상태로 된다. 이러한 변화가 일어나는 것은 추가한 레이어가 필 레이어이기 때문이다. 필 레이어는 베이크를 했을 때 같이 추출된 모든 맵들이 전부 등록이 된다.

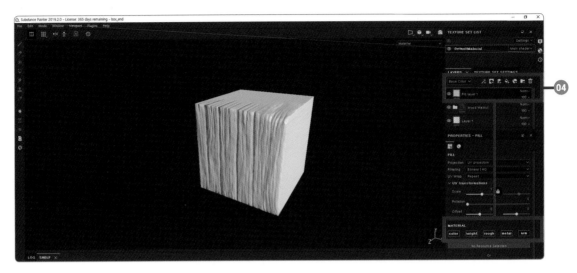

애드 필 레이어(Add Fill Layer)를 적용한 이미지

05 프로퍼티(Properties)에 머터리얼(Material) 옵션들 중에 color만 빼고 전부 오프(off)시킨다. 컬러도 한번 껐다가 켜보자.(컬러까지 끄게 되면 모든 머터리얼이 전부 적용 해제가 되어버리므로 아무것도 적용되지 않은 빈 레이어 상태가 된다. 그래서 가장 아래 레이어에 등록한 나무 재질이 다시 나오게 된다.)

06 쉘프(Shelf)의 프로젝트(Project)에 새로 생성된 이미지들이 있다. 여기서 커버츄어맵(Curvature Map)을 드래그해서 머터리얼(Material)에 Mase Color에 넣는다. 그러면 아래와 같은 깊이감이 있는 나무 상자로 텍스처가 더해진다.

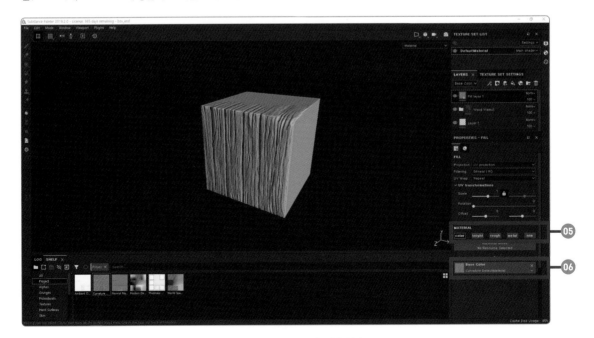

커버추어맵(Curvature Map)을 적용 했다.

07 레이어에(Layer) 필터를 오버레이(Overlay)로 변경하면 아래와 같이 필터가 적용된다.

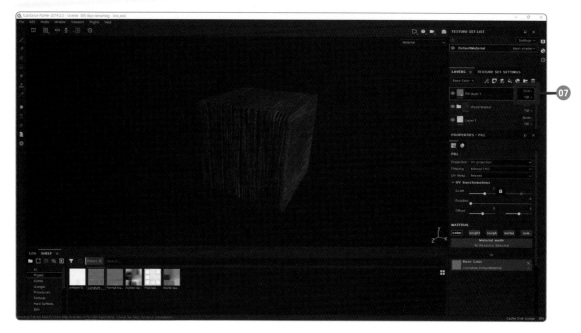

필터를 적용한 이미지

08 ❹-❻번의 방법으로 필 레이어를 추가하고, 컬러 머터리얼을 적용시킨 다음 쉘프의 프로젝트에 생성된 앰비언트 오클루전 (Ambient Occlusion)을 베이스 컬러(base color)에 등록해준다. 그리고 레이어(Layer) 속성을 멀티플라이(Multiply)를 적용을 시켜주면 그림자 효과가 등록된다. 작업이 완료된 파일은 w_box_end로 세이브를 하고 마무리한다.

COMMENT　이번 단원의 목적인 간단한 박스 오브젝트를 서브스텐스까지의 과정으로 마무리를 했다. 별것은 아니지만 항상 공정을 먼저 이해하고, 조금씩 툴들의 기능들을 배워가면서 점점 높은 퀄리티의 오브젝트를 만드는 것을 목표로 하자.

PART 03

방패 오브젝트 만들기

모델링을 시작할 때, 두 가지 방법이 있다. 맥스에서 처음으로 시작하는 경우에는 딱딱하고 간단한 오브젝트부터 만들면서 와이어프레임의 구조나 단면들을 생각하면서 만들고, 조금씩 디테일이 높은 것들을 만들고 난 다음, 인체나 유기체 같은 모델링을 하는 편이 좋다. 반대로 지브러쉬에서 처음으로 모델링을 접하게 되었을 때에는 지브러쉬 브러쉬도 익힐 겸해서 유기체나 간단한 얼굴 등의 유기체 모델링을 먼저 공부를 한 다음 딱딱한 오브젝트를 모델링하는 편이 좋다.

CHAPTER 01 지브러쉬 모델링

지브러쉬에서 모델링을 한다. 간단한 모양의 방패이지만, 지브러쉬에서 많이 사용되는 툴의 기법들로 제작을 하면서 하드 서페이스 모델링의 기초를 공부한다.

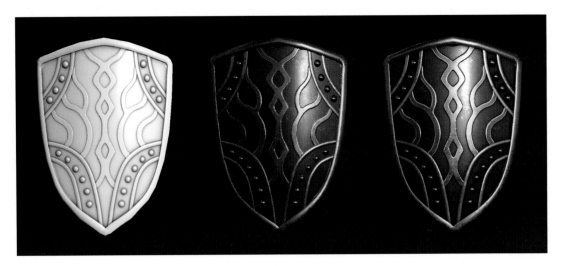

방패 완성 과정

UNIT 1 기본 형태 만들기

모든 오브젝트를 생성하는 방법은 다음과 같다. 그러므로 게임처럼 콤보(Combo)로 기억하자.

('생성 콤보'라고 합시다!)

01 지브러쉬 툴(Tool) 서브툴(Sub Tool)을 선택한 뒤에 플랜을 선택한다.

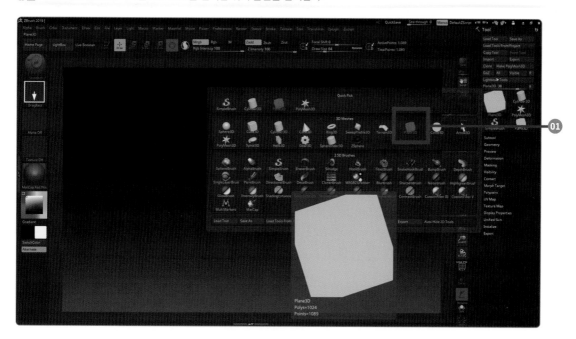

오브젝트 생성 1단계

02 마우스 왼쪽 클릭으로 드래그를 해서 적당한 사이즈의 플랜(plane)을 만든 다음, 에디트 오브젝트(Edit Object T)모드를 활
성화한다(단축키 'T'). 마우스 왼 클릭으로 생성을 할 때, 쉬프트 키(Shift)키를 누르고 오브젝트를 생성하면 스냅(snap) 기능이
적용이 되어서 조금 더 쉽게 정면을 보는 오브젝트를 만들 수 있다.

마우스 왼 클릭을 한 다음 드래그 할 때 쉬프트(Shift)키를 같이 눌러주자

03 Make PolyMesh 3D 버튼을 누르면 다음 이미지와 같이 툴(Tool)밑에 명령어들이 추가되면서 모델링 준비가 끝난다.(오브젝트 콤보를 기억하자!)

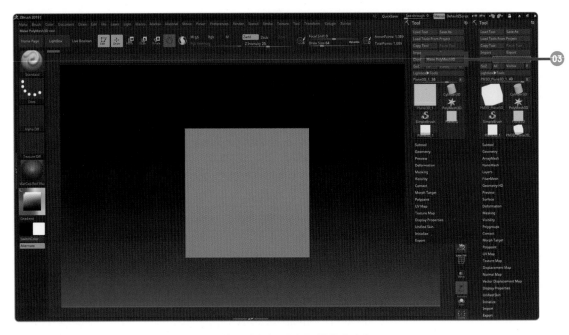

기본 도형을 불러와서 모델링 준비를 끝낸 상태

04 조금 더 작업하기 좋은 머터리얼(Material)로 바꾸어 준다. 필자는 개인적으로 모델링을 할 때에는 Poly Skin 머터리얼(Material)을 즐겨 쓰며, 토폴로지(Topology)작업을 할 때는 Skin Shader4 머터리얼(material)을 자주 쓰는 편이다. 두 재질은 명암이 적당히 잘 보여서 덩어리감이나 디테일 등을 볼 때 조금 더 편하다고 생각한다. 각각의 질감들이 잘 살아있는 머터리얼이 많이 있으므로 본인이 좋아하는 머터리얼로 바꾸는 것도 좋은 방법이다.

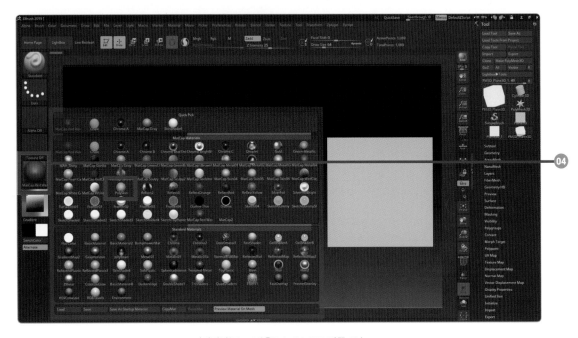

머터리얼(Material)을 Poly Skin으로 바꾼 모습

오브젝트의 전체적인 움직임과 스케일을 변경할수 있는 화살표를 피봇(Pivot)이라고 한다. 피봇은 무브
(Move), 스케일(Scale), 로테이트(Rotate)의 명령어 버튼을 클릭 했을 때 활성화된다.

COMMENT   피봇은 알트(Alt)키를 누른 다음 오브젝트에 마우스 왼쪽 클릭을 하게 되면, 클릭한 오브젝트의 버택스 위치에
강제 스냅이 되면서 피봇의 위치가 바뀐다. 알트(Alt)키를 누른 상태에서 피봇의 움직임(Move), 회전(Rotate) 작업을 하게 되면 피
봇의 위치가 움직이거나 피봇의 회전 값이 움직이게 된다. (Alt + 마우스 왼쪽 클릭을 꼭 사용해보자!)

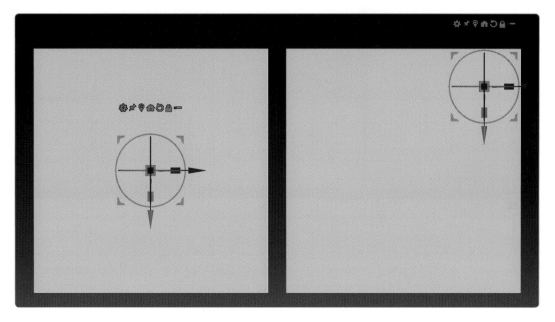

Alt + 마우스 왼쪽클릭으로 피봇을 음직인 이미지

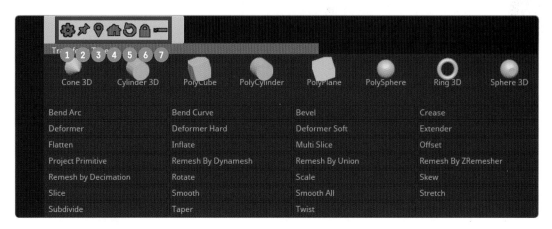

Transform Type 메뉴

① 커스터마이즈(Customize) : 클릭을 하면 Transform Type 창이 활성화가 되며, 간단한 오브젝트 모델링 명령어들이 포함되어
있다.

② **Sticky Mode :** 따로 단어가 없으므로 그냥 스티키 모드(Sticky Mode)라고 칭한다. 직역을 하면 끈적거리는 모드가 되는데 아이콘 이미지를 보면 '압정 모드' 정도로 생각하면 기능을 이해하기 쉽다. 한마디로 피봇을 고정을 하는 모드이다. 스티키 모드를 활성화 하면 피봇이 고정이 되고, 'Alt + 마우스 왼쪽 클릭' 을 해도 피봇이 따라갔다가 클릭을 해제하면 다시 원래 고정시켜놓았던 자리로 돌아가게 된다.

③ **Go To Unmasked Mesh Center :** 설명이 매우 복잡한 기능인데, 마스크가 적용되지 않은 상태에서는 전체 오브젝트의 중심으로 피봇을 옮겨주는 기능을 한다. 마스크가 부분 적용이 된 경우에는 마스크가 된 부분을 제외한 나머지 메쉬들의 중심점으로 피봇을 이동시킨다.(네비게이션 이라고 생각을 하자!) 정확하게는 마스크가 되지 않은 버텍스(Vertex)들의 중심값을 계산하여 그곳으로 피봇을 옮겨준다.

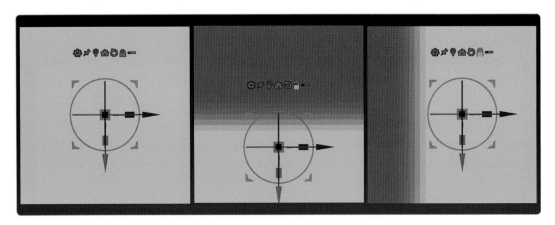

마스크의 상태에 따라서 축(피봇)의 위치가 바뀌게 된다.

④ **Mesh To Axis :** 중심축을 좌표 X : 0. Y : 0. Z : 0 으로 이동 시켜주는 기능을 한다. 그래서 이미지가 집(Home)이고, '홈 모드 (Home Mode)' 정도로 생각을 하면 이해하기가 쉽다. Alt 키를 누른 상태에서 활성화를 시켜주면 피봇의 위치가 0. 0. 0으로 이동을 하면서 기존의 피봇을 중심으로, 피봇과 함께 오브젝트도 같이 이동하게 된다.

⑤ **Reset Mesh Orientation :** 피봇을 처음 생성했을 때(Local)의 각도로 회전을 시켜준다. Alt + 회전을 시키면 로컬 피봇 (Local Pivot)이 회전을 하게 된다. 하지만 Alt + Reset Mesh Orientation을 눌러주면 회전축이 X, Y, Z 축이 디폴트값으로 다시 설정이 된다. (생각보다 까다로운데 반복을 해서 기능들을 숙지를 해야 한다.) Alt 로 축을 회전시킨 상태에서 Reset Mesh Orientation을 클릭하면 오브젝트가 회전을 하게 되고, Alt + Reset Mesh Orientation을 클릭하면 축이 디폴트(Default) 로 돌아오게 된다.

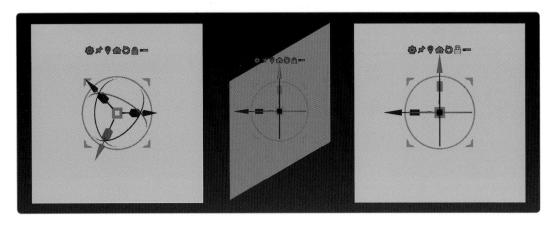

Alt 의 추가 유무에 따라 옵션이 바뀐다.

6 **Lock / Unlock :** 축(피봇)을 고정 시켰다가 풀어주는 기능을 한다. [Alt] + Lock / Unlock을 누르면 항상 Unlock으로 인식을 한다.

7 **Transpose All Selected Subtool :** 서브툴들 중에 눈이 활성화 되어있는 서브툴(Subtool)들을 한꺼번에 움직이거나(Move), 스케일(Scale), 회전(Rotate), 등을 할 때 활성화를 해준다. 서브툴에서 눈모양의 아이콘이 켜져 있으면 화면에 오브젝트가 보이게 된다.(쏠로 모드(Solo Mode) 선택된 서브툴에 있는 오브젝트만 화면에 보이게 된다.) 회전을 하고난 다음에 눈모양의 아이콘을 켜보면 별 모양의 아이콘은 회전해 있지 않았다.

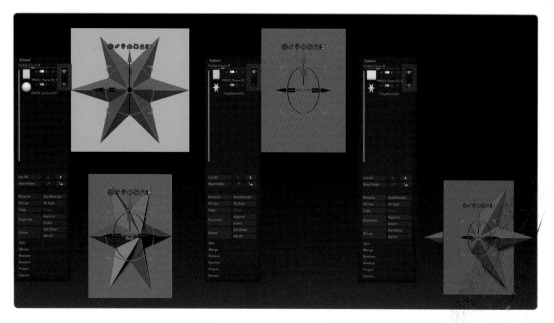

눈 모양 아이콘을 확인하자.

COMMENT   오브젝트가 눈에 안보이게 된 경우에는 얼마나 어떻게 회전을 시켜야 되는지 감으로만 확인이 가능하다. 이럴 때에는 눈 모양 아이콘이 다 켜진 상태에서 움직이지 않을 오브젝트만 전체 마스크(Mask All)를 적용시키면 Transpose All Selected Subtool이 활성화 되어 있어도 전체 마스킹 된 오브젝트는 영향을 받지 않기 때문에 확인하기 편하다. 맨 위쪽에 있는 서브툴인 플랜(PM3D_Plane3D_1)을 선택한 다음 컨트롤 ([Ctrl]) + [A]를 눌러서 전체 마스킹을 한다. 그리고 Transpose All Selected Subtool을 활성화시키고 나서 오브젝트를 회전시키면, 마스크를 씌운 플랜(PM3D_Plane3D_1)을 제외한 나머지 2개의 서브툴만 회전이 된다. 오브젝트를 전체적으로 보면서 편집할 오브젝트만 적용되게 해주는 고마운 기능이다.(개인 작업 스타일상 캐릭터를 하나 만들 때 많게는 몇 십 개의 서브툴이 생성이 되기 때문이다.)

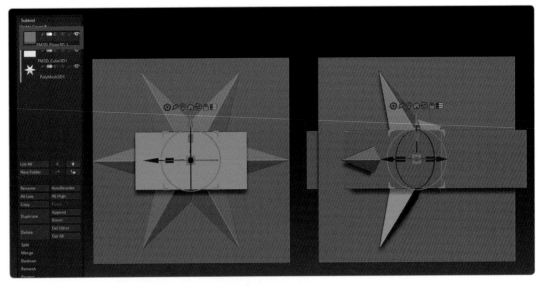

플랜만 빼고 회전을 시킨 모습

UNIT 3 브러쉬(Brush)설정

브러쉬는 모델링을 하는 기본 도구이며, 여러 가지 설정들이 미리 세팅이 되어 있다. 그리고 고성능의 브러쉬를 이용한 강력한 모델링을 할 수 있는 것이 지브러쉬(Zbrush)의 가장 큰 특징이다. 외국에서 만든 그래픽 툴들은 영어 문장처럼 한 가지 기능의 결과를 만들기 위한 세팅을 여러 군데에서 조합하는 식으로 만들기 때문이다.

기본 베이스 타입(base type)을 설정하고, 스트로크(stroke)의 형태를 선택, 알파 타입을 설정하게 되면 브러쉬 설정이 완성된다(알파는 없어도 되는 경우가 많이 있고, 기본 브러쉬 타입 설정만 해줘도 나머지 부분들이 같이 세팅이 되어 있는 경우도 많이 있다).

① **브러쉬(Brush) 설정 :** 아래의 그림 순서대로 브러쉬 타입을 선택하고 스트로크 형식과 알파를 설정하면 된다.

Base Type을 선택하고

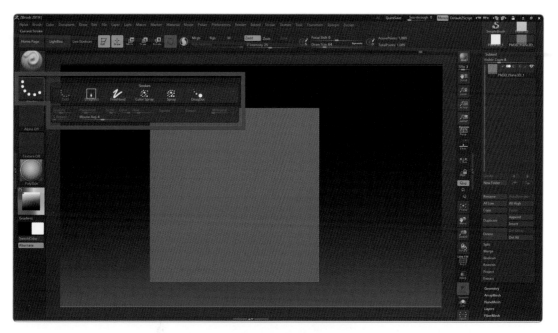

스트로크 형식을 선택하고

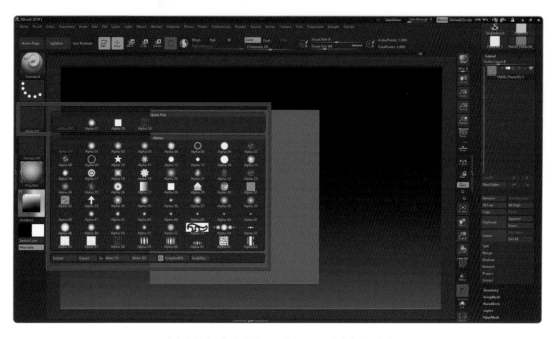

알파까지 선택을 하면 기본 브러쉬(Brush) 세팅이 완료된다.

② **마스크 브러쉬 설정 :** 마스킹 작업은 일정 영역을 선택해서 그 부분만 다른 기능들에 영향을 받지 못하게 하는 중요한 작업이다. 마스트 영역은 알파 스트로크(Alpha Stroke)를 이용한 방식과, 영역 스트로크(Select Stroke) 방식으로 작업할 수 있다. 단어가 조금 애매한 이유는 외국에서 만든 그래픽 툴 들은 영어 문장처럼 한 가지 기능을 만들기 위한 세팅을 여러 군데에서 조합하는 방법으로 만들기 때문이다. 알파 브러쉬를 그리기 위해서는 우선 브러쉬의 기본 설정 방식을 알아야 한다. 기본 베이스 타입(base type)을 설정하고, 스트로크(stroke)의 형태를 선택, 알파 타입을 설정하게 되면 브러쉬 설정이 완성된다(알파는 없어도 되는 경우가 많이 있고, 기본 브러쉬 타입을 설정만 해줘도 나머지 부분들이 같이 세팅되어 있는 경우도 많이 있다).

- 알파 스트로크(Alpha Stroke) : 알파를 스트로크 세팅으로 그리는 방식을 말한다. 기본적인 브러쉬 세팅 방법과 동일한데 마스킹 옵션이 조금 더 들어간다. 마스킹을 적용시키기 위해서는 컨트롤키 Ctrl 를 누르면 마스킹 모드가 적용이 되고, 세팅 순서는 기본 브러쉬 세팅 순서와 동일하다. (단지 컨트롤 Ctrl 키 만을 더한 상태에서 세팅을 진행하면 된다.)

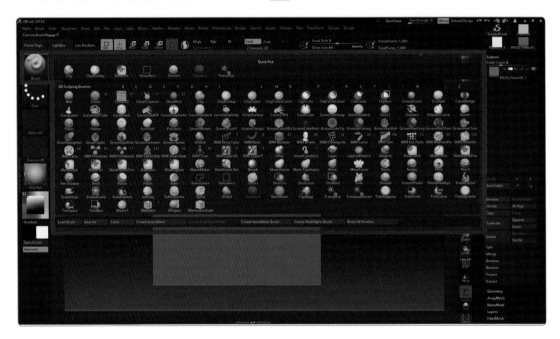

컨트롤 Ctrl 키를 누르고 브러쉬 세팅을 한다.

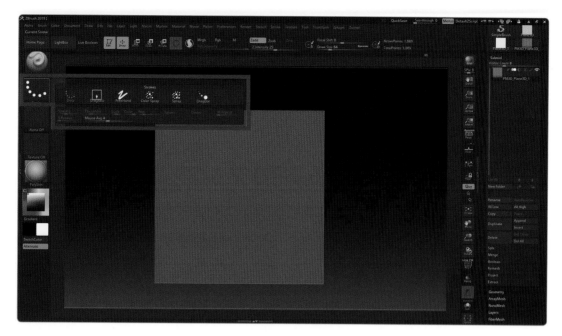

스트로크 설정

- **영역 스트로크**(Select Stroke) : 알파를 영역 스트로크 세팅으로 그리는 방식을 말한다. 방식은 스트로크 타입을 영역으로 바꾸는 방식인데 아래 왼쪽 이미지의 빨간 영역을 알파 스트로크 방식, 오른쪽의 빨간 영역을 영역 스트로크 방식으로 임의로 나누어 본 것이다

알파 스트로크(좌)와 영역 스트로크(우)

COMMENT   2가지 타입은 똑같은 알파를 만든 것이지만 사용 방식에 차이가 있다. 이 방법들을 이용해서 문양을 붙여넣기하거나, 직접 그리는 방법이 나누어지기 때문에 나눈 것이다. 그러나 본질적으로 알파 작업이라는 부분은 다르지 않다.

③ **패스 스트로크**(Path stroke) : 주로 폴리 그룹(Poly group)을 나누거나 영역을 하이드(Hide)시키거나 영역을 잘라서 없애버리는(Crop) 기능들이 있다. 그룹을 나눠서 이들을 분리하거나 모델링의 디테일 등을 잡을 때 많이 쓰는 방식이다. 일반 브러쉬 설정과 똑같은 과정을 가지고 있으나 알파와 마찬가지로 단축키 세팅이 조금 더 복잡하다. 컨트롤 + 쉬프트키 (Ctrl + Shift)를 누르면 브러쉬 세팅창이 바뀌면서 그룹을 나눌 수 있는 상태로 변하게 된다. 브러쉬 세팅에서 여러 가지 모양들이 세팅되어있는 단축키들이 있다. 클립(Clip), 셀렉트(Select), 슬라이스(Slice),트림(Trim)의 설정이 나오는데, 각각의 기능들에 따라서 선택영역에 대한 기능이 달라진다.(당연히 실습을 통해서 하나씩 기능을 알아볼 것이기 때문에 간략하게 언급만 하고 넘어간다.)

- **클립**(Clip) : 영역을 잘라버리는 기능

- **셀렉트** : 선택 영역을 하이드(Hide) 시키거나, 선택된 부분을 제외한 나머지를 하이드(Hide)시키는 작업을 한다. 브러쉬 세팅을 셀렉트로 하고 브러쉬 타입은 사각형(Rectangle)으로 세팅한 뒤에 컨트롤+쉬프트(Ctrl + Shift)를 누르면 아래와 같이 초록색 영역을 선택할 수 있고, 선택된 부분만 빼고 나머지 부분들은 하이드(Hide)가 된다.

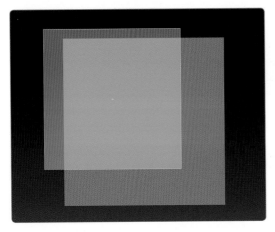

초록색 영역을 제외한 부분들　　　　　　　　　나머지 부분들이 하이드(Hide) 된다

COMMENT　　　컨트롤 + 쉬프트 + 알트(Ctrl + Shift + Alt) 키를 누르면 붉은색 영역이 나타나게 되고, 선택된 부분만 하이드(Hide)가 된다.

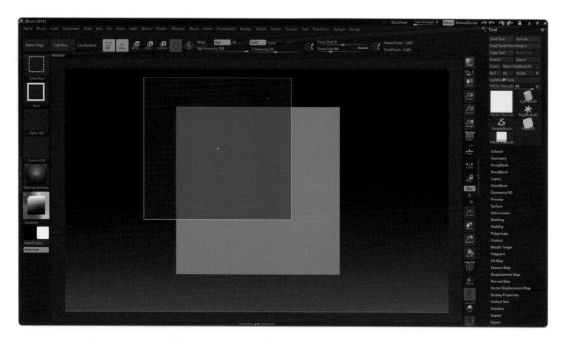

컨트롤 + 쉬프트 + 알트([Ctrl] + [Shift] + [Alt])를 누르고 영역을 설정하면

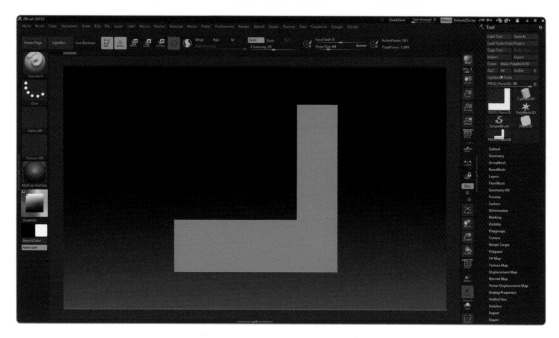

선택된 영역만 하이드(Hide)가 된다.

COMMENT 어느 한 부분이 하이드(Hide)된 상태에서 나머지 부분들을 알트([Alt]) + 마우스 왼클릭(ML)하면, 하이드(Hide)된 영역과 보이는 영역이 반전하게 된다. 그룹이 여러 개로 나누어진 경우에는 알트([Alt]) + 마우스 왼클릭(ML)을 눌러서 그룹을 선택하면 선택 그룹들만 하이드가 되는데, 이 작업들 역시 가장 많이 쓰는 패턴들 중 하나이므로 꼭 실습을 해두자! (폴리 그룹은 다음 단락에 나온다.)

- **슬라이스(Slice)** : 패스툴로 선택이 되는데, 패스툴의 영역에 면을 추가하면서 그룹을 나눠주는 역할을 한다.(Draw Polyframe (Shift + F) 모드로 변환시켜서 오브젝트 폴리그룹이 나눠지는 부분을 보자.) 컨트롤 쉬프트를 누른 상태에서 마우스 왼클릭으로 드래그를 하면 선이 생기면서 아래와 같이 그룹을 나눌 수 있다.

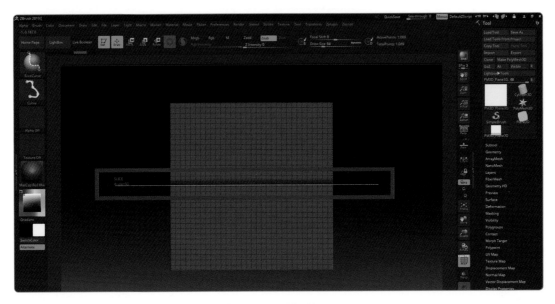

슬라이스로 영역을 나눈다.

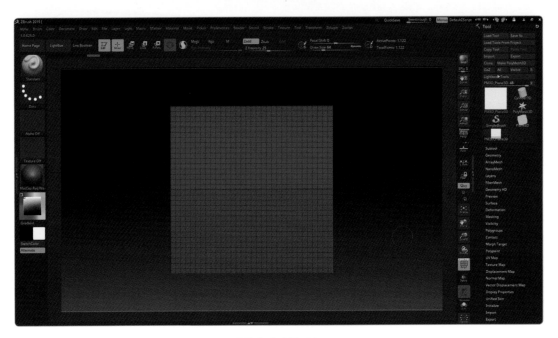

그룹이 나누어진 모습

COMMENT 여기서 중요한 부분은 슬라이스 커브의 옵션이다. 라인을 그을 때 기본 각도가 5도씩 움직이는 것을 볼 수 있는데, 이는 쉬프트가 각을 잡아주기 때문이다. 컨트롤 쉬프트를 누른 상태에서 쉬프트를 떼고 라인을 움직이면, 라인의 각도가 1도 씩 움직인다. 컨트롤 쉬프트를 누른 상태에서 알트를 한번 클릭하면 곡선이 생기며, 두 번 클릭하면 직각으로 꺾을 수가 있다. 스페이스바(Space Bar)를 추가해서 누르면 시작 지점을 움직일 수 있다.

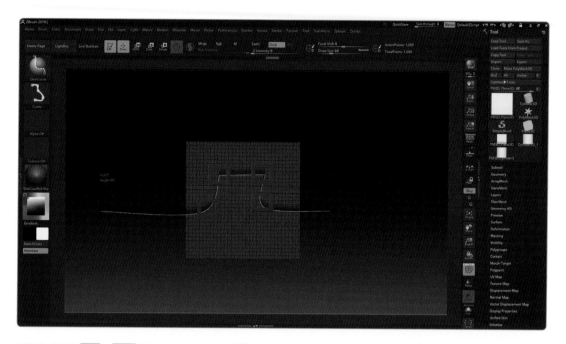

컨트롤 쉬프트(Ctrl + Shift)를 누른 상태에서 알트(Alt)를 한번 클릭하면 곡선이 생기며, 두 번 클릭하면 직각으로 꺾을 수가 있다.

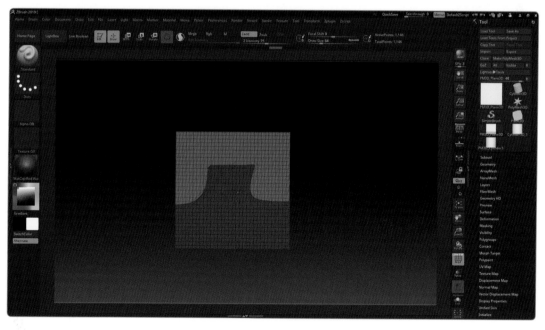

다양한 모습으로 그룹을 만들 수 있다.

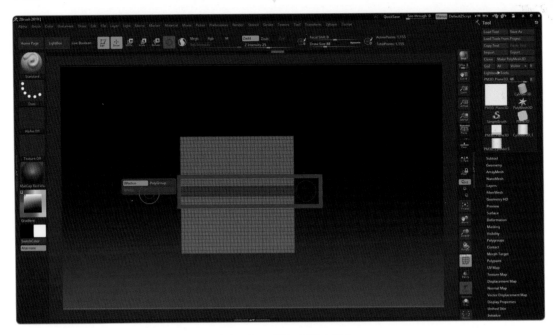

브러쉬 두께로 그룹을 지정할 수 있다.

- **트림(Trim)** : 클립(Clip) 기능과 거의 비슷한데, 잘려지는 단면의 모양이 약간 다르다. 클립은 단면이 사각형으로 형성되면서 잘리고 트림은 단면이 삼각형으로 잘리게 된다.

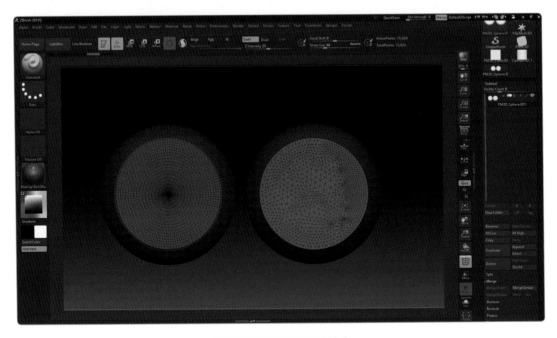

클립(좌)과 트림(우)의 단면의 차이

트림이든 클립이든지 자를 때는 방향이 중요하다. 아래의 이미지를 자세히 보면 선을 그을 때 살짝 음영이 보이는 부분이 있다. 음영이 지는 쪽으로 면을 잘라내게 된다. 슬라이스 상태와 마찬가지로 알트(Alt)와 스페이스바(Space Bar)의 옵션은 똑같이 적용된다.

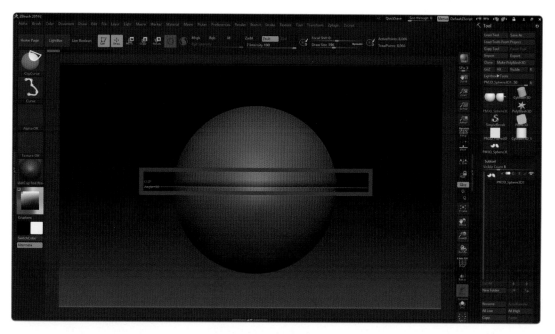

자세히 보면 음영이 위쪽으로 가있고

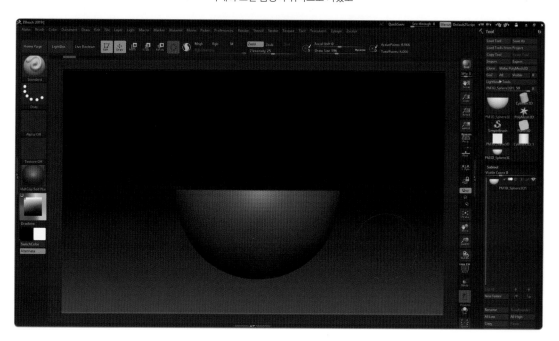

음영의 방향대로 위쪽이 잘려진다.

COMMENT   슬라이스 옵션 적용 값들은 모두 동일하다. Zbrush 툴에 비슷하게 생긴 인터페이스들이나 같이 사용되는 옵션들이 종종 있다. 대부분 비슷한 인터페이스와 특성을 가진다고 생각을 하면 된다.

대칭(Symmetry) 모델링

시메트리(Symmetry)기능을 이용하여 대칭 모델링을 공부하고, 기본적인 피봇(Pivot), 마스킹(Masking)기능을 이용해서 간단한 방패 형태의 모델링을 하는 것을 목표로 한다.

플랜을 하나 생성하고 모델링 준비 상태까지 세팅한다.(Make PolyMesh3D) 대칭(단축키 X)을 적용하면 오브젝트의 중심축을 기점으로 대칭되는 좌표에 빨간색 점이 생기게 된다.

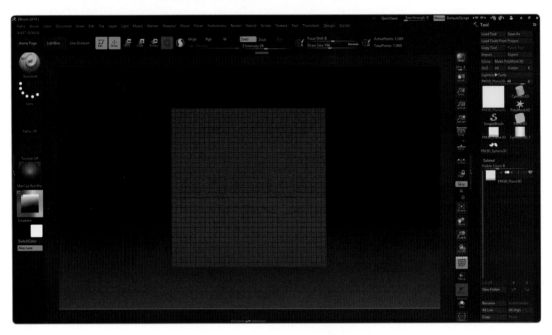

대칭(Symmetry)모델링의 준비가 끝났다.

01 슬라이스 커브(Slice Curve)옵션을 이용해서 그룹을 나눠준다.

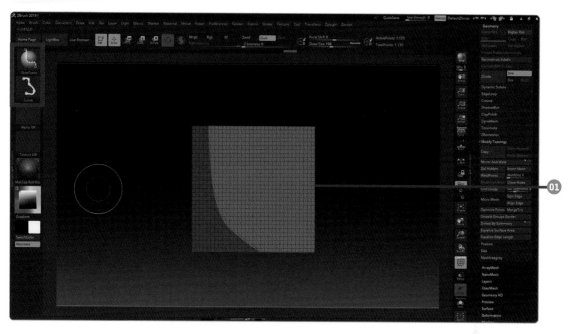

방패모양으로 적당하게 그룹을 나눠준다.

02 컨트롤 + 쉬프트([Ctrl] + [Shift]) + 마우스 왼클릭(타블렛 클릭)으로 자르지 말고 남겨놓을 부분(주황색)을 선택한다.

03 지오메트리(Geometry)옵션의 Modify Topology 옵션에 Del Hidden을 클릭한다.

04 반대편 복사하기(Mirror And Weld)를 실행시킨다(X축은 항상 오른쪽에서 왼쪽으로 복사가 된다).

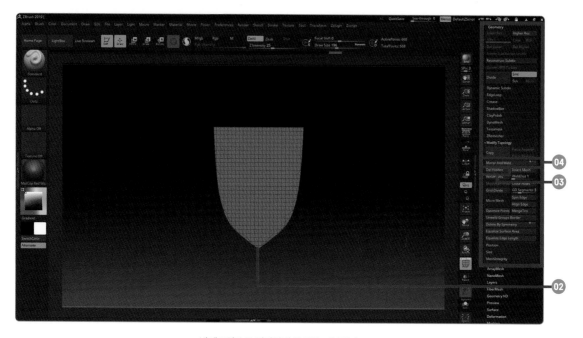

방패모양으로 적당하게 그룹을 나눠준다.

05 위쪽도 조금 잘라서 모양을 다듬어 준다. 슬라이스로 그룹을 만들어주고, 하이드(Hide)를 시킨 다음에 델 히든(Del Hidden), 축 복사(Mirror And Weld)순으로 진행을 하면 된다. 사이즈나 비율의 문제가 있을 때는 스케일로 적당하게 비율을 잡아준다.

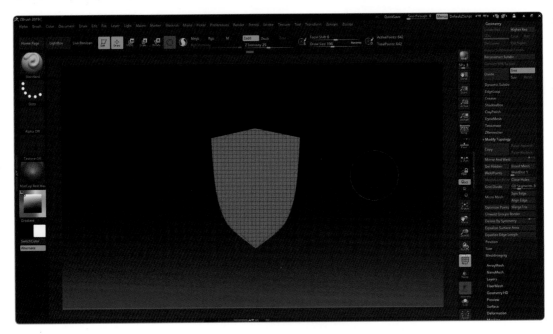

위쪽도 같은 방법으로 모델링을 한다.

06 위쪽도 조금 잘라서 모양을 다듬어 준다. 슬라이스로 그룹을 만들어주고, 하이드(Hide)를 시킨 다음에 델 히든(Del Hidden), 축 복사(Mirror And Weld)순으로 진행을 하면 된다. 사이즈나 비율의 문제가 있을 때는 스케일로 적당하게 비율을 잡아준다.

마스킹과 로테이션을 이용해서 살짝 휘게 모델링

UNIT 5 지리메셔(ZRemesher)

모델링 중에서 제일 많이 강조를 하는 부분이 적당한 간격과 적당한 가격이라고 이야기를 많이 한다. 만들고 자하는 오브젝트의 구조를 Polygon으로 구현할 때 폴리곤의 구조, 즉 와이어프레임의 간격과 형태를 매우 중요시 하는데, 지브러쉬에서 작업을 하게 되면 와이어프레임의 구조를 관리하기가 힘든 부분이 있다. 이때 지리메셔(ZRemesher)작업을 해서 면의 흐름과 밀도를 다시 계산해준다.

COMMENT   명령어를 공부할 때 한번씩 UI 환경을 한국어로 바꿔서 보면 공부하는데 도움이 많이 된다.
Preferences ···▸ language ···▸ 한국어(Korean)

---

1 **Curves Strength :** 100에 가까울수록 외곽이나 모델링 상태를 최대한 지켜준다.

2 **AdaptiveSize :** 0에 가까울수록 면의 밀도를 중요시 하게 되고, 100에 가까울수록 면의 밀도보다는 기존 모델링을 유지하기위해 면을 구성한다.

면을 재구성할 때 선택을 하는데, 현재 구성되어있는 면의 절반(Half), 동일(Same), 배(Double) 중에 하나를 선택할 수 있다. 적절한(Adapt) 옵션이 있는데, 이 '적절한' 이라는 단어가 꼭 체크가 되어 있는 편이 좋다. 이 기능의 구성은 계속 언급했던 '지브러쉬 기능의 구성은 마치 단어들의 조합 같다.'라는 말의 대표적인 예로 보아도 좋다. 무조건 기존의 면의 배수, 절반, 이런 식으로 계산을 하게 되면 계산 시간도 많이 걸리고 적절하게 면들을 제구성하기가 힘들다. 이때 Adapt키를 눌러줌으로써, 적절한 느낌으로 면을 재구성할 수 있게 된다.

3 **Target Polygons Count :** 재구성되는 면을 직접 정해줄 때 사용된다.

- **Half, Adapt : 체크**

- **AdaptiveSize : 50**

- **Curves Strength : 100**

값으로 면을 재구성 시킨다.

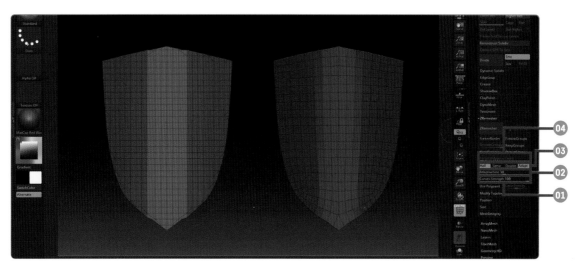

지리메셔(Zremesher)를 적용시켜서 면을 정리한다.

UNIT 6 프레임 나누기

아래의 이미지대로 그룹을 나누어 준다. 그룹을 나눌 때에는 슬라이스 커브(Slice Curve)기능을 이용해서, 오른쪽 기준으로 하나씩 나눠주고 축복사(Mirror And Weld) 기능을 이용해서 복사를 해준다.

적절하게 프레임을 나눠서 디테일과 디자인을 완성시키기 위한 기본 작업으로 폴리그룹을 나누고 나눠진 부분에 테두리를 넣어 각각 두께를 주어서 기본 방패 베이스를 완성하게 된다(프레임이라는 단어는 쉽게 설명하기 위해 임의로 만든 말이다. 각 부분들의 두께를 줄 수 있는 부분을 말한다).

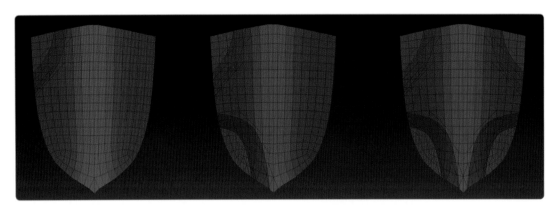

그룹을 먼저 나누어 준다.

COMMENT 공부하는 부분이기 때문에 아직까지는 똑같이 만들려 하지 말고, 최대한 공정을 따라서 완성하여 전체적인 공정을 이해하는데 중점을 둔다.

UNIT 7 IMM(Insert Multi Mesh) : 테두리 기초부분 만들기

맥스에서 간단한 테두리 모양을 만들어서 Goz를 이용해서 가져온다. 박스를 처음 생성할 때 반드시 프론트 뷰(Front View)에서 생성을 한다.

01 맥스에서 박스를 하나 만들고 Edit Poly로 변환하여 모델링을 준비한다.(항상 오브젝트의 중심축은 0,0,0에 정렬을 해준다.)

02 에지(Edge)를 그림과 같이 선택하여준다.

03 컨넥트(Connect)를 눌러주면 박스의 중간에 선이 나눠지면서 아래와 같이 면의 모양이 된다.

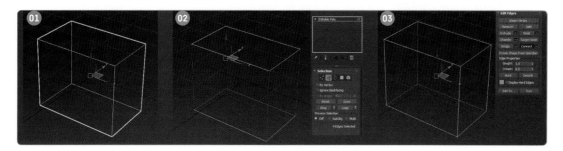

박스를 만들고 가운데 면을 하나 나눠준다.

04 위쪽과 아래쪽 면들을 선택하고 지워버린다(Delete). (이 메쉬 파일을 스트로크로 변환했을 때 뚫린 공간끼리 붙일 수가 있다.)

05 에지를 다시 한 번 그림과 같이 선택하여 준다.

06 챔퍼(Chamfer)를 준다.

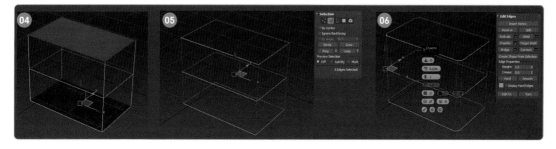

테두리 완성

07 Goz로 완성된 오브젝트를 Zbrush로 이동시킨다.

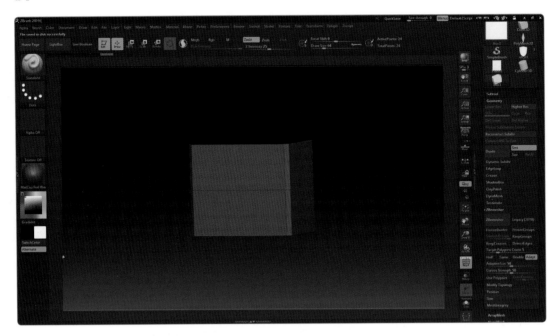

사이즈가 엄청 크게 넘어왔지만 상관없다.

UNIT 8 IM(Insert Mesh) : 메쉬 등록하기

불러온 오브젝트를 브러쉬로 등록하는 과정이다.

COMMENT 메쉬(Mesh)와 폴리(Poly)는 각각 면을 구성하는 최소의 단위를 말하는 것으로, 메쉬는 3각형, 폴리는 4각형으로 이루어져 있다. 프로그램 마다 메쉬와 폴리를 혼용해서 쓰기도하기 때문에 두 개를 동일 단어로 해석을 하는데 별 무리가 없다고 생각되지만 최소한 구성이 다르다는 것은 알고 넘어가자!

01 브러쉬 설정에서 아래에 보면 Create InsertMesh를 클릭한다.

02 등록 옵션에 대해서 물어보는 창이다. New를 눌러서 새로운 브러쉬로 등록을 해준다. Append는 지금 등록되어있는 브러쉬에 설정을 추가해주는 기능이기 때문에 반드시 New를 선택하여 새로 등록을 해줘야 한다.

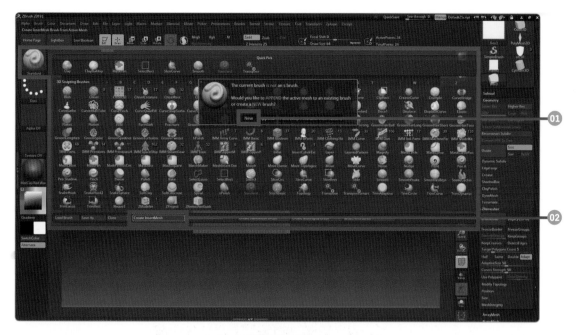

메쉬를 등록한다.

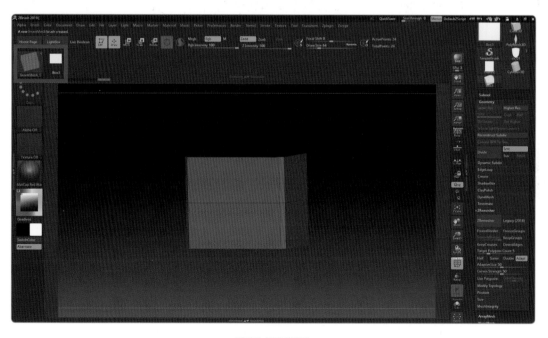

메쉬가 등록되었다.

03 방패 서브툴을 선택한다. 박스는 인서트 메쉬로 등록되어있는 상태에서 서브툴 화면을 왼클릭(타블렛 : 클릭)을 한다.

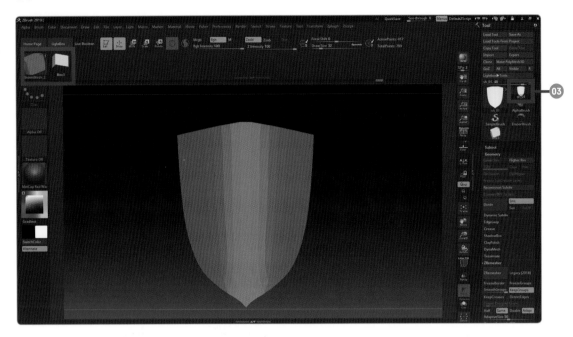

방패 서브툴(SubTool)을 선택한다.

04 스트로크 커브 상태변환. 지금은 단순 인서트 메쉬 단계이므로 방패에 아무 곳이나 드래그를 하면 아래와 같이 하나의 오브젝트만 생성이 된다. 오브젝트가 생성이 되면서 동시에 기존에 있던 방패는 마스크가 자동으로 씌워진다.

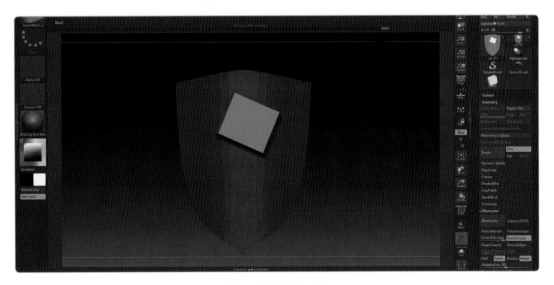

인서트 메쉬가 등록이 된 모습

COMMENT　　인서트 메쉬의 기능이 드래그를 하는 버텍스나 면의 방향에 수평으로 등록이 되는데 이 피봇(Pivot)의 방향을 로컬방향이라고 한다. 로컬 피봇의 방향을 이용하여 오브젝트를 배치하면 조금 더 쉽게 작업 진행이 가능하다.(이 역시도 실제 작업에서 다시 언급을 하는 부분이므로 '로컬 방향'이라는 단어에 집중만 해두고 넘어가자)

UNIT 9 IM(Insert Mesh) : 스트로크상태로 변환하기

방패 서브툴 상태에서 시작을 한다(이전 단원에서 등록한 메쉬가 없어야 한다).

01 스트로크(Stroke)옵션에서 커브(Curve)옵션에 커브모드(Curve Mode)를 활성화시켜준다.

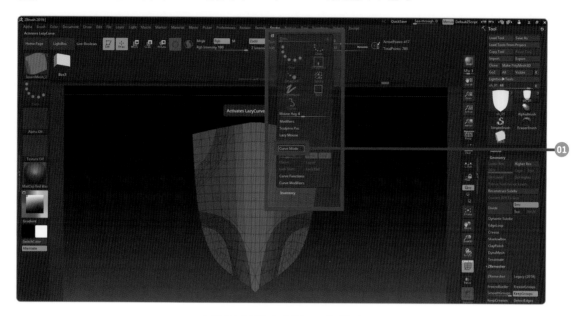

스트로크 옵션에서 커브모드로 설정한다.

드래그를 해보면 라인이 생성되면서 라인을 따라서 오브젝트들이 배치가 된다. 이때 브러쉬 사이즈에 맞춰서 오브젝트의 사이즈가 결정이 된다. 인서트 메쉬 모드와 마찬가지로 오브젝트가 등록되면서 동시에 기존의 방패는 자동으로 마스킹이 된다.

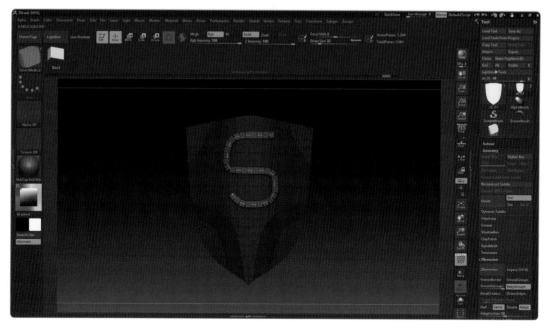

커브 모드로 스트로크가 적용이 된 모습

02 Brush 옵션에 설정(Modifiers)에 버텍스 합치기 옵션(Weld Points)을 활성화시켜준다.

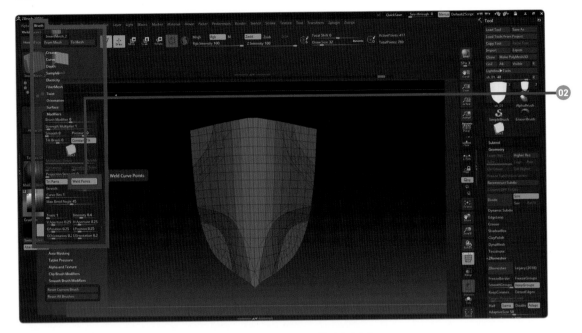

웰드 포인트(Weld Point) 옵션을 활성화시킨다

이제 방패 서브툴에 드래그하게 되면 아래와 같이 오브젝트들이 연결이 되어서 테두리를 만들 준비가 되었다. 축이 꼬이는 경우가 있는데 이때는 멀티메쉬로 등록할 박스 오브젝트를 다시 만들어서 등록해보면 되는 경우가 많다.

UNIT 10 IM(Insert Mesh) : 스트로크옵션을 이용하여 테두리 넣기

01 방패 서브툴을 선택한 다음 스트로크(Stroke)옵션의 커브 기능(Curve Functions)에서 폴리그룹(Polygroups)만 활성화를 시켜놓고 프레임 메쉬(Frame Mesh)를 선택한다.

> **COMMENT** 이때 대칭 옵션인 X키를 눌러서 대칭을 꼭 꺼준다. 대칭이 활성화가 되어 있으면 당연히 두겹의 테두리가 겹치게 생기기 때문이다.

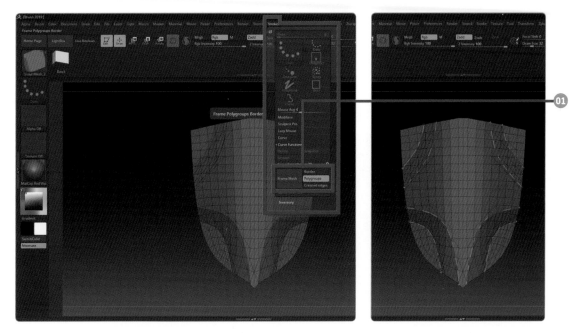

폴리그룹의 경계면들만 선택을 한다.　　　　　　　　　　　　　　　　　점선들이 생성이 된다.

02　마우스나 타블렛을 점선에 대고 클릭을 하게 되면 테두리들이 생성이 된다. 이때 생성되는 테두리의 크기는 브러쉬 사이즈와 같으므로 적당하게 브러쉬 사이즈를 조절해 가면서 클릭을 다시 해주면 기존에 생성된 테두리는 없어지고 새로 테두리가 생성이 된다.

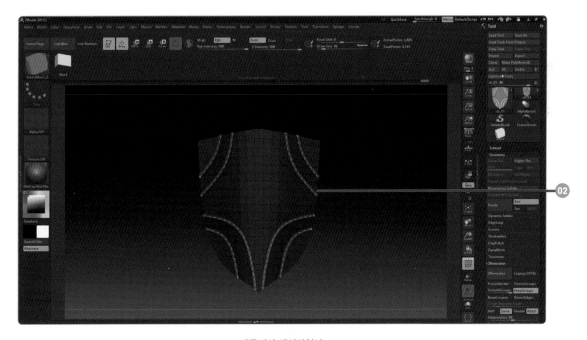

태두리가 생성되었다.

03 서브툴에서 스플릿 언마스크드 포인트를 실행시켜서 테두리와 방폐 오브젝트를 분리시켜 준다.

COMMENT 테두리와 방패를 분리시키는 이유는 나중에 서브스텐스에서 베이킹을 할 때 아이디맵을 생성해 주기 위해서 세팅을 해두는 부분이고, 이 역시 실제 아이디맵 부분에서 조금 더 언급을 할 예정이니 확실하게 서브툴을 분리를 시킨다. 이 역시 좋은 버릇이 될 수 있다,

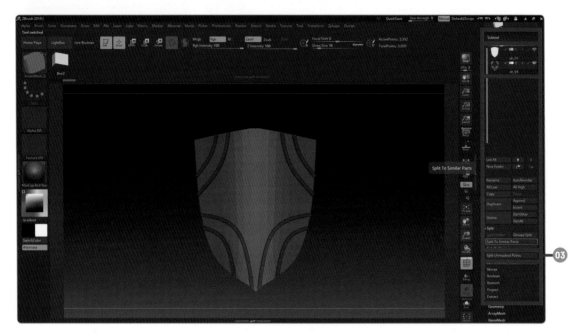

테두리를 분리시킨다.

04 방패서브툴(sh_01)을 클릭하여 스트로크(Stroke) 옵션에 커브 기능(Curve Functions)에 삭제(Delete)를 눌러서 기존의 스트로크 점선을 깔끔하게 지워준다.

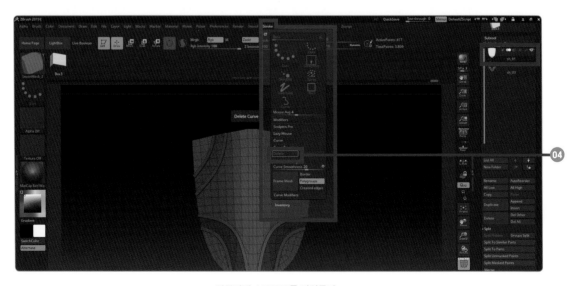

깔끔하게 스트로크를 지워준다.

05 방패에 큰 테두리를 넣기 위해서 스트로크 옵션에서 외곽(Border)만 활성화시킨 뒤에 프레임 메쉬(Frame Mesh)를 클릭하여준다.

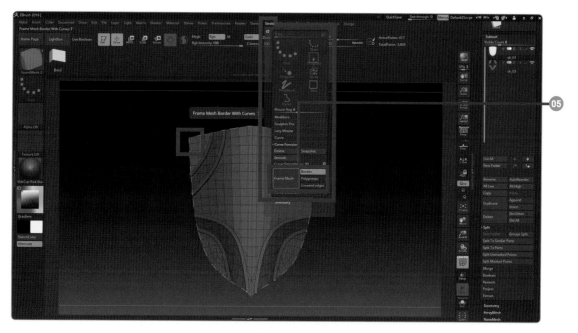

외곽만 스트로크를 등록시켜 준다.

06 테두리가 그려지는 부분을 조정을 한다. 브러쉬(Brush) 옵션에 깊이(Depth) 부분의 수치를 0으로 세팅한다. 0이면 오브젝트의 중심이 라인의 중심에 그려지며, +/- 수치에 따라서 그려지는 중심축의 깊이가 달라진다.

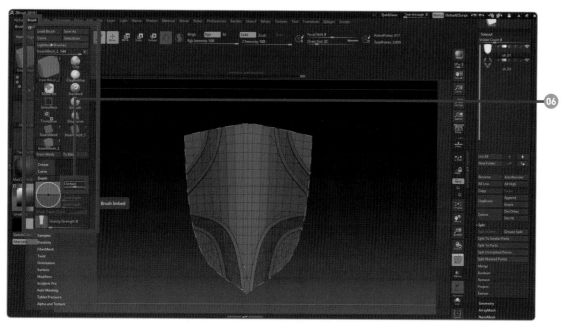

깊이(Depth)를 설정한다.

07 브러쉬 사이즈를 크게 설정해서 외곽 테두리를 완성한다.

08 스플리트 언마스크드 포인트(Split Unmasked Points)를 클릭해서 테두리를 분리해준다. 물론 방패 서브툴에 등록되어있는 스트로크의 흔적은 깔끔하게 지워준다.

09 최종적으로 테두리 서브툴은 축복사(Mirror And Weld)를 적용시켜서 대칭으로 만들어준다.

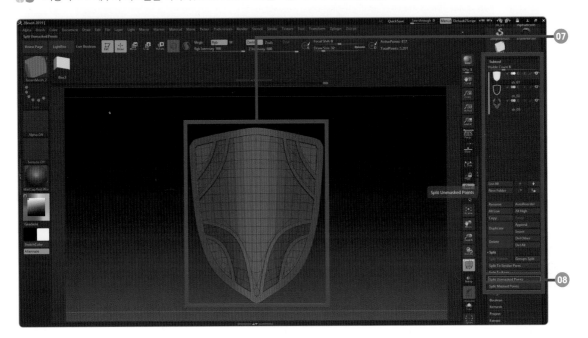

방패 테두리 완성

10 안쪽 테두리 정리. 안쪽 테두리가 바깥쪽 테두리 안으로 들어갈 수 있도록 서브툴을 선택한 다음 살짝 뒤로 움직여 준다.

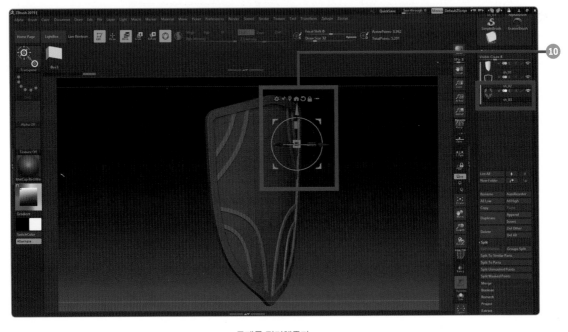

두께를 정리해준다.

서브툴들의 이름을 정리한다. 서브툴 밑에 보면 Rename이 있다. 파일을 sh_02.ztl 로 저장을 한다.

UNIT 11 징 붙이기(Insert Mesh)

이전에 작업 했었던 방식으로 못 자국이나 징 등을 붙일 때 많이 쓰는 방식이다. 테두리를 만들 때처럼 맥스에서 새로 만들기보다는 기존에 있는 간단한 구형 메쉬(Sphere)를 붙여주도록 한다.

01 방패 서브툴(sh_01.ztl)을 선택한 다음 브러쉬 세팅에서 IMM Primitives를 선택한다.

인서트 메쉬(IMM Primitives) 브러쉬를 선택한다.

02 스피어(Insert Sphere)를 선택하고, 브러쉬 옵션에서 깊이(Depth) 값을 0으로 세팅한다.

깊이(Depth)값을 0로 세팅한다.

03 스피어를 하나씩 심어준다. 드래그를 해서 스피어를 등록시키고, 시간차를 두어서 컨트롤(Ctrl)키를 눌러주면 브러쉬 사이즈와 동일한 스피어가 생성이 된다. 베이스가 되는 방패 메쉬의 면이 많지 않기 때문에 원하는 위치에 징을 심기가 조금 불편할 것이다. 이때는 징을 먼저 그려주고, 생성된 징 외에 모든 면들이 마스크(Mask)에 자동으로 걸리면 무브나 로테이트를 통해서 위치를 조금 더 섬세하게 맞춰주면 된다.

> **COMMENT** 로컬 축(Local Pivot)으로 생성이 되어있기 때문에 무브나 회전 작업이 조금 더 용이하다는 것을 알 수 있다.

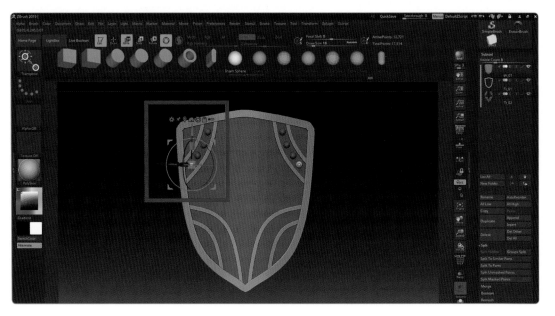

징을 추가한다.

04 아이디 맵(ID Map)을 세팅하기 위해서 징들을 분리해준다. 쉬프트([Shift]) + [F]키를 눌러보면 새로 생성된 징들과 방패 오브젝트의 폴리 그룹(Polygroup)이 다르게 되어있다. 컨트롤([Ctrl]) + 쉬프트([Shift])를 누른 다음 징을 클릭을 하면, 징들을 빼고 다른 메쉬들은 하이드가 된다.

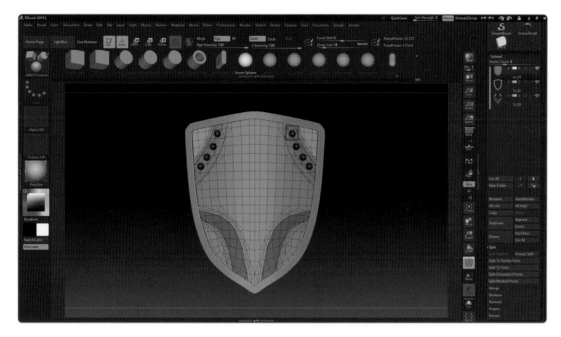

컨트롤 쉬프트([Ctrl] + [Shift])를 누른 다음 징을 클릭한다.

05 스플리트 히든(Split Hidden)을 클릭하면 숨겨져 있던 방패 오브젝트가 새로운 서브툴로 분리가 된다.

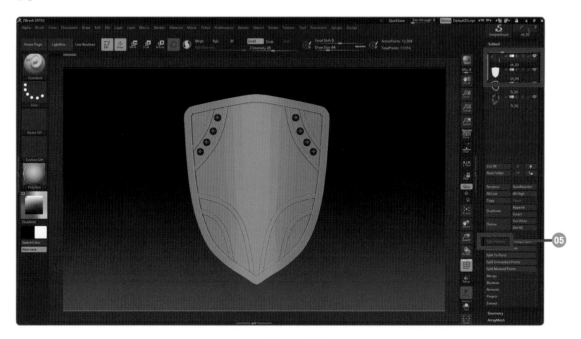

서브툴이 분리가 되었다.

06 징 메쉬를 스트로크 방식으로 추가를 한다. 스크로크(Stroke) 옵션에서 커브 모드(Curve Mode)를 활성화시킨다.

07 커브 스텝 : 1일 때는 오브젝트들이 브러쉬 사이즈와 같은 크기로 붙어서 추가가 된다. 그리고 1보다 높은 숫자로 갈수록 간격이 늘어나게 되고, 1보다 낮은 숫자로 갈수록 겹치게 추가가 된다. 커브 스텝을 2로 설정하고 드래그로 문양을 만들어준다.

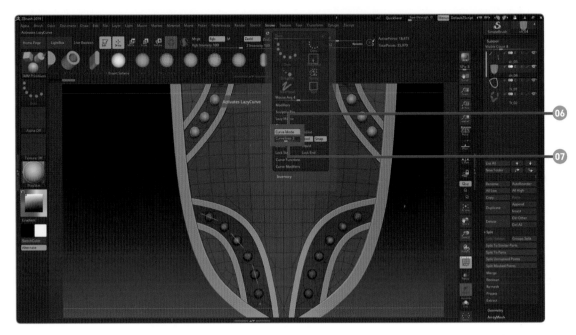

스트로크 방식으로 징을 추가 한다.

08 추가해준 징들은 ❹, ❺ 순서로 스플리트 히든(Split Hidden)으로 서브툴을 분리시킨다.

09 스트로크를 삭제(Delete)한다.

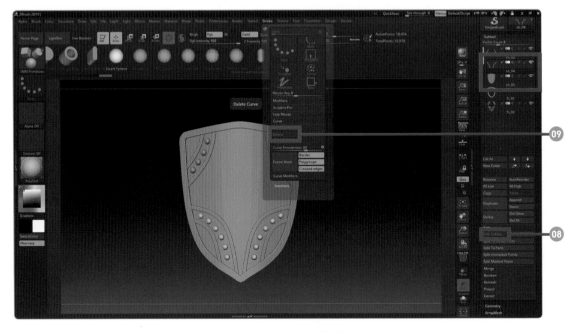

스플릿과 스트로크 정리를 해준다.

알파 문양 넣기 : 알파 정리하기

알파 문양을 직접 그려서 만들어 주는 작업이다.

01 알파 문양을 넣을 서브툴을 선택한 다음 듀플리케이트(Duplicate)로 복사를 해준다.

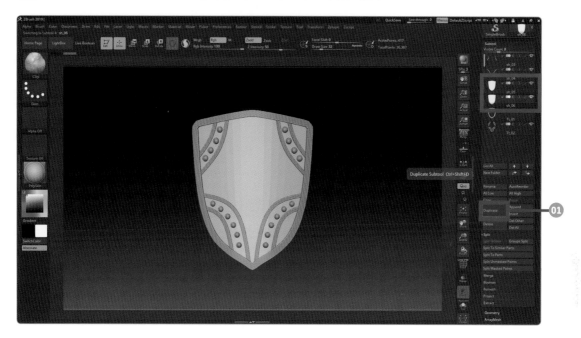

문양을 넣을 서브툴을 복사/붙여넣기(Duplicate)한다.

02 지오메트리(Geometry) 옵션에 디바이드(Divide)를 4번 눌러서 수치를 5로 올려준다.

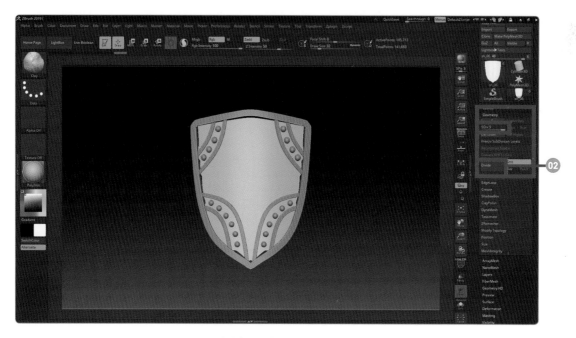

디바이드 수치를 5로 올려준다.

디바이드(Divide)를 1번 적용시킬 때마다 면이 4배정도로 늘어나게 되는데, 기존의 폴리(Poly)를 4개로 다시 쪼개주는 작업을 한다. 적당히 모델링을 하다가 디바이드를 올려서 디테일을 잡아주는 작업을 많이 한다.

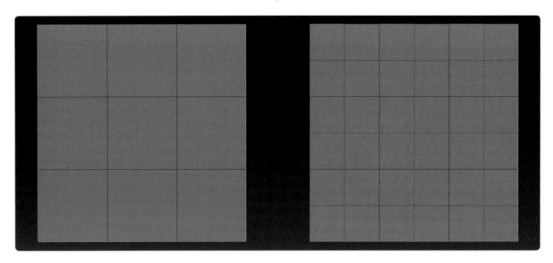

디바이드 0(좌) 와 디바이드를 1(우)이 적용된 면의 구성

03 컨트롤([Ctrl])을 누른 상태에서 대칭으로 마스크를 그려준다.

브러쉬 사이즈도 적절하게 수정을 하고, 컨트롤([Ctrl]) + 알트([Alt])를 눌러서 디테일하게 지워주기도 하면서 문양을 그려준다. 컨트롤([Ctrl]) + 알트([Alt]) 키를 누른 상태에서 드래그를 하면 마스크가 지워지고, 클릭을 하면 마스킹이 조금 더 디테일하고 선명하게 영역을 잡아준다. 반대로 컨트롤([Ctrl]) 키를 누른 상태에서 클릭을 하면 마스크가 얇아지면서 경계선에 그라데이션이 적용된 것처럼 자연스럽게 마스크 영역이 잡힌다.

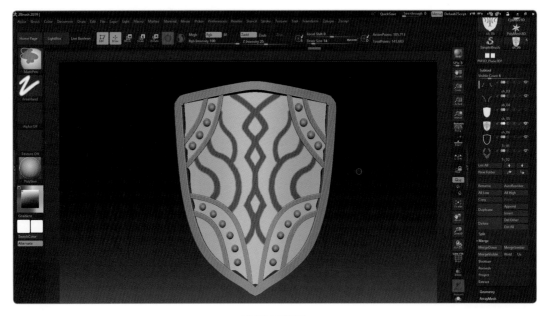

알파를 그려준다.

04 컨트롤(⌃Ctrl) + Ⓦ 키를 적용하면 새로운 그룹이 생성된다.

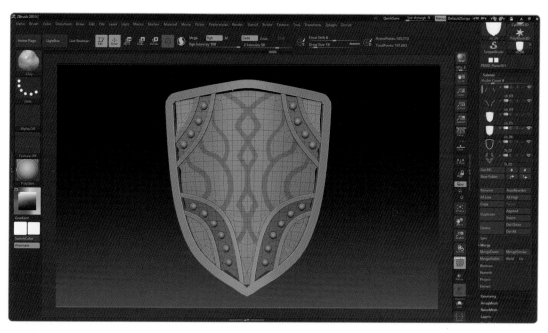

문양 넣을 부분에 마스크가 생겼다.

05 문양 부분을 컨트롤(⌃Ctrl) + 쉬프트(⇧Shift) + 클릭마우스 왼쪽 클릭(타블렛 클릭)으로 새로 그린 마스크 그룹만 남겨두고 나머지 부분은 하이드(Hide)를 시켜준다.

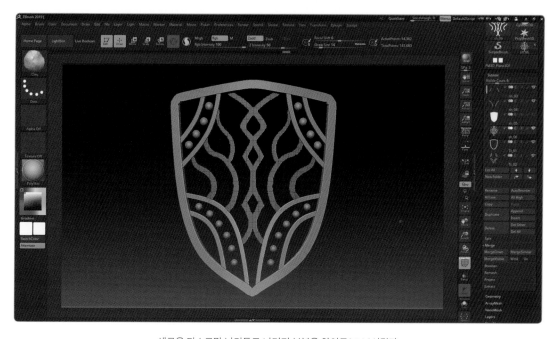

새로운 마스크만 남겨두고 나머지 부분은 하이드(Hide)시킨다.

06 컨트롤([Ctrl]) + 쉬프트([Shift]) + 드래그를 해서 반전시켜준다.

07 컨트롤([Ctrl]) + [W] 키를 눌러서 새로운 그룹을 생성한다.

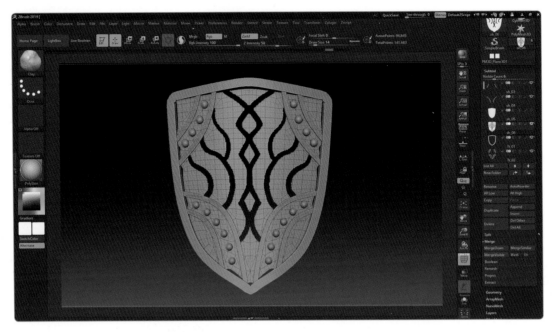

새로운 그룹을 만들어서 '문양 부분'과 '나머지 부분' 2개의 폴리그룹으로 나눈다.

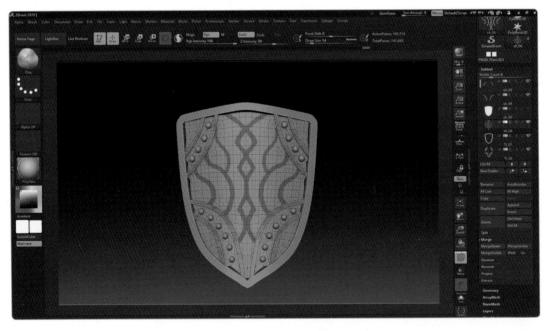

문양 부분과 나머지의 그룹이 정리되었다.

UNIT 13 알파 문양 넣기 : 문양 만들기

01 문양을 만들 폴리 그룹을 컨트롤(Ctrl) + 쉬프트(Shift) + 마우스 왼쪽 클릭(타블렛 클릭)으로 선택하고 나머지 부분은 하이드를 시킨다.

02 컨트롤(Ctrl) + A를 눌러서 마스크를 씌운다.

03 컨트롤(Ctrl) + 쉬프트(Shift) + 클릭으로 숨긴 부분을 전부 보이게 한다.

04 컨트롤(Ctrl) + 마우스 왼클릭(빈공간)을 하여서 마스킹 영역을 반전시켜준다.

문양을 뽑기 위한 알파 마스킹 순서

05 디포메이션(Deformation) 옵션에서 인플렛(Inflat) 수치를 올려주면 앞쪽으로 부풀어 오르는데 적당한 수치값을 준다.

06 문양 부분의 폴리그룹만 컨트롤(Ctrl) + 쉬프트(Shift) + 클릭으로 선택해서 나머지 부분은 하이드시킨다.

07 시야(Visibility) 옵션에 Grow를 2번 눌러서 폴리그룹의 영역을 확장시켜 준다.

08 컨트롤(Ctrl) + 쉬프트(Shift) + 클릭으로 문양을 클릭을 해주면 이번에는 문양이 하이드가 되고 튀어나왔던 부분들만 남게 된다.

09 컨트롤(Ctrl) + W 키를 몇 번 눌러서 폴리그룹을 생성한다.

10 방패부분과, 문양, 문양의 옆면들의 3부분으로 폴리그룹이 정리가 되었다.

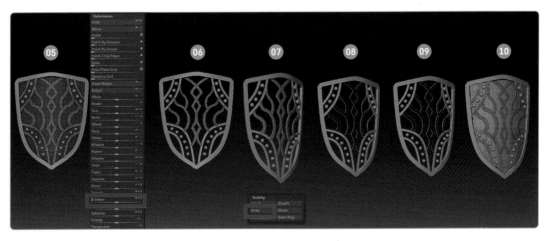

작업 순서가 매우 중요하다.

UNIT 14 알파 문양 넣기 : 폴리쉬(문양 다듬기)

01 모든 알파를 해제한 뒤에 디포메이션(Deformation) 옵션에 Polish By Groups에 있는 점표시를 체크해서 동그라미로 바꾸어 준다.

02 수치를 올려주면 문양들이 깔끔하게 정리가 되는데 너무 많은 수치를 한꺼번에 올리면 문양이 뭉개질 수 있으므로 적당하게 나눠서 수치를 주는 방법이 좋다.

03 서브툴을 복사해둔 방패 뒤쪽으로 움직여서 문양만 보이도록 위치를 잡아준다.

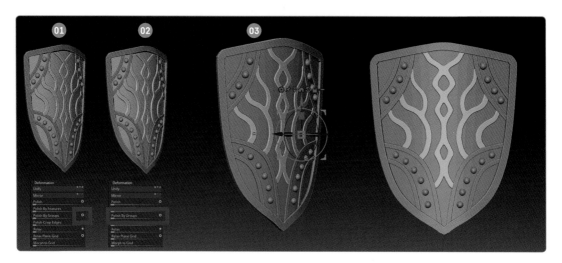

문양 완성

- Polish By Features 와 Polish By Grups는 각각 스무스(Smooth) 기능을 한다.

- Polish By Features : 폴리그룹이 없을 때 전체적으로 면에 스무스 값을 적용시킨다.

- Polish By Groups : 그룹간의 경계를 살려주면서 스무스 값을 적용시킨다.

옵션 옆에 있는 점 / 동그라미의 개념은 점을 세팅하면 최소한의 외곽이나 적용 범위에 어느 정도 제한을 두라는 의미이고, 동그라미는 적용시키는 기능에 우선순위를 둬서 외곽이든 변형이든 상관없이 적용시키려는 기능에 우선순위를 두라는 옵션이다.

(Zbrush Tool에 모든 점 / 동그라미 옵션에 적용이 된다.)

COMMENT 일부러 처음 테두리에는 깊이(Depth)값을 세팅하지 않고 진행을 한 이유가 있다. 무조건 순서대로 따라하는것도 좋지만 혹시 넘기고 간 부분은 무브(Move)나 다른 방법들로 다양하게 시도를 해보는 것이 툴을 익히는데 가장 좋은 방법이라고 생각하기 때문이다. 최대한 다양한 방법으로 책을 진행할 예정이다. 그중에서 본인이 편한 작업 방식을 만드는 것이 제일 좋은 방법이다.

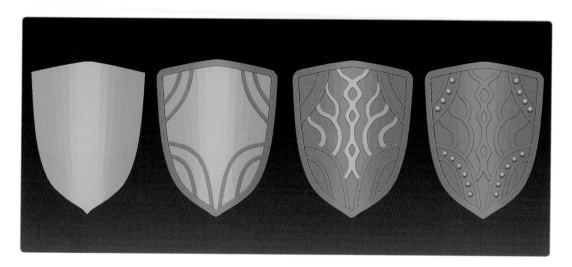

여기까지 전반적인 모델링을 완성하였다. 앞의 내용을 계속 복습하면서 전반적인 모델링 과정을 몸에 익히도록 하자.

하나의 오브젝트를 만드는 방법은 항상 여러 가지 방법으로 만들 수 있다. 개인적인 숙련도에서 차이가 있을지는 모르겠지만, 개인적으로 간단한 오브젝트 제작과 정교한 디테일 작업을 할 때에는 맥스에서 작업한다. 그리고 유기체(생물)이나 컨셉을 작업하고, 형태와 면을 정리하는 토폴로지 작업을 할 때에는 지브러쉬를 이용한다.

방패의 기본 형태는 맥스에서 만들면 더 쉽게 제작을 할 수도 있다. 다음 장에서 소개할 문양을 만드는 다른 방식들도 있으니 꼭 한번 연습해보길 바란다. 모델링 팁을 주자면 오브젝트를 만들 때는 오브젝트의 전체적인 구조와 단면을 생각한 다음 제작에 들어가는 것이 훨씬 효율적인 모델링 방식이다.

CHAPTER 02 토폴로지(Topology)

이제 모든 하이 폴리곤 모델링이 끝이 났다면 하이 폴리곤의 노말 값을 저장할 로우 폴리곤을 새로 제작하게 되는데, 이 작업을 토폴로지(Topology)라고 한다. 개별로 오브젝트들을 따로 만든 서브툴을 토폴로지를 할 부분끼리 묶어서 로우 폴리곤으로 만들어 주는데, 이번 작업에서는 방패 하나의 부분만 만들면 된다.

UNIT 1 오브젝트 정리와 토폴로지 작업

01 서브툴을 하나로 합치는데, 서브툴 옆에 보면 눈모양 아이콘이 있다. 하나로 만들어줄 오브젝트들은 눈이 켜져 있는 옵션을 유지한 채, Merge 옵션에 MergeVisible를 눌러서 모든 서브 툴들을 합쳐준다.

- MergeDown : 선택되어있는 서브툴과 아래에 있는 서브툴을 합쳐준다.
  새로운 서브툴 그룹을 만들지 않고 현재 작업 중인 서브툴에서 합쳐진다.

- MergeVisible : 눈모양 아이콘이 켜진 오브젝트들을 전부 통합 시킨다.
  서브툴 그룹을 생성한 뒤에 모든 서브툴이 합쳐지게 된다.

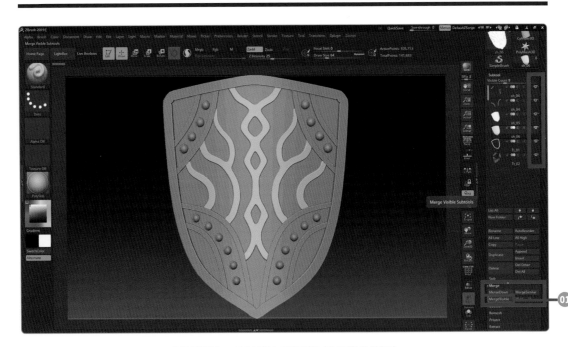

시야 통합(MergeVisible)을 눌러서 모든 서브툴을 합쳐준다.

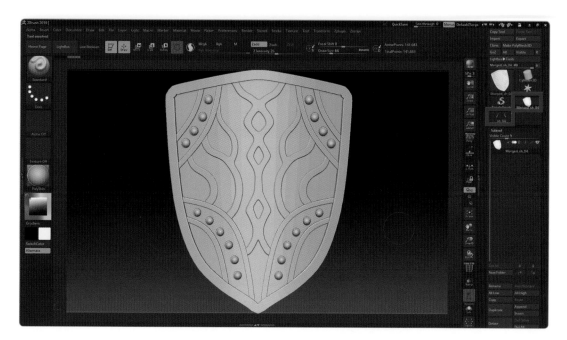

서브툴이 통합된 새로운 서브툴 그룹이 생성된 것을 확인하자.

COMMENT　　　서브툴(SubTool) 그룹이 새로 생성된 것과 기존에 작업했던 서브툴 2개로 나눠진 것을 확인할 수 있다. 이제부터 세이브 자체를 상단 메뉴에 있는 File에서 세이브하게 되면 나눠져 있는 모든 서브툴 그룹들을 전부 세이브를 할 수 있다.(파일 확장자는 *zpr로 세이브가 되고 오픈(Open)할 때에도 파일 메뉴에서 오픈을 해야 한다.) 좋은 점은 서브툴 그룹들을 한꺼번에 관리할 수 있으므로 편리한 부분이 있다. 개인적으로 좋지 않다고 생각하는 부분은 화면 세팅이나 디폴트가 아니고 세팅을 해서 쓰는 부분들이 전부 디폴트로 변해서 오픈이 된다는 점이다. 두 가지 방법 중에 개인적으로 편한 방식으로 진행을 하면 되고, 이 책에서는 기존의 세이브 방식으로 작업을 진행을 한다. Tool 옵션에 Save 로 머지(Merge)시킨 오브젝트를 세이브한다. (merge_sh_04.Ztl) File 옵션에 Save As로 전체 서브툴을 한꺼번에 저장한다. (sh_ZBrushProject) Zbrush 프로그램을 종료시킨 후 파일들을 각각 Open과 LoadTool 두 가지 방법으로 불러와서 확인해본다.

아래 이미지를 보면 서브툴 그룹은 합쳐진 서브툴 하나만 로드(Load)가 되어 있고, 세팅해 놓은 테두리 여백이 그대로 있다. (여백을 두는 세팅은 개인적으로 화면을 컨트롤 할 때 여백 부분의 빈공간에 클릭해서 쓰는 개인적인 세팅이다.)

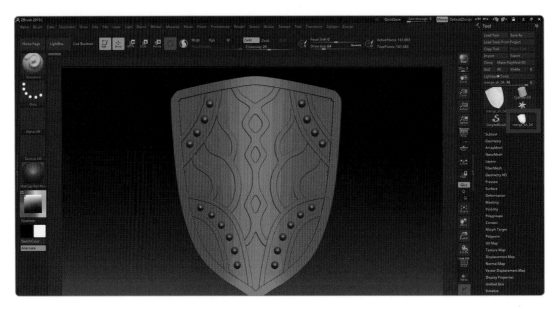

머지한 파일을 새로 지브러쉬를 킨 다음Tool 옵션에 Load로 불러왔다.

아래 이미지를 보면 서브툴 그룹이 합치기(Merge)시킨 서브툴 그룹과 이전의 서브툴 그룹이 전부 불러와졌다. 그리고 화면의 세팅을 보면 빈공간이 보이지 않게 디폴트로 세팅이 바뀐 것을 확인할 수 있다. 작업 스타일에 따라 두 가지 방법 중에 하나를 선택해서 작업을 해도 되고 두 방법 다 때에 따라서 쓸 필요가 있기 때문에 두 가지 방법을 나의 공정에 맞추도록 생각을 하면서 작업을 하면, 조금 더 효율적인 방법을 선택할 수 있을 것이다.(장단점이 분명히 있고, 작업 스타일에 따라서 개인차가 있는 부분이기 때문에 어느 방식이 좋다고 이야기하기가 힘든 부분이다.)

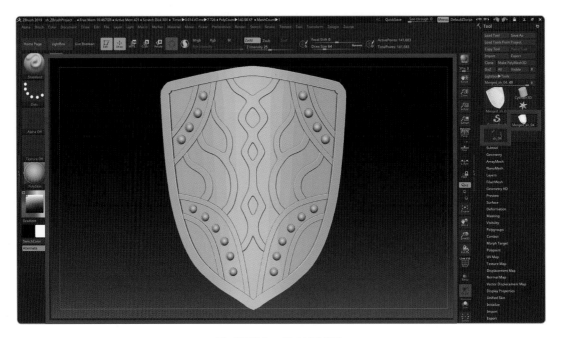

File 옵션에 Open으로 불러 왔다.

02 합쳐진 서브툴 그룹을 선택한 뒤에 추가하기(Append)버튼을 눌러서 Zsphere를 추가한다.

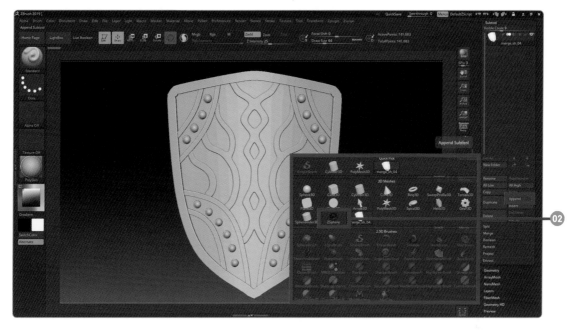

Zsphere를 추가한다.

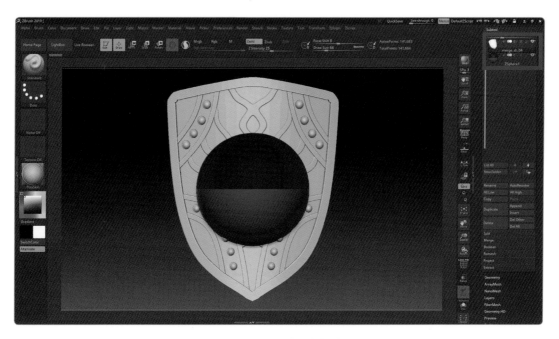

서브툴에 Zsphere가 추가되었다.

03 Zsphere 서브툴을 선택해서 스케일을 아주 작게 줄여주고 살짝 뒤로 밀어서 방패 뒤편으로 작업할 때 걸리적거리지 않도록 정리를 해준다. 이때 중요한 점이 위 아래로 움직여도 상관없고, 스케일을 줄여줘도 상관이 없지만 좌우(X축)로는 절대로 움직여서는 안 된다는 것이다. 중심축을 기점으로 좌우 대칭을 작업을 해야 하기 때문이다. 좌우 대칭 작업을 하지 않을 때에는 아무 상관이 없지만, 이왕이면 항상 X축은 0 의 위치값을 유지한 채로 토폴로지 작업에 들어간다.

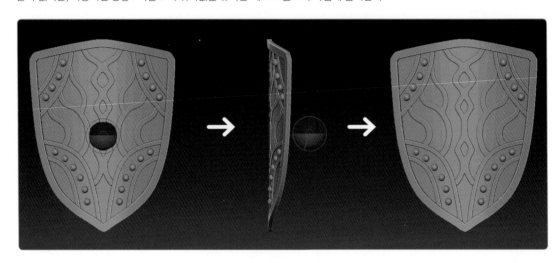

Zsphere를 정리한다.

04 머터리얼을 스킨쉐이더4(SkinShade4)로 바꾼 다음 색상을 파란색 계열로 바꿔준다.(토폴로지를 할 때 생성되는 선들의 색상은 주황색 계열이다. 그러므로 주황색 선이 잘 보이는 파란색 계열의 색상을 선택한다.)

05 Tool 옵션에 아래쪽에 있는 토폴로지(Topology)에 Edit Topology를 활성화시킨다.

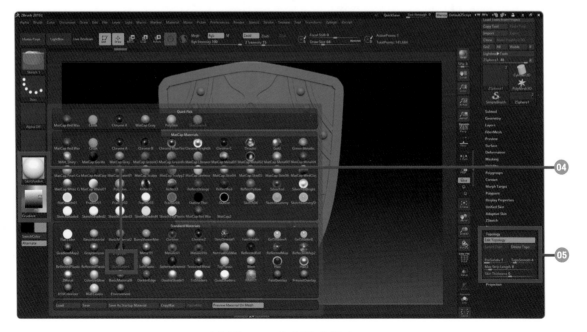

머터리얼(Material)과 색상을 변경한다.

06 대칭 옵션(단축키 ⓧ)을 눌러준다.

07 가운데를 중심으로 점을 찍어서 토폴로지를 진행한다. 상단 바에 정리를 하다가 무브나 스케일이 체크되어있을 수 있다. 반드시 드로우(Draw)옵션을 체크한 뒤에 점을 찍어서 진행한다. 처음부터 가운데를 잡고 진행하기 보다는 바깥쪽에 적당히 점을 찍기 시작해서 사각형을 만들어서 대칭으로 만들어 지는지 확인을 하고, 처음 점을 찍을 때 간혹(작업 과정에서 본인의 실수가 있을 수가 있다) 시작지점이 Zsphere에서 연결이 되는 경우가 있는데 이때는 Topology 옵션에 Delete Topo를 눌러서 리셋을 해준다.

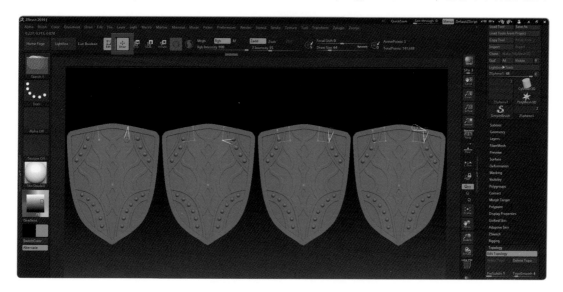

점을 순서대로 찍어서 사각형을 만들어준다.

아래의 이미지에서는 잘못 점을 찍었을 때, 알트(Alt)로 지워주거나, Ctrl + Z 로 취소를 시키거나, 한 뒤에 바로 점을 찍어 지스피어(Zsphere)위치에 연결이 되는 것을 볼 수 있다.

이때에도 바로 지워주거나 Ctrl + Z 로 취소를 하고 가운데 생겨버린 점을 알트(Alt)로 지워주거나 바깥쪽에 빈 공간에 클릭을 몇 번 해주면서 버택스를 털어주고 다시 점을 찍어나가면 된다.

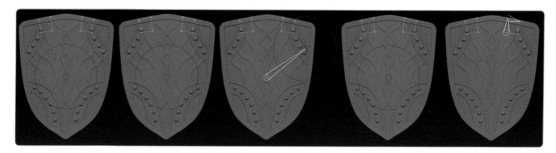

점을 잘못 찍었을 때의 수정하는 방법

브러쉬 사이즈가 크면 나중에 버택스를 미세하게 수정을 할 때에 다른 버택스까지 영향을 주는 경우가 있기 때문에 브러쉬 사이즈를 작게 만들어서 작업을 해주면 된다. 만들어진 사각형 사이에 면을 추가하려면 아래와 같이 점을 찍어주면 된다. 물론 버택스를 가끔씩 털어주면서 작업하는 것을 잊지 말자!

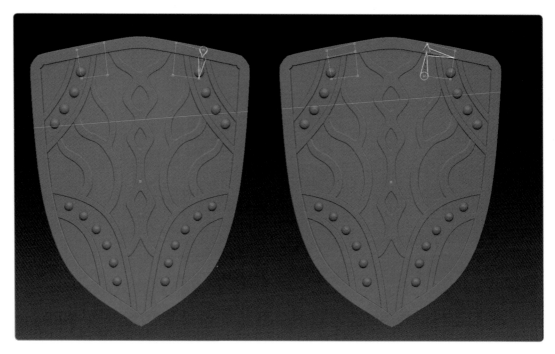

만들어진 면에 새로 면을 추가할 수 있다.

가운데에 연결을 할 때에는 눈대중으로 연결해 주는 방법 밖에 없으므로, 적당히 찍어 보고 가운데에 점이 찍히지 않으면 지웠다가 다시 찍어주는 방법과, 버택스를 털어준 다음 가운데에서 시작해서 위쪽이나 아래로 중앙선을 먼저 잡아준 다음 사각형을 만들어 주는 방법이 있다.

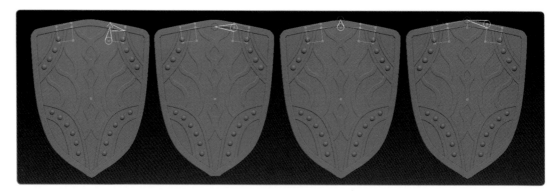

중앙 부분에 연결할 때 조심하자!

가운데를 먼저 연결할 경우 아래 그림처럼 마지막 점을 찍을 때 삼각형으로 에러가 나기도 한다. 이때에는 Ctrl + Z 로 취소를 하고, 버택스를 털어준 다음 다시 연결하면 된다.

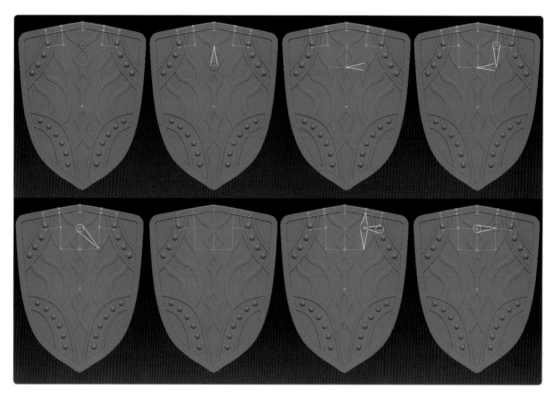

가운데 연결하는 방법을 많이 연습을 하자!

무브(Move) 옵션을 이용해서 만들어놓은 오브젝트를 이동시킬 수도 있다. 적당히 면을 구성해 주고 조금 더 디테일한 묘사는 무브로 진행하는 방법이 조금 더 효율적이라고 생각한다.

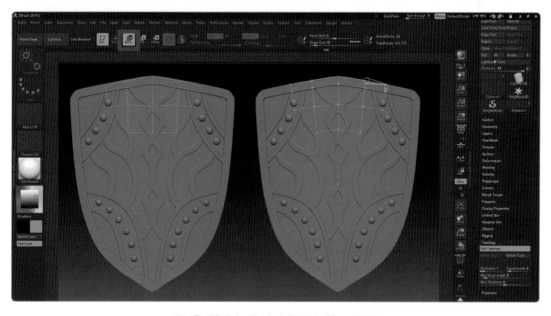

무브를 이용하여 조금 더 디테일하게 면을 구성한다.

코너 부분과 둥근 부분을 만들 때나 와이어 프레임을 구성할 때에 왠만하면 4각형으로 작업을 해주는 것이 좋지만, 아래의 이미지처럼 면을 줄일 때는 삼각형을 만들어준다.

꼭 삼각형의 형태를 만들어 줘야 나중에 토폴리지한 서브툴을 로우폴리곤으로 변환을 시킬 때, 에러가 나는 부분(구멍이 생기거나 면이 뒤집히는 등)을 많이 줄여줄 수 있다. 물론 와이어프레임, 즉 면의 구성을 적절하게 만들어준 상태라면 구멍이 뚫리거나 면이 뒤집힌 결과가 나와도 수정이 가능하다.

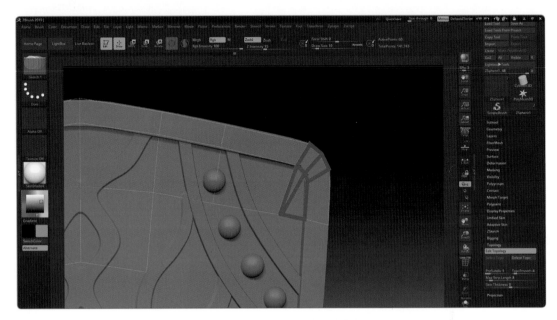

구멍이 생기지 않도록 5각형 이상이 나오지 않도록 연결을 꼼꼼하게 해준다.

중간 중간 작업이 잘 진행되는지 체크하고 싶을 때에는 Tool 옵션에 아답티드 스킨(Adaptive Skin)옵션에 Preview(단축키 A)를 활성화한 다음, 옵션값을 조정한다.

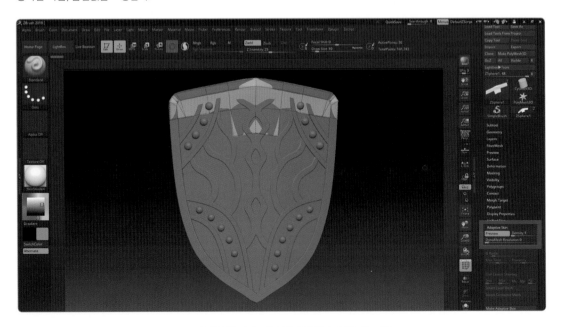

Preview를 활성화시키고 옵션을 조정한다. (단축키는 A)

- 덴시티(Density) : 면의 밀도 값을 세팅할 수 있다.

- 다이나메쉬 레솔루션(DynaMesh Reslution) : 다이나메쉬의 밀도 값을 세팅할 수 있다. 최고의 면을 만들기 위해서 모든 값을 최소값으로 낮춰주면 토폴로지 할 때 찍었던 점들 위치를 기준으로 로우 폴리곤 상태를 확인할 수 있다.

면들을 계속 연결시켜서 토폴로지를 마무리 한다. 뒷면은 만들지 않는다. 대신에 방패의 끝에 꺾이는 부분까지만 제작한다. 면이 꺾이는 부분은 노말 맵(Normal map)을 만들 때에 많이 이슈가 되는 부분이므로 꼭 짚고 넘어간다.

(중간 중간 A 키로 면들의 구성을 확인하면서 작업을 한다!)

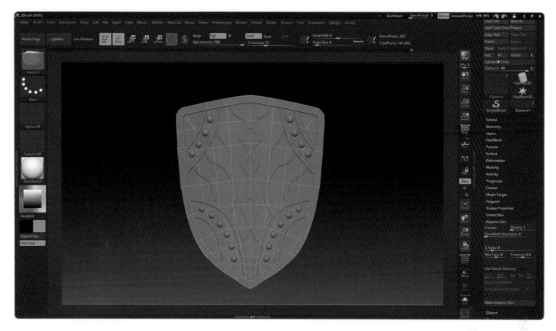

토폴로지를 완성

08 Adaptive Skin 옵션에 Make Adaptive Skin을 눌러서 토폴로지를 한 서브툴을 로우 폴리곤으로 변환해준다. 서브툴 그룹에 새로 로우폴리곤이 등록이 된다.

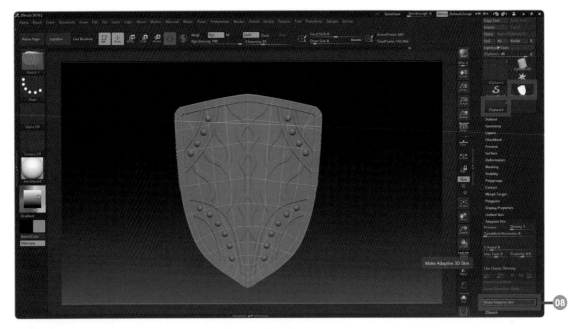

서브툴 그룹에 새로 등록되었다.

09 어펜드(Append)옵션을 써서, 새로 등록된 로우 폴리곤 서브툴을 토폴로지 작업하던 서브툴 그룹에 등록해준다.

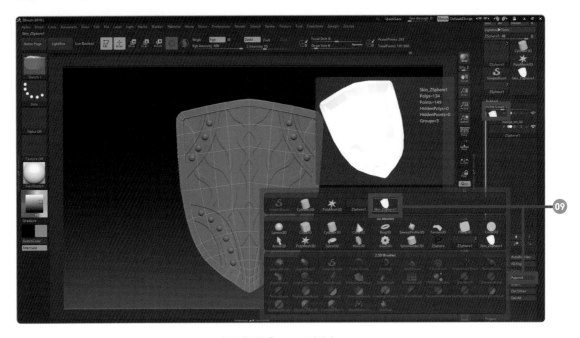

로우폴리곤을 append시킨다.

10 토폴로지했던 서브툴은 눈모양 아이콘을 하이드(Hide) 시키고, 맥스로 Goz시킬 준비를 마친다.

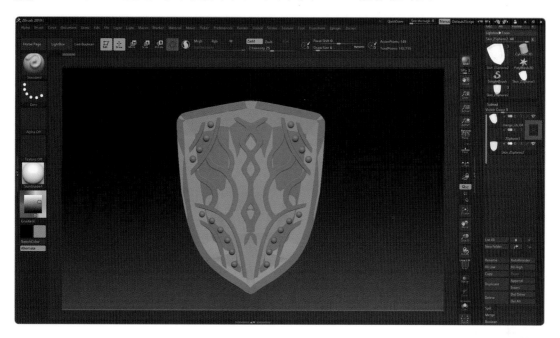

토폴로지 작업이 완료되었다.

CHAPTER 03 폴리그룹세팅

아이디 맵을 생성하기 위한 폴리그룹을 세팅한다. 하이폴리곤 서브툴에다가 맵을 넣을 때 재질별로 넣을 부분을 선택해서 각각 폴리 그룹을 나눠주는 작업을 한다. 이 작업은 맥스에서 진행해도 되지만 맥스에는 많은 수의 폴리곤을 불러오면 속도가 현저하게 떨어지게 된다. 이번 방패 오브젝트는 면이 많지 않기 때문에 맥스와 지브러쉬의 세팅 방법들을 둘 다 공부를 한다.

UNIT 1 지브러쉬(Zbrush)에서 폴리그룹 만들기

하이폴리곤 모델링만 선택을 해서 폴리그룹을 나눠준 다음 하이폴리곤 서브툴만 익스포트(Export)하는 과정을 공부한다.

01 쉬프트(Shift) + F 키를 눌러서 작업 중에 폴리그룹이 나눠진 상태를 확인한다.

02 Tool 옵션의 폴리그룹(Polygroups)옵션에 오토 그룹(Auto Groups)을 눌러준다.

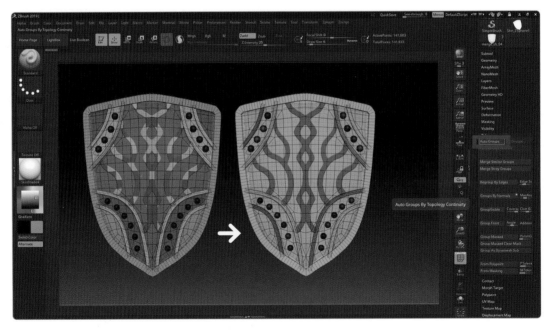

폴리그룹을 일차로 정리한다.

03 왼쪽부분만 그룹을 세팅한 뒤에 축 복사(Symmetry)를 해주면 된다는 생각으로 왼쪽 부분만 세팅한다. 테두리 부분과 문양 부분을 한 가지 재질로 하고 징 부분을 다른 그룹으로 폴리그룹을 세팅한다. `Ctrl` + `Shift` + 클릭해서 문양을 선택한 다음 `Ctrl` + `Shift` + 드래그를 해주면 처음 선택했던 폴리 그룹인 문양만 반전(하이드)이 된다. 그 다음에 같은 재질을 줄 부분들을 `Ctrl` + `Shift` + 클릭으로 하이드시켜준다. 문양과 테두리들이 전부 하이드된 다음, `Ctrl` + `Shift` + 드래그를 해서 다시 문양 부분들만 반전시켜 준 다음 `Ctrl` + `W`를 눌러서 그룹 하나로 만들어준다. (이때 축 복사할 반대쪽 테두리가 몇 개 되지 않으니 그냥 전부 선택해서 축복사 작업을 안 해줘도 된다.)

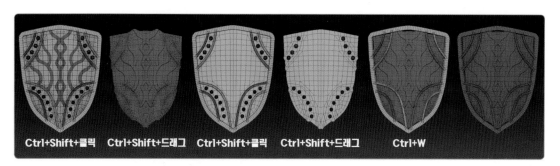

선택과 반전을 적절하게 이용해서 폴리그룹을 나눠준다.

04 테두리를 선택한 다음 `Ctrl` + `Shift` + 드래그로 반전, `Ctrl` + `Shift` + 클릭으로 방패 몸통 부분을 하이드시켜준 다음, `Ctrl` + `W`를 눌러서 징 부분의 그룹을 세팅해 준다. (방패 몸통은 자동으로 그룹이 세팅이 된다.)

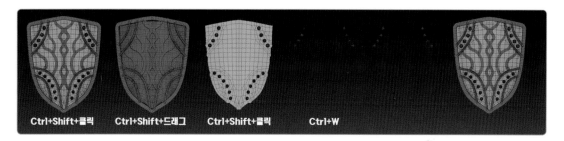

징 부분만 그룹을 세팅한다.

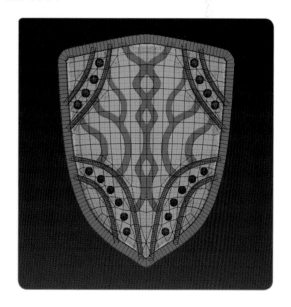

지브러쉬에서 폴리그룹을
다 나눠준 모습

05 Tool 옵션에 Export를 눌러서 sh_high.obj 으로 저장한다. 서브툴 그룹은 sh_05.Ztl 으로 저장한다.

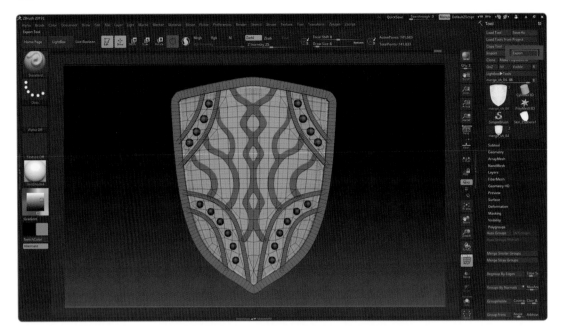

Export를 해준다.

하이폴리곤과 로우 폴리곤을 모두 맥스로 Goz시켜주고 하이폴리곤은 폴리그룹을 세팅해 주고, 로우폴리곤은 맥스에서 Uv를 펴주는 작업을 한다.

01 서브툴에서 각각 Goz를 시켜도 되고, 눈모양 아이콘을 Goz로 보낼 서브툴(로우&하이 폴리곤)만 활성화시킨 다음 Visible을 클릭해서 보내도 된다.

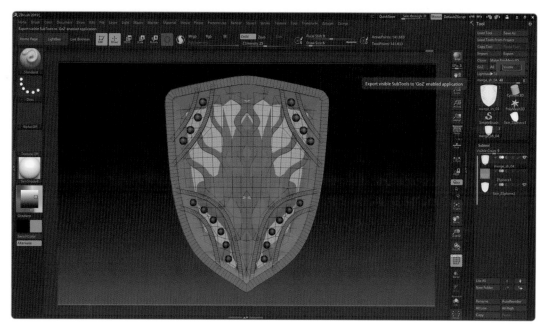

Goz를 실행시켜서 맥스로 보낸다.

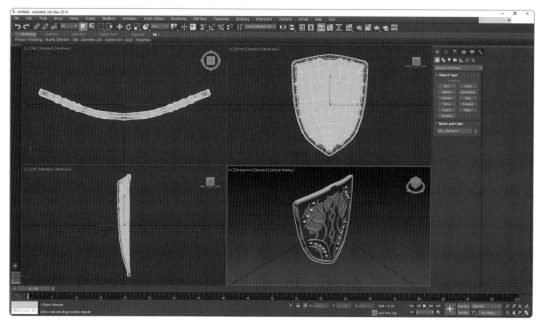

Goz로 맥스에 이동한 로우폴리곤과 하이폴리곤

02 하이폴리곤을 선택한 후에 마우스 오른쪽 클릭을 한 다음 Hide Unselected를 눌러서 하이폴리곤만 남기고 모두 하이드(Hide)시켜 준다.

03 화면의 확대는 오른쪽 아래에 있는 Maximize Viewport Toggle(단축키 Alt + W)를 눌러서 작업 화면을 키워준다.

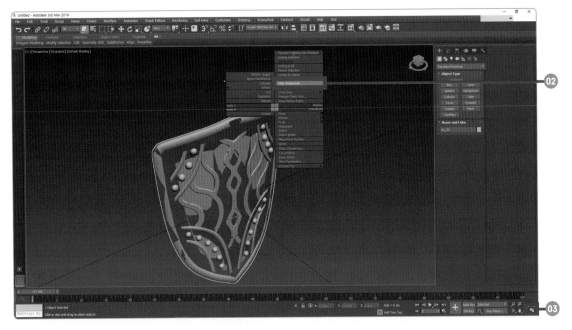

하이폴리곤만 남기고 모두 하이드를 시킨다.

04 방패 오브젝트를 선택한 다음 머터리얼 에디터(Material Editor) 창을 띄운다. (단축키 M)

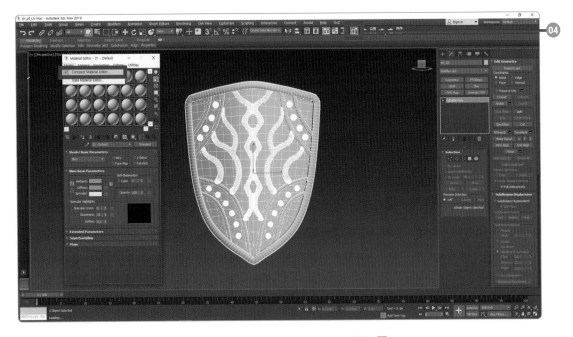

머터리얼 에디터(Material Editor) 창을 띄운다. (단축키 M)

05 방패 오브젝트가 선택이 된 상태에서 머터리얼 슬롯(구슬모양) 하나를 클릭한 다음 Assign Material to Selection을 눌러서 선택한 머터리얼을 적용시킨다.

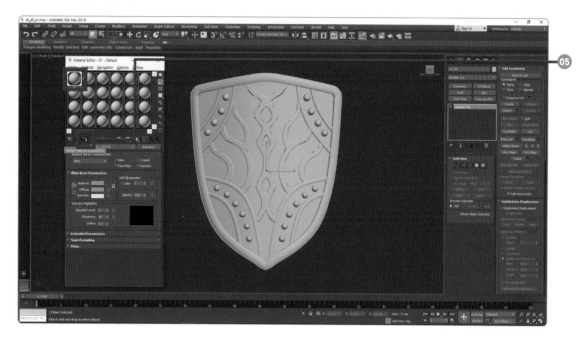

머터리얼(Material)을 적용시킨다.

06 엘리먼트(Element)로 다른 재질(Material IDs)을 줄 폴리곤들만 선택한 다음, 다른 머터리얼(구슬모양)을 선택하고 Assign Material to Selection을 눌러서 선택한 머터리얼을 적용시킨다. 눈에 조금 더 잘 보이게 하려면 각각의 머터리얼의 디퓨즈 컬러 색깔을 다른 색으로 설정하면 머터리얼 아이디가 다른 색상으로 변경되어 더 잘 보이게 된다. 다음과 같이 3개의 재질(Material IDs)로 세팅을 해준다.

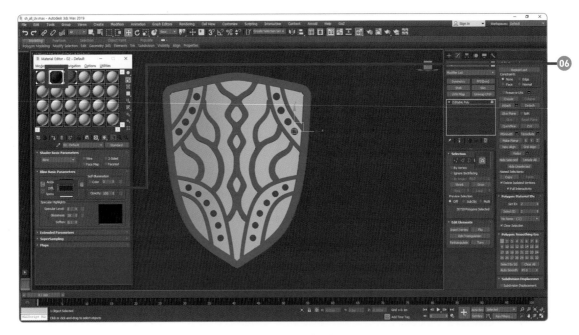

각각 머터리얼을 세팅한다.

07 하이폴리곤을 선택한 다음 File 옵션에 익스포트 셀렉티드(Export Selected...)를 선택해서 sh_high.Fbx로 익스포트를 해준다. Fbx Export창이 뜨는데 아래의 그림과 같이 4군데 체크해준 다음 ok를 눌러준다.

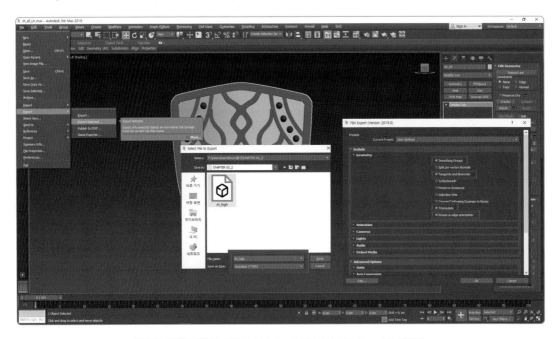

각각 옵션 값을 세팅한 뒤에 sh_high.Fbx 파일로 익스포트(Export)를 해준다.

CHAPTER 04 언랩 : UV 세팅하기

로우 폴리곤에 Uv 좌표를 정리해서 맵을 그릴 수 있도록 세팅을 하는 대표적인 두 가지 방식이 있다. 두 방식은 비교적 신기능인 Quick Peel 방식과 예전에 많이 썼던 Pelt 방식이다. UV의 기초를 공부하는 김에 2가지 방법을 모두 이용해서 맵(Map)을 펼쳐보도록 한다.

UNIT 1 Quick Peel 방식으로 맵 펼치기

Quick Peel을 이용한 방식으로 간단한 오브젝트의 맵을 펴는 방식을 공부한다.

01 로우폴리곤을 선택한 다음 모디파이(Modify) 옵션에 Unwrap UVW 키를 눌러서 맵을 펼 준비를 한다. 단축 버튼이 등록되어 있지 않을 때에는 모디파이 리스트(Modifier List) 체크박스를 클릭하면 찾을 수 있다.

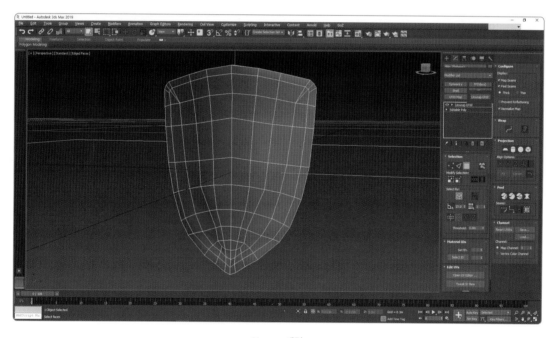

Unwrap 세팅

02 Selection 옵션에서 폴리곤을 선택한 다음 전체 폴리곤을 선택(⎡Ctrl⎤ + ⎡A⎤)한다.

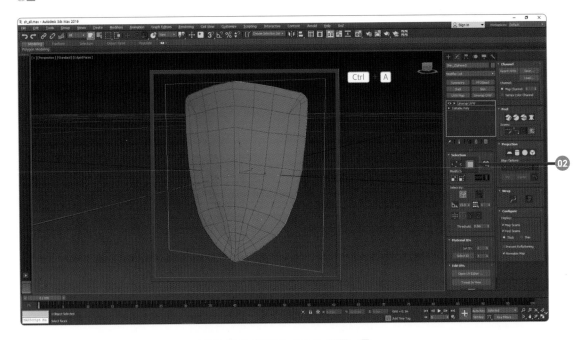

전체 폴리곤을 선택한다. (단축키 : ⎡Ctrl⎤ + ⎡A⎤)

COMMENT   셀렉트 올(⎡Ctrl⎤ + ⎡A⎤) 단축키를 사용해도 되고 드래그해도 상관없다. Select By 옵션에 Ignore
Backfacing 체크가 되어 있는 상태라면 화면에 보이는 정면의 각도에 있는 폴리곤들 말고 다른 면들은 선택이
되지 않으니 주의하자.

03 Peel 옵션에 Quick Peel을 클릭한다. Edit UVWs 창이 새로 열리면서 매핑 좌표가 펼쳐진 것을 볼 수 있다. 익스포트(Export Selected...)를 이용해서 sh_low_qp.Fbx 파일로 익스포트한다.

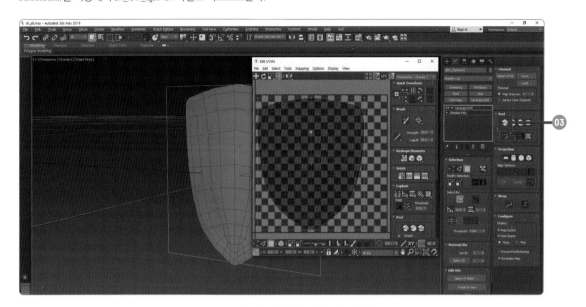

Quick Peel 명령어로 간편하게 맵이 세팅되었다.

UNIT **2 Pelt 방식으로 맵 펼치기**

01 폴리곤을 선택하는 방식은 Quick Peel 방식과 같다. 폴리곤을 선택한 후에 전체 선택(Ctrl + A)을 한 상태에서 Pelt 키를 눌러준다.

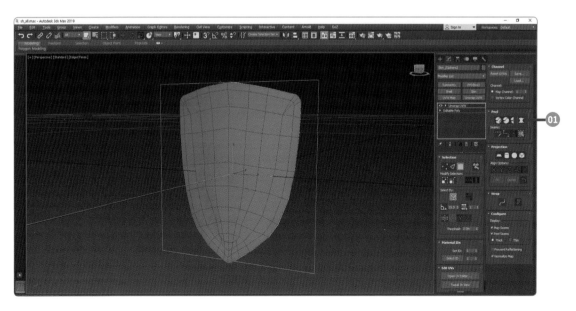

폴리곤을 선택한 다음 전체선택(Ctrl + A)을 한 다음 펠트(Pelt)를 눌러준다.

02 Edit UVWs창과 펠트 맵(Pelt Map)창이 열리게 되는데, 퀵 펠트(Quick Pelt) 옵션에 Pelt 카테고리의 Start Pelt를 실행시킨다. 가죽을 펴듯이 폴리곤을 각각의 방향으로 당겨준다.

(만약 맵이 정상적으로 펼쳐지지 않고 겹치는 부분이나 에러가 생기게 되면 Edit UVWs 창에 면들이 계속 돌게 되는 경우가 있다. 이번 오브젝트는 면이 꼬이거나 겹치거나 에러가 나는 경우가 없으므로 깔끔하게 한방에 펴지게 된다.)

> **COMMENT**   Start Pelt 버튼을 눌러주면 버튼이 활성화된 상태로 변하면서 내용은 Stop Pelt로 바뀐다. Pelt를 적용 시켜주고
> 나면 꼭 Stop Pelt를 눌러서 활성화를 끄고 다음 단계로 넘어간다. 활성화된 상태에서 다음 단계로 넘어가거나 다른 버튼 등을
> 누르다가 맥스가 실행 중단이 되는 경우가 있다. 이때 높은 확률로 파일 자체가 깨어져서 작업이 날아가는 경우가 매우 많다. 조금
> 예전 버전에 있었던 버그지만 지금도 일어날 수 있으므로 주의하자! (작업할 때 마다 확실하게 끄고 다음 단계로 넘어가므로 요즘
> 이런 현상이 있는지 확인을 해본 적이 없다.)

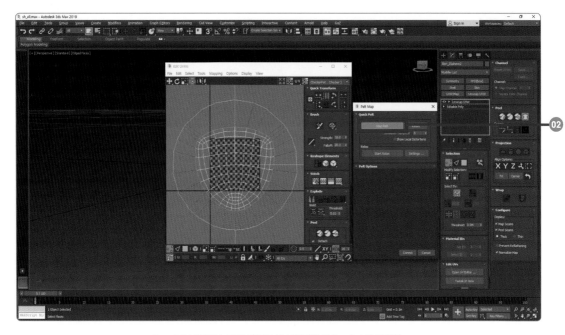

Start Pelt 버튼을 누르면 버튼이 활성화되면서 Stop Pelt로 바뀐다.

03 Start Relax 버튼을 눌러서 면의 간격을 조금 더 조절을 한다.

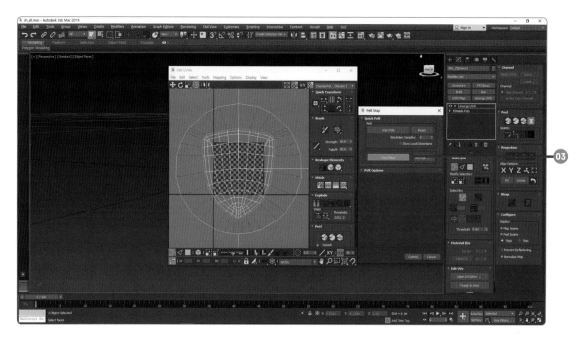

Start Relax를 실행시켜서 면을 조금 더 정리한다.

04 세팅(Settings …)버튼을 활성화시키면 Relax Tool 창이 활성화된다.

05 Relax By Polygon Angles 설정이 되어있는데 Start Relax 버튼을 눌러준다. 면이 완벽하게 펴져있으므로 별다르게 진행되는 것이 보이지 않는다. 하지만 이 공정의 순서를 공부하기위해서 꼭 직접 실습해보기를 권한다. 이번 릴렉스(Relax)작업 역시 좌표가 더 꼬여버리는 경우에는 건너뛰고 진행하면 된다. (실제로 이번 작업은 건너뛰는 경우가 매우 많다.) 마찬가지로 Start Relax 버튼을 한 번 더 눌러서 Stop Relax 상태를 꺼준다. (역시 이미지와 다르게 좌표가 세팅되어도 다음 단계로 넘어가면 되고, 계속 돌아갈 때는 Stop Relax를 눌러서 꺼준다.)

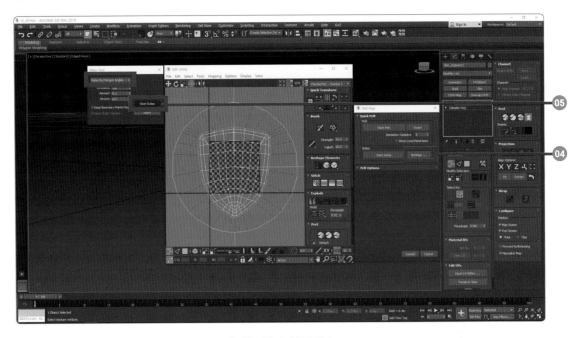

좌표를 조금 더 다듬어 준다.

COMMENT 혹시 맥스 2019 이전 버전으로 공부를 하시는 분들은 체크박스에 있는 설정인 Relax By Polygon Angles 옵션이 Relax By Edge Angles이 설정되어 있는 경우가 있다. 이 경우에는 설정값을 꼭 Relax By Polygon Angles로 바꾼 다음 진행하면 된다.

06 Uv 좌표의 세팅이 끝났으면 Pelt Map에 Commit를 눌러서 Pelt 작업을 완료한다.

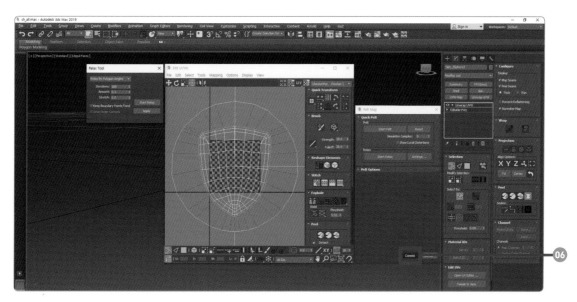

커밋(Commit)을 실행시켜서 UV 세팅을 완료한다.

07 Edit UVWs 창에 왼쪽 상단에 있는 Freeform Mode를 사용해서 UV 좌표를 체크맵 안쪽에 들어갈 수 있도록 스케일과 무브 등의 작업을 해서 Uv 좌표를 세팅한다.

COMMENT   좌측 상단의 아이콘 들은 자세히 보면 메인 툴바에 있는 명령들이랑 대부분 똑같은 모양과 같은 기능을 가지고 있다. Freeform Mode만 새로운 기능이므로, 새로운 기능을 공부하는 것에 포커스를 맞추자. 이때 ⌈Shift⌉ 키를 누른 상태로 무브나 이동을 하면 snap 기능이 적용되므로 이 역시 한 번 써보면서 공부를 한다.

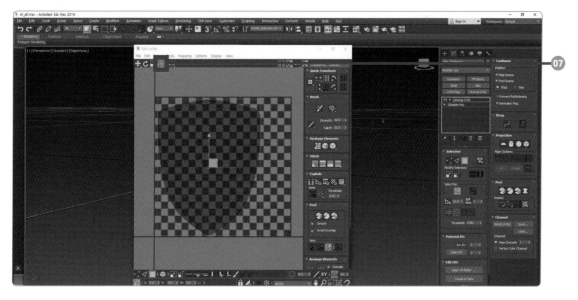

체크맵에 맞도록 사이즈와 위치를 이동시킨다.

08 Edit UVWs 창을 닫고 오브젝트를 좌클릭으로 선택한 다음 Convert To: 옵션에 Convert to Editable Poly를 선택해서 폴리곤으로 변환시킨다.

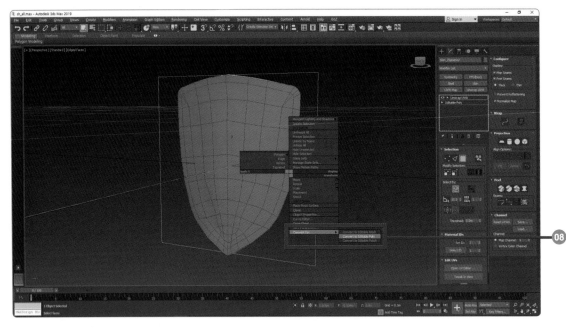

폴리곤(Polygon)으로 변환시킨다.

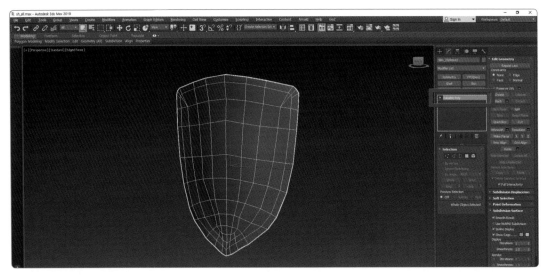

작업했던 옵션들이 하나로 합쳐졌다.

COMMENT 폴리곤으로 변환시키는 이유는 max 툴에 익숙하지 않은 분들이 작업하다가 보면 종종 Uv작업을 했던 것이 리셋 되었다는 이야기들이 많이 나온다. (다른 문제들이 생기는 경우가 빈번하게 발생한다.) 이때 작업을 한 상태에서 폴리곤으로 변환을 시켜 버리면, 모델링, 뭔가 적용시켰던 옵션들, Uv 좌표같은 작업들이 저장이 된다고 생각을 하자. 그러면 적어도 작업 상태를 위아래로 왔다 갔다 하면서 작업을 할 수 있는 편리함이 없어지지만 적어도 작업 해놓았던 것이 리셋되는 경우는 없기 때문이다. 이를 보완하는 방법은 Modifier List에 있는 Edit Poly 옵션을 눌러주면 다음과 같이 기존의 작업했던 옵션들 위에 Edit Poly 옵션이 생긴다. 이 방법들 중에 편한 방법을 써도 무방하다.

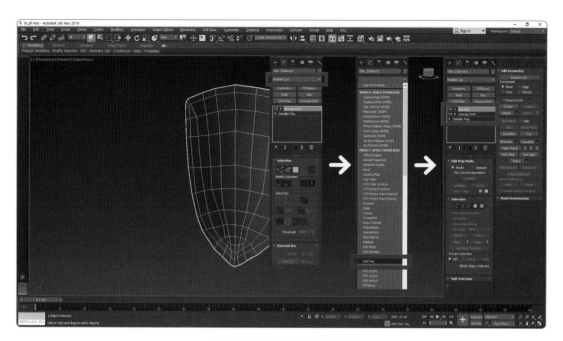

작업 내용들을 쌓아가면서 만드는 방식

09 sh_high.Fbx 로 익스포트(Export)한다.(옵션 값들은 앞서 했던 방식과 같다.) 맥스에서 한번 익스포트했으면 옵션값들이 저장이 되어있다. 간단하게 확인만 하고 익스포트 작업을 진행한다.

10 작업했던 Max 파일을 sh_all_Uv.max로 세이브한다.

COMMENT 전체 Unwrap 작업의 과정을 한 번 더 복습한다. Uv의 구조를 보면서 맵을 그릴 수 있는 사람들은 다음 단계로 넘어가지 않고 끝내도 무방하다.

Unwrap을 하는 방식과 순서

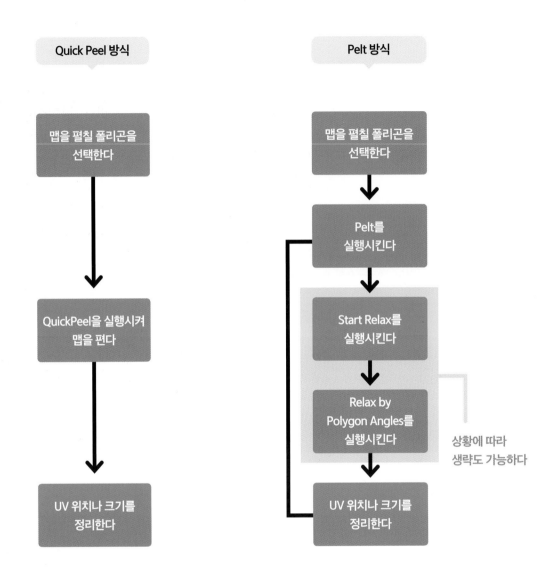

Quick Peel 방식

맵을 펼칠 폴리곤을 선택한다

↓

QuickPeel을 실행시켜 맵을 편다

↓

UV 위치나 크기를 정리한다

Pelt 방식

맵을 펼칠 폴리곤을 선택한다

↓

Pelt를 실행시킨다

↓

Start Relax를 실행시킨다

↓

Relax by Polygon Angles를 실행시킨다

↓

UV 위치나 크기를 정리한다

상황에 따라 생략도 가능하다

CHAPTER 05 Substance Painter를 이용한 매핑

Substance Paint에서 작업하기 위한 기본 맵들을 노말맵(Normal Map)을 중심으로 베이킹(Baking)한다. (그렇다, 빵을 구울 때 쓰는 굽다의 베이킹(Baking)과 같은 단어이다!!!!) 이때 베이킹되어 생성된 매핑 소스(텍스쳐라고도 한다)들을 전부 쓰는 것은 아니다. 서브스텐스에는 매핑 작업을 위한 베이스 맵들도 있다.

이 기본 베이스맵들에 재질과 컬러와, 기타 툴의 필터 등을 이용해서 최종 출력될 매핑 소스를 제작하고 제작된 소스를 엔진에 맞춰서 출력을 하게 된다. 오브젝트가 필요로 하는 텍스쳐들을 베이킹을 통해서 생성한 다음, 실제 텍스쳐 작업을 위한 베이킹이 꼭 선행되어야 한다.

UNIT 1 Bake 작업

Uv를 펼친 로우폴리곤(Low Polygon) 파일에다가 아이디맵을 추출할 수 있도록 폴리그룹이 세팅 된 하이폴리곤(High Polygon)파일을 적용시켜서 맵들을 추출하는 작업을 공부한다.

UNIT 2 오브젝트 세팅과 Bake

01 New를 선택해서 New Project 창을 새로 띄운다.

02 New Project 창에서 Select...를 선택하고 sh_low_qp.fbx나 sh_low_p.fbx를 불러온다.

sh_low_qp.fbx나 sh_low_p.fbx를 불러온다.

03 New Project 창에서 Ok를 눌러서 로우폴리곤 파일을 불러온다.

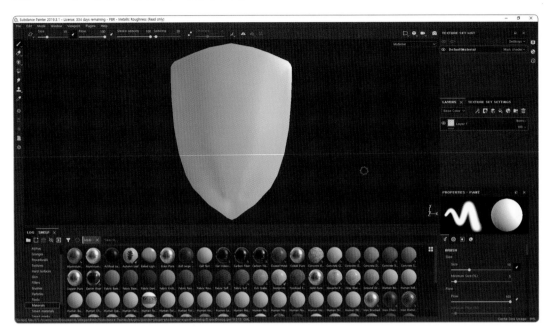

로우폴리곤 데이터를 불러왔다.

04 오른쪽 중앙에 TEXTURE SET SETTINGS(대문자 주의)패널을 선택하고 Bake Mesh Maps를 활성화시켜서 Baking 창을 연다.

Bake Mesh Maps를 활성화 시켜서 Baking 창을 연다.

05 Baking 옵션에 High Poly Parameters 옵션에 High Definition Meshes 옆에 있는 경로선택 버튼을 눌러서 sh_high.obj 파일이나 sh_high.fbx 파일을 선택한다.

sh_high.obj 파일이나 sh_high.fbx 파일을 선택한다.

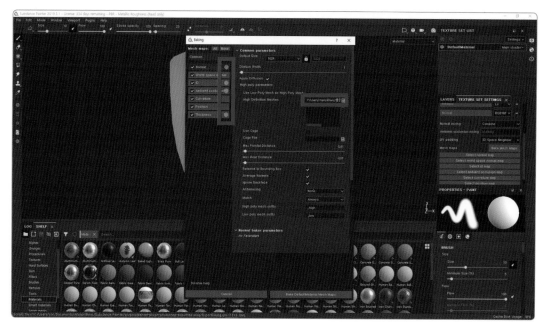

오브젝트의 경로가 나오게 되며 아이콘이 변했다.

06 아웃풋사이즈(Output Size)를 2048로 세팅해준다. Output Size는 서브스텐스 작업을 위한 텍스쳐 스케일을 세팅해주는 부분이므로, 더 크게 작업해줘도 맵을 추출할 때 사이즈를 다시 세팅해서 뽑을 수 있다. 아웃풋사이즈(Output Size)가 크면 클수록 베이킹 값이 느려지게 된다. 텍스쳐 작업할 때에도 속도에 영향을 준다.

07 안티알리아싱(Antialiasing)옵션에 세팅 값을 Subsampling 4X4로 변경해준다. 높이나 각도에 의해서 경계면이 생기는 부분에 대각선으로 선이 생성될 때에 픽셀이 깨지는 값을 조정하는 옵션이다. 서브샘플링(Subsampling)값이 높을수록 부드럽게 추출이 되지만 베이킹 속도가 엄청 느려진다.

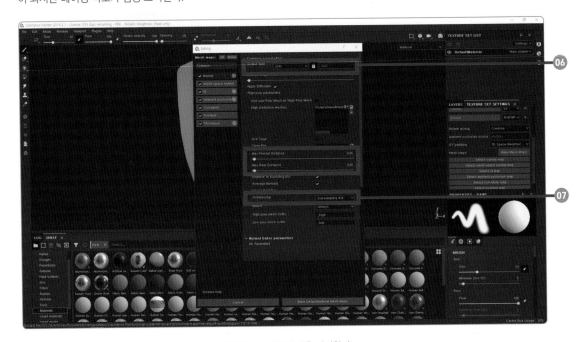

베이킹(Baking)옵션 값을 세팅한다.

- Max Frontal Distance : 튀어나오는 값을 설정한다.

- Max Rear Distance : 안쪽으로 들어가는 값을 설정한다.

- Max Frontal Distance 값을 0.3 정도 올려서 베이크를 했다.

08 ID맵 옵션을 선택한 다음 Color Source 옵션을 Mesh ID / Polygroup으로 세팅한다. (맥스에서나 Zbrush에서 추출할 때 사용되었던 각각의 이름들이 Mesh ID와 Polygroup 이였던 것을 확인하자.)

09 Bake DefaultMaterial Mesh Maps 버튼을 눌러서 베이킹한다.

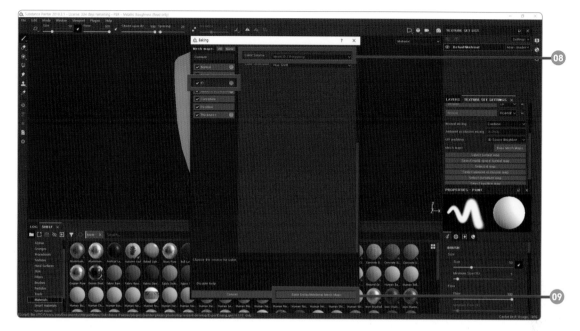

ID Map 설정값을 세팅한다.

10 베이크 창이 활성화되면서 노말 맵(Normal Map)부터 순서대로 베이킹(Baking)이 되고 완료되면 Ok버튼을 눌러서 베이킹을 마무리한다. (파일을 세이브 한다. sh.spp)

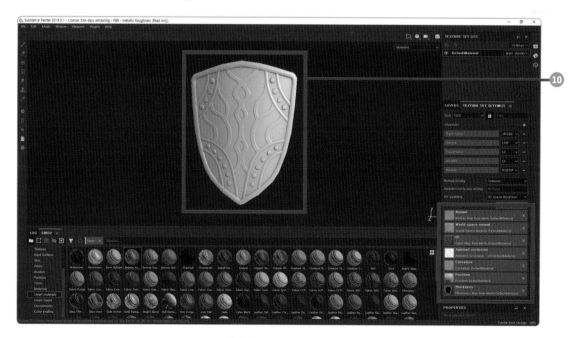

베이킹(Baking)을 완료했다.

UNIT 3 레이어의 활용과 브러쉬

서브스텐스는 기본적으로 여러 개의 재질들을 레이어 순서대로 배치를 한 다음 마스크나 기타 이펙트 등으로 레이어간의 합성과 부분 매핑을 진행한다.

레이어에 대해서 공부하고, 스마트 머터리얼의 구조와 마스크를 이용한 작업의 기초를 공부한다.

01 방패 바탕에 들어갈 머터리얼(Material)을 넣는다. 스마트 머터리얼(Smart Material)을 선택하고 Steel Medieval Stylized를 선택하고 직접 방패에 드래그를 하던지, 레이어 패널로 드래그를 합니다.

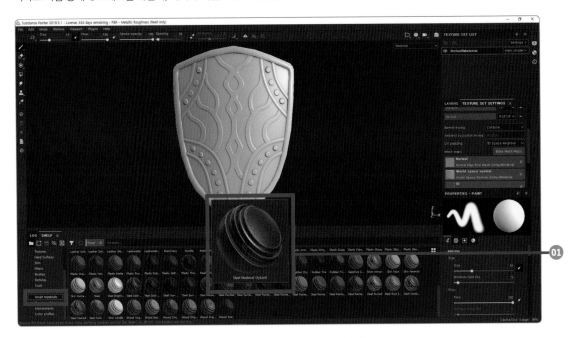

Steel Medieval Stylized 머터리얼을 선택한다.

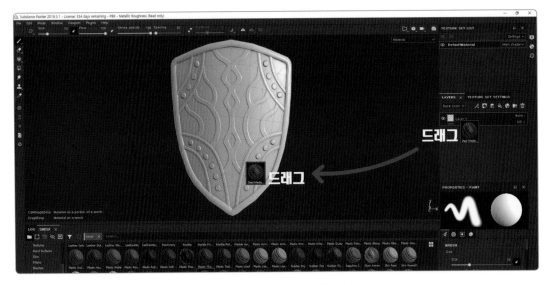

재질(Material)을 선택하고 드래그를 한다.

좌측 상단의 아이콘은 자세히 보면 메인 툴바에 있는 명령들과 대부분 똑같은 모양과 같은 기능을 가지고 있다. Freeform Mod만 새로운 기능이므로, 새로운 기능을 공부하는 것에 포커스를 맞추자. 이때 Shift 키를 누른 상태로 무브나 이동을 하면 snap 기능이 적용되므로 이 역시 한 번 써보면서 공부를 한다.

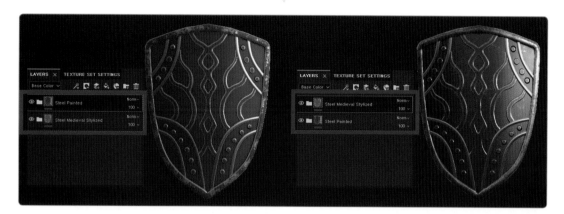

레이어의 위치에 따라서 최종적으로 보여지는 맵의 텍스쳐가 달라진다.

02 기본 방패맵 위에 테두리에 들어갈 브론즈 아머(Bronze Armor)를 선택한 다음 드래그해서 맵을 넣는다. 당연히 Bronze Armor 재질이 제일 위쪽으로 있고 다른 마스크나 기타 작업이 없는 상태이므로 Bronze Armor 재질만 보이게 된다.

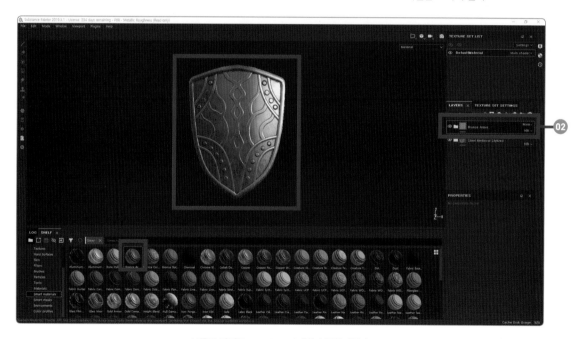

브론즈 아머(Bronze Armor)재질이 등록되었다.

03 Bronze Armor 머터리얼 레이어를 오른 클릭으로 선택하면 명령어 옵션들이 나온다. Add black mask를 선택한다.

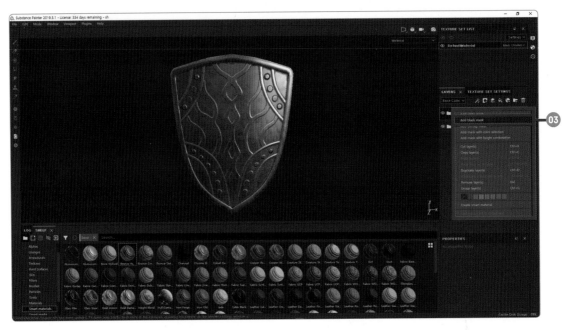

Add black mask의 검은색으로 전체 마스크를 덮어준다.

블랙 마스크를 씌운 상태가 되면 머터리얼 옆에 검은색으로 마스크 맵이 생성이 되고, 검은색 마스크가 씌워져 있기 때문에 Bronze Armor 머터리얼은 보이지 않게 되며 아랫단계의 머터리얼인 Steel Medieva Stylized 재질이 보이게 된다.

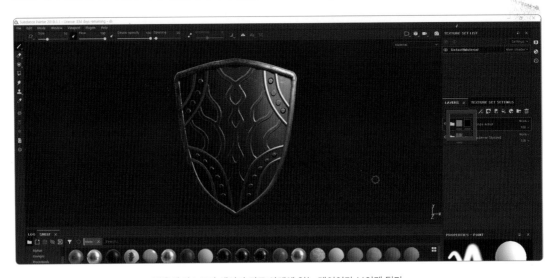

검은색 마스크가 생성이 되고 아래에 있는 레이어가 보이게 된다.

04 검은색 마스크를 오른 클릭하면 명령어 옵션이 뜨는데, Add paint를 클릭한다. Add paint기능은 말 그대로 포토샵의 브러쉬 옵션과 같은 구조로 된 브러쉬 모드를 등록해준다. (꼭 블랙 마스크 위치에서 마우스 오른쪽 클릭을 한다.) Bronze Armor 머터리얼 폴더가 열리면서 구성되어있는 모든 레이어가 보이게 된다. 그리고 마스크 아래에 Paint 옵션이 등록된다.

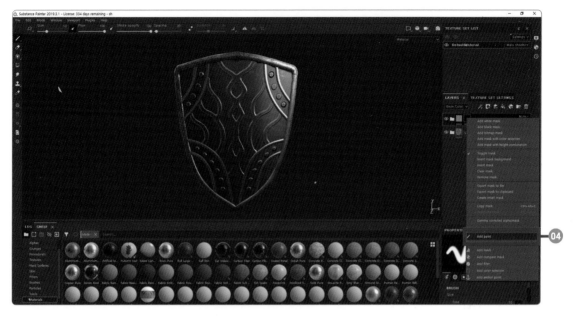

Add Paint를 눌러준다.

페인트 옵션이 블랙 마스크 아래에 등록되었다.

COMMENT　　　　Bronze Armor 레이어의 구성을 보면 왼쪽과 오른쪽의 두 개의 사각형 아이콘이 뜨게 된다. 두 군데에 마우스 오른 클릭을 해보면 옵션이 다르게 뜬다. 두 개의 다른 속성을 가진 상태이기 때문이다. 왼쪽은 Bronze Armor 레이어가 폴더의 상태로 되어 있는데, 이 폴더 속에 있는 레이어들의 최종 값을 나타내는 아이콘이고 오른쪽은 전체 마스크를 뜻하는 아이콘이다.

05 단축키 F1 키를 눌러서 뷰포트 레이아웃(Viewers layout)을 3D/2D를 둘다 보이도록 설정한다.

06 브론즈 아머에 블랙 마스크를 적용하고, paint 옵션을 클릭하여 브러쉬 모드를 활성화시킨다.

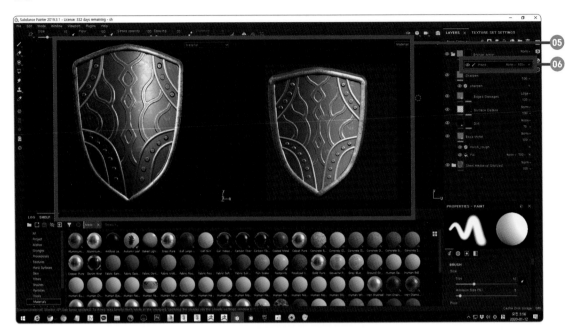

화면 모드를 조정하고 페인터 모드를 활성화시킨다.

- **Viewers layout : 단축키 F1 : 3D/2D**

- **Viewers layout : 단축키 F2 : 3D only**

- **Viewers layout : 단축키 F3 : 2D only**

- **Viewers layout : 단축키 F4 : Swap 3D/2D**

07 테두리와 문양 부분을 직접 브러쉬 모드로 그려본다. 블랙 마스크 상태에서 하얀색 브러쉬로 그림을 그리면 그려지는 부분에는 흰색 마스크가 그려지면서 Bronze Aromr 재질이 보이게 된다. 일부러 난이도가 조금 있는 부분을 실습하는 것이니 최대한 디테일하게 그려본다.

COMMENT 브러쉬 창은 페널의 끝부분에 마우스를 가져다 대면 패널의 길이를 조절할 수 있다.

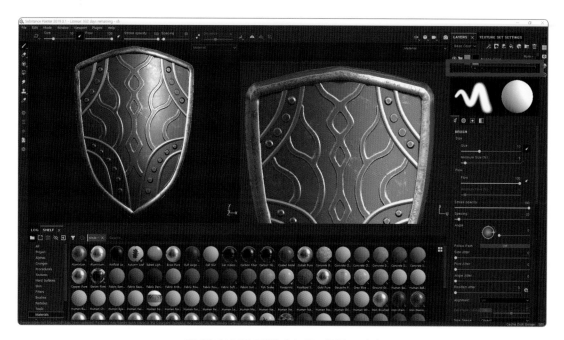

패널의 사이즈를 조절하거나 따로 세팅할 수 있다.

브러쉬 패널을 선택하고 Alignment 옵션을 Uv로 바꾼다. 패널을 선택해도 되고, 패널이 순서대로 되어 있으면 마우스 휠을 드래그해서 아래로 쭉 내리거나 올려서 선택해도 된다.

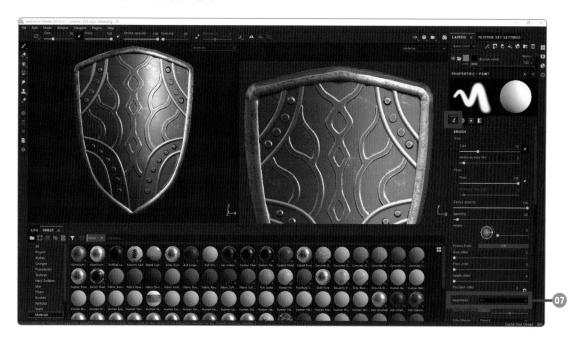

Alignment 옵션을 UV로 바꾼다.

> **COMMENT**   원래 세팅되어있는 Tangent ㅣWrap 상태는 실제 높이나 방향에 따라 매핑을 하게 되는 모드라서 디테일하게 작업하기가 까다로운 경우가 있다. UV 세팅은 포토샵처럼 2D 평면에 그림을 그리는 모드이므로 맵 사이즈만 충분하면 얼마든지 확대를 해서 디테일하게 그림을 그릴 수 있다.

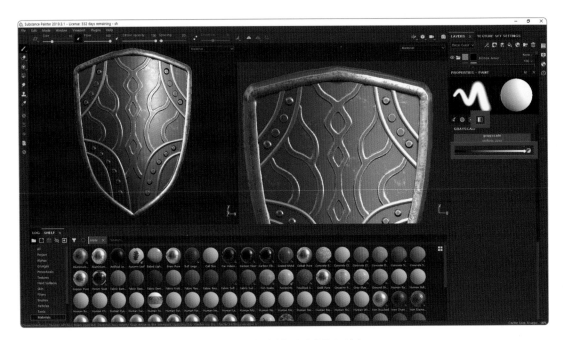

그레이 스케일 색깔을 지정해 줄 수 있다.

08 흰색 마스크 브러쉬를 선택해서 테두리들을 그려준다.

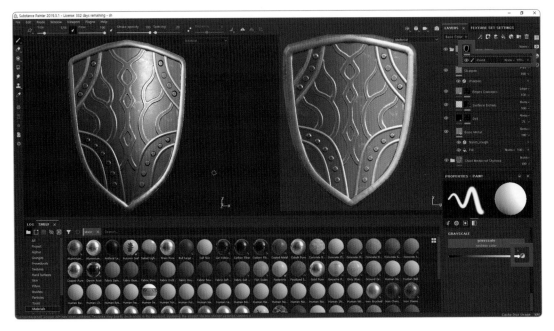

테두리와 문양 부분을 흰색 마스크로 그려준다.

09 지우개 모드(단축키 2)로 지워주거나, 검은색 마스크 브러쉬로 바꿔서 가려주면 영역을 정해줬던 부분들이 지워진다. 방패 오브젝트는 좌우 대칭으로 제작되어 있으므로 마스크를 그릴 때, 상단에 있는 Symmetry 옵션을 활성화시켜놓고 작업을 하면 반만 그려도 된다. 브러쉬 사이즈는 단축키 '['와 ']'를 누르면 커지거나 작아진다.

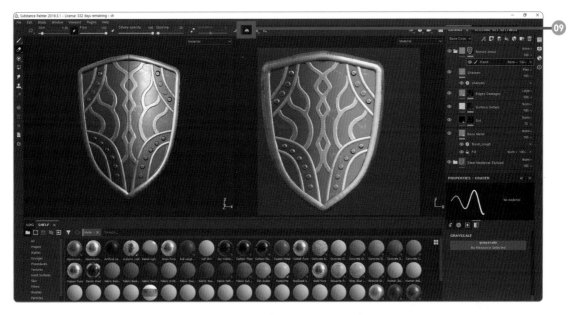

대칭(Symmetry)를 활성화하고 작업을 한다.

이렇게 작업된 마스크 영역은 복사와 붙여넣기로 계속 써먹을 수 있다. 아이디 맵(ID Map)을 맥스, 포토샵, 지브러쉬에서 만들 수 있다. 하지만 간단한 부분은 이렇게 마스크 영역을 직접 그어서 재질을 편집할 수도 있다는 것을 명심하자. (파일을 세이브 한다. sh_m.spp)

COMMENT 화면 제어 컨트롤 키들 중에 스냅 기능이 들어가 있는 단축키들이 있다. 단축키는 화면 빈 공간에 마우스를 두고 Ctrl, Alt, Shift 키를 눌러보면 화면에 단축키들이 보인다.

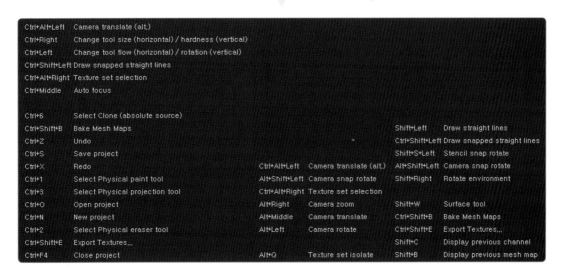

Ctrl, Alt, Shift 단축키들

4 아이디 맵 (ID Map) 활용하기

맵을 베이크할 때 같이 뽑아뒀던 ID Map을 이용한 재질 편집 방법을 공부한다.

01 스마트 머터리얼(Smart Materials) 중에 Steel Dark Age(이하 SDA)재질을 적용시킨다. 레이어들 중에 제일 위쪽으로 등록을 시켜준다. 이제는 당연한 소리겠지만 별도로 마스크 속성을 가지고 있지 않기 때문에 SDA 재질이 방패 전체 오브젝트에 적용된 것을 확인할 수 있다. 이제 이 레이어에 마스크를 ID Map을 이용한 간편한 컬러 선택 방법으로 마스크 작업해서 징 부분에만 SDA 재질을 적용시킨다.

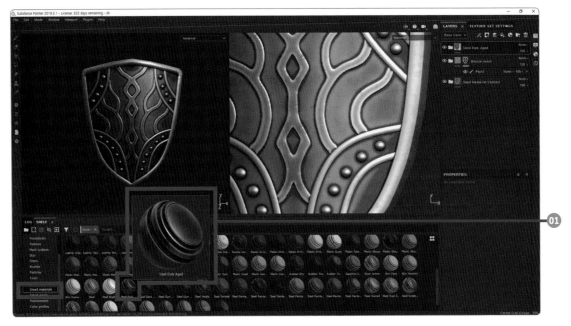

SDA 재질을 적용시킨다.

02 SDA 머터리얼 아이콘 위에 오른 클릭을 한 다음 Add Mask with color selection을 선택한다.

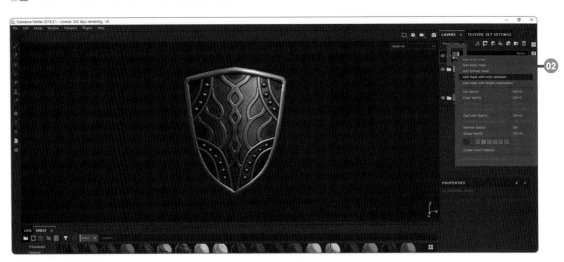

Add Mask with color selection을 선택한다.

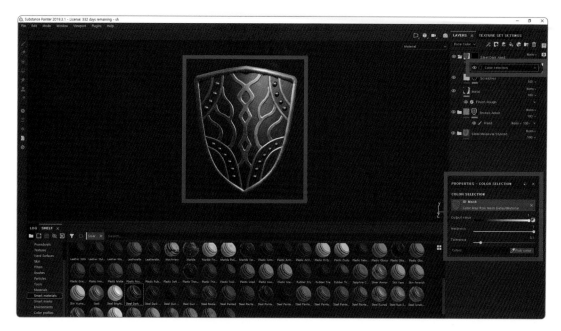

ID Map을 선택할 수 있도록 세팅이 바뀐다.

COMMENT 일단 ID Map 셀렉션 상태로 세팅이 되면 SDA 머터리얼에 우선적으로 블랙 마스크(Black Mask)가 적용된다. 그러면서 화면은 SDA 머터리얼이 사라진 것처럼 보이고 아래에 있는 레이어들만 보이게 된다.

03 COLOR SELLECTION 옵션에 Pick color를 클릭한다. 뷰포트의 방패 오브젝트에 직접 아이디 맵이 적용된 모습으로 나오게 된다. 마우스 포인트 역시 스포이드 모양이 바뀌는 것을 꼭 확인하자.

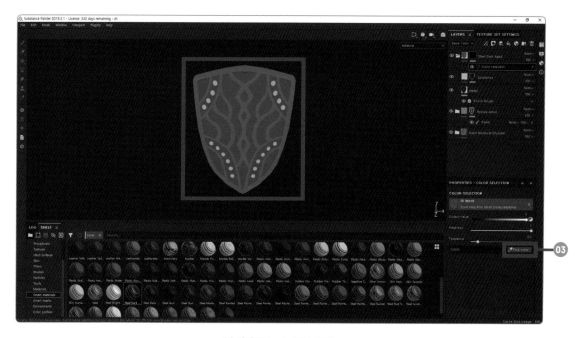

픽 컬러(Pick color)를 누른다.

04 방패의 징 모양(ID 맵에서 초록색)을 스포이드로 변형이 된 마우스를 클릭을 하게 되면 징 부분에만 마스크(Mask)가 적용되어서 SDA 머터리얼이 보인다. colors 옵션에 녹색이 등록되며, 징 부분에 머터리얼이 바뀐 것을 확인할 수 있다.

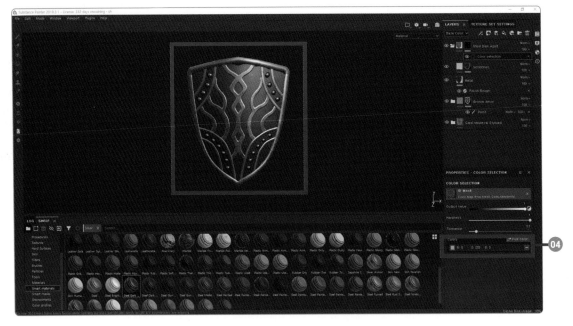

징 부분에만 마스크가 적용되었다.

COMMENT   colors 선에 다른 부분들도 동일한 머터리얼을 등록시킬 수 있고, 방법은 Pick color를 누른 다음 원하는 ID Map 컬러를 선택하면 바로 적용된다. 선택한 부분(ID Map)을 삭제할 때는 해당 ID Map이 등록된 곳의 - 버튼을 누르면 해당 ID Map이 바로 삭제가 된다.

UNIT 5 디테일 마무리

몇 가지 레이어의 추가와 간단한 필터를 적용하여 전체적인 서브스텐스 페인터 작업 공정의 기본을 공부한다.

스마트 머터리얼(Smart Material)인 SDA 머터리얼의 색깔이 베이스 방패와 비슷한 계열이므로 조금 더 밝게 만들어 주고, 베이크했던 커버추어 맵(Curvature Map)과 앰비언트 오클루전 맵(Ambient Occlusion Map)을 이용한 디테일을 올리는 실습을 한다.

01 SDA(Steel Dark Aged) 머터리얼 폴더를 펼쳐서 Metal 레이어를 선택한다.

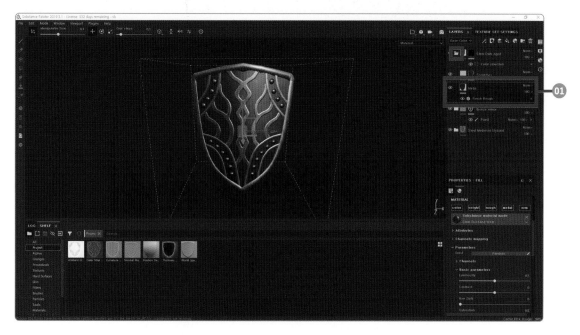

Metal 레이어를 선택한다.

02 PROPERTIES ⋯ FILL 옵션들을 보면 Fill 과 Material 로 구성되어있다. 각각 패널을 클릭해서 위치를 이동시켜도 되고, 마우스 드래그로 이동해도 된다. MATERIAL 패널을 보면 각각 color, height, rough, metal, nrm 의 속성들로 하나의 레이어가 구성되어 있는 것을 확인할 수 있다. 그리고 파란색 테두리는 레이어가 활성화되어 있다는 것을 표시한다.

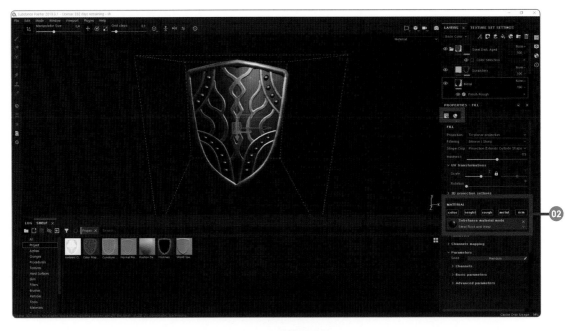

레이어의 구성을 확인한다.

Advanced parameters를 열어보면 Metal Color에 어두운 회색이 설정되어있는 것을 볼 수 있다.

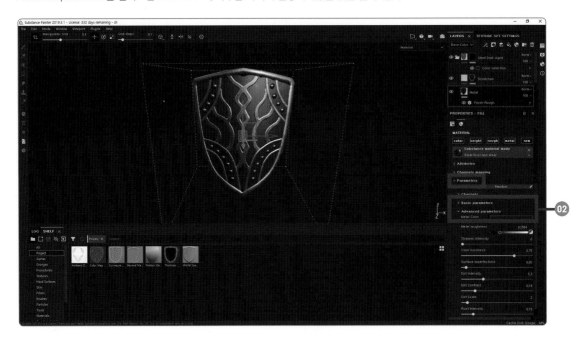

Metal color부분을 확인한다.

03 Metal Color를 밝은 색으로 바꿔준다. 바로 징 부분의 전체 색깔이 방패 색 보다 밝게 나오는 것을 확인할 수 있다. 컬러를 선택하면 컬러관련 창이 새로 뜬다. 그리고 다이나믹(dynamic)버튼을 누르면 채도가 명확하게 보인다. 이를 이용하여 색을 선택할 때 상황에 맞춰서 세팅을 변경해 가면서 색상을 바꾸어 주면 조금 더 편하게 작업할 수 있다.

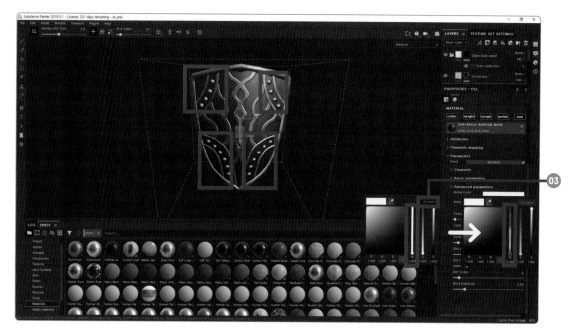

징의 색상이 바뀐 것을 볼 수 있다.

04 레이어의 제일 위쪽에 에드 어 필 레이어(Add a fill layer)를 추가해준다. Add a fill layer를 주면 처음 베이킹을 한 것처럼 나오게 된다.

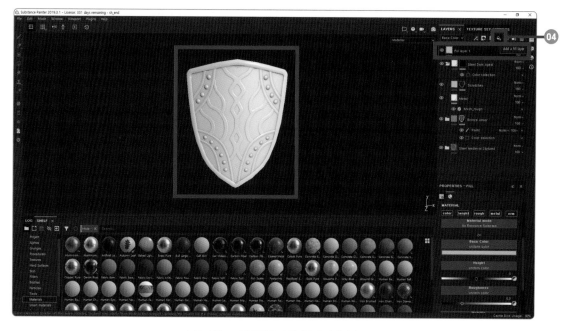

Add a fill layer 명령어로 레이어를 추가해줬다.

05 Material 옵션에 color만 빼고 나머지는 다 꺼준다.

06 하단의 셀프(SHELF) 창에서 프로젝트(Project)를 선택하면 베이킹했던 맵들이 리스트에 나오게 된다.

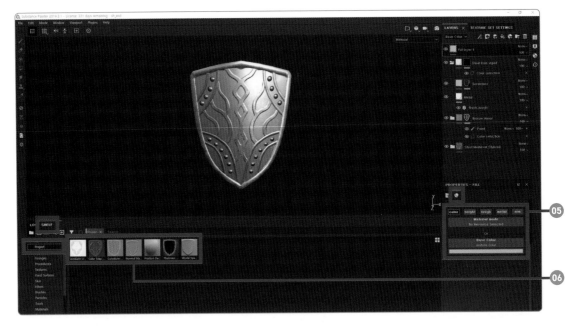

컬러(color)만 남겨 둔다.

COMMENT Project 목록에는 새로 추가된 맵들이 리스트에 나오게 된다. 많이 쓰는 목록이므로 꼭 체크를 해준다. 이왕 체크를 하는 김에 다른 부분들의 목록에 어떤 것들이 있는지 한번쯤 보면서 체크를 해두자.

07 커버츄어 맵(Curvature Map)을 드래그해서 베이스 컬러(Base color)에 적용시켜준다.

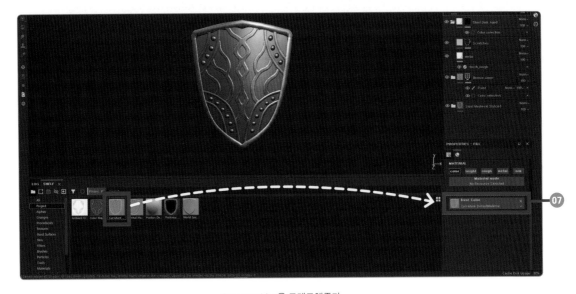

Curvature Map을 드래그해준다.

08 레이어 오른쪽에 필터를 오버레이(Overlay)로 바꾸고 수치를 50으로 맞춘다. 조금 더 선명하게 테두리들이 정리된다.

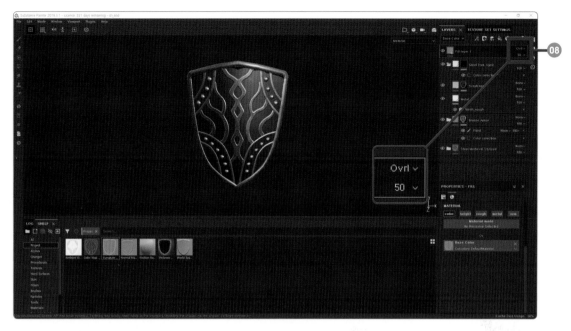

Overlay 필터를 적용시킨다.

09 같은 방법으로, 에드 어 필 레이어(꼭!!!)로 제일 상단에 레이어를 추가를 하고 속성은 color만 남겨두고 다 꺼준다.

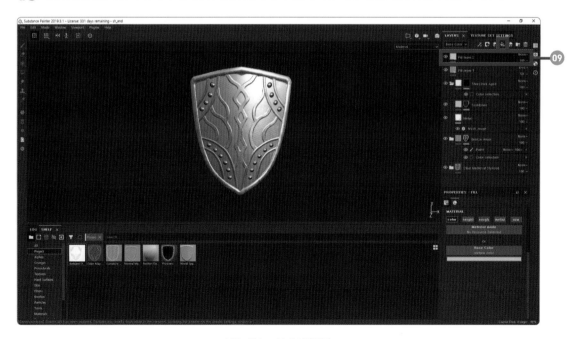

Add a fill layer로 추가해준다.

10 앰비언트 오클루전맵(Ambient occlusion Map)을 베이스 컬러(Base color)에 드래그해준 다음 레이어 필터를 멀티플라이 (Multiply)로 바꿔주면 높이값에 관한 그림자가 생기게 된다. (파일을 세이브 한다. sh_end.spp)

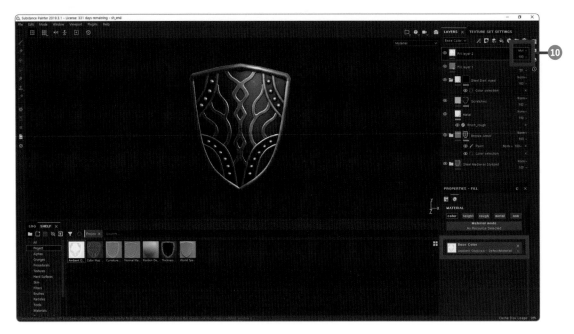

Ambient Occlusion Map을 적용시킨다.

- **Normal Map** : 하이폴리곤의 튀어나오거나 들어간 모델링의 값을 로우 폴리곤에 적용시키기 위한 정보를 추출한 맵

- **Curvature Map** : 노말 값 보다 튀어나오면 밝은 색으로, 들어가면 어두운 색으로 입체감을 조금 더 살려주는 맵이다. 나중에 이 단차 값을 이용해서 다양한 효과와 재질을 섞어서 쓰게 된다.

- **Ambient Occlusion Map** : 깊이 값을 토대로 검은 부분과 흰 부분을 만들어서 음영을 주는 역할을 하는 맵이다.

단차를 가지고 있는 부분에 음영을 준다고 생각하면 되는데 그림자와 유사하다고 생각하면 조금 더 쉽다.

메모

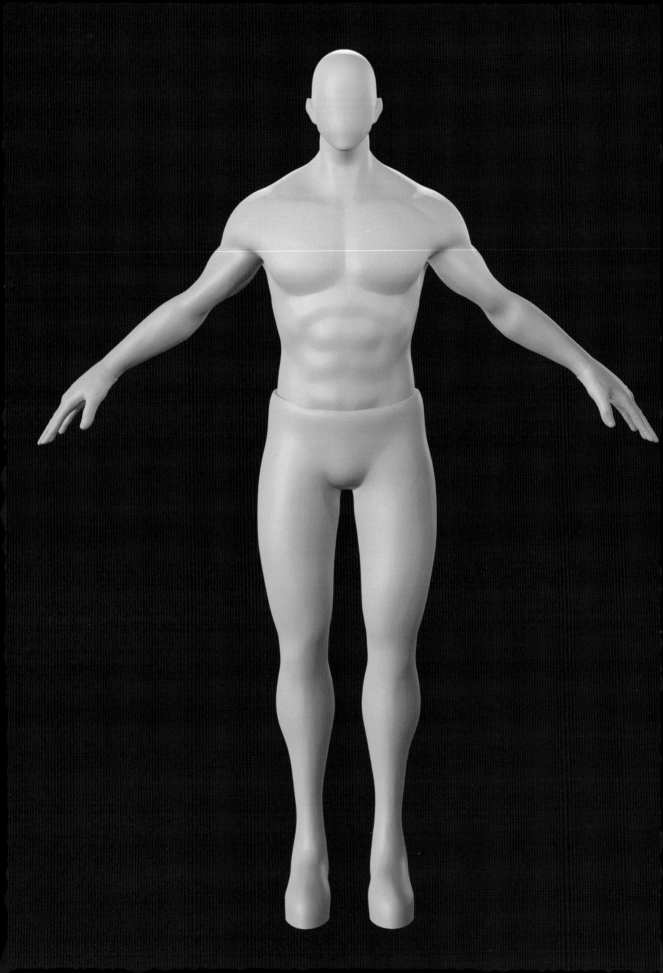

PART 04

남자 인체 만들기

파트3에서는 오브젝트 제작을 통해 전체적인 작업 공정에 대해서 알아보았다. 이제 본격적으로 지브러쉬 위주의 캐릭터를 만들어 본다. 모델링 위주의 수업이 진행되므로 이미지를 최대한 많이 넣어도 이미지들의 사이가 비어 보일 수 있다.

샘플파일들을 충분히 분석해보고, 비율이나 근육의 모양을 이미지랑 똑같이 만들기 보다는 최대한 자연스러운 인체를 만드는 것을 목표로 한다. 덩어리로 되어있는 부분들의 이미지 단편만을 봐서 그것을 분석하고 길이와 각도까지 맞춘다는 것은 불가능하다. 큰 근육의 흐름이 어떻게 만들어 지고 어떤 식으로 편집을 하는지 만드는 방식을 보고난 다음 하나씩 만들어 나가면 된다.

확실한 것은 어떻게 몸이 이상하게 나와도 계속 수정하면 어떻게 해서든지 완성 단계까지 갈 수 있다. 일단은 인체의 기본 흐름 위주로만 진행하고, 그 위에 옷이나 설정값을 입히기 위한 균형감 있는 인체 제작을 목표로 한다.

디테일한 근육의 흐름이나 개성적인 인체의 표현은 따로, 계속 공부를 해야 하는 부분이다. (필자 역시 새로운 캐릭터를 만들기 위해서 항상 새로운 바디 샘플들을 만들어 두고, 만들 때마다 인체에 관한 자료들을 엄청나게 수집한 다음 그것들을 꼭 참고해서 만든다.)

CHAPTER 01 전체 비율 잡기

인체를 부분마다 따로 만들다 보면 비율이 조금씩만 달라져도 전체적인 비율을 놓치기 십상이다. 개인적으로 중요하게 생각하는 부분은 작업을 크게 전체적으로 단계별 디테일을 올려가는 과정이다.

학생들이 작업을 어느 정도 하다가 비율이나 인체의 흐름이 잘 안 나오는 경우에 한곳의 디테일을 올려버리는 경우가 굉장히 많다. 한부분의 디테일이 올라가 버리면 연결되는 다른 부분들의 디테일과 잘못된 인체의 비율과 흐름들이 너무나 명확하게 보여 버리기 때문에 새로 만들기 시작하거나, 다른 부분들의 디테일도 하나씩 올리다 보면 완성되는 시간이 오버되어 버리는 경우가 많다. 적당한 비율을 먼저 만들고 근육의 흐름을 조금씩 그려가면서 디테일을 올려가는 습관을 기르자.

UNIT 1 원화 이미지 편집하기 1 : See-through

씨-쓰루(See-through)옵션으로 지브러쉬 자체에 투명값을 주어서, 지브러쉬 아래에 이미지를 깔아놓고 작업을 하게 되는 방식이다.

01 지브러쉬를 켠 다음 그 위에다가 '이미지 파일 : body_front.jpg'을 이미지 뷰어(각자 개인의 이미지뷰어)로 불러온 다음 화면 중앙에 캐릭터 이미지가 들어오도록 한다.

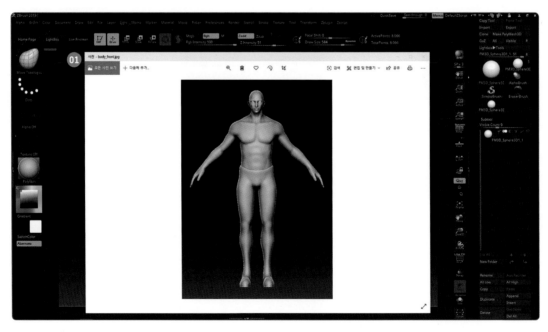

이미지 뷰어의 가운데 정도에 이미지 세팅을 한다.

02 지브러쉬 상단에 See-through 옵션 값을 30 정도로 맞춰주고 테두리에 있는 U.I에 마우스가 있으면 투명값이 나타나지 않지만 마우스를 작업 화면으로 가져가면 지브러쉬 툴 전체가 투명값이 적용되어 아래에 있는 이미지가 보이게 된다.

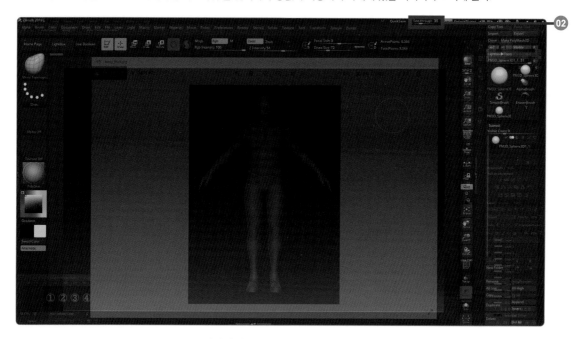

화면 아래에 투명하게 이미지가 보인다.

COMMENT　　간단한 오브젝트나 실루엣, 문양 등을 그릴 때 많이 쓰지만 디테일을 올리기에는 쉽지 않은 작업 방식이다. 작업도중 큰 흐름을 중간 체크할 때에 사용하는 방법이다. 평소 작업할 때에는 씨스루 값을 0으로 두고, 가끔씩 씨스루 값을 올려서 전체적인 실루엣을 확인하자.

UNIT 2 원화이미지 편집하기 2 : SpotLight를 이용한 이미지 세팅

텍스쳐에 이미지를 등록시킨 다음 스팟 라이트 기능으로 이미지를 지브러쉬 화면 위에 놓고 작업을 할 수 있다.

COMMENT　　이미지 뷰어에 '항상 최상위로 고정'이라는 기능이 있으면 그 기능을 이용해서 한쪽 구석에 이미지를 띄워 놓거나, 모니터가 여러 개인 환경에서는 다른 모니터에 이미지들을 띄워 놓으면 편하다. SpotLight 기능은 나중에 맵을 편집할 때에 많이 쓰므로 이번에 기초를 꼭 공부해 두자.

01 화면 상단에 텍스쳐(texture)를 선택하고 Current Texture를 클릭한다. (화면 오른쪽 셀프(Right Shelf)를 선택해도 같은 옵션이 뜬다.)

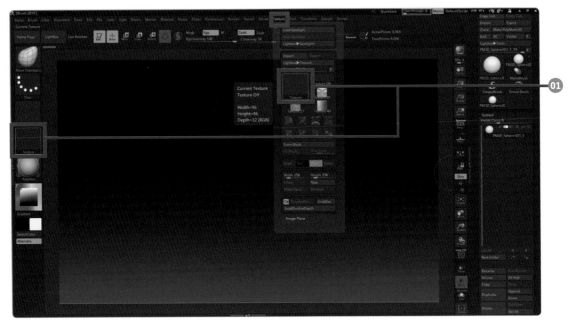

Texture를 등록한다.

02 Textures 창 아래의 임포트를 누른 다음 Body_front.jpg 파일을 등록한다.

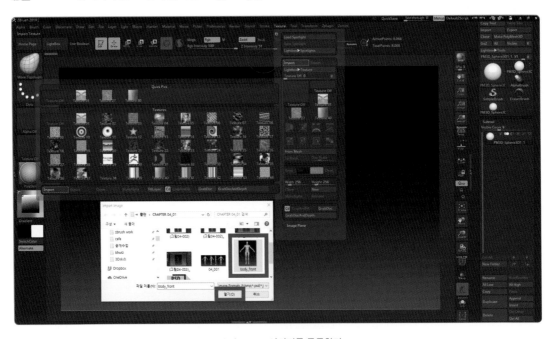

body_front.jpg 이미지를 등록한다.

03 오른쪽 셸프(Shelf)나 위쪽에 있는 Texture를 클릭해보면 등록시킨 body_front 이미지가 등록되어 있다. 이미지를 클릭해서 선택을 해준다.

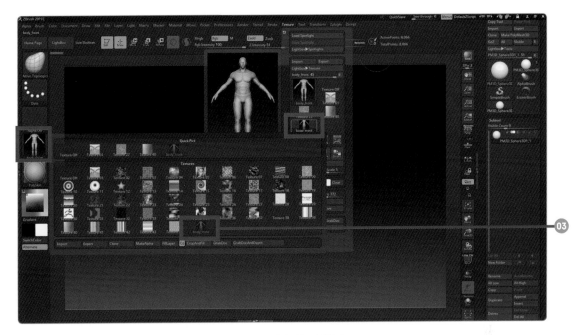

Tuxture에서 이미지를 선택한다.

04 상단에 Texture 옵션에 Add To Spotlight를 눌러준다. 이미지를 선택해서 등록이 되어 있어야지 스포트라이트 버튼이 활성화된다.

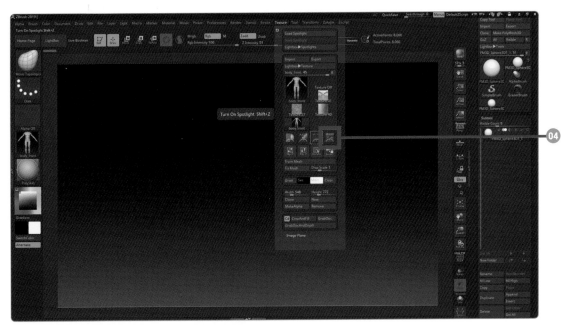

Add To Spotlight를 눌러준다.

05 이미지가 등록이 되고 Turn On Spotlight(단축키 [Shift] + [Z])로 껐다가 켤 수 있다. 스포트라이트 창이 둥근 형태로 생성되어 있다. 단축키 [Z]로 스포트라이트 옵션 창만 껐다가 켤 수 있다.

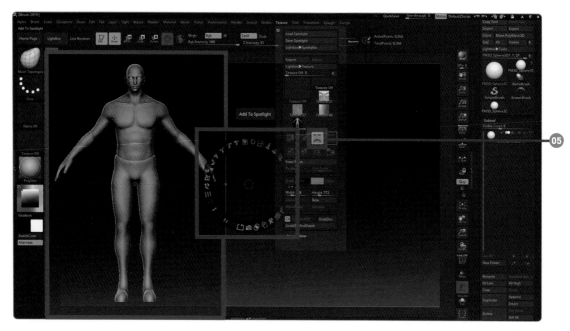

스포트라이트 옵션 창이 생성 되었다.

- 안쪽에 주황색 동그라미가 있는데 동그라미 안쪽을 클릭하면서 동시에 드래그를 해주면 스포트라이트 옵션 창이 마우스를 따라서 이동이 된다. 이때 이미지는 마우스를 따라 움직이지 않는다.

- 둥근 옵션 창 안쪽에 주황색 동그라미 바깥쪽의 빈 공간을 클릭과 동시에 드래그를 하면 드래그를 하는 방향을 따라서 이미지도 같이 움직이게 된다.

- 둥근 옵션(Spotlight) 창 바깥쪽 빈 공간을 클릭하게 되면 스포트라이트 옵션창이 마우스 좌표로 이동을 한다.

- 주황색 둥근 부분은 다른 명령어를 사용할 때 기준이 되는 축의 중심이 된다.

06 **회전**(Rotate) **:** 이미지를 회전시킨다.

07 **스케일**(Scale) **:** 이미지의 크기를 조절한다.

08 **투명도**(Opacity) **:** 이미지의 투명도를 조절한다.

09 여러 장의 이미지를 정렬하거나 우선순위 등을 정렬하기 위한 옵션값들

10 맵을 그리기 위한 도구들

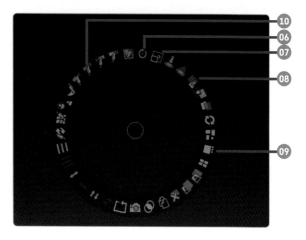

Spotlight 메뉴의 옵션들

11 이즈와 크기 등을 조정하여 작업하기 위한 참고 이미지를 세팅을 한다. 단축키 Z 를 눌러서 Spotlight 옵션 창을 하이드 시킨다.

참고 이미지를 세팅한 모습

12 스피어를 하나 등록해준 다음 Make Polymesh3D를 눌러서 모델링을 준비한다.

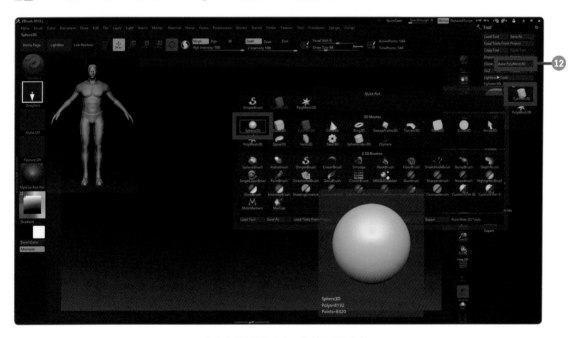

스피어 하나를 등록해서 모델링 준비를 한다.

COMMENT   단축키 T 를 눌러서 브러쉬를 사용해보면 브러쉬가 작동하지 않는다. Spotlight가 활성화되면 활성화된 이미지 아래에 오브젝트가 있을 때만 브러쉬 작업이 가능해진다. 브러쉬(Brush)옵션의 샘플(Samples)옵션에 Spotlight Projection이 활성화되어있는데 이것을 눌러서 활성화를 꺼준다.

13 브러쉬(Brush)옵션의 샘플(Samples) 옵션에 Spotlight Projection가 활성화 되어있는데 이것을 눌러서 활성화를 꺼준다. Spotlight Projection의 활성화가 꺼지고 나면 정상적으로 오브젝트에 브러쉬 작업이 가능해진다.

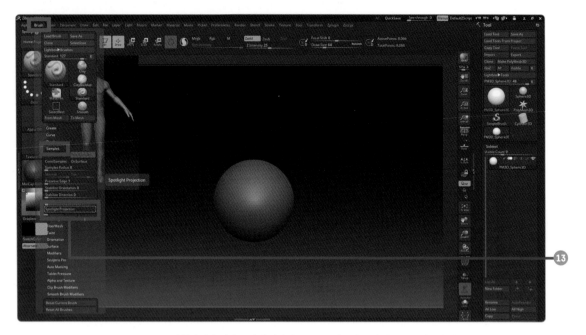

Spotlight Projection의 활성화가 꺼지고 나면 정상적으로 오브젝트에 브러쉬 작업이 가능해진다.

UNIT 3 다이나메쉬

이전 작업에서 연결하는 사람이 아닌 경우에는 작업 시작 콤보를 기억하자. 스피어를 등록한 뒤에 Make Polymesh3D로 변환해 주고, 드래그해서 스피어를 만든 다음 Edit 버튼(단축키 Ⓣ)을 활성화시킨다.

개인적으로 작업할 때 좋다고 생각하는 PolySkin으로 머터리얼(Material)까지 변환시켜서 세팅한다. 스포트라이트나 씨-스루 작업을 하면서, 책의 이미지를 모델링의 순서와 근육의 흐름을 그리는 방법을 따르며 남자 인체 모델링을 공부한다.

01 지오메트리(Geometry)옵션의 Dynamesh를 활성화시킬 때, Blur 값을 0, Polish 버튼을 활성화시킨 다음 다이나메쉬 버튼을 활성화시킨다. Draw Polyframe(단축키 Shift + F)을 활성화시켜서 면이 어떻게 되어 있는지 확인해본다.

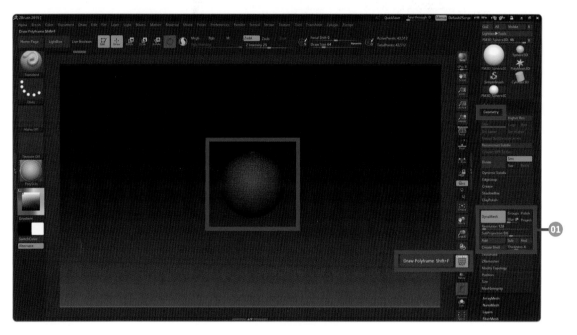

다이나메쉬(Dynamesh)를 적용시킨다.

서브 디바이드와 다이나메쉬의 차이점 :

- 서브 디바이드(Divide) : 기존에 형성되어있던 폴리곤(사각형 Plane)안에 4개의 폴리곤으로 다시 쪼개어서 밀도를 높여주는 작업이다.

- 다이나메쉬(dynamesh) : 형성되어있는 전체 폴리곤을 리셋해서 세팅되어있는 밀도(resolution)의 값에 비례하는 면들로 쪼개준다.

왼쪽은 디바이드를 적용시킨 후의 폴리곤구조이고 오른쪽은 다이나메쉬를 적용시킨 폴리곤의 구조이다.

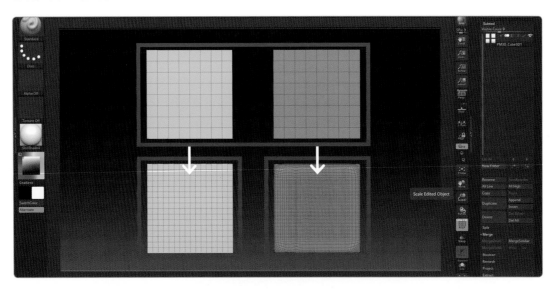

디바이드와 다이나메쉬의 차이

- 서브 디바이드(Divide) : 면이 골고루 나눠지기 때문에 디테일을 올리기에 적합하다.

- 다이나메쉬(dynamesh) : 면이 재구성되면서 원본에 변형과 밀도가 완벽하게 일정하지는 않다.

하지만 직접적인 모델링의 변형을 주고난 뒤에 디바이드와 다이나메쉬의 차이점을 보면 다이나메쉬가 초반 작업에 훨씬 적합하다는 것을 알 수 있다.

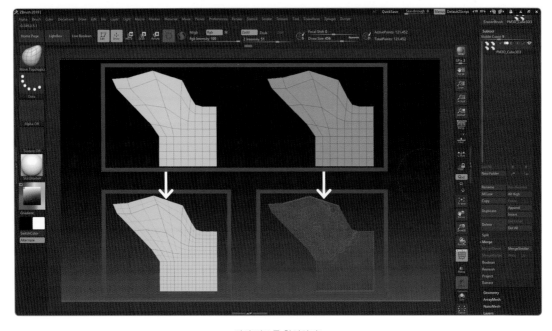

면의 밀도를 확인하자!

COMMENT   디바이드 작업은 안쪽에 무조건 4각형의 폴리곤만 4개로 쪼개진다. 그렇기 때문에 모델링의 형태가 많이 변형되어 모델링에는 적합하지가 않다. 반면, 모든 면들이 재구성되어서 비슷한 밀도를 가지게 되는 다이나 메쉬는 모양이 조금 변형되기는 하지만 계속 모델링에 변형을 주면서 작업을 해도, 그때마다 다이나 메쉬를 적용시키면 면의 밀도가 어느 정도 일정하게 재구성되므로 많은 변형을 주는 모델링 작업에 최적화가 되어있다. 개인적으로는 다이나 메쉬 작업이 지브러쉬의 강점 중에 큰 강점이라고 생각한다. 어느 정도 모델링이 완성된 상태에서 밀도만 올려서 문양이나 재질 등의 디테일 작업을 할 때에는 디바이드 작업을 하고, 기본 컨셉 모델링이나 러프 모델링을 진행할 때에는 다이나메쉬를 활용하자! 물론 다이나 메쉬 상태에서 디테일만 조금 추가하여 모델링을 마무리할 때에는 다이나 메쉬 상태에서 디바이드를 올려서 마무리를 진행할 수도 있다.

UNIT 4 기본 모델링 1 : 얼굴 형태 잡기

얼굴 형태를 적당히 잡고 나머지 인체들을 부분으로 나눠서 작업을 진행한다. 비율과 기본적인 흐름을 만들고 나서 몸통들을 연결을 시키고, 디테일을 조금 더 올리는 수준까지가 목표이다. 각각의 조각난 인체들을 붙이는 과정은 갑옷이나 의복의 컨셉에 따라서 계속 떨어뜨려서 만들기도 하고, 디테일을 위해서 떨어뜨리거나 부분적으로 연결시키기도 한다.

이번 목표는 얼굴과 눈알, 상체와 하체를 나눠서 작업을 한다. 또 한 번 모델링 기본 콤보를 발동해서 스피어를 등록하고 다이나메쉬까지 적용시켜준다. 다이나 메쉬 설정값 역시 같다.(설명필요)

01 Activate Symmetry(단축키 X)를 활성화시키고 마우스나 타블렛을 위치시키면 X축(좌,우) 가운데 중심의 대칭으로 포인트가 생성되는 것을 볼 수 있다. 일일이 Transform에서 대칭을 찾아서 눌러주지 말고 '단축키 X'를 눌러서 작업한다.

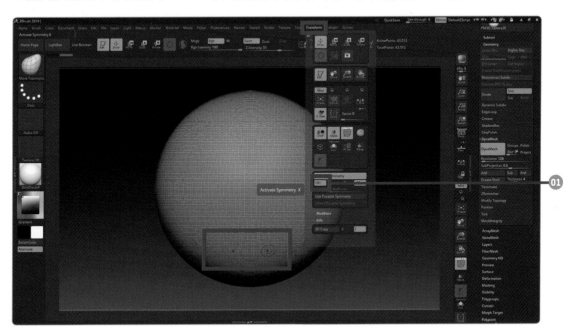

단축키 X를 눌러서 대칭작업을 준비한다.

02 Move Topological(이하 MT)브러쉬를 선택하고, 브러쉬의 크기를 비교한 후에 사이즈를 조절한다.

COMMENT 작업하기 적당한 브러쉬 사이즈는 얼굴 모델링을 기준으로 브러쉬 사이즈를 200~300 정도로 설정했을 때, 오브젝트의 4분의 1을 덮을 정도의 사이즈가 적당하다. 01의 그림은 절대 사이즈가 아니므로 본인이 작업 중인 스피어의 사이즈와 브러쉬의 사이즈를 적당한 크기로 맞추면 된다. 똑같은 환경에서 작업을 하려면 M_head_01.ztl 파일을 열어서 수치를 맞춰가면서 작업하면 된다.

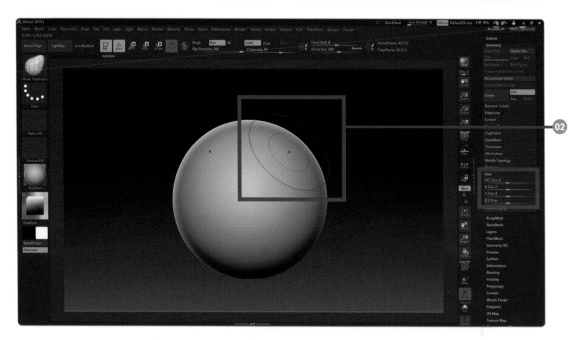

Move Topological(이하 MT)브러쉬를 이용하여 스피어 사이즈를 수정한다.

COMMENT 다이나메쉬 밀도(Resolution)는 스탠다드(Standard)브러쉬로 선을 한번 그어보고, 그 선에다가 스무스(Smooth) 브러쉬를 적용시켜서 원상태와 비슷하게 돌아갈 정도로 세팅한다. 그 상태로 작업에 들어가면 초반 컨셉 작업하기에 좋은 밀도로 설정되어 있다. 이 역시 M_head_01.ztl 파일을 열어서 사용하면 세팅되어 있으니 브러쉬를 한번 적용시켰다가 스무스를 먹여보자.

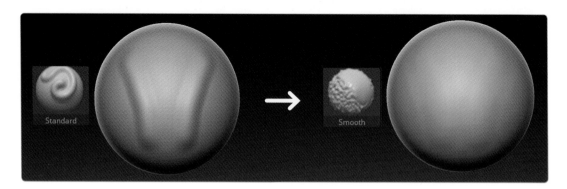

Spotlight Projection의 활성화가 꺼지고 나면 정상적으로 오브젝트에 브러쉬 작업이 가능해진다.

03 Move Topological(이하 MT)브러쉬를 선택해서 얼굴의 윤곽을 모델링한다.

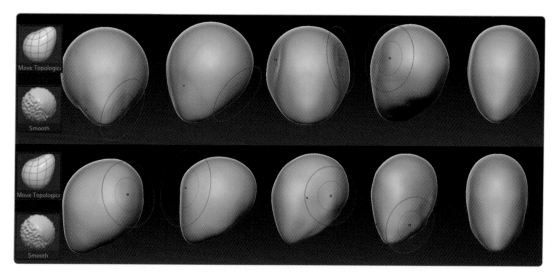

얼굴의 윤곽을 작업해준다.

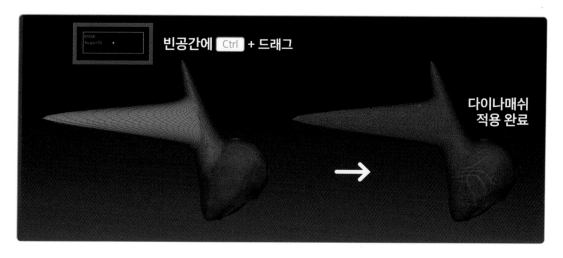

다이나메쉬를 바로 적용시킨다.

04 목을 뽑을 부분에 마스크를 칠해준다. [Ctrl] + 브러쉬 작업을 하면 검게 색칠이 되는데, 이것을 마스크(Mask)라고 한다. 마스크가 먹은 부분은 검게 칠이 된 것처럼 보여진다. 그리고 이 부분은 다른 명령에 해당되지 않게 된다. 마스크는 [Ctrl]를 누른 상태에서 브러쉬(Brush)나 스트로크(Stroke)를 선택하면 다양한 옵션들을 선택할 수 있다. 폴리 그룹을 나눌 때, 공부했었던 옵션들의 값과 비슷한 구조를 가지고 있다.

[Ctrl]을 누른 상태에서 브러쉬로 마우스 영역을 그려준다.

COMMENT 오브젝트에다가 [Ctrl] + 클릭을 하게 되면 마스크 영역의 경계선이 조금 더 흐려지면서 퍼지게 된다. 반대로 [Ctrl] + [Alt] + 클릭을 하게 되면 마스크 영역의 경계선이 조금 더 분명하게 생성된다.

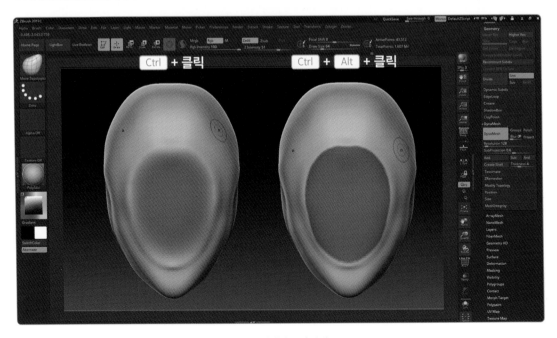

마스크 영역의 조절 방법

- Ctrl + 드래그 : 마스크가 칠해진다.

- Ctrl + Alt + 드래그 : 마스크가 지워진다.

05 목 부분에 마스크가 칠해진 상태에서 작업창의 빈 공간에다가 Ctrl + 클릭을 하면 마스크 상태가 반전이 된다. 작업창의 빈 공간에 Ctrl + 드래그를 하면 마스크 상태가 사라지게 된다. 몇 번 작업을 해보고 마스크가 반전된(목 부분만 마스크가 되지 않은 상태)상태로 작업을 해준다.

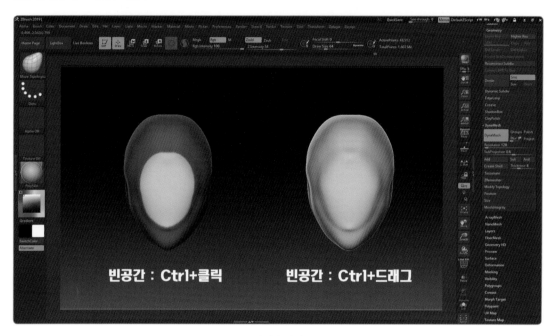

반전과 해제

06 무브(Move)브러쉬로 목 부분을 당겨주던가 무브 명령어로 목을 움직이면 면이 늘어나게 된다. (무브 명령어로 이동을 시킨다.) 축의 명령어 중에 Go To Unmasked Mesh Center를 눌러주면 마스크 되지 않은 부분들의 중심축으로 피봇이 이동한다. 그 다음에 무브를 이용해서 적당히 이동을 시키면 목이 늘어난다.

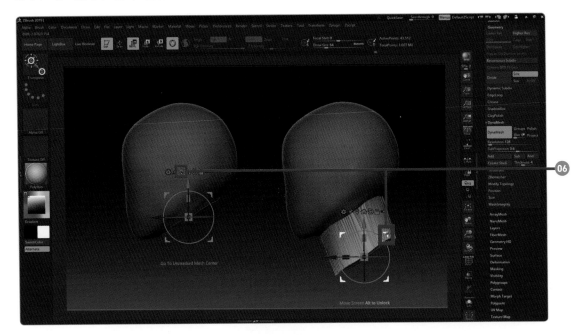

목을 만들어준다.

COMMENT   무브 옵션 중에 피봇의 방향으로 움직이는 방법이 있고 위의 오른쪽 6번을 보면 테두리가 하얀 색으로 되어 있는데 이 부분을 선택하고 드래그를 하면 각 코너의 방향으로 자유롭게 움직일 수 있다. 카메라의 각도가 돌아가도 항상 똑같은 코너를 유지하기 때문에 종종 코너를 선택한 무브 작업을 하기도 한다. 꼭 한 두 번 움직여 보면서 보는 방향(뷰포트 : 카메라)을 움직이고 난 후에 코너를 선택해서 움직여보자!

07 다이나메쉬를 적용 시켜주는데 이번에는 옵션에서 Polish를 활성화시킨 다음 작업 창의 빈 공간에다가 Ctrl + 드래그를 해서 다이나메쉬를 적용시켜주면 목을 무브로 만들어 줬을 때 약간 거친 부분들이 어느 정도 부드럽게 처리가 되면서 다이나메쉬가 적용이 된다. (마스크가 씌워져있는 상태이므로 Ctrl + 드래그를 한번 해주면 마스크가 풀리게 되고, 한 번 더 Ctrl + 드래그를 해주면 그때 다이나메쉬가 적용되는 것을 꼭 확인한다.)

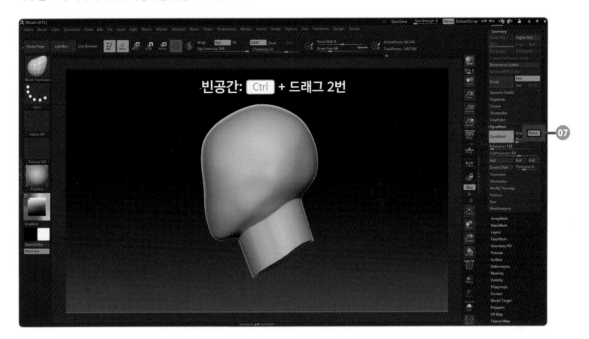

Polish를 활성화한 뒤에 빈 공간에 Ctrl + 드래그를 두 번 해준다.

08 무브를 이용해서 목의 위치를 잡아준다. 목을 조금이라도 만들어 주는 이유는 턱선을 잘 잡을 수 있도록 기준선을 만들어 줄 수 있고 귀와 뒷목의 경계를 잡아줄 수 있기 때문이다.

COMMENT 당분간은 다이나메쉬를 틈틈이 해주면서 작업을 하는데, 항상 폴리쉬(Polish)를 활성화를 시켜놓고 다이나메쉬를 적용시킨다. Polish라는 단어가 들어간 명령어들이 종종 있는데, 이 Polish는 광택이 날정도로 반듯하게 만들어준다고 생각을 하면 이해하기가 쉽다. (어떤 때에는 폴리쉬(Polish)가 들어간 명령을 해주면 망치로 두드린 듯이 반듯하게 펴지거나, 경계면들(폴리그룹)을 깔끔하게 정리를 해주기도 한다.)

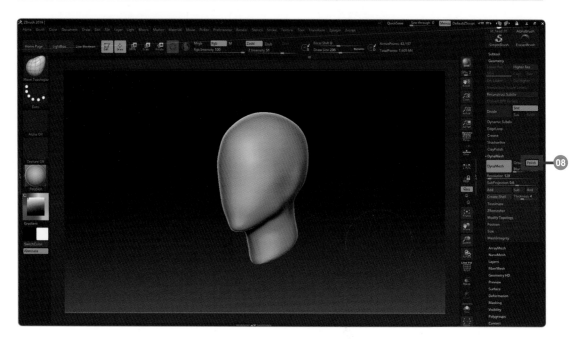

얼굴 베이스 모델링 완성

09 귀 역시 턱선을 잡을 때 꼭 필요하고 두상의 비율이나 길이 등을 만들 때 기준이 되는 경우가 많으므로 나중에 다이나메쉬 작업에 의해서 조금씩 무너지는 한이 있어도 기본 형태만 작업을 해준다. 귀를 만들어줄 위치에 마스크를 씌운 다음 마스크 반전을 적용한 후, 귀 부분만 마스크가 되지 않도록 한 뒤에 귀의 뒤쪽만 무브 브러쉬로 살짝 바깥쪽으로 당겨 준다. 귀의 안쪽은 무브 브러쉬나 스텐다드 브러쉬로 얼굴 쪽으로 들어갈 수 있도록 모델링을 해준다.

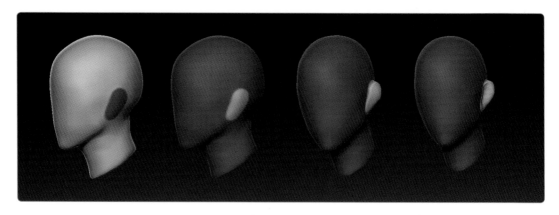

귀를 만들어준다.

10 마스크를 반전시킨 다음 귀 주변의 뒷쪽을 무브로 귀 안쪽으로 무브시키면, 귀의 뒤쪽과 위쪽이 접힌 부분을 깔끔하게 다듬어 줄 수 있다. 다 다듬고 나면 다이나메쉬를 적용시키고 얼굴을 마무리한다.

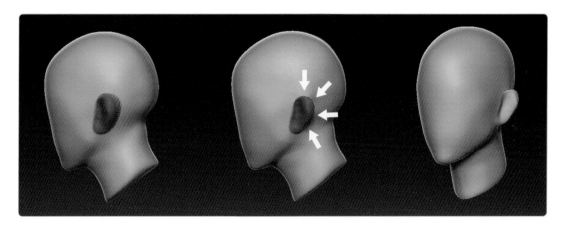

귀 부분을 마무리한다.

UNIT 5 기본 모델링 2 : 몸통 만들기

똑같은 방법으로 서브툴(Subtool)그룹에 스피어(Sphere3D)를 하나 추가(Append)한 다음 다이나메쉬 (Dynamesh)를 적용시켜서 모델링을 준비한다.

당연히 대칭으로 모델링해야 하므로 단축키 ⓧ 키를 눌러서 모델링을 준비한다.

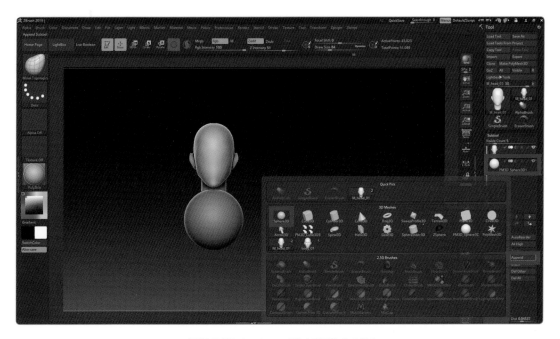

서브툴 그룹(Subtool Group)에 스피어를 추가한다.

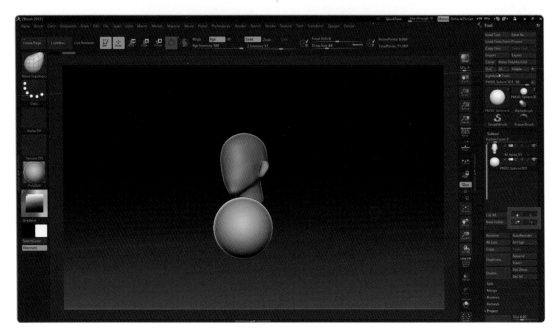

서브툴의 이동을 꼭 숙지한다.

01 무브 브러쉬로 상체 몸통을 크게 잡아준다. 차렷 자세처럼 허리를 꼿꼿이 편 포즈를 생각하면서 모델링을 진행한다. 다이나메쉬 밀도는 70 정도를 놓고 작업을 한다. (70을 강제로 설정해도 조금씩 숫자가 바뀌면서 밀도가 적용된다.)

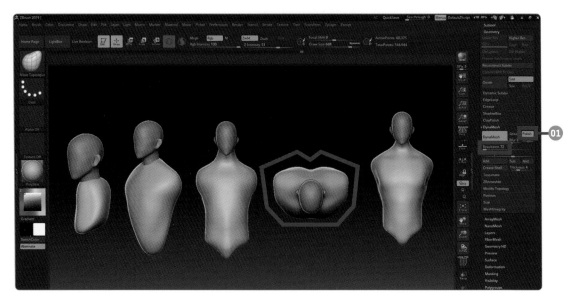

전체적인 비율만 적당히 잡아준다.

02 ClayBuildup 브러쉬로 목 근육의 흐름과 쇄골 뼈가 튀어나온 부분 등을 간략하게 그려준 뒤에 다이나메쉬를 적용하면 부드러워지면서 어느 정도 근육의 흐름이 잡힌다. 그다음에 스무스(Smooth)브러쉬로 조금 더 부드럽게 다듬어 준 다음, 다시 무브 브러쉬로 근육의 위치나 길이 등을 잡아준다.

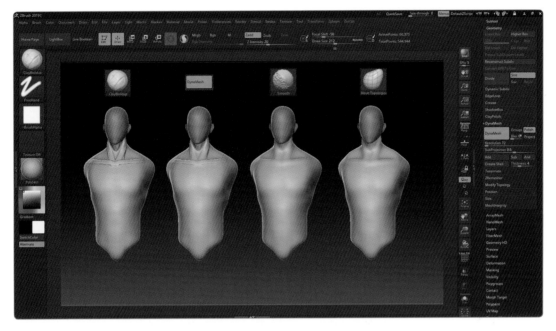

적절하게 브러쉬들을 쓰면서 조금씩 가닥을 잡아준다.

COMMENT 한 번에 인체를 잘 표현하는 것이 힘들 수도 있다. 한 부분만 보지 말고 모델링을 돌려가면서 각 각도별 흐름을 적당히 잡아준다.

03 클레이빌드업(ClayBuildup)브러쉬로 가슴 근육을 그려주는데, 근육의 흐름은 크게 3덩어리 정도로만 간략하게 표현한다. 쇄골을 중심으로 근육의 흐름을 그려준다. 방법은 마찬가지로 클레이 빌드업 브러쉬로 근육의 흐름을 그려주고, 다이나메쉬를 적용시킨 다음, 스무스와 무브로 마무리를 한다. 무브를 하고난 다음 다이나 메쉬를 적용시키고 스무스를 주는 방식과 동일한 작업 공정으로 보면 된다.

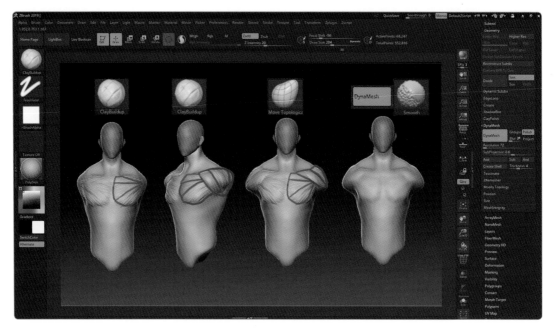

작업의 공정을 손에 익힌다.

04 마스크(Mask)기능을 이용한 팔의 기본형태 만들기. 팔을 뽑을 위치에 마스킹을 하고, 무브로 이동시킨 다음 다듬어주는 작업 과정이다.

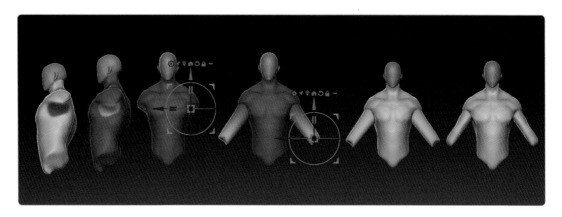

마스크와 무브를 이용한다.

COMMENT 피봇의 위치가 중앙일 때 무브를 하면 대칭(symmetry)으로 움직이지 않고 한쪽 방향으로 움직이게 된다. 회전을 할 때에도 회전의 축(피봇)을 중심으로 회전을 하므로 피봇(Pivot)의 위치가 중요하기 때문에 꼭 확인을 하면서 작업을 한다.

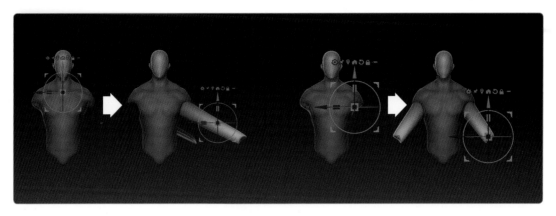

피봇의 위치가 중요하다.

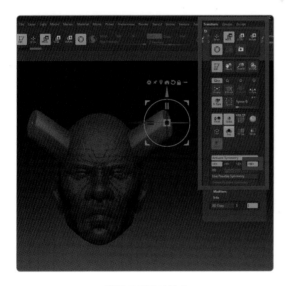

대칭으로 작업이 된다.

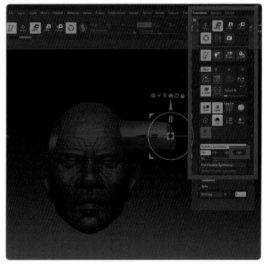

같은 방향으로 작업이 된다.

항상 이야기하는 부분이지만 인체를 만들 때 각 부분에 캐릭터의 손가락 두어마디 정도의 길이만 달라져도 등신대가 바뀌게 된다. 그러므로 초반에 인체를 만들 때, 머리와 상체, 어깨와 팔뚝까지는 만들고 전체의 비율을 맞춰보는 작업을 한다면, 그 이후부터는 전체적인 비율을 잡는 것이 조금 더 수월할 것이다. 너무 비율에 맞게 떨어지는 캐릭터도 개성이 떨어지지만, 너무 개성있는 비율의 캐릭터를 만드는 것도 어색하게 느껴질 수 있다. 우리는 살아오면서 너무나도 많은 사람들을 봐왔기 때문에 인체 비율이나 인체 근육의 실루엣이 조금만 어색해 보여도 이상한 것을 감지할 수 있는 것이다.

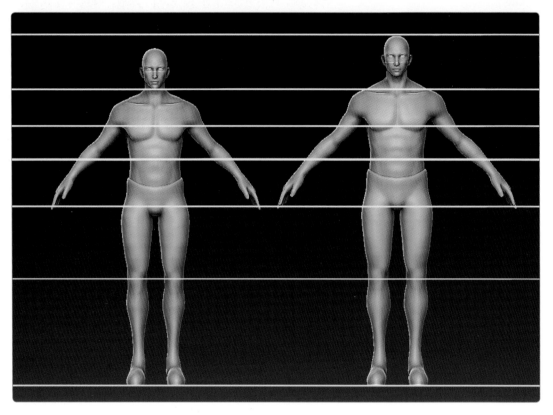

비율에 주의하자

비율에 관해서 조금 더 이야기를 해보자. 등신 비율에 따라서 조금씩 편차가 있지만 위의 이미지를 보면 오른쪽 캐릭터가 조금 더 자연스럽거나, 왼쪽이 더 실사 같다는 의견이나, 또 둘 다 이상한 점이 없다는 의견들이 있을 수 있다.(물론 둘 다 이상할 수도 있다……) 개인적인 생각으로는 딱히 정해져 있는 것보다 얼마나 자연스럽게, 혹은 컨셉에 맞는 비율을 만드는 부분이 중요하다고 생각을 한다.

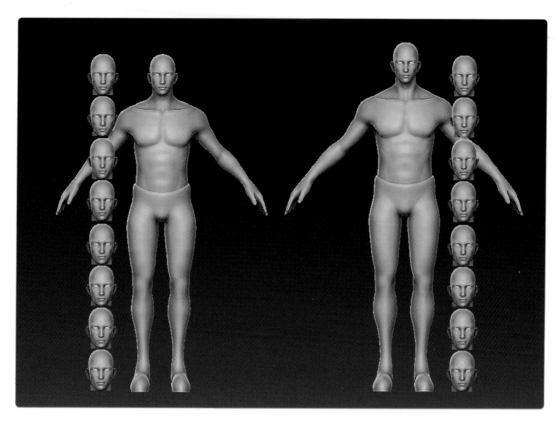

비율은 개성이다.

COMMENT　　　왼쪽 캐릭터가 등신비율은 조금 더 정확하게 맞춰져 있지만, 오른쪽 캐릭터가 전체적으로 조금씩(정말 손가락한, 두 마디씩) 길어서 포즈나 동작에서 조금 더 시원스럽게 나올 수 있다. 똑같은 갑옷을 입을 때에는 왼쪽 캐릭터가 조금 더 땅땅한 느낌을 줄 수 있다. 모작을 하시는 분들이 원본과 다른 느낌을 주는 부분이 기본 비율을 놓쳐서 조금씩 길이가 달라지기 시작하면 완성을 했을 때 뭔가 허전하다던가, 조금 짧은 느낌을 준다던가 하는 부분이다.

블리자드의 워크래프트에 나오는 성기사의 갑옷을 엔씨 소프트의 블레이드 엔 소울의 캐릭터가 입게 되면 어떤 느낌이 나올까?

결론은 캐릭터의 컨셉에 맞는 자연스러운 비율을 만드는데 목표를 둬야한다. 항상 새로 나오는 게임의 캐릭터들의 비율이나 컨셉적인 특징들을 수집하고, 샘플을 구할 수 있으면 샘플들을 비교해 보면서 공부를 하자!

05 어깨를 다듬어 준다. 방법은 마찬가지로 무브나 브러쉬로 위치를 적당히 잡고, 근육의 흐름에 따라서 가슴 근육이 어깨를 잡게끔 자리를 잡아줍니다. 그리고 그 위에 쇄골부분에서 어깨 쪽으로 근육의 흐름을 덮어서 마무리해줍니다.

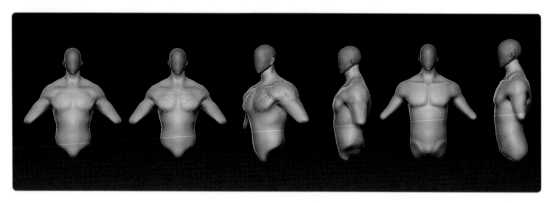

어깨 근육 라인을 그려주고 다듬어준다.

06 뎀스텐다드(DamStandard)브러쉬를 활용해서 갈비뼈와 가슴 근육의 라인을 조금 깊게 파준다. 라인을 중심으로 근육의 흐름을 그려주고, 다이나메쉬를 적용시킨 다음 스무스와 적절한 무브로 디테일을 조금씩 올려간다.

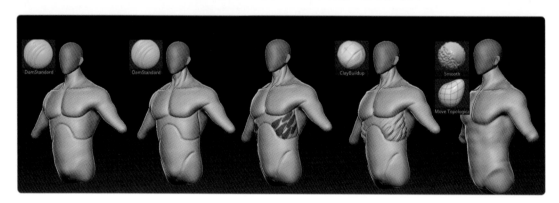

어깨 근육 라인을 그려주고 다듬어준다.

07 전체적으로 근육의 흐름을 그려준다.

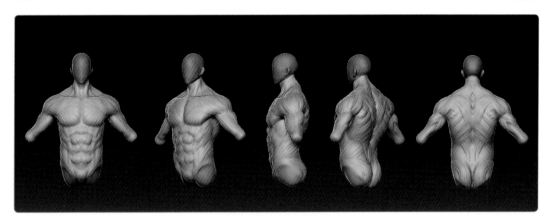

전체적인 근육의 흐름

COMMENT　　　비율을 잡고, 근육의 흐름을 그리고, 위치를 조금씩 수정을 하는 과정을 반복해서 조금씩 완성해나간다. 다이나메쉬에 폴리쉬(Polish) 옵션까지 있으므로 다이나메쉬를 적용시킬 때마다 잡아놓은 디테일이 조금씩 떨어지므로 크게 크게 전체적인 흐름을 그리는 연습을 한다. 근육의 흐름을 위 이미지처럼 간단하게 표현한 이유는 근육들이 서로 겹쳐져 있는 부위들이 굉장히 많이 있고 복잡한 구조를 가지고 있다. 필자는 근육의 제일 외곽에 올라와 있는 근육 위주로 흐름을 표현을 했다. 안쪽까지의 디테일한 근육의 흐름은 개인적으로는 근육이 외부로 보일 때 디테일하게 만드는 편이다. 위에 갑옷을 입힐 예정이라서 근육의 세부 디테일까지의 과정은 생략한다. (근육의 디테일을 올리려면 디바이드를 줘서 면의 밀도를 올린 다음 디테일을 조금 더 파주면 된다.)

08 몸통 모델링을 마무리 한다. 브러쉬, 다이나메쉬, 스무스, 무브 등의 작업 공정의 반복이다. 스무스를 줘서 기본 형태만을 남겨준다.

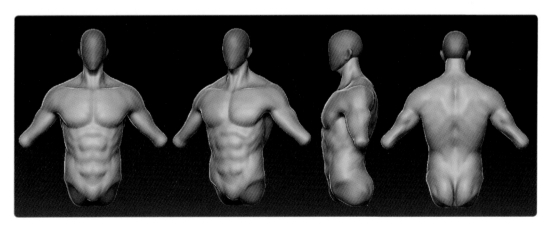

상체를 마무리 한다.

UNIT 6 기본 모델링 3 : 팔 만들기

팔의 나머지를 뽑을 부분에 마스크를 해서 적당히 당긴 다음 팔 근육의 흐름을 그려준다. 마스킹을 하고 팔을 뽑아준다. 팔의 흐름과 비율을 잡아주고 어깨와 몸통의 그룹을 나눠주는 것 까지가 목표이다.

01 몸통 모델링을 마무리 한다. 브러쉬, 다이나메쉬, 스무스, 무브 등의 작업 공정의 반복이다. 스무스를 줘서 기본 형태만을 남겨준다.

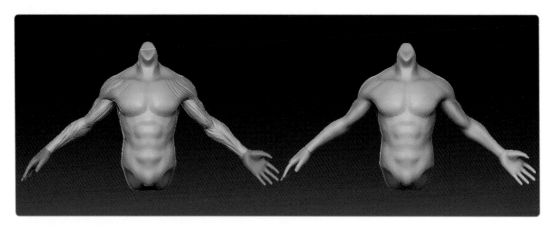

손목의 각도에 따라서 근육의 방향이 다르게 나온다.

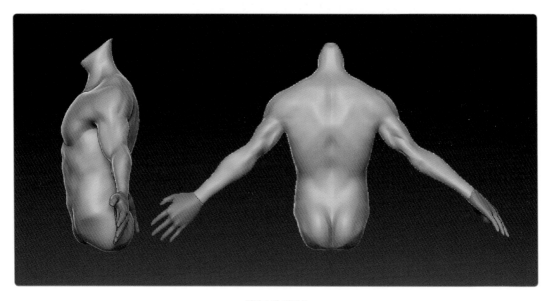

옆모습과 뒷모습

02 어깨 부근에 그룹을 나누어 두면 몸통 작업을 할 때 팔쪽의 그룹을 하이드시켜놓고 작업을 하면 조금 더 편하게 작업을 할 수가 있으니 슬라이스 커브로 그룹을 나눠준다. 왼쪽에 그룹을 나눠준 다음 오른쪽으로 X축 복사(Mirror And Weld)를 시켜준다.

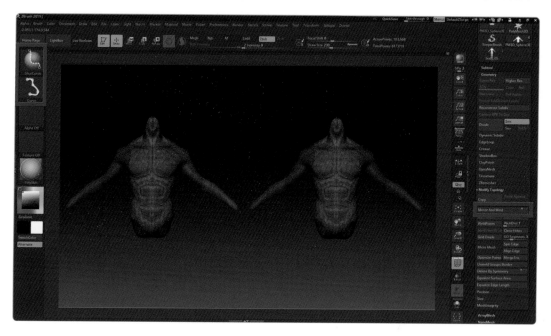

폴리그룹을 나누고 축 복사를 해준다.

UNIT 7 기본 모델링 4 : 손 만들기

01 간단한 박스 상태에서 조금씩 손의 모양을 잡아준다. 손가락을 뽑을 때 다이나메쉬를 적용하면 서로 붙을 수가 있으므로, 밀도(Resolution)를 올려주면 조금 덜 달라붙게 된다. 거리도 조금씩 떨어뜨려 놓고 손의 모양을 잡아준다.

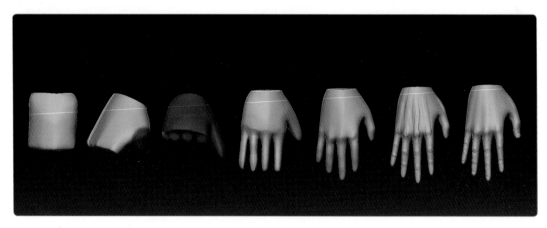

밀도를 조금 올려서 작업한다.

UNIT 8 기본 모델링 5 : 하체 만들기

바지의 형태로 간략하게 흐름의 구조만 파악을 한다. 발가락을 따로 만드는 것보다 살짝 구두를 신은 것처럼 제작을 한다.

01 골반 부근에서 아래쪽으로 마스킹을 한 다음 Subtool의 옵션에 익스트랙트(Extract)를 실행시킨다.

익스트랙트(Extract)

- S Smt : 면을 추출할 때, 부드럽게 면을 조금 정리해주는 기능이다.

- Thick : 추출할 면의 두께를 수치로 줄 수 있다.

- Accept : 두께와 형태가 결정되면 Accept를 눌러서 적용시켜준다.

- Double : 면을 추출할 때 두께를 반대쪽으로도 줘서 2배의 두께로 면을 만들어준다.

- Tcorne : 코너에 추출한 사각면을 삼각면으로 바꾸어준다.

- Tborde : 외곽에 얇은 면을 추가한다.

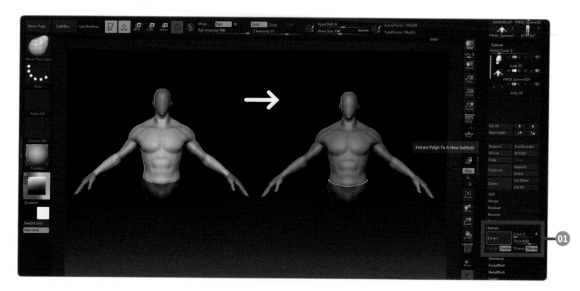

Extract를 실행시킨다.

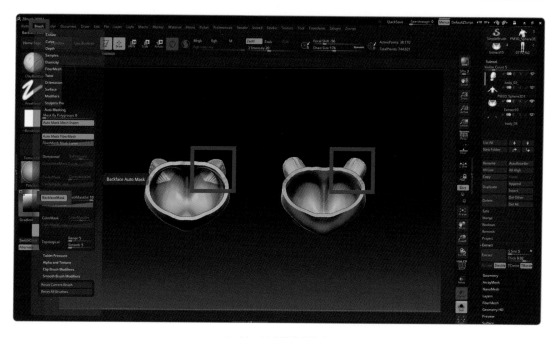

BackfaceMask를 적용한다.

02 폴리그룹 셀렉트(Ctrl + Shift + 마우스 왼쪽 클릭)를 이용해서 바깥쪽면만 남긴 다음, Geometry 옵션 중에 Modify Topology 옵션에 Del Hidden을 실행시킨다.

03 다이나메쉬를 적용시키면 면이 채워지게 된다.

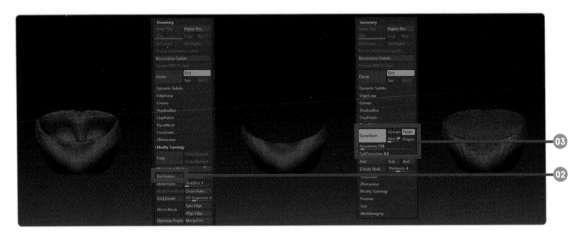

안쪽에 면을 없앤 뒤에 다이나메쉬를 적용시킨다.

04 다리를 뽑을 부분에 마스킹을 한 다음 다리를 뽑아준다.

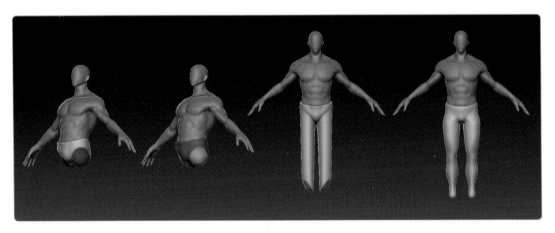

다리를 만들어준다.

05 다리근육의 흐름은 다음과 같다.

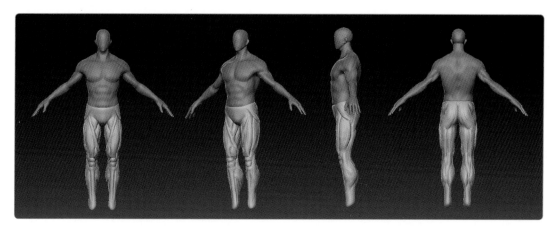

다리 근육의 흐름

06 발바닥에 그룹을 잡고 스케일을 최대한 줄여서 평평하게 만들어준다. body_end.ztl로 저장한다.

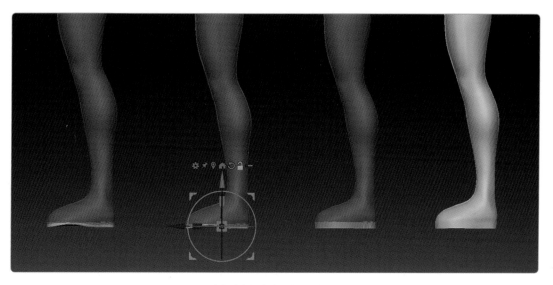

신발 바닥을 평평하게 만들어준다.

COMMENT   전체적인 인체의 흐름을 조금 공부해봤다. 필자의 경우에도 미술계열의 전공이 아니라서 인체를 공부할 때 다른 회사의 인체를 잘 만드는 지인한테 모델링 소스를 하나를 구해서 그 인체를 거짓말 좀 보태서 몇 백번은 따라 만들어서 와이어 프레임을 외울 정도까지 반복해서 만들다 보니 이제 살짝 인체의 비율을 티 안나게 조금 조절할 정도인 것 같다.

이제는 컨셉에 따라 부분 디테일을 올리고, 갑옷과 의복 등의 조금 딱딱한 오브젝트를 만들어야 한다.

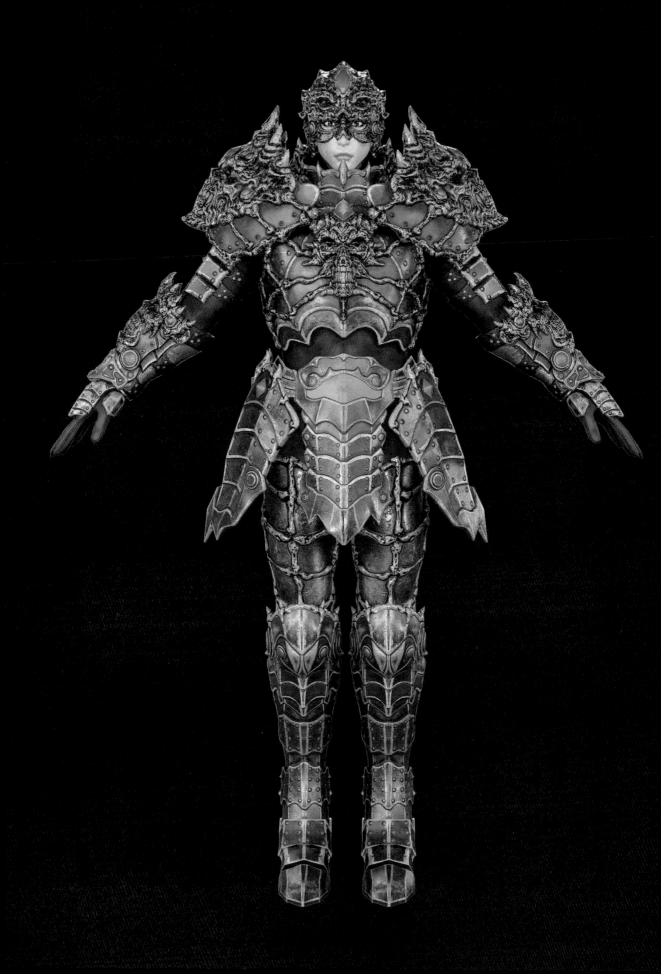

PART 05

남자 갑옷 만들기

본격적으로 지브러쉬의 툴들의 기능들을 하나씩 배워 나가면서 이번에 만들었던 남자 바디 위에다가 갑옷 컨셉의 캐릭터를 완성하는 것을 목표로 한다.

비슷한 패턴의 갑옷이지만 다양한 방법으로 만드는 법을 공부하고 본인의 편의에 맞게 모델링을 할 수 있도록 한다. 하이폴리곤을 완성하고 로우 폴리곤에 대입시키는 토폴로지 작업과 맥스에서 UV를 정리하고 나서 서브스텐스에서 매핑을 한다.

완성된 캐릭터에 스킨을 입혀서 포즈를 취하는 부분까지의 작업을 배워보자.

CHAPTER 01 얼굴 만들기

이전까지는 바디의 비율을 위한 간단한 외곽을 만들었으면 이번에는 본격적으로 캐릭터의 얼굴 모델링을 완성하는데 목표를 둔다. body_end.ztl 파일을 열어서 사용해도 되고, 처음부터 완전 새로 만든다면 더욱더 공부에 도움이 될 것이다.

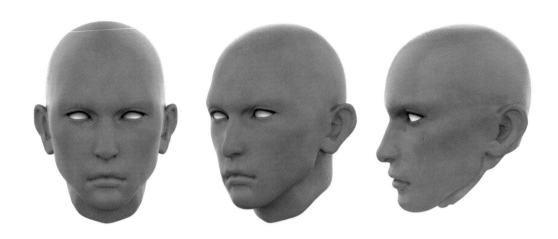

COMMENT   잡담 : 다이나 메쉬 모델링의 공정 3가지에 대해서......

다이나메쉬(Dynamesh)의 폴리쉬(Polish) 옵션을 켜놓은 이유는 브러쉬로 작업을 하는 도중에 면들이 깔끔하게 진행이 되지 않는 부분들이 있게 되는데 폴리쉬(Polish)와 다이나메쉬를 같이 적용시키면 면이 재구성 되면서 조금 더 부드러워 집니다. 하지만 이러한 과정이 오히려 디테일을 잡아놓은 부분에 다이나 메쉬를 적용시킬 때마다 조금씩 스무스가 적용이 되어서 디테일이 무너지게 되어버립니다. 개인적으로는 디테일이 조금 무뎌지는 것보다 면들이 깔끔하게 정리가 되면서 작업이 진행되므로, 몇 번의 작업 공정을 더 진행을 하더라도 다이나메쉬와 폴리쉬를 같이 사용해서 작업을 하다가, 디테일을 조금씩 올려갈 때에는 밀도(Resolution)를 올려주면 면들이 스무스를 먹는 부분이 덜하게 된다.

이런 식으로 밀도와 퀄리티를 올려나가면서 어느 정도 완성이 되면 상황에 따라서 지리메셔(Zremesher)와 디바이드(Divide) 작업을 이용한 프로젝트(Project All)작업을 하는 경우가 있고, 다이나 메쉬 상태에서 바로 디바이드를 올려서 얼굴의 디테일을 잡고 토폴로지(Topology)에 들어가는 경우도 있다. 상황에 따라서는 모델링 중간에 토폴로지(모델링을 위한 토폴로지)를 하는 경우가 있는데 요즘은 Zremesher의 기능이 워낙 좋아서 많이 쓰지는 않는다.

일단 기초 작업인 다이나메쉬 작업에 익숙해지도록 공부를 한다.

(모델링의 난이도가 조금씩 올라가고 면의 구성이 복잡해지기 시작하면 지금 이야기한 3가지 작업 방식을 다시 설명하기로 한다. 일단 단어들에 익숙해질 수 있도록 먼저 언급을 하는 것이다. 한번 이상 읽으시는 분들은 이 대목에서 한번쯤 모델링의 전체적인 공정에 대해서 생각을 해보면 좋을 것이라고 생각한다.)

UNIT 1 얼굴 형태 다듬기

01 다이나 메쉬(Dynamesh)밀도를 조금씩 올려가면서 얼굴의 큰 흐름을 잡아준다. 마스크로 머리카락의 위치를 잡아봤을 때 정면에서 옆머리의 라인이 자연스럽게 보이도록 기본 골격을 잡는 것이 중요한데, 학생들한테 이야기를 할 때에는 배트맨을 생각 하라고 이야기를 많이 한다. 마스크를 적용시킨 라인들을 기준으로 흐름을 잡고 작업에 들어가는데, 눈과 눈두덩이 부분이 얼마 나 자연스러운가에 첫 번째 목표를 두고 무브와 브러쉬로 작업을 진행한다.

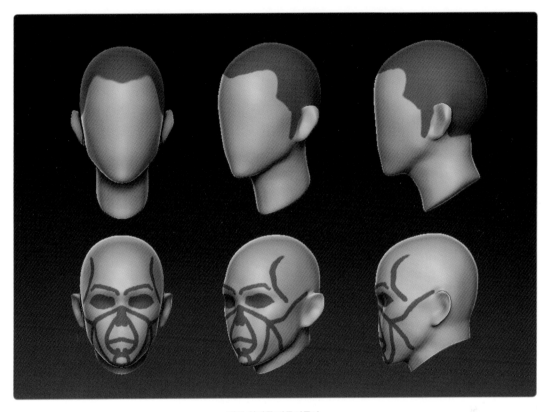

얼굴 형태를 다듬어준다.

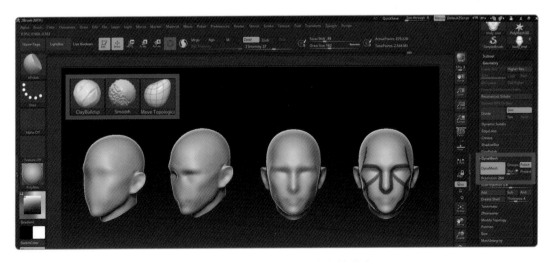

다이나메쉬 밀도를 조금씩 올리면서 작업을 한다.

02 눈의 위치를 잡아준다. 눈의 위치를 잡을 때에는 눈알이 들어갈 수 있는 빈 공간을 먼저 파준 다음 스피어 3D(Sphere 3D)를 추가(Append)해준다. 그리고 왼쪽에 눈의 크기를 맞춰 배치해서 오른쪽(X축)으로 축 복사(Mirror And Weld)를 해준다.

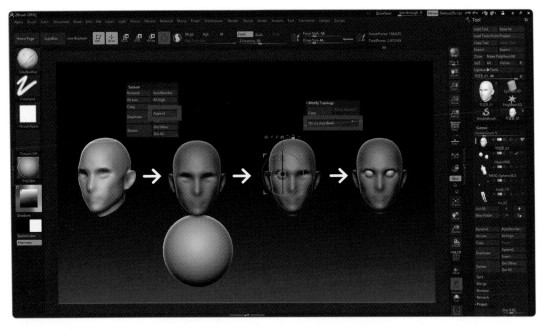

왼쪽에서 눈을 만들어서 오른쪽으로 축 복사를 한다.

03 개인적으로 눈은 모델링할 때 중요하게 생각하는 부분이다. 그래서 간단한 폴리페인팅이나 모델링, 최소한 눈의 컬러정도는 설정해주면 좋다고 생각한다. 폴리페인팅 기능으로 눈의 머터리얼(Material)과 컬러를 바꿔주는 작업을 한다.

폴리페인팅으로 머터리얼과 컬러를 설정하는 법 :

- 눈 서브툴을 선택한 다음 머터리얼을 SkinShade4로 변경을 해주면 다른 모든 서브툴들이 SkinShade4로 바뀐다.

- 상단의 Mrgb를 활성화시킨다.

- Color 옵션에서 FillObject를 실행시켜서 머터리얼과 컬러 값을 변경시킨다. (실제로 변화는 없다.)

- 머터리얼 설정을 원래 쓰던 PolySkin으로 교체를 해주면, 눈 서브툴만 SkinShade4가 적용되고 나머지는 원래 PolySkin으로 변경된다.

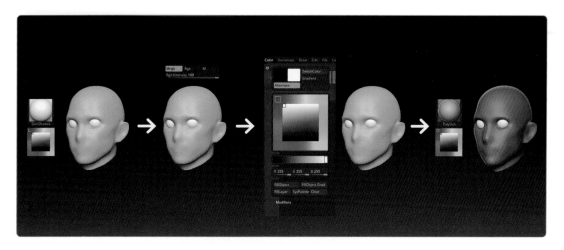

서브툴끼리 다른 머터리얼과 색상을 설정할 수 있다.

04 눈 주변을 클레이(ClayBuilup)브러쉬로 덮어주면서 코와 입의 위치도 잡아준다. 또 한 번 강조하는 부분이지만 눈과 눈두덩이의 형태가 정말로 중요하다.

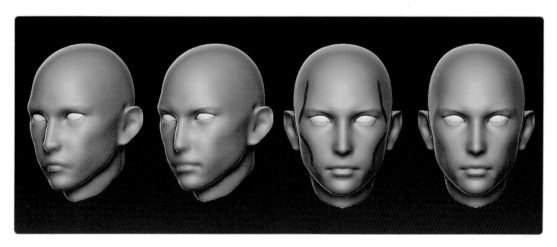

얼굴의 윤곽을 잡아준다.

05 얼굴에 근육의 흐름을 잡아준다.

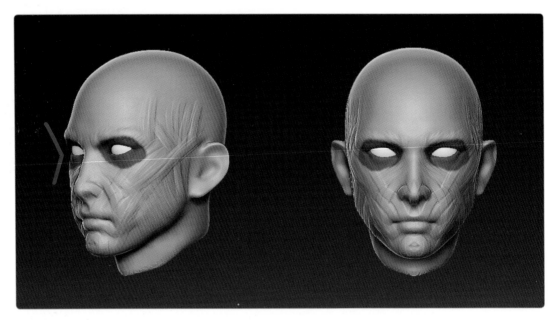

근육의 흐름을 그려준다.

COMMENT 얼굴은 머리뼈의 위치에 맞춰서 근육이나 지방 등이 생기고 그 위에 피부가 덮여있는 구조이다. 특히 눈 뼈 위에 근육이나 눈을 덮어주는 부분들이 눈뼈의 구멍 위에 덮히는 부분이 위의 빨간 라인처럼 안쪽으로 들어갔다가 나와 보이는데, 실제로는 눈 윗부분은 뼈의 구멍에 따라서 안쪽으로 들어가는 구조이고 밑쪽의 근육의 흐름이 광대를 타고 내려와서 서로 겹쳐지는 구조이다. 항상 작업을 할 때에는 한쪽 부분만 보면 안 되고 돌려가면서 구조와 흐름을 만들어야한다.

각도에 따라서 끊어져 보이기도 한다.

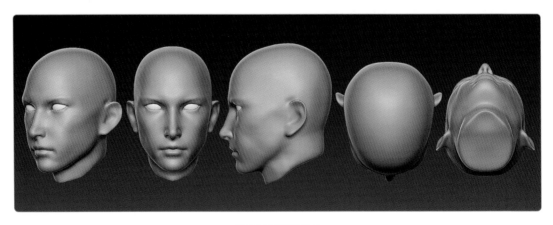

얼굴의 대략적인 완성

UNIT 2 얼굴 디테일 만들기

얼굴의 부분의 디테일을 높이는 단계이다. 다이나메쉬 밀도(Resolution)를 조금씩 더 올려 가면서 디테일을 조금 더 올린 다음 디바이드로 마무리한다(앞서 설명한 디테일한 모델링을 하는 두 번째 방법이다).

일정하게 다이나메쉬로 면의 구조가 되어있는 상태에서 디바이드로 밀도를 올려주는 방식은 굉장히 비효율적인 방식이지만 컴퓨터가 조금 버텨줄만 하면 그냥 그렇게 마무리해도 상관이 없다. 어차피 마지막에 토폴로지를 한 로우 폴리곤 데이터가 게임에 들어가기 때문이다.

물론 필자의 경험상 진짜 낮은 확률로 베이킹할 때 면이 너무 많아서 에러가 났던 경우가 한두 번 정도 있다. 이때에는 첫 번째 방법으로 리메셔와 디바이드 작업을 해주거나 데시메이션으로 면을 낮춰서 뽑으면 되기 때문이다.

번호로 단락이 나누어져 있지만 다이나메쉬의 특성상 한 번에 전체적으로 디테일을 올리고 밀도나 디바이드를 올려야한다.

01 다이나메쉬(Dynamesh) 밀도(Resolution)를 조금 더 올린 다음 눈 부분의 디테일을 잡아준다.

COMMENT 눈의 안쪽이 생각보다 많이 들어가 있고, 바깥쪽이 조금 더 튀어나온 구조이다. 눈을 그릴 때에는 눈 윗꺼풀을 눈보다 조금 크게 잡아주는데, 아래에서 위쪽으로 클레이 브러쉬로 반듯하게 그려준다. 그 다음 눈 아래꺼풀은 윗꺼풀보다 살짝 안쪽에서 시작을 하는 것이 포인트다.

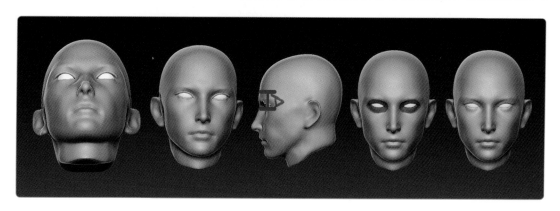

눈의 디테일을 올려준다.

COMMENT 눈의 구조적인 특징은 옆에서 봤을 때 눈 윗꺼풀이 아래꺼풀보다 조금 더 앞쪽으로 나와 있고, 눈알역시 살짝 위로 올라간 듯이 위치를 맞춰준다. 뼈의 구멍 안에 눈알이 들어가고 그 위에 근육들이 덮여있는 구조이므로 눈의 구멍과 그 위쪽에 형성되어있는 눈두덩이 보다 더 바깥쪽으로는 근육의 흐름이 나올 수가 없다. 눈두덩이는 동양 사람과 서양 사람마다 차이가 있기 마련이다. 외국 사람은 눈두덩이와 콧대의 위치가 상당히 튀어 나왔으므로 윗꺼풀이 동양인처럼 튀어나온 것이 아니라 오히려 들어가 보이기도 한다.

02 코 부분은 콧등의 각도와 튀어나온 정도를 보면서 만들고, 코에서 옆으로 나오는 근육의 흐름을 그려줘야 한다, 콧구멍은 눈 윗꺼풀을 그리듯이 밑쪽에서 위로 그어서 각을 조금 다듬어준다. 콧방울 부분은 양쪽에서 근육의 흐름이 내려온다. 이 부분을 꼭 숙지해야 한다. 콧구멍 아래에서 윗입술까지 내려오는 부분에 자연스럽게 연결해준 다음, 인중은 물방울 모양으로 안쪽으로 그려준다.

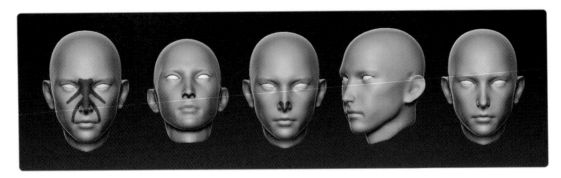

코를 다듬어 준다.

03 입술역시 눈꺼풀과 마찬가지로 입술 끝부분에 위쪽 입술이 아래쪽 입술을 덮어주는 느낌으로 디테일을 잡아준다. 그리는 방식은 눈꺼풀을 그리는 것과 비슷하다.

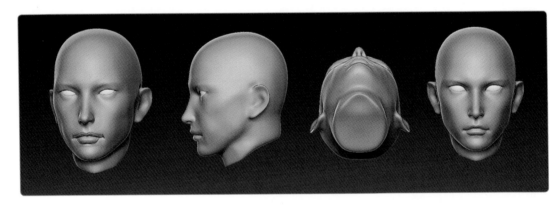

입술을 만든다.

04 귀 안쪽에 흐름을 잡아준다. 귀 끝 쪽이 뾰족하므로 브러쉬 작업을 할 때에는 BackfaceMask를 꼭 활성화시킨 다음 브러쉬로 작업을 한다.

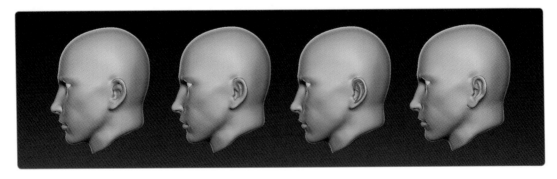

귀 안쪽을 파고 나서 디테일을 올린다.

05 디바이드를 한 단계 올린다음 뎀스텐다드(DamStandard)브러쉬로 주름이나 디테일 작업을 해준다. 라인을 파준 다음 스무스로 조금씩 지워줘서 너무 강하게 주름이나 근육의 표현되지 않게 주의하고, 근육들끼리 딴딴하게 뭉쳐있는 상태에서 위쪽에 스킨이 덮여있는 형태를 만들어준다. 콧볼의 경우는 귀를 처음 만들 때와 마찬가지로 콧볼에 마스크를 씌운 다음 주변의 피부를 무브(Move Topolgical)로 밀어서 경계선을 잡아준다.

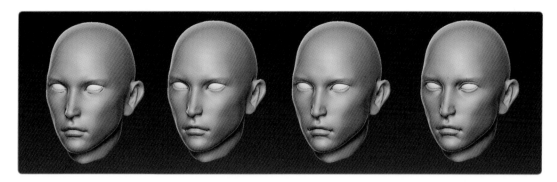

디테일을 잡아준다.

06 입술역시 뎀스텐다드 브러쉬로 먼저 입술을 결을 미세하게 잡아준 다음 살짝 스무스를 주고, 브러쉬 방향을 Add로 올려서 튀어나오게 한 다음 결을 덧그려준다. 이 윗입술에 2단계 아랫입술에 2단계로 한 번에 위에서 아래로 긋지 말고, 두 번에 나눠서 그려준다. 그 다음에 가로로 입술의 경계를 적절하게 나눠준다. (kn_001.ztl파일로 세이브를 한다.)

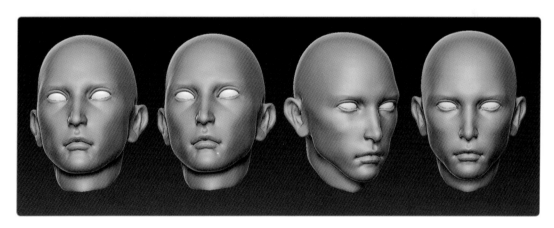

입술의 주름을 그려준다.

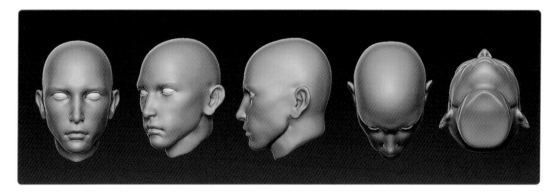

Perspective View로 스샷을 찍었다.

UNIT 3 피부 재질 입히기

디바이드(Divide)로 면을 나눠줬기 때문에 면이 100만개가 넘었을 것이다. 이제 브러쉬를 이용해서 피부의 질감을 잡아준다.

01 클래이(Clay)브러쉬로 설정을 하고, 아래에 모드들을 각각 Spray와 ~BrushAlpha로 설정을 한다. 상단에 ZIntensity값을 최소한으로 설정한다.(kn_001.ztl 파일로 공부할 때에는 설정값이 1이다.)

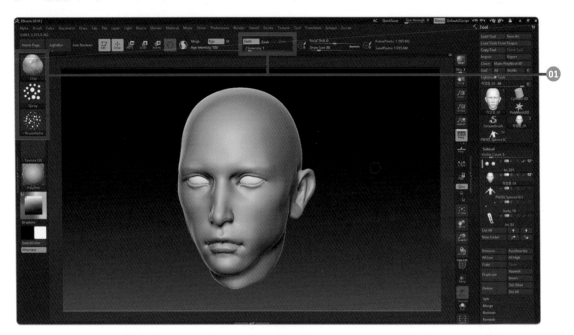

브러쉬 세팅을 한다.

02 얼굴을 평면이라고 생각하고 튀어나온 곳은 Zadd로, 들어간 곳은 Zsub로 설정하고 브러쉬로 그려준다. 브러쉬 사이즈를 확대 했을 때 닭살이나 땀구멍 정도의 사이즈로 설정하고 그려준다. 한 종류의 브러쉬 사이즈를 고집하기보다, 유연하게 브러쉬 사이즈를 변경해가면서 작업하여 최대한 자연스럽게 보이도록 작업을 해준다. ZIntensity 값이 너무 강하면, 모델링 자체에 변형이 오게 되므로 최대한 얇게 덮어준다는 생각으로 그려준다.

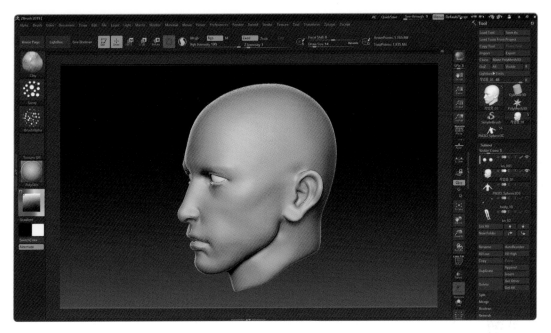

피부 질감을 그려준다.

03 브러쉬를 이용해 피부 질감을 그려준다. 피부 질감은 알파나 브러쉬로 공유가 되는 것들이 많이 있다.

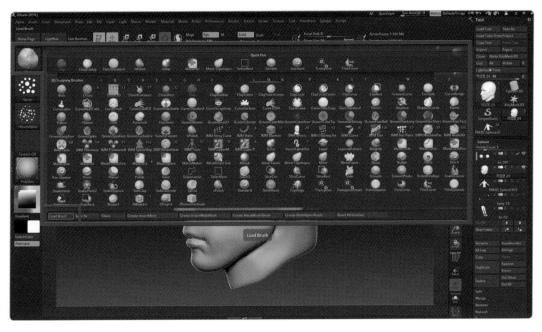

브러쉬를 등록시킬 수 있다.

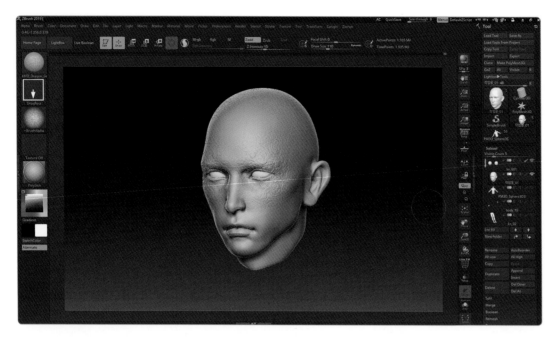

드래곤 스킨을 입혀 봤다.

알파와는 다르게 브러쉬를 로드하면, 원래 브러쉬 설정에 있는 것들과 같이, 스트로크, 알파, 브러쉬, 등등 의 세팅이 다 되어 있기 때문에 매우 유용하게 쓸 수 있다.

핀터레스트나, 인터넷에서 검색을 해 보면 무료로 배포하는 브러쉬들이 많이 있다.

- 핀터레스트 : https://www.pinterest.co.kr/

- Cubebrush : https://cubebrush.co/marketplace

Cubebrush에는 한 번씩 무료로 브러쉬를 배포해주는 이벤트도 한다.

04 알파 맵을 이용한 브러쉬 작업. 피부 질감 알파 맵을 등록해서 작업을 할 수 있다.

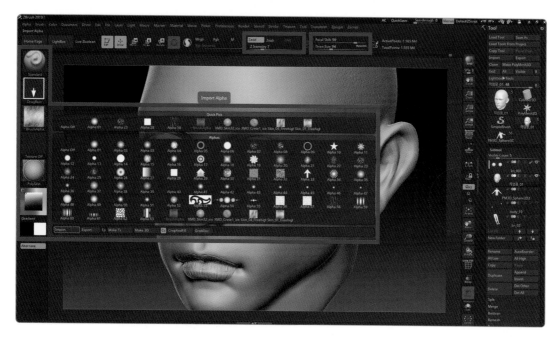

알파에 피부 질감을 등록시켰다.

05 스트로크로 알파를 그려주는 것보다, 스트로크 옵션에서 드래그랙트(Dragrect)로 사각형을 만들어서 사각형 단위로 알파를 얹어주는 느낌으로 작업하는 것이 좋다. (파일을 kn_003.ztl로 세이브를 한다.)

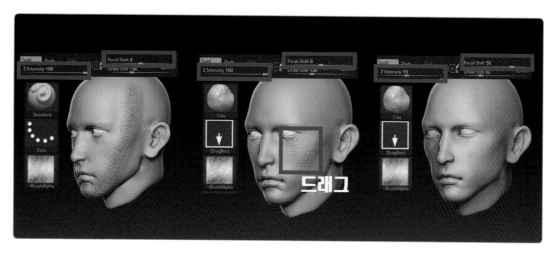

드래그로 씌우듯이 그려준다.

- Focal Shift : 값이 0일 때, 브러쉬 모양이 전부 나오게 되므로 브러쉬에 설정되어있는 사각형의 모양이 그대로 나오게 되어버린다. 그러므로 Focal Shift의 값을 50 정도만 주면 브러쉬 모양인 사각형의 끝쪽 테두리 부분이 반투명 상태로 인식이 되어서 흐려지게 된다. 그러면 자연스럽게 브러쉬의 중심 부분들만 찍혀 나오게 된다. 중간 중간 브러쉬의 방향을 Zsub로 바꾸고 Draw Size와 Z Intensity도 수정을 해가면서 다양하고 자연스럽게 작업을 해주는 것이 좋다.

Focal Shift 값에 따라 외곽이 다르게 나온다.

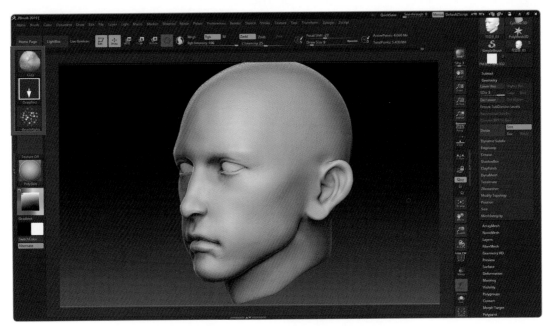

땀구멍처럼 보이게 알파를 세팅하고 잘게 찍어준다.

CHAPTER 02 갑옷 만들기

비슷한 형태의 오브젝트를 이용하여 다양한 방법을 통해 갑옷 모델링을 제작하는 것을 이번 단락의 목표로 한다. 딱딱한 오브젝트를 폴리그룹으로 변경하여 모델링을 하고 테두리를 만드는 방식들을 배운다. 갑옷에 복잡한 문양을 새기기, 스트로크와 Imm을 사용한 벨트 만들기, 부품을 서브툴로 쪼개서 관리하기 등을 실습한다.

완성된 갑옷 전체 조형도

UNIT 1 서브툴 그룹을 관리하자

디테일을 높이는 방법 중에 하나는 부품들을 최대한 따로 만들어 주는 것이다. 하지만 그만큼의 서브툴이 필요하게 된다. 그래서 서브툴을 효율적으로 관리하기 위한 공부를 먼저하고 넘어가자.

01 순서로 서브툴을 관리한다. 서브툴을 위쪽에서부터 아래로 내려오게끔 정렬을 해두면 중간에 내가 머리 쪽을 다듬고 싶다면 당연히 위쪽에 있다는 인지를 가지게 하는 방법이다. 아무리 클릭을 잘해도 무브 브러쉬 상태일 때에는 서브툴의 선택이 조금 힘이 든다. 그러하다 보니 클릭이 브러쉬 적용으로 인식되어서 선택이 안 되고 브러쉬 작업으로 계속 진행이 되는 경우가 많다. 이럴 때에는 일반 그리는 브러쉬(클레이,스텐다드, 등)로 바꾸어서 클릭을 하면 서브툴 셀렉트가 조금 더 잘 인식이 된다.

SubTool (SubTool Group) :

- 서브툴이 선택이 된 부분은 테두리가 생기고 화면에는 선택된 서브툴은 머터리얼 값이 밝게 적용이 되어있다.

- Visible Count : 8로 세팅이 되어있는데 시야로 보여주는 서브툴의 개수를 세팅하는 메뉴이다.

더 많은 서브툴은 옆에 휠이나 바를 이용하면 서브툴의 위치를 바꿀 수 있다.

- Start : 서브툴의 중심 쪽에 작은 화살표가 있는데 그곳을 클릭하면 Start세팅이 된다. 이 스타트 세팅이 된 부분 아래로는 한 번의 클릭으로 껐다가 켤 수 있다. 눈 모양을 클릭하면 스타트 세팅 밑에 있는 서브툴은 전부 하이드가 된다.

서브툴을 선택한 경우에 해당 서브툴의 눈모양 아이콘을 해제해도 툴의 특성상 선택한 서브툴은 반드시 보여지게 된다.

그러므로 스타트 체크가 된 서브툴을 선택한 상태에서 눈모양 아이콘을 해제하면 선택된 서브툴만 하이드가 되어야 하는데 서브툴이 선택되어있기 때문에 프로그램의 대전제인 선택한 서브툴은 반드시 화면에 보이게 되고, 눈 모양 아이콘만 꺼진 것으로 처리가 된다. 그래서 항상 다른 서브툴이 선택된 상황에서 스타트 체크가 되어있는 서브툴의 눈 모양 아이콘을 해제해주면 스타트 체크 밑에 있는 서브툴이 모두 하이드가 된다.

다른 서브툴이 선택되어 있고, 스타트 세팅 서브툴에 눈모양 아이콘을 클릭한다.

폴더 기능을 이용한 서브툴 관리 :

- New Folder : 폴더를 새로 만들어준다. 스타트 세팅이 된 서브툴을 클릭하고 New Folder 버튼을 클릭하면 폴더가 생성된다. 그리고 폴더 안에 스타트 세팅이 된 서브툴이 들어가게 된다. 나머지 서브툴들은 폴더에 드래그해서 넣어 주면 폴더 안으로 이동이 된다.

  폴더와 서브툴의 이름은 꼭 영어로 만들어 주고, 이름이 겹치는 서브툴이 있으면 안 되므로 Rename으로 이름을 정리하는 버릇을 만들어준다.

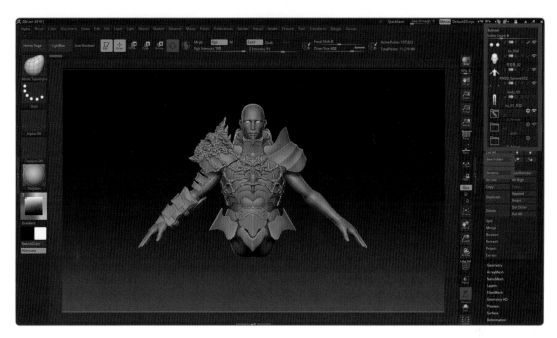

폴더를 이용한 서브툴의 관리

서브툴을 효율적으로 관리를 하는 법과, 폴리그룹을 이용한 딱딱한 오브젝트 제작과, 테두리를 만드는 방법을 공부한다. 스트로크와 lmm브러쉬의 다양한 조합을 사용하여 벨트나 문양을 다양하게 만들어본다. 그리고 이 방법들을 응용하고 공부하여 본인이 편한 방법을 찾아나가면 될 것이다(여러 가지 방식들의 조합으로 본인만의 스타일을 만들어 가는 것도 좋다!!!).

첫 번째로 Extract를 이용해서 기본 형태를 서브툴로 추가해준 다음 다양한 방법들로 모델링을 진행한다. 마스킹(Masking)을 한 다음 추출(Extract)해서 면을 뽑아내는 과정은 똑같다.

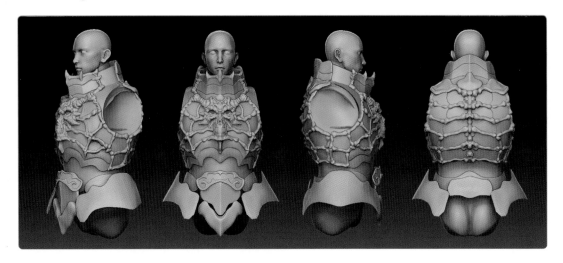

상체 갑옷의 컨셉

01 Extract 방식을 이용한 모델링.(kn_003.Ztl 파일을 열어서 작업해도 된다.) 디폴트 바디 위에 마스크를 씌워서 익스트랙트(Extract)한 다음 면을 편집해서 모델링을 한다(항상 작업할 때 불필요하거나 걸리적거리는 부분들은 폴리그룹을 나눠서 하이드시키거나, 서브툴의 눈모양 아이콘을 꺼서 하이드시켜준다). 경우에 따라서 익스트랙트(Extract)이후의 공정이 달라지는데 이번 오브젝트는 익스트랙트를 한 다음 바깥쪽에 있는 폴리 그룹만을 남기고 나머지는 하이드를 한 다음 Del Hidden으로 지워준 다음 다이나메쉬를 적용시켜준다.

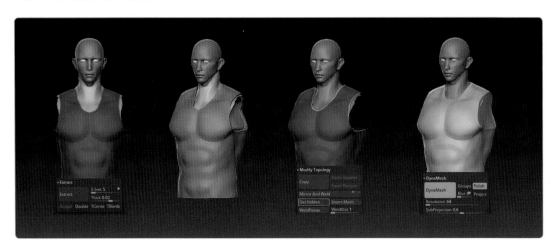

다이나메쉬를 적용시킨다.

02 스무스로 근육의 흐름을 없애가며 적절하게 바디를 잡아 나가면서 다이나메쉬를 적용시킨다. 다이나메쉬를 적용시키면 뚫려 있던 구멍들이 메꿔지면서 그룹이 생성되어 있다. 이를 이용해서 몸통의 그룹만 남기고 하이드시켜준 다음 목 부분에 다시 마스크를 적용시켜서 목 보호 부분을 만든다. 그리고 그 부분에도 마스크를 덮어주고 폴리그룹(Poly Gruop : Ctrl + W) 을 잡아준다. 새로 생성된 폴리그룹을 제외하고 모두 마스크를 씌워준 다음 무브로 목을 보호해줄 만큼의 높이로 무브시켜준다.

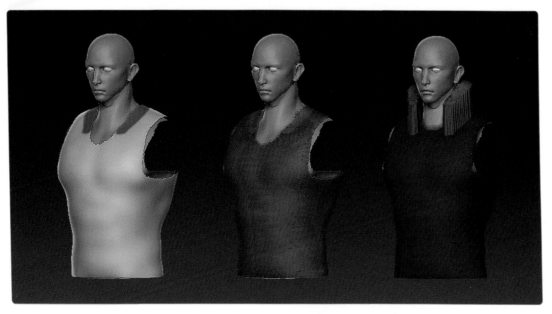

목 부분 보호대를 만들어준다.

03 방패 문양을 만들었던 방식을 응용해서 목 보호대의 각을 잡아주는 방식이다.

- 목 부분의 그룹만 선택한 후에 Visibility 옵션에 확장(Grow)를 두 번 눌러서 위쪽으로 올라온 부분들까지 선택을 확장(Grow)시켜준다.

- 목 윗부분의 그룹을 하이드(Ctrl + Shift + 클릭)시킨다.

- 무브로 올린 부분만 그룹을 새로 지정을 해준다.(Ctrl + W)

- 다이나메쉬를 적용시켜준 다음 Deformation메뉴의 Polish By Groups을 높은 값으로 몇 번 적용시킨다.
  (점 상태를 클릭해서 동그라미 상태로 만들어준다.)

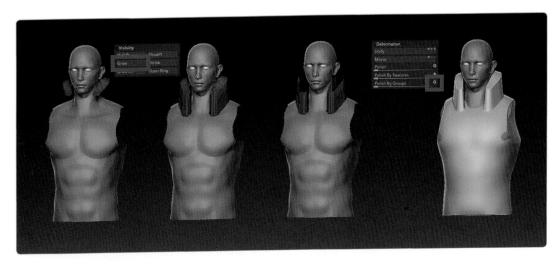

디포메이션 콤보라고 외워보자!

04 목 보호구의 각을 잡아주기 위해서 위와 같은 방법으로 목 보호대 앞쪽부분에 마스크를 잡고, 폴리그룹을 생성시켜준다. 작업 순서는 목 보호구 부분만 남겨두고 나머지는 하이드시킨다. 그리고 각을 줄 부분에 마스크를 씌우고 폴리그룹을 생성시킨다 (Ctrl + W).

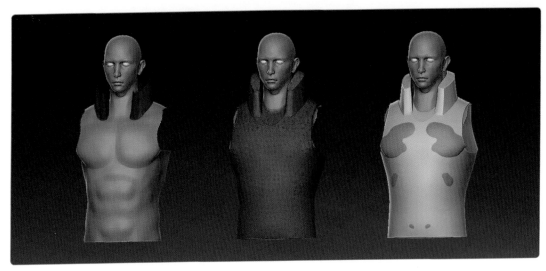

목 부분의 각을 잡아준다.

05 방패 문양을 만들었던 방식을 응용해서 목 보호대의 각을 잡아주는 방식이다.

Zremesher :

- KeepGroups : 폴리그룹을 유지시켜주면서 지리메셔를 진행시킨다.

- Half/Adapt : 하프 옵션으로 기존의 면을 재구성할 때에 면의 개수를 반으로 줄여주라는 옵션이다. 뒤에 Adapt는 항상 '그럼에도 불구하고'나 '적절하게'라는 뜻의 옵션도 같이 체크를 해주어서 속도나 면의 구성을 조금 더 심플하게 만들어준다.

- Adaptive Size : 0에 가까울수록 면의 밀도(와이어프레임의 구조)를 중요시하고, 100에 가까울수록 폴리곤의 형태에 집중해서 면의 흐름에 따라 면을 조금 더 쓰거나 간단한 부분들은 면을 조금 적게 구조를 잡아주게 된다.

- Curves Strength : 기존의 폴리곤 형태의 강도를 나타낸다.(커브의 강도)

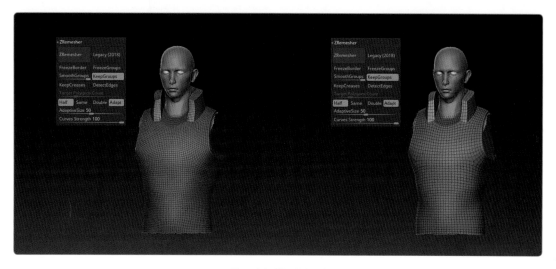

목 부분의 각을 잡아준다.

06 방패 문양을 만들었던 방식을 응용해서 목 보호대의 각을 잡아주는 방식이다.

- Crease : 다양한 옵션들을 이용해서 외곽선이나, 폴리그룹, 특정 폴리곤 등의 끝에 면을 아주 가깝게 추가해줘서 Divide나 Deformation의 명령어인 Polish 등을 적용시킬 때 모델링이 너무 축소가 된다든가, 오그라들어져서 사이즈가 작아지는 경우를 방지해준다(Polish 작업의 경우에는 동그라미 형태를 점의 형태로 바꿔 주면 해결되기는 한다. 아니면 면의 밀도를 높여 주고 난 다음 디포메이션의 Polish를 줘도 면이 축소되는 현상을 많이 줄여줄 수 있다).

그리고 당연한 이야기지만 각을 조금 더 잘 잡을 수 있도록 가이드를 잡아주는 역할을 한다.

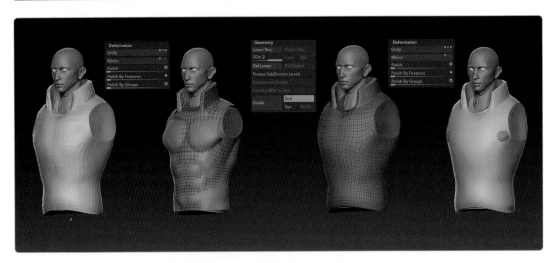

밀도에 따라서 Polish의 적용치가 달라진다.

Crease :

- Crease : 오브젝트의 끝부분에 라인을 추가시켜 주는 옵션이다.

- Crease All : 모든 면에 라인을 추가하는 기능이다.

- UnCrease : 외곽 크리즈를 지워준다.

- UnCreaseAll : 모든 크리즈를 지워준다.

- Crease PG : 폴리그룹끼리의 경계면에 라인을 추가시켜준다.

- UnCrease PG : 크리즈 폴리그룹에 추가된 라인을 지워준다.

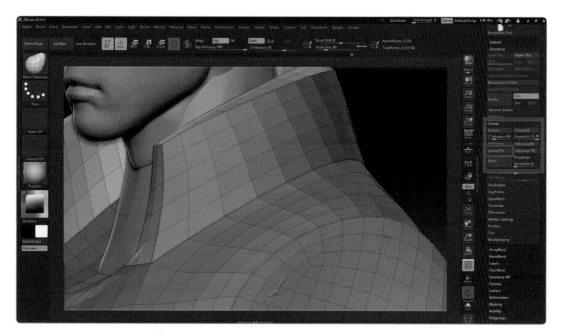

자세히 보면 폴리그룹들 사이에 선이 보인다.

UNIT 3 갑옷 만들기 : Extract 방식 2

익스트랙트를 이용한 조금 다른 공정으로 목의 앞쪽 보호대(이하 : 목 보호대)를 만들어준다.

01 갑옷의 앞쪽에 마스크를 씌워서 익스트랙트로 서브툴을 새로 추가해준다(맨 왼쪽에 이미지가 이번의 목표이다).앞쪽 부분의 폴리그룹만 선택하고 나머지를 하이드시켜서, 하이드시킨 부분을 Modify Topology 옵션의 Del Hidden을 통해서 모두 지워준다.

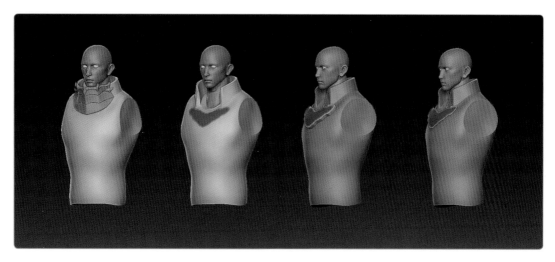

목 갑옷의 기본 형태를 만든다.

02 무브와 로테이트 등을 이용해서 면을 위쪽으로 모델링을 해준 다음 적절하게 면을 정리해준다.

COMMENT　　무브 토폴로지컬(Move Topological)브러쉬로 면을 위쪽으로 올려준 다음 Deformation의 옵션에 Polish By Features 수치를 올려준다. 그룹이 따로 없기 때문에 그냥 폴리시 바이 피쳐(Polish By Features)의 수치로 적용을 해주고, 외곽선보다는 스무스 기능을 더 중요시 하도록 동그라미로 체크를 해준 다음 수치를 올려준다. Zremesher을 적용시켜서 면의 밀도를 조정한다.

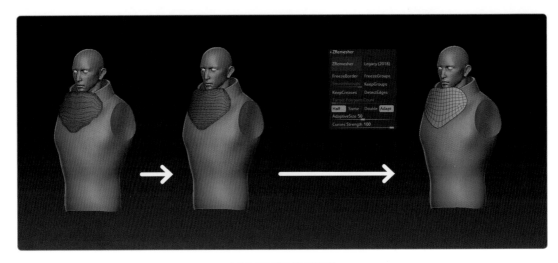

지리메셔로 면을 정리해준다.

COMMENT　　무브와 브러쉬, 등을 이용해서 모델링을 한 다음 지리메셔로 면을 정리하고, 브러쉬로 모델링을 하면서 지리메셔를 적용시키는 방식이 두 번째 방식이다. 주로 망토나 천, 갑옷 등을 만들 때 많이 쓰는데, 플랜 상태로 만들기 때문에 컨트롤이 두께가 있는 것보다 쉽고 마무리로 두께를 주거나 테두리에 모델링을 추가해 주기가 쉽기 때문이다.

03　　Slice Curve를 이용해서 잘라버릴 부분의 그룹을 나눠준 다음 하이드를 적용시켜서 Del Hidden으로 지워준다. Modify Topology옵션의 축 복사(Miirror And Weld : X)를 해서 비슷한 모양을 만들어준다.

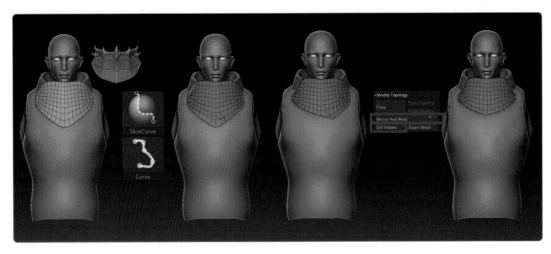

면을 자르고 축 복사를 해준다.

04 Slice Curve를 이용해서 휘어지고 꺾어지는 부분의 그룹을 나눠준다. ZRemesher 옵션에서 더블(Double) 옵션을 체크해서 면을 추가해준다. 반쪽을 중심으로 작업해준 다음 축 복사를 한다. 가운데 부분은 모든 작업이 끝난 다음 그룹을 잡아줘야 하므로 다음 단계로 넘어간다.

COMMENT 가운데 부분에 정확하게 그을 필요가 있을 때에는 GoZ를 실행시켜서 맥스에서 작업을 한 다음 다시 Goz로 가져오는 것이 편하다. 이번 중앙 부분 같은 경우에는 굳이 반으로 자르는 것 보다는 중간에 살짝 각을 더 잡아주는 방법이 더 좋다.

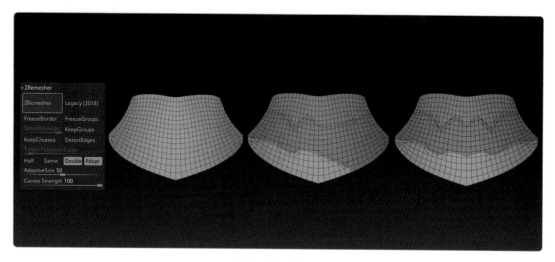

폴리그룹을 나눠준다.

Edge Loop :

- **Panel Loops :** 버튼을 누르면 두께가 생기게 된다.

- **Loops :** 두께를 주면서 생기는 옆면의 개수를 설정한다.

- **Double :** 안쪽에 면을 생성해준다.(이 옵션이 꺼져 있는 상태에서 Panel Loops를 실행시키면, 안쪽이 뚫려 있는 채로 두께가 생기게 된다.)

- **Thickness :** 두께 수치를 설정해준다.

- **Polish :** 두께를 주면서 전체적인 면의 스무스를 설정해준다. 다른 Polish 옵션들과 마찬가지로 점과 동그라미의 체크 부분이 있고 똑같은 기능을 한다.

- **Bevel :** 두께를 주는 면의 모양을 설정한다. Bevel Profile의 그래프와 연동되어서 결과가 나온다.

- **Elevation :** 두께를 주는 방향에 관한 설정이다. 설정값이 -100이면 현재 상태에서 무조건 안쪽으로 두께를 준다는 뜻이고, 0이면 양쪽으로 똑같은 두께를 준다는 설정이며, 100이면 무조건 현 플랜 상태에서 앞쪽으로 두께를 준다는 설정값이다.

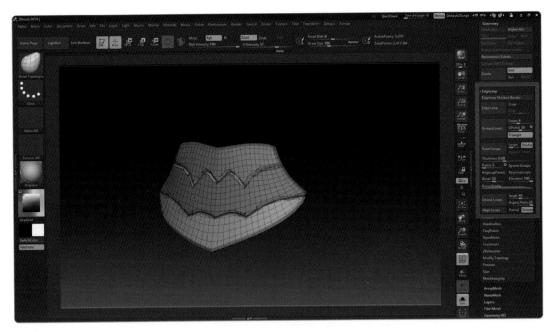

Edge Loopfh 두께를 준다

05 Edge Loop 기능을 이용해서 면에 두께를 준다.

COMMENT   그래프의 옵션을 알아보자. 지브러쉬 프로그램의 모든 그래프의 컨트롤은 다 똑같다. 점을 찍을 때는 그래프 안을 클릭하여 점을 생성한다. 그리고 생성된 점을 컨트롤하여 그래프를 변형시킬 수 있다. 더블 클릭을 한 번 하면 그래프의 부분이 확대가 되고 한 번 더 더블 클릭을 하면 다시 원래의 그래프 사이즈가 된다. 점을 드래그해서 그래프 화면 바깥으로 나가면 해당 점은 사라진다. 점이 두 개만 있어서 직선인 상태에서 중앙에 점을 추가를 한 상태에서 드래그를 하여 바깥쪽으로 나갔다가 들어오면 점들을 연결시키는 면의 형태가 곡선으로 바뀌고, 곡선이었으면 직선으로 바뀌게 된다. 모든 그래프 옵션에 다 적용되므로 꼭 사용법을 숙지하자!

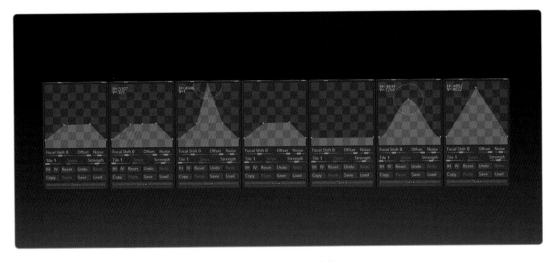

그래프의 옵션들을 공부하자!

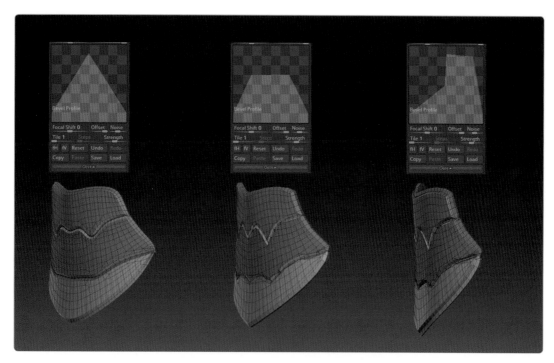

그래프에 따라 Panel Loops의 테두리 형태가 다르게 나온다.

06 세로로 그룹을 나눠준다. 가운데는 살짝 띄워놓고 그룹을 잡은 다음 축 복사를 해주면 가운데 살짝 면이 있어서 각이 좋아보이게 된다.

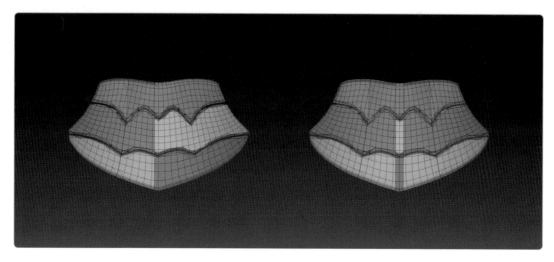

세로로 폴리그룹을 나눠준다.

07 크리즈 폴리그룹(Crease PG)을 준 다음 디바이드를 올려주고 디포메이션 옵션에 Polish By Groups를 줘서 깔끔하게 마무리한다. 모양을 무브로 조금 더 수정해준 다음 Polish By Groups을 주면 각이 깔끔하게 계속 잡히기 때문에 작업이 수월해 지는 방식이다.

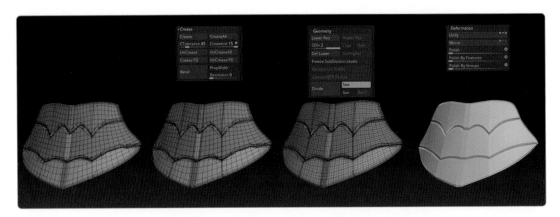

크리즈 폴리그룹, 다바이드, Polish By Groups의 콤보로 기억하자!

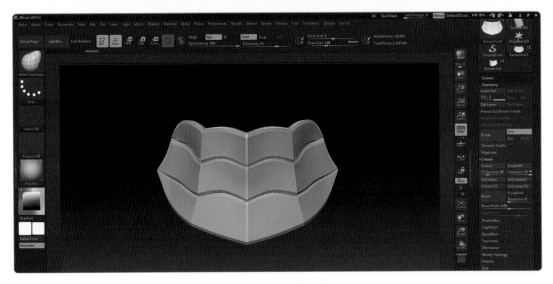

무브와 Polish By Groups로 모양을 조금 더 잡아준다.

08 테두리 부분 역시 익스트랙트 방식으로 면을 뽑고 다이나 메쉬를 적용시킨 다음 모델링을 완성한다. 컨셉이 적당히 잡히고 나면 디바이드(Divide)로 면을 올리고 마무리해준다.

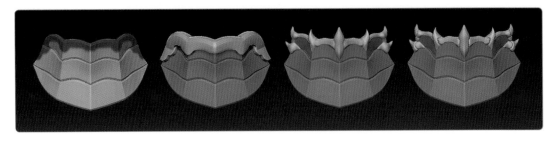

테두리를 만들어준다.

UNIT 4 갑옷 만들기 : 장신구와 테두리 만들기

몸통 부분 갑옷들을 만들어준다. 플랜 방식으로 만들고 나서 테두리를 하나 만든 다음 스트로크 방식으로 테두리로 만들어준다.

01 전체적인 몸통 갑옷을 잘라내거나 면을 추출해서 갑옷을 만들어나간다.

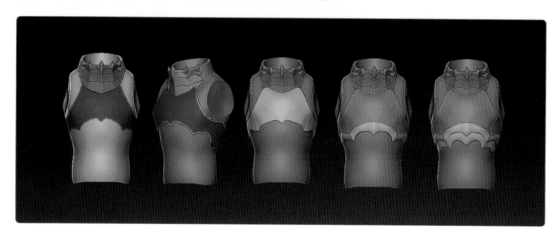

갑옷들을 하나씩 만들어준다.

COMMENT   테두리를 마지막에 주는 방식이 있고, 테두리를 뽑아서 한 덩어리로 만드는 방법도 있다. 개인적인 생각으로는 테두리를 따로 만들어서 관리하면 서브툴이 많아져서 복잡하게 되지만, 나중에 ID맵을 베이킹할 수 있기 때문에 부품들을 따로 쪼개서 만드는 방법을 선호한다. 문양을 넣을 때에도 문양을 스트로크나 듀플리케이트로 복사를 한 뒤에 문양을 그려놓고 문양 부분들만 디테치시켜서 문양만 따로 만들어 두는 방법도 전체적으로는 비슷한 작업 공정이 된다.

02 가운데 장식을 만들어준다.

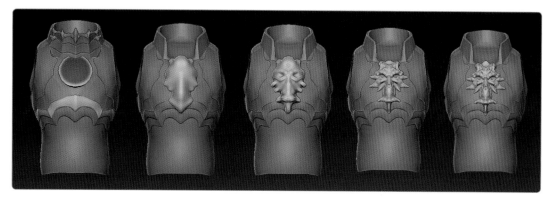

다이니메쉬로 형태를 잡아준다.

COMMENT   위에서 언급한 모델링을 마무리하는 과정 중간에 다이나메쉬로 모델링을 할 수 있을 만큼 하고, 지리메셔나, 디바이드로 마무리한 다음, 따로 복사(Duplicate)한 다음 Zremesher로 면을 줄인다. 줄인 면을 다시 디바이드로 면을 나누어 주면서 프로젝트 작업으로 모델링의 퀄리티를 맞춰보도록 하자.

03 모델링의 기본 틀이 다 잡히고 나면 다이나메쉬 밀도를 Polish옵션은 빼고 올려서 사용하거나, 디바이드를 사용하여 모델링을 마무리한다.

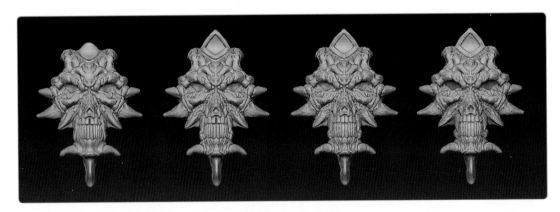

디바이드를 올리고 디테일을 준다.

- 디테일을 높일 때에는 알파나 재질 브러쉬를 가져와서 입혀주는 작업을 하면 면의 밀도가 높을수록 재질의 디테일 이 잘 표현이 된다.
- 너무 무리한 변형이 아니라면 밀도가 충분히 많기 때문에 조금씩 변형이 있어도 되지만, 너무 많이 변형이 되었다면 다시 다이나메쉬로 밀도를 바꾼 뒤에 디바이드를 올린 다음 디테일을 잡아나가야 한다.
- 한 덩어리로 작업할 때에는 다른 재질을 넣을 연결 부분(잇몸과 이빨 같은 부분, 머리와 뿔이 나는 부분 등)을 분명하 게, 끊어진 느낌이 날 수 있도록 처리해주는 것이 포인트이다.

05 장식의 모델링이 끝났으면 하나를 복사를 해서 지리메셔(Zremesher)로 면을 줄여주는 작업을 한다. 토폴로지 작업을 따로 해야 하므로 면을 너무 많이 줄일 필요는 없고 10000개에서 100000개 정도의 폴리곤이면 된다(이미지는 7만개 정도로 작업을 했다). Zremesher의 옵션에서 Half로 반씩 줄여 나가는 방법을 사용한다. 두 개의 장신구만 빼고 나머지 서브툴은 하이드해준다. Tool 메뉴의 프로젝트(Project)옵션에 ProjextAll버튼을 눌러준다. Divide를 올려주고 다시 프로젝트 작업을 한다.

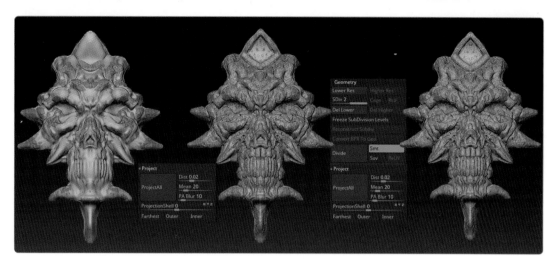

디바이드를 올리면서 프로젝트(ProjectAll) 작업해준다.

- 디바이드의 장점은 디바이드의 단계를 평소에 낮춰 놓고 작업을 하면 낮은 면으로 인식해서 작업을 할 때 컴퓨터가 받는 부담을 줄일 수 있다.

- 프로젝트 작업을 하면 최대한 원본과 비슷하게 만들어주는 매우 강력한 기능이다.

- 프로젝트 작업의 요령은 프로젝트를 적용시킨 다음 디바이드를 적용한 후 다시 프로젝트를 적용시키는 것이다. 프로젝트 작업을 여러 번 주는 이유는 면이 딱 맞지 않는 경우가 있을 때 브러쉬로 수정을 하고 부피를 조금 더 키워서 다시 프로젝트를 사용하거나, 스무스를 사용해서 꼬여있는 면들을 잡아주고 프로젝트를 적용하여 문제를 해결해주기 위함이다.

- 아래의 이미지의 왼쪽 모델링이 새로 복사해서 면을 7만개로 줄이고 난 다음 디바이드를 28만개로 올려서 프로젝트를 해준 오브젝트이고, 오른쪽이 디테일 작업을 해주었던 290만개의 면을 가지고 있는 오브젝트이다.

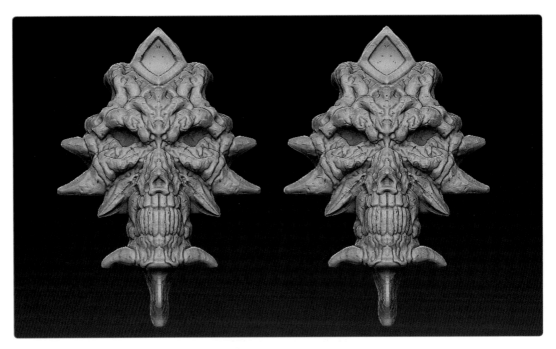

20만 개와 200만 개의 차이가 없을 정도로 똑같다.

06 갑옷의 뼈대를 만드는 방법으로 그냥 면을 하나 뽑아서 다이나메쉬로 써도 되지만, 브러쉬의 기능도 익힐 겸 Zsphere를 추가한다.

07 목 보호구의 위쪽에 폴리그룹으로 라인을 잡아 줬지만, 모델링을 하다보면 조금씩 일그러지거나 변형되는 경우가 있다(물론 그룹과 면의 밀도가 잘 정리되어 있으면 디포메이션에 있는 그룹 폴리시 기능을 써서 잡아주면 된다). 만드는 방법은 드로우로 스피어를 추가하고 무브로 방향과 위치를 맞춰주면 된다. 사이사이에 드로우로 점을 찍어주면 그 부분에 바로 스피어가 추가된다.

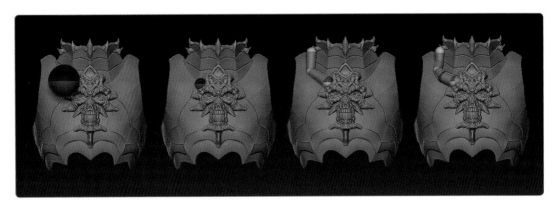

지스피어로 목 부분 갑옷 테두리의 위치를 잡아준다.

COMMENT 중간에 모델링을 확인하려면 Tool 메뉴에 Adaptive Skin의 옵션에 Preview(단축키 A)를 눌러주면 다이나메쉬가 적용된 모델링 상태를 볼 수 있다. 프리뷰(Preview)옆에 Density값과 Dynamesh Resolution값에 따라서 모델링의 밀도가 달라진다. Make Adaptive Skin버튼을 누르면 지스피어에서 지오메트리(오브젝트)로 변환된다. 이때 기존의 작업 중인 서브툴 그룹에 생성되는 것이 아니라 지스피어 서브툴은 그대로 둔 채 새로운 서브툴 그룹에 등록된다. 그래서 Append로 다시 작업 중이던 서브툴 그룹에 등록을 시켜줘야 한다.

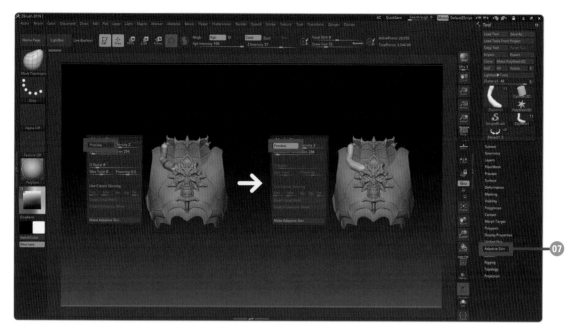

폴리곤 상태로 변환을 하고 모델링을 계속한다.

08 디테일을 잡아주고 축 복사를 한다. 필자는 면을 많이 늘려서 알파와 브러쉬들을 이용해서 디테일을 파준 다음, 하나를 복사해서 면을 줄여주고 그 상태에서 바로 프로젝트 작업을 진행해주었다(Zremesher로 면을 줄일 때 Half로 면을 줄이면서 10만개 정도 되면 그 상태에서 바로 프로젝트 작업으로 마무리를 했다). 문양 디테일을 팔 때에는 최소 면이 10만개 정도를 기준으로 하는데, 오브젝트의 사이즈나 디테일에 따라 당연히 달라지기도 한다. 나머지 뼈 부분도 같은 방식으로 만들어 주었다.

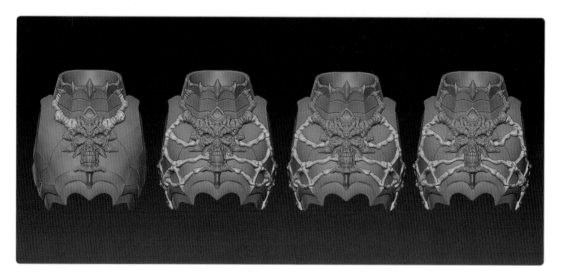

뼈대 부분을 만들어준다.

09 테두리 모양을 만든 다음 스트로크 방식으로 테두리를 만들어준다.

- 테두리로 쓸 오브젝트를 위아래가 뚫려있는 상태로 만들어준다.

- Create InsertMesh 옵션으로 브러쉬 상태 등록을 해준다.

- 스트로크에서 커브를 활성화시켜준 다음 르페임 메쉬를 이용해서 테두리에 Curve를 생성시켜준다.

- 브러쉬 옵션에서 Weld Points 옵션을 켜두고 스트로크를 그려준다.(방패 오브젝트를 만들 때 테두리를 만드는 방식
  이랑 같은 방식이므로 방패 오브젝트 편을 보면서 테두리를 넣어준다.)

10 가운데 홈을 파둔 곳에 보석으로 넣을 오브젝트를 하나 만들어서 상체 갑옷 모델링을 마친다. 파일을 kn_004.ztl 파일로
저장한다.

COMMENT   뒷면도 비슷한 패턴들로 만들어져 있으니, 아래 이미지와 샘플 파일을 보면서 따라 만들어 보며 공부를 한다.

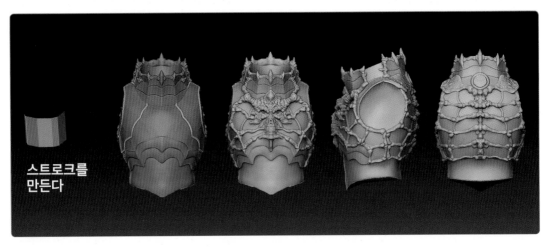

스트로크를
만든다

스트로크를 만들고 나머지도 완성시켜준다.

갑옷 만들기 : 어깨 방어구 만들기

전체적으로는 비슷한 공정으로 제작이 되지만, 최대한 다른 방식으로 패턴을 만들어본다. 앞뒤의 대칭부분에서 Local Symmetry를 이용한 대칭 모델링 기법을 배우는데 목표를 둔다.

대칭되지 않는 부분의 모델링을 어떻게 만드는지 알아본다.

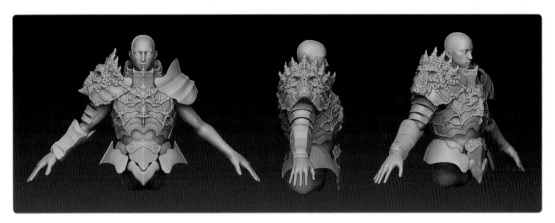

스트로크를 만들고 나머지도 완성시켜준다.

01 어깨부분에 갑옷을 만들어줄 위치에 마스킹을 하고 Extract로 서브툴을 새로 만들어준다. 앞뒤로 대칭을 해줘야 하는데, 문제는 기존의 좌우 대칭은 x축으로 0으로 대칭이 되었으므로 아무 문제가 없었지만, 이번에는 어깨 갑옷의 기초가 생성된 위치를 보면(앞뒤니까 Z축이 된다) 0이 아니게 되어서 대칭을 눌러보면 엉뚱한 대칭이 나와서 작업을 할 수 없게 된다. 이때 Local Symmetry를 활성화시켜주고 축 복사를 실행시켜주면 대칭 모델링이 가능할 정도로 정렬이 된다.

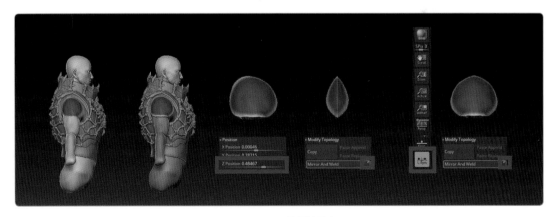

Local Symmetry를 공부하자.

- Local Symmetry : 어깨 오브젝트를 다시 생각을 해 보면, 처음 추출을 했을 때 오브젝트의 중심은 지금 위치와 상관없이 무조건 0의 위치에서 복사가 이루어지기 때문에, 0의 위치에서 축 복사가 이루어져서 짧게 나와버린 것이다(Z축의 복사는 앞쪽에서 뒤쪽으로 축 복사가 된다).

  Local Symmetry가 체크되어있는 상태라면, 축 복사(또는 대칭 작업)**를 하려는 오브젝트의 전체 길이**(축 방향의 길이이므로 이 경우에는 Z방향의 길이다)**의 절대 값을 계산해서 그 중심축이 대칭의 중심이 되는 것이다.**

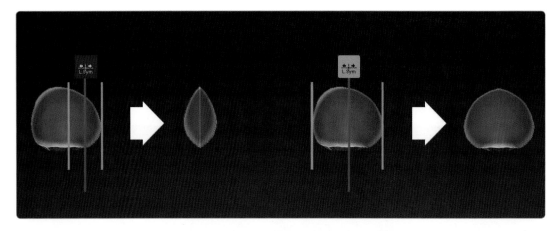

Local Symmetry체크 유무에 따라 축의 중심축이 바뀌게 된다.

02　다이나메쉬를 적용시켜서 두께가 있는 상태로 작업을 하고난 뒤에 윗부분만 다시 선택해서 작업을 진행을 해도 되지만, 효율성 문제로 볼 때는 두께를 없앤 플랜 상태에서 작업을 진행을 한 뒤에 최종적으로 그룹을 나누고 두께를 주던지 테두리를 주는 방법이 좋다(전체적인 덩어리를 잡을 때는 다이나메쉬로 덩어리를 잡아나가는 방법이 좋다). 플랜 상태에서 다이나메쉬를 적용시키면 면을 재구성하면서 두께를 강제로 만들어버린다. 혹시 만약에 실수로 축 복사를 X 축으로 해버린 경우에는 오른쪽에 있는 오브젝트를 지우고 z축 한쪽으로만 대칭 작업을 하고 나중에 축 복사를 통해서 좌우 대칭으로 만들어주는 방법이 좋다. 대칭축을 Z 방향으로 바꾸어 주고, Local Symmetry체크를 확인한 뒤 작업에 들어간다.

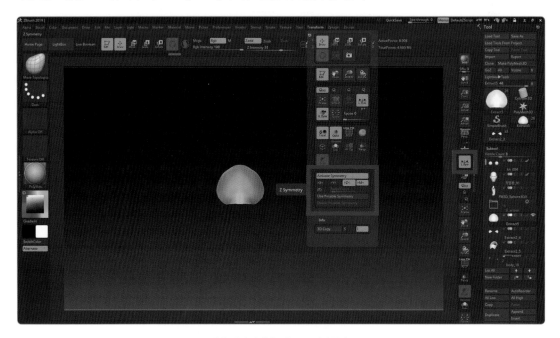

대칭 작업의 축을 z축으로 바꿔준다.

03 어깨 모양을 먼저 크게 잡아준 다음, Slice Curve 모드로 깔끔하게 정리한다. 중간에 Zremesher를 적용시켜가면서 면의 밀도를 리셋과 정리한다.

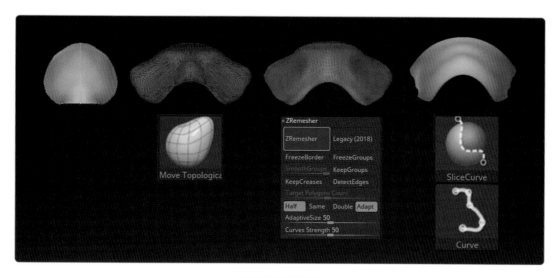

모델링을 진행한다.

04 판넬루프로 먼저 두께를 준 다음, 슬라이스 커브 모드로 그룹을 나눠준다. 크리즈 폴리그룹(Crease PG)로 경계에 선을 추가한 다음 디바이드를 적용시켜준다.

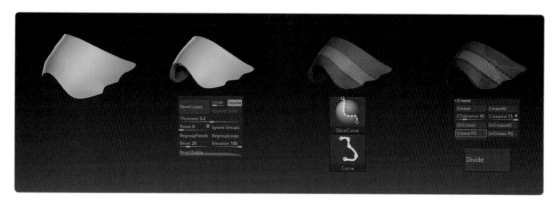

폴리그룹과 크리즈를 적용시켜서 경계면 모델링을 준비한다.

05 스텐다드 브러쉬로 튀어오른 부분은 Zadd로 그려주고 들어갈 부분에는 Zsub 세팅으로 안쪽으로 들어가도록 그려준다. 디포메이션에서 Polish By Groups 수치를 올려준다. 체크를 점에서 동그라미로 바꿔주면 훨씬 더 부드럽게 정리가 된다. 무브툴로 최종 형태를 다듬어준 다음 다시 한 번 Polish By Groups를 적용시키고 마무리를 한다.

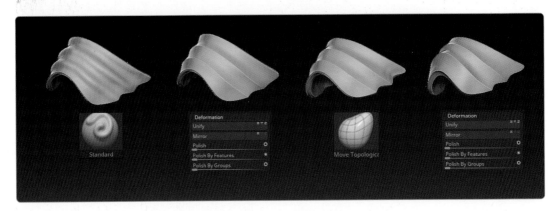

크리즈 폴리그룹, 다바이드, Polish By Groups의 콤보로 기억하자!

COMMENT 완벽하게 제도를 해서 각까지 다 잡는 경우에는 맥스에서 작업을 한 다음 지브러쉬로 가져오는 편이 조금 더 효율적이다!

06 어깨갑옷 뒤쪽의 받침대도 만들어준다. 마스크를 걸 때 뒷면도 같이 걸리는 경우가 있다. 이때에는 컨트롤(마스크)키를 누른 상태에서 브러쉬 모드로 들어가면 BackfaceMask 옵션을 활성화시킬 수 있다.

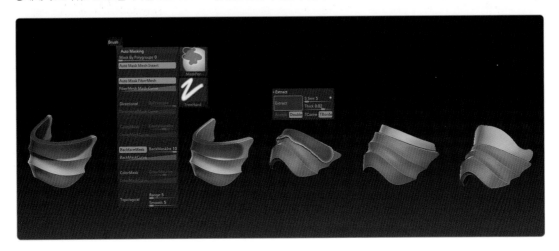

어깨 위쪽 부품을 완성한다.

UNIT 6 갑옷 만들기 : 팔과 어깨 방어구 만들기

전체적인 방식은 이전 방법들과 같으므로 특이사항이나 특정 툴을 이용한 경우들에 대한 작업을 공부하는데 목표를 둔다. (아래로 내려갈수록 비슷한 부분들과 공정을 가지게 된다.)

머리와 몸통, 어깨까지의 컨셉을 잡고 난 다음 전체적으로 한 번 더 비율과 컨셉을 체크하는 이유는 더 밑으로 내려갈수록 이전에 작업했던 패턴과 작업 공정 그리고 비슷한 모델링 소스로 이루어져있기 때문이다.

01 한 덩어리로 컨셉을 잡아서 분리시켜야 할 경우에는 마스크로 분리시킬 부분을 마스크를 하고 난 다음 그룹을 잡아주고, Subtool메뉴에서 Split옵션에 Groups Split을 해서 서브툴을 나누고 마무리하면 된다(하드 서페이스같은 딱딱한 오브젝트를 만들 때 많이 쓰이는 작업 방식이다).

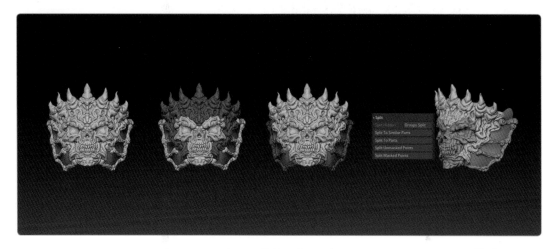

마스크로 폴리그룹을 나눈다.

02 팔부분의 갑옷을 만들어준다. 팔에서 나오는 부분인데 가죽이나, 쇠사슬, 스케일 메일 등의 컨셉을 넣어줄 생각이므로 주름을 크게 잡지 않고 팔에서 추출(Extract)해준 다음, 근육의 형태를 줄여준다. 안쪽에 면들은 없애고 플랜 형태로 만들고 Zremesher를 써서 면들을 줄여준다. 최종적으로는 Substance Painter에서 체인 메일 재질을 줄 예정이다.

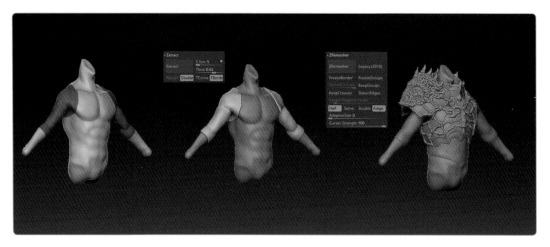

면의 밀도를 조금 맞춰주면서 Zremesher를 적용시킨다.

03 나머지 팔 부분의 갑옷을 만들어준다. 만약에 그룹이 나눠져 있는 상황에서 지리메셔를 해줘야 하는 경우에는 지리메셔 이후에 다시 그룹을 잡아주거나, Zremesher 메뉴에 KeepGroups의 옵션을 활성화한 채로 Zremesher를 적용시켜준다.

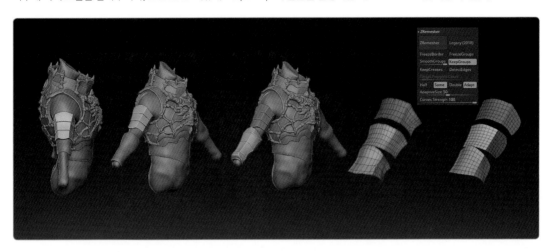

KeepGroups의 옵션을 활성화한 채로 Zremesher를 적용시켜준다.

04 팔목에 장식을 만들어준다. 팔을 일자로 쭉 뻗게 만드는 이유가 이런 식으로 Local Symmetry 작업을 하기 위해서이다. 다이나메쉬 작업으로 컨셉을 잡고 나면 지리메셔와 디바이드 작업 중에 하나를 선택하게 된다. 이번 경우에는 지리메셔를 해서 면을 조금 줄여준 다음 디바이드를 올려서 디테일을 마무리하려고 했으나, 면을 너무 많이 줄여버린 탓에 디바이드를 올린 상태에서도 디테일이 깨어지는 부분이 보인다. 또 다른 경우에는 모델링을 조금 더 추가를 해서 형태의 변형이 많이 일어난 경우 인데, 왠만하면 다시 Zremesher를 해서 면을 나눠준 다음 작업을 하면 된다.

특정 부분만 면을 더 추가해서 디테일을 올려야 하고 싶은 부분이 생길 때가 있다. 이럴 때에는 현재 디바이드 상태에서 아랫부분을 지워버리고(Del Lower) 디바이드 0 상태로 만들어준 다음, 면을 더 올려줄 부분만 빼고 마스크를 해준 다음 디바이드를 올려주면 마스크가 되어있지 않은 부분에만 디바이드가 적용이 된다. 대신에 이 경우에는 디바이드 수치 값이 적용되지 않는다.

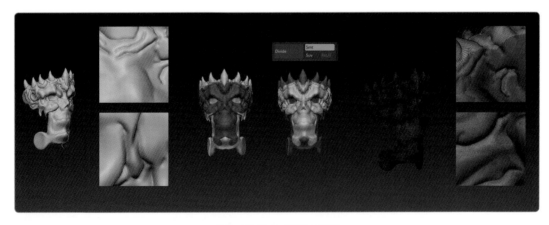

부분 디바이드를 이용한 모델링

COMMENT 부분 디바이드를 먼저 적용시키고 난 다음 전체적으로 디바이드를 적용하면 면의 밀도가 부분적으로 차이가 나도록 되어있는 상태에서 전체적으로 디바이드를 또 한 번 적용을 시켜주는 것이므로 전체 디바이드를 먹이는 방법보다 부분의 디테일을 올리는 방법으로 자주 쓰는 방법이다.

팔목 보호구 장식 완료

COMMENT　　　형태가 어느 정도 완성이 되었고 면이 충분한 상태이면 DamStandard 브러쉬로 라인들을 조금 깊게 파면서 형태와 디테일을 잡아준다. Move Topological 브러쉬와 TrimDynamic 브러쉬로 너무 둥글게나온 부분들을 깎아주고 형태를 잡아준다. 재질 브러쉬와 알파 브러쉬를 이용해서 전체적으로 닳은 느낌의 재질들로 마무리한다. 면이 너무 많이 제작되었다면 듀플리케이트와 지리메셔를 이용해서 면의 밀도를 낮춘 다음 디바이드와 프로젝트 작업을 해서 원본 오브젝트는 따로 저장을 해둔 다음, 원본은 지우고 프로젝트 작업을 한 오브젝트만 남긴다.

05　　　손목 보호구 위에 테두리를 만들어준다. 마스크를 그려서 추출(Extrack)한 뒤에 마스크가 잡혀있는 상태로 서브툴이 새로 생성이 되는데, 마스크 주변으로 조금 더 크게 추출이 되어있을 것이다. 이때 마스크를 잡은 영역을 유지하고 그룹을 새로 나눠준다(Ctrl + W)그러면 원래 마스크를 그렸던 것만큼 조금 더 얇은 폴리그룹을 만들 수 있다. 폴리그룹만을 남기고 모두 하이드해서 지워준 다음, Deformation 옵션에 Polish By Features(면이 적은 상태이므로, 점 체크를 동그라미로 바꾸지 말고 그냥 적용시켜보고 상황에 따라 체크를 동그라미로 바꿔서 사용하자!)를 줘서 부드럽게 외곽을 정리한 다음 Zremesher를 줘서 면을 새로 구성해준다. Edge Loop로 적당히 두께를 주고 난 다음 CreasePG 옵션을 주고 디바이드를 한다. 그리고 Polish By Groups를 동그라미로 바꾸고 수치를 올려서 마무리를 한다.

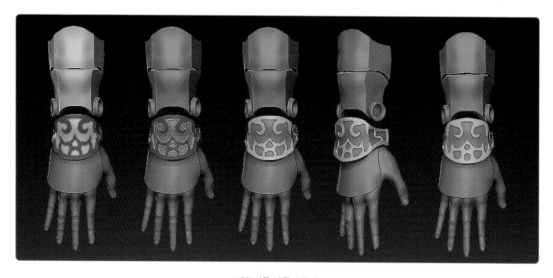

테두리를 만들어준다.

06 손등 방어구의 모델링을 한다. 폴리 그룹을 나눠서 Edge Loop로 두께를 주는 방식으로 진행한다. 폴리 그룹은 슬라이스 방식이나 마스크 방식 둘 중에 편한 것으로 진행하면 된다.

COMMENT 슬라이스 방식은 깔끔하게 면이 나눠지는 부분이 장점이지만 컨트롤이 까다롭다는 단점이 있다. 마스크 방식은 작업은 편하나 폴리그룹을 나누려는 베이스 면의 상태에 따라서 면이 나눠지는 부분이 거칠어지는 단점이 있다. 둘 다 면을 다듬어 주는 과정은 비슷하다. 필자는 센티미터 단위까지와 곡선 등의 제도된 확실한 모델링이 필요할 때에는 맥스로 넘겨서 작업을 한다.

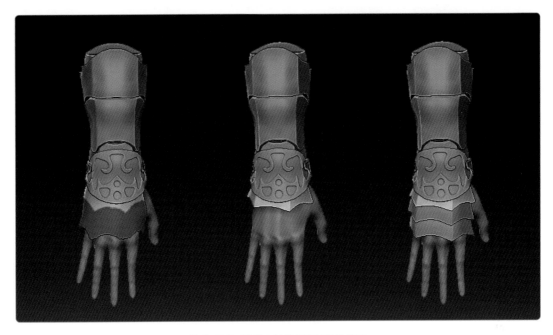

폴리그룹을 이용한 손등 방어구를 만들어준다.

07 손을 리모델링해서 장갑으로 만들어준다. 스케일이나 인플렛 브러쉬로 살짝 두툼하게 만들어주고, 중간에 이음새 부분에 라인을 그어주기 위해서 손바닥과 손등 쪽으로 마스크를 해서 그룹을 나눠준다. CurveMultiTube 브러쉬를 선택한 다음, 스트로크 옵션에서 Frame Mesh로 셀렉트를 할 때 폴리그룹을 기준으로 라인을 그어준 뒤에 적당한 크리의 브러쉬로 라인을 클릭하면 폴리그룹을 따라서 원형의 라인이 생성된다. 팔을 완성하고 kn_005.ztl로 세이브를 한다.

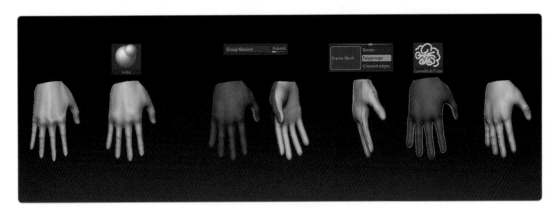

스트로크 기능을 이용하여 라인을 만들어준다.

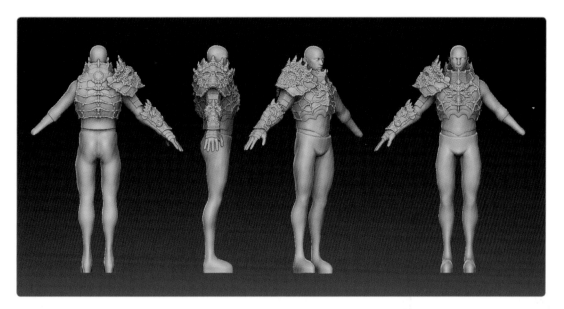

상체 갑옷을 마무리한다.

UNIT 7 갑옷 만들기 : 하체 만들기

이때까지 작업했었던 부분들의 활용으로 모델링을 마무리하는 과정이다. 스트로크를 이용해서 벨트 부분을 만들어주는 작업 방식을 공부한다.

전체 작업이 끝나고 나면 작은 징이나 부속품들의 디테일을 추가한다.

01 허리부분 갑옷을 만들어준다. 형태를 잡고 테두리를 만들어줄 부분에 마스크를 적용한 뒤에 추출을 해서 EdgeLoop 작업으로 마무리한다.

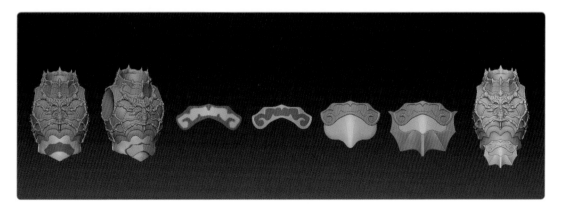

추출과 정리 작업으로 벨트 부분을 만들어준다.

02 같은 방법들로 벨트 부분과 허벅지 보호구등을 만들어준다. 허벅지 보호구 부분은 한 부분을 만들고, 부분을 복사해가면서 모양을 조금씩 다듬어준다.

> **COMMENT** 크게 실루엣을 만들어 주고 나서 실루엣을 바탕으로 폴리그룹이나 마스크를 이용해서 서브툴을 나누거나 두께를 줘서 마무리하는 방식이 있고, 비슷한 패턴이 들어갈 때는 한 부분의 패턴을 듀플리케이트로 복사를 해준 다음 위치와 형태를 다듬어주는 방식이 있다.

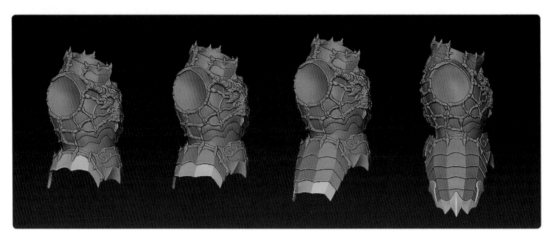

비슷한 패턴은 복사를 통해서 진행을 한다.

03 나머지 부분들은 위쪽 갑옷의 컨셉과 적절한 형태로 모델링하여 마무리한다. kn_006.ztl로 세이브한다.

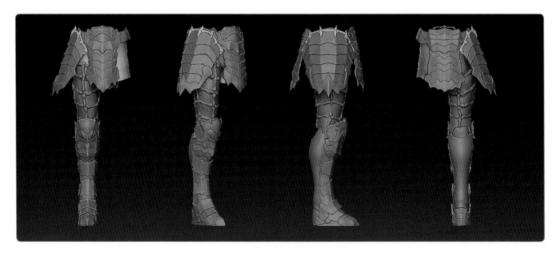

하체 갑옷 부분도 완성해준다.

> **COMMENT** 신발 바닥을 1자로 만들어주는 작업은 의외로 질문을 많이 받는 부분이다. 신발 바닥을 Trim Curve로 발바닥 부분을 일자로 잘라 버리면 일자로 만들어줄 수 있다. 신발 바닥에 밑창을 만들어주는 방법으로는 신발 바닥 부분의 폴리그룹을 만든 다음(바닥 폴리그룹이 평평하지 않으면 스케일을 최대한 Y축으로 줄여줘서 일자로 만들어준다.) 신발 바닥 폴리그룹만 분리한 뒤에 Edge Loop로 두께를 주면 된다. Edge Loop에서 베벨 값이나, Polish 값을 0으로 주고 단순히 두께만 주면 신발 바닥 부분에 두께를 만들 수 있다.

Trimp Curve의 음영이 지는 방향을 주의하자!

옵션 값을 참고하여 Edge Loop를 준다.

COMMENT 전체적인 모델링이 끝이 났다. 보석이나, 발광을 시켜줄 부분, 징, 벨트 같은 세부 모델링들만 남은 상태이며, 중간 중간 모델링을 하다가 조금씩 수정이나 컨셉을 바꿀 부분이 생기면 그때마다 수정을 해주면 된다.

허리 쪽 갑주나 벨트 등을 만들 때 하체 갑옷과 겹쳐지지 않게 살짝 앞뒤로 여유를 두는 편이다. 나중에 키 포즈를 잡을 때 앞뒤의 공간이 조금 여유가 있으면 포즈를 잡을 때 조금 더 편하고, 리깅 작업을 할 때 조금 더 편하게 작업을 할 수 있다. 속눈썹이나 머리카락 같은 경우는 3Ds Max에서 제작해서 진행을 한다.

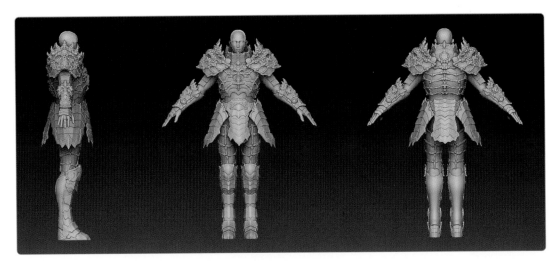

디테일 모델링만 남았다!

UNIT 8 벨트 만들기 1 : Max에서 기본 벨트 만들기

스트로크를 이용해서 벨트를 만드는 방법을 공부한다. 벨트의 끝에 고리가 달린 부분과 벨트의 가죽 부분의
폴리그룹을 나눠주는 것이 가장 중요한 포인트이다.

01 맥스에서 Torus를 하나 만들어주고, 폴리곤으로 변환을 시켜준 다음 0,0,0으로 오브젝트를 정렬시킨다.

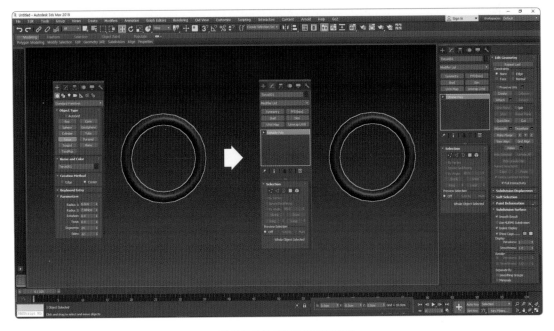

Torus를 만든 다음 가운데로 정렬시킨다.

02 똑같은 위치에 폴리곤으로 변환시킨 Torus를 하나 복사해준 다음 쉘(SHell)을 줘서 조금 더 두껍게 만들어준다. 그리고 연결되는 가죽 벨트 부분을 만들어준다.

COMMENT   Shell 기능은 지브러쉬에서 Edge Loop 보다 기능은 조금 적지만 두께를 직관적으로 보면서 줄 수 있다는 장점이 있다. 개인적으로는 Goz로 많이 왔다 갔다 하는 편이고 두께를 줄 때나 세밀한 단위의 모델링을 할 때에는 Max에서 작업을 주로 하는 편이다. SHell 단축버튼을 세팅하지 못한 사람들은 Modify에서 Modify List옵션들 중에 SHell이 포함되어있다. [Alt] + [X]를 눌러서 반투명으로 바꿔주면 안쪽이 잘 보인다.

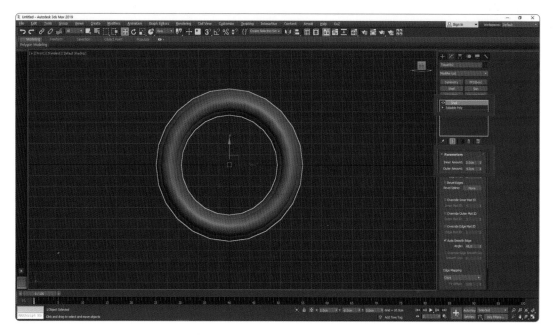

하나를 복사해서 두께를 두껍게 만들어준다.

03 가죽 벨트 부분을 모델링한다.

- 가죽 벨트가 될 부분만 남겨두고 지운다([Delete]키).

- 쉘로 두께를 줬으면 안쪽에도 면이 형성이 되어있다. Selection옵션에 엘리먼트(Element)를 선택해서 안쪽에 덩어리를 선택한 뒤에 지워준다.

- 면을 지우고 구멍이 난 부분을 보더(Boder)로 선택해준 다음 Edit Borders옵션에 Cap버튼을 클릭해서 면을 생성시켜준다.

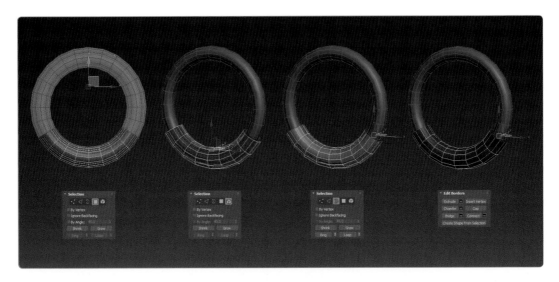

벨트 부분을 모델링한다.

04 가죽 벨트 부분을 모델링한다.

- 폴리곤으로 벨트를 뽑아줄 부분을 선택한다.

- 익스트루드(Extrude)로 면을 뽑아준다.

- 신발 바닥을 만들 때처럼 스케일을 최대한 줄여줘서 일자로 만들어준다. (맥스에서 피봇의 축은 뷰포트에 따라서 X축
  이 다르게 세팅이 되어있으므로 무조건 아래쪽으로 스케일을 줄여준다.)

- 엣지(Edge)들을 선택한 다음 컨넥트(Connect)로 가운데 Edge를 추가한다.

- 버택스로 아래에 새로 생성시킨 버택스(Vertex)들만 선택한 다음 스케일을 줄여준다.

- 간격을 조금 수정해서 마무리한다.

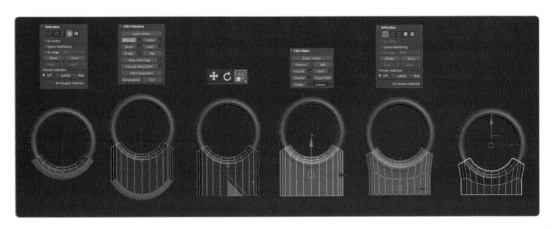

벨트의 가죽 부분을 만들어준다.

05 벨트의 중간 부분을 만들어준다.

- 밑쪽으로 Extrude를 시켜준다.

- 중간에 면을 하나 connect로 추가를 해준다.

- 가운데 부분만 선택해서 Edit Geometry옵션에 디테치(Detach)시켜준다.

- 아래쪽에 면들을 선택해서 지워준다.

- Hierarchy옵션에 Affect Pivot Only버튼을 클릭을 하고, Alignment옵션이 활성화가 되면 Center to Object 버튼을 눌러서 디테치(Detach)시킨 오브젝트의 중심축(Pivot)을 해당 오브젝트의 가운데로 위치시켜준다.

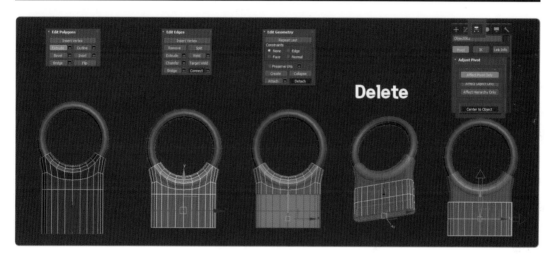

축을 재설정하는 부분을 공부한다.

Hierarchy :

- Affect Pivot Only : 피봇을 마음대로 이동시키거나 회전시킬 수 있다.

- Alignment : 중심축을 다른 오브젝트나 해당 오브젝트 등으로 이동시킬 수 있다.

- Pivot : Reset Pivot 버튼으로 피봇을 리셋시켜줄 수 있다.

06 모델링들을 정리한 뒤에 축 복사를 한다.

- 고리를 선택한 다음 고리와 붙어있는 가죽부분을 Attach시키고 피봇 옵션에서 선택(Pick)으로 전환시킨다.
- 중심축을 세팅해준 벨트 오브젝트를 클릭한다(클릭과 동시에 Pick에서 클릭을 한 오브젝트의 이름으로 변환이 된다).
- 피봇의 위치를 선택한 오브젝트 쪽으로 이동시켜준다.
- 미러 옵션 아래쪽으로 축 복사를 해준다(미러 버튼은 상단 메뉴에 중앙에서 약간 오른쪽에 있다).

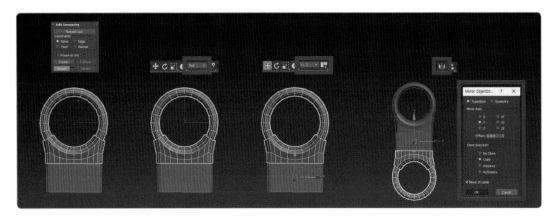

순서대로 머터리얼 아이디(Material IDs)를 세팅해준다.

07 Polygon : Material IDs를 세팅한다.

- 위쪽부터 ID를 1, 2, 3으로 설정한다. 폴리곤을 전체 선택한 다음 Set ID에 해당 숫자를 설정하고 엔터를 치면 된다.
- 가운데 오브젝트를 선택한 다음 어테치(Attach)시켜준다.
- 버택스를 전체 선택해서 Weld 명령어를 줘서 연결되는 부분의 버택스들을 붙여준다.
- Select ID옆에 숫자를 넣고 Select ID 버튼을 클릭하면 해당 폴리곤들만 선택되는 것을 확인할 수 있다.

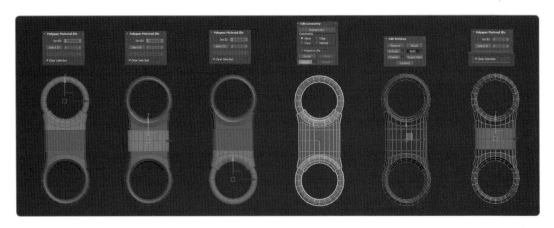

순서대로 머터리얼 아이디(Material IDs)를 세팅해준다.

08 합쳐진 오브젝트를 선택하여 0,0,0으로 옮겨준 다음 Goz를 실행시켜서 지브러쉬로 보내준다.

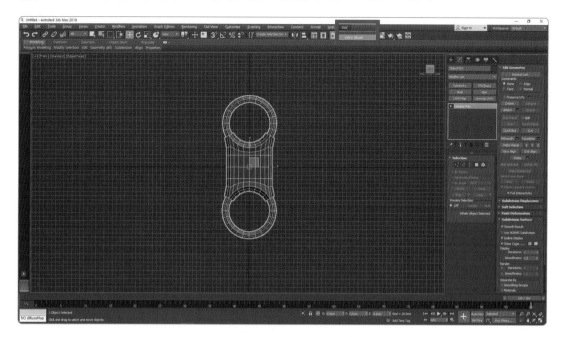

오브젝트를 선택해야만 Goz가 활성화된다.

09 고리부분의 모델링을 조금 더 다듬어준다. 일자로 그려줄 때는 별 상관이 없는 부분이지만 둥근 부분에 스트로크를 그려줄 때는 양 끝에 고리 부분이 생각보다 커서 둥근 오브젝트의 단면인 둥근 부분 위에 제대로 그려지지 않는 경우가 많다. 둥글게 휘어야하는데 양 끝부분들이 둥글게 휘지 못하고 그대로 그려지기 때문에 오브젝트에 달라붙지를 못하고 떨어진 것처럼 나오고, 수정하기가 힘들어 진다. 해당 파일은 belt_01.max로 저장한다.

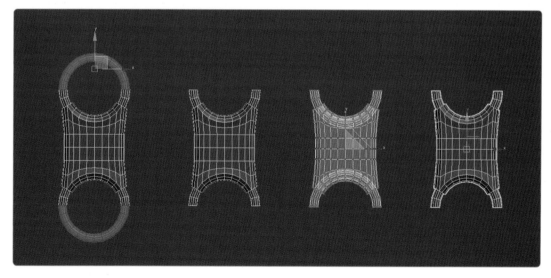

고리 끝부분과 벨트 중앙을 조금 다듬어서 마무리한다.

UNIT 9 벨트 만들기 2 : 스트로크(Stroke) 기능을 이용한 벨트 만들기

스트로크의 기능을 이용해서 벨트를 모델링하는 과정을 공부한다. 일반적인 테두리를 만드는 방식과 같다. 앞서 머터리얼 아이디를 나눈 것이 지브러쉬로 넘어오면 폴리그룹으로 나눠져 있는 것을 확인하고, 이 폴리 그룹을 이용한 스트로크를 모델링한다.

01 벨트 서브툴을 선택한 상태에서 브러쉬를 클릭한 뒤에 Create InsertMesh버튼을 클릭해서 InsertMesh로 등록을 해준다. New 옵션을 선택해서 새로운 멀티 메쉬로 등록시킨다.

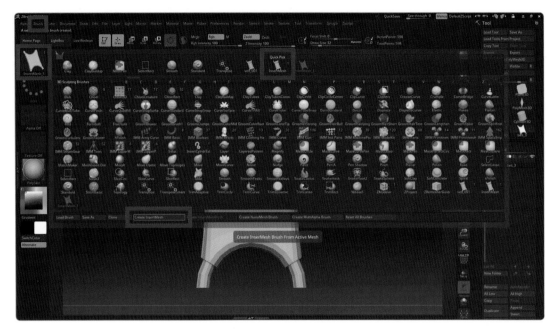

InsertMesh로 등록해준다.

02 Stroke옵션의 Curve Mode를 활성해서 스트로크를 그릴 수 있는 상태로 세팅한다.

> **COMMENT**   Curve Mode밑에 있는 CurveStep의 수치는 나중에 세팅해주면 된다. CurveStep 기능은 현재 세팅되어있는 모델링 파일을 스트로크처럼 그릴 때 얼마간의 간격으로 그려주는지에 대한 설정값을 세팅하는 옵션이다. 수치 값이 1이면 간격이 1개씩인 오브젝트가 생성되는 것이다. 그러므로 수치 값이 1이하로 내려가면 오브젝트의 간격이 점점 좁아지면서 오브젝트들이 겹쳐서 나오게 되고, 수치 값이 1을 넘어가면 간격이 점점 넓어진다는 뜻이 된다.

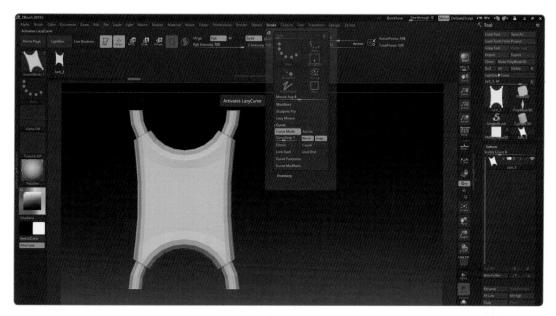

커브모드로 세팅한다.

03 남자 기사 모델링 서브툴 그룹을 선택해준 다음, 가장 그리기 쉬운 종아리 부분에 스트로크를 그려본다. 종아리 부분을 선택하고, 스트로크를 그려줄 준비를 한다. Activate Edit Opacity를 활성화시켜서 스트로크를 그려준다.

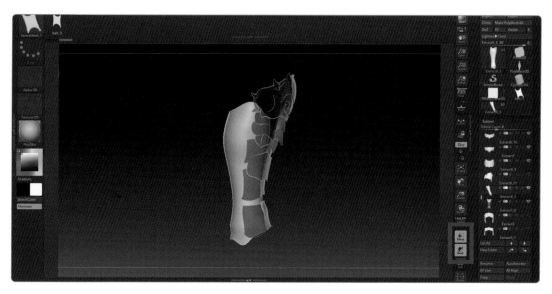

Activate Edit Opacity를 활성화시켜서 스트로크를 그려준다.

- **Activate Edit Opacity** : 선택한 서브툴을 제외한 눈모양 아이콘이 켜져있는 모든 서브툴을 투명화 시켜서, 작업할 때 방해가 되지 않도록 정리해주는 기능이다.

실제 스트로크를 그리다 보면 다른 서브툴이 겹쳐져있으면 그 위에 스트로크가 그려지게 되는데, 이 옵션을 사용하면 위치도 파악할 수 있고 스트로크를 그릴 때 방해도 되지 않아서 꼭 활성화를 한 상태에서 스트로크를 그려준다.

04 스트로크를 그리려면 디바이드가 적용되어서는 안 된다. Del Lower나 Del higher를 눌러서 디바이드 상태를 없애준다. 몇 번 그렸다가 지워주면서 벨트의 크기를 세팅한다. (브러쉬 사이즈는 단축키 [를 와]로 조절할 수 있다.)

스트로크를 먼저 연결시켜준다.

> **COMMENT**   스트로크를 그릴 때 한 번에 그리기 힘든 경우가 많다. 조금씩 그린다음 스트로크 선이 있는 부분에 포인트를 가지고가면 빨간색으로 연결되는데 이때 다시 클릭을 한 뒤에 그려주게 되면 스트로크가 연장되면서 그려진다.스트로크 옵션의 Lock Start와 Lock End를 활성화시켜주고 작업을 하는데, 이 옵션은 시작 포인트와 끝 포인트를 고정시켜주는 역할을 해서 작업을 조금 수월하게 만들어준다. 한쪽 끝에 핀을 박아서 다른 쪽 끝을 당겨주는 느낌으로 작업이 된다. 양 끝을 조금씩 움직이면 점점 스트로크가 팽팽하게 펴지면서 깔끔하게 스트로크가 그려지게 된다.

05 브러쉬와 스트로크 옵션들을 조절하고 난 다음 스트로크가 생성된 곳에 다시 클릭하면 새롭게 세팅한 설정값이 바로 적용이 된다. 스트로크가 적절하게 적용되었으면 Split Unmasked Points로 서브툴을 분리시켜준다. 그리고 남아있는 스트로크 자국은 Stroke 옵션의 Curve Functions에 Delete 를 눌러서 지워준다. 브러쉬에 있는 Curve Res값과, Stroke옵션의 CurveStep의 값은 둘 다 비슷한 옵션이다. 브러쉬커브의 밀도와, 스트로크의 간격을 조정하는 옵션들이다. 적절하게 활용을 해서 스트로크의 밀도를 조절해서 벨트를 만들어준다.

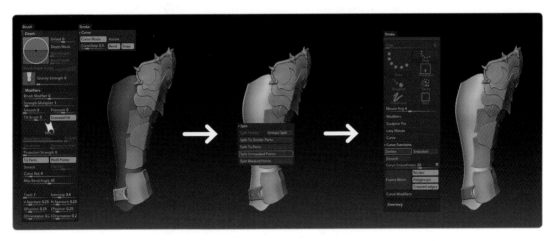

고리 끝부분과 벨트 중앙을 조금 다듬어서 마무리한다.

COMMENT 스트로크의 원리가 폴리그룹을 3개로 나눈 다음에 폴리그룹의 순서대로 그려지는데, Curve 모드로 변환시켜서 선을 그어줄 때, 첫 번째 폴리그룹은 한 번만 그려지고 다음부터는 2번째 폴리그룹이 계속 연결되면서 나오고 스트로크의 끝 부분에 마지막 폴리그룹을 한 번만 그려주게 되는 원리이다. 만들어놓은 벨트의 첫 번째와 끝부분의 폴리 그룹이 너무 커서 스트로크의 모양에 따라서 알맞지 않다.

브러쉬 사이즈를 줄여 벨트를 작게 그려주면 해결이 가능하고, 그게 아니면 어차피 둥근 고리의 끝부분들은 오브젝트 안쪽으로 들어가 버려서 보이지도 않는 부분이니 맥스에서 끝부분들을 잘라버린 후에 고리를 다시 브러쉬로 등록하고 스트로크로 바꾼 다음 그려준다.

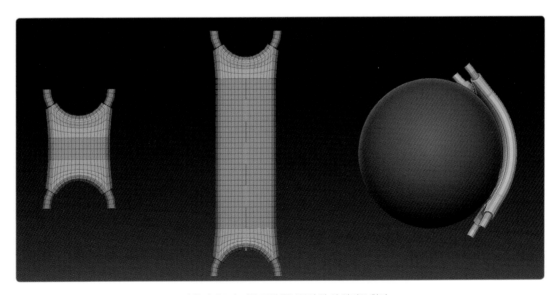

브러쉬 사이즈가 너무 크면 끝부분이 잘 안 맞기도 한다.

06 무브 브러쉬로 끝부분을 마무리한다. 무브 브러쉬와 무브 토폴로지컬 브러쉬의 차이점을 알아본다. 무브(Move) 브러쉬는 브러쉬 범위 안에 있는 모든 버택스들에게 영향을 끼친다. 무브 토폴로지컬(Move Topolgical)브러쉬는 범위 내에 여러 개의 엘리먼트(덩어리)로 나누어져 있으면 선택된 하나의 엘리먼트에 있는 버택스들에게만 영향을 준다.

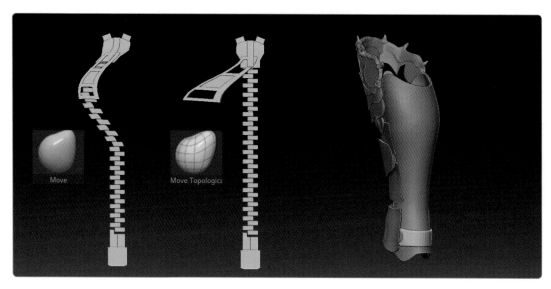

무브 브러쉬의 특성을 활용하여 벨트의 끝부분을 마감한다.

UNIT 10 벨트 만들기 3 : 가이드를 이용한 스트로크(Stroke) 만들기

스트로크를 한 번에 그리기 어려운 경우에는 가이드라인을 만들어서 스트로크를 그려주는 방법이 있다. 프레임 메쉬의 옵션을 이용하는 방법이다.

01 스트로크를 그려줄 가이드 서브툴을 만들어준다.

- 마스크로 스트로크를 그려줄 부분을 마스크로 표시한다.
- Extract 옵션에서 Thick 값을 0으로 설정하고 실행을 시키면 원본과 겹쳐지는 플랜상태의 서브툴이 추가가 된다.
- Slice Curve로 스트로크를 그려줄 라인을 그려준다.

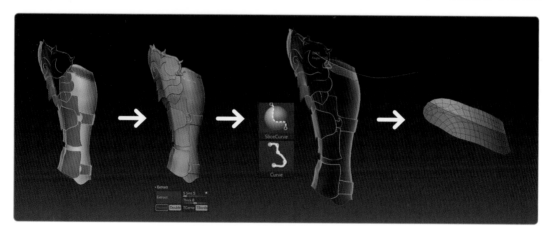

플랜 상태로 서브툴을 추출한 뒤에 폴리그룹을 나눠준다.

02 스트로크(Stroke)옵션의 Curve Functions에 Frame Mesh 선택 옵션을 Polygroups만 활성화를 시킨 후 Frame Mesh버튼을 실행시킨다.

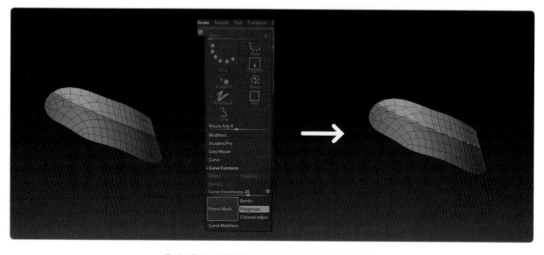

폴리그룹의 경계를 따라 스트로크 라인을 생성시켜준다.

03　커브 브러쉬로 등록을 한 벨트 오브젝트를 선택한 뒤에 라인에 클릭을 해준다.

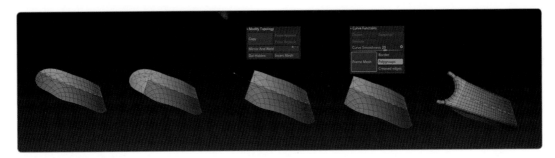

가이드를 편집해나가면서 세부 위치나 디테일을 잡아준다.

04　나머지 부분들도 스트로크 작업을 해준다.

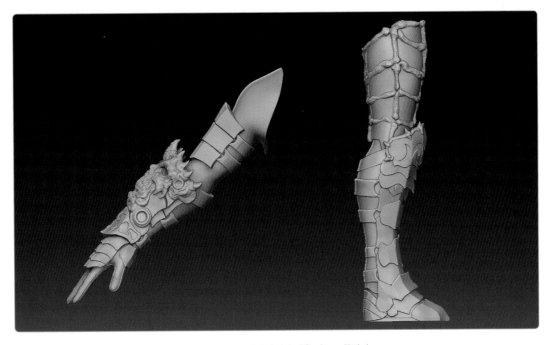

20만개와 200만개의 차이가 없을 정도로 똑같다.

빛나는 머터리얼을 사용할 보석이나 징 같은 디테일한 부분들을 Insert Mesh로 작업하는 과정을 학습한다.

01 징이나 장식 같은 반복되는 오브젝트를 브러쉬 그룹으로 등록해서 사용한다.

COMMENT   만들어둔 다른 장식이나 버튼 같은 것들을 하나씩 서브툴에 등록한다. Create InsertMesh로 등록을 할 때 Append 옵션으로 계속 추가를 해줄 수가 있다. 전부 다 추가를 하고난 다음에는 Save As로 브러쉬를 저장하면 된다. 자신의 컴퓨터에 브러쉬들을 등록을 해두고 쓰려면, 설치된 지브러쉬 폴더에 브러쉬를 등록해주면 된다. 필자의 경우 다음 경로에 브러쉬를 저장을 하거나, 브러쉬 파일을 넣고 다시 시작하면 된다.

C:₩Program Files₩Pixologic₩ZBrush 2019₩ZData₩BrushPresets

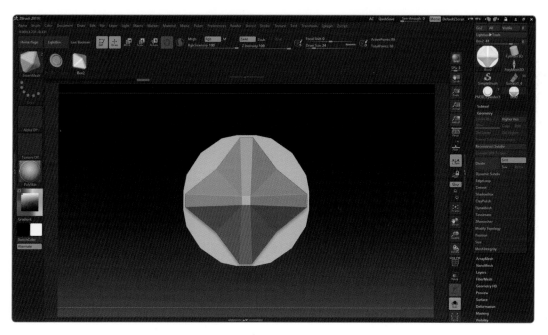

상단에 보면 미리 등록을 해둔 모델링 파일이 있고 새로 불러온 상태이다.

어펜드(Append)로 등록해주면 기존에 있던 그룹에 추가가 된다.

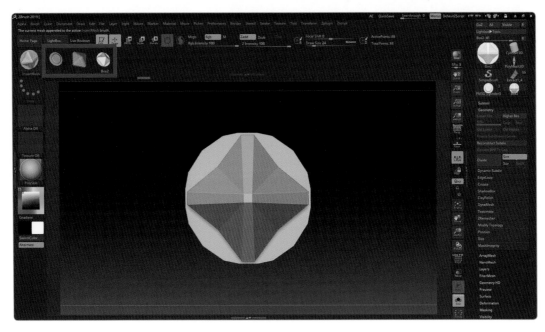

브러쉬 그룹에 등록이 되었다.

본인의 지브러쉬 폴더에 Save를 한다.

브러쉬 세트가 등록된 것을 확인할 수 있다.

02 IMM Primitives에서 PolySphere를 선택한 다음 하나씩 추가를 해준다. 대칭 작업을 할 때에는 로컬 축으로 작업을 한 부분들이 있을 것이다. 하나의 서브툴로 작업하기에는 불가능하므로, 각 서브툴에 맞춰서 스피어를 배치를 하고 IDs Map를 세팅해줄 때 따로 정리를 해준다. 브러쉬 사이즈를 정해서 드래그를 해서 브러쉬 위치를 잡아준 다음 Ctrl 키를 눌러주면 브러쉬 사이즈와 똑같은 크기를 만들어 줄 수 있다. 고정된 사이즈를 많이 찍어 줄 때 사용되는 방법이니 꼭 숙지를 한다. kn_007.ztl로 세이브를 한다.

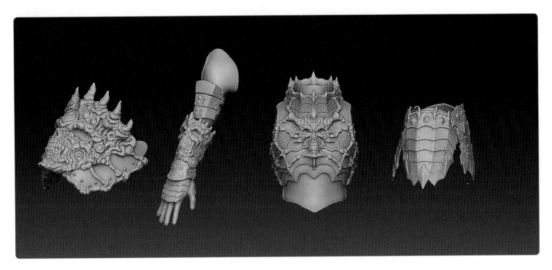

부속품들을 배치한다.

CHAPTER 03 토폴로지

정면에서 볼 때 대칭으로 되는 부분들은 별 문제가 없지만, 측면에서 로컬 작업을 했었던 부분들은 실제로 Z축이 0의 위치에 있지 않기 때문에 토폴로지를 해줄 덩어리들을 머지(Merge)로 합친 다음 대칭으로 작업을 할 오브젝트들은 좌표를 세팅해서 토폴로지를 준비한다.

UNIT 1 토폴로지 준비 작업

01 오브젝트들을 덩어리 단위로 묶어주는 작업을 한다. 모델링 중에 나눠줬던 폴리그룹들은 아이디맵(IDs Map)을 나눌 부분이 아니라면 폴리그룹을 하나로 재구성해서 덩어리별로 관리해준다. 테두리 등을 서브툴로 따로 만들었던 이유가 폴리그룹을 엘리멘트(덩어리) 단위로 자동으로 나눠줄 수가 있기 때문이다.

- Merge Down : 바로 아래에 있는 서브툴을 합친다.
- Merge Visible : 눈모양의 아이콘이 켜져 있는 모든 서브툴을 합쳐준다. 현재 서브툴 그룹에서 합쳐지는 것이 아니고 새로운 서브툴 그룹을 생성해서 합쳐주게 된다.

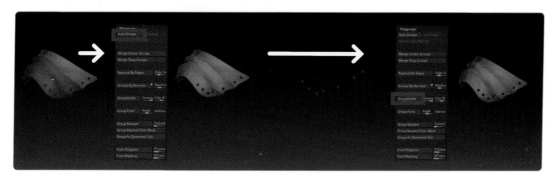

폴리그룹을 정리한다.

폴리그룹(PolyGroups)

- Auto Groups : 자동으로 덩어리(Emlement)단위 그룹을 정리해준다.
- Merge Similar Groups : 비슷한 그룹끼리 합쳐주면서 폴리그룹을 정리해준다.
- Groups By Normal : 각도에 따라서 폴리그룹을 정리해준다(점과 동그라미의 체크가 있다).
- GroupsVisible : 하나의 서브툴 안에 보이는 모든 것들을 하나의 폴리그룹으로 정리해준다.
- Groups Front : 화면에서 정면으로 보이는 부분만 자동으로 그룹을 정리해준다(각도를 정해줄 수 있다).
- Groups Masked : 마스킹한 부분을 그룹으로 정리해준다.
- Groups Masked Clear Mask : 마스킹한 부분을 그룹으로 정리해주고 마스크 상태를 지워 준다. (단축키 Ctrl + W)

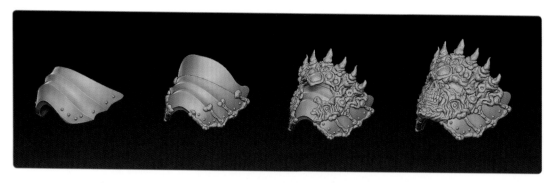

폴리그룹을 정리하면서 서브툴을 합쳐준다.

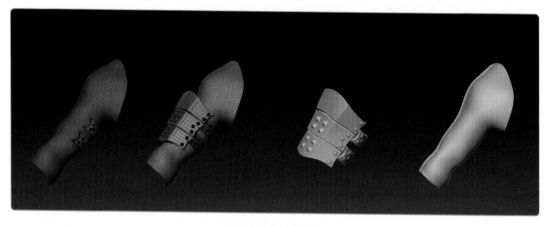

팔과 갑옷을 분리한다.

COMMENT 부품들을 서브툴 단위로 작업해놓은 상태일 때는 편집이 쉬워진다. 팔과 갑옷을 합쳐주고 난 다음에 보니, 팔은 대칭이 불가능하고, 갑옷 부분은 대칭으로 작업이 되어있는 상태이다. 폴리 그룹이 정리가 안 된 상태라도 Auto Polygroups 기능으로 먼저 엘리먼트 단위로 분리를 한 뒤에 나머지 폴리 그룹들을 정리해주면 팔과 갑옷을 분리할 수 있다.

재질별로 폴리그룹을 나눠준 뒤에 덩어리별로 합쳐준다.

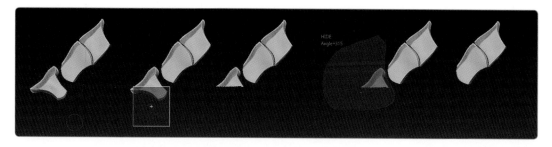

셀렉트를 이용한 그룹 편집 방법도 있다.

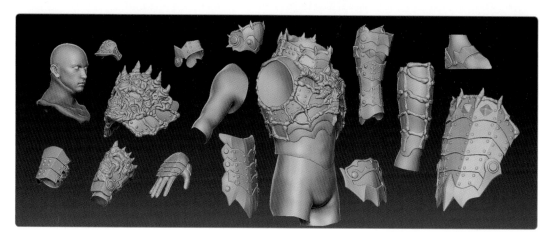

토폴로지 단위로 전부 정리를 해준다.

02 폴리그룹과 덩어리를 나눴으면 이제 토폴로지 준비의 마지막 단계인 대칭을 위한 좌표 이동을 한다. 장난감 부품들처럼 조금 왔다 갔다 하는데, 결국은 부품을 분해했다가 다시 재조립 한다고 생각하고 진행을 한다. (대칭으로 작업되어서 반만 맵을 쓸 수 있는 부분들이 많이 나오면 나올수록 맵을 더 크게 그릴 수 있지만, 게임 데이터가 아니라 포트폴리오나 고퀄리티로 제작할 경우에는 맵을 한두 장 더 쓰더라도 대칭보다는 맵의 디테일을 올릴 수 있도록 작업해야한다!)

조금 겹쳐도 상관이 없고, 정면에서 볼 때 좌우 대칭이면 무조건 X축으로 0, 앞뒤로 대칭이면 Z축으로 0을 맞춰준다. 토폴로지 작업역시 서브툴 단위로 작업을 한 다음 나중에 정리하기 때문이다. 정리가 되고나면 파일을 kn_008.ztl로 저장을 한다.

X축으로 대칭되는 부분들은 주로 몸통과 무릎 부분이다.

> **COMMENT** 종아리 부분과 발 부분은 크게 컨셉이 좌우로 나눠지지 않으면 대칭으로 작업을 해버리고 난 후에 전체 모델링과 매핑이 끝나면 모델링을 약간 수정을 해주는 방법이 있다. 물론 맵이 최대한 이상하지 않게 보이고 좌우 대칭으로 구조가 만들어져 있을 때만 해당이 된다.

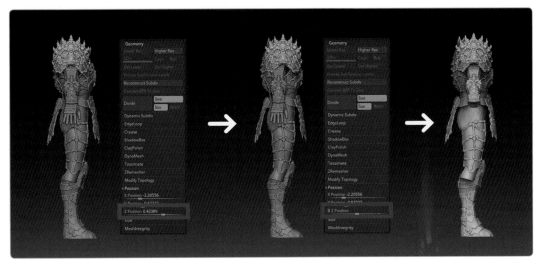

Z축으로 대치되는 부분들은 주로 팔부분이다.

UNIT 2 토폴로지 : 얼굴

하이폴리곤 베이스에다가 감싸주듯이 로우 폴리곤으로 만들어 주는 작업이다. 나누어 놓은 덩어리들을 따로 토폴로지를 진행을 한 다음 하나로 합쳐서 로우폴리곤과 하이 폴리곤을 나누는 방식이다.

01 지스피어를 하나 만들어서 얼굴 안쪽에 들어갈 수 있도록 사이즈와 위치를 조정한다. 서브툴의 위치도 바로 아래쪽으로 이동을 시켜주면 작업하기가 조금 더 편하다.

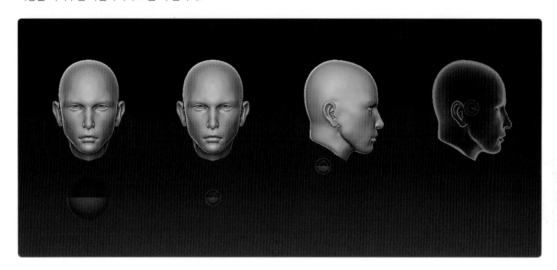

안쪽으로 안보이게 배치를 한다.

COMMENT 항상 지스피어(Zsphere)를 위아래로 움직일 때는 옆면으로 돌려서 이동시킨다. 혹시라도 정면에서 X축이 어긋나는 것을 방지하기 위해서이다. 잔소리를 한 번 더 하면 지스피어를 선택을 해야지만 토폴로지 메뉴가 보이고 활성화가 된다.

02 처음부터 가운데의 대칭을 잡기보다는 살짝 미간 옆에서 시작하여 눈 부분부터 디테일하게 토폴로지를 진행한다. 눈 부분이 가장 중요하다. 눈은 면이 많이 들어가는 부분이며 코를 비롯하여 얼굴의 중심이 되기 때문이다. 눈에서 코를 연결시켜 준 다음 방사형으로 토폴로지를 진행한다. 로우 폴리곤으로 얼굴을 만드는 순서와 같다. (물론 사람마다 다를 수 있다)

- 머터리얼을 SkinShader4로 바꾼 다음 색상을 파란색 계열로 세팅한다.
- Topology 메뉴에서 Edit Topology를 활성화시킨 다음 Draw버튼이 활성화되어 있는지를 확인한다.
- 대칭으로 버텍스가 생성되는지도 확인을 한 후에 미간에서부터 눈 쪽으로 모델링을 해 나간다.
- 브러쉬 사이즈는 당연히 작게 해서 주변의 버택스들에 영향을 주는 일이 없도록 한다.

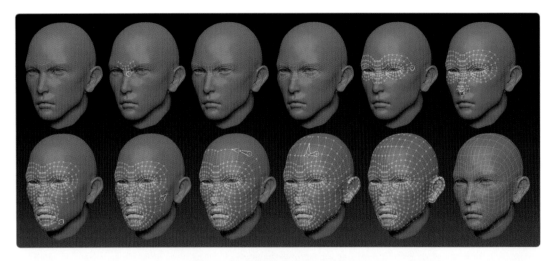

얼굴 와이어프레임의 흐름위주로 작업을 한다.

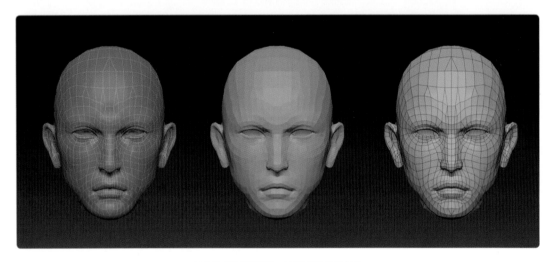

로우폴리곤 모델링과 비슷한 구조로 만든다.

COMMENT   예전에 비해서 고퀄리티의 게임 소스가 잘 돌아가고 있기 때문에 너무 로우 폴리곤에 집착하지 말고, 둥근 부분이나 면이 많이 몰려있는 곳은 과감하게 면을 많이 구성해 주고 이마나 턱 밑으로 넘어 갈수록 면을 조금씩 줄여준다. 하지만 노말맵의 힘이 생각보다 더 강력하게 기능을 하는 경우가 많다. 중간 중간에 과감히 폴리곤수를 줄여서도 높은 퀄리티의 노말 값을 얻을 수 있는 부분들을 만들어 본다. (공부를 위해서 줄일 수 있는 만큼 줄이는 부분을 진행을 하는 것이고 아무래도 면을 많이 쓰면 많이 쓴 만큼의 퀄리티의 차이가 확실히 나기는 하다.) 한번 정도 읽어 보고 조금 더 합리적인 폴리곤의 구조를 만드는 작업을 공부한다.

03 토폴로지가 끝났으면 로우 폴리곤으로 만들어준다.

COMMENT Adaptive Skin에 Density 값을 1, DynaMesh Resolution 값을 0으로 세팅한 다음 Make Adaptive Skin을 실행시킨다. 현재 서브툴 그룹에서 생성되는 것이 아니라, 새로운 서브툴 그룹에 생성이 되므로, 현재 서브툴 그룹에 Append로 서브툴을 등록시켜줘야 한다. 하이폴리곤, Zsphere, 로우폴리곤의 3개의 서브툴이 있어야 한다.

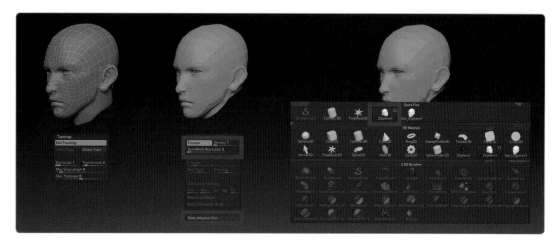

Append로 서브툴을 등록시켜줘야 한다.

04 토폴로지가 끝났으면 로우 폴리곤으로 만들어준다.

- 눈 서브툴을 Append로 하나 복제를 한 다음, Zremesher로 면의 숫자를 줄여준 다음, 반구만 남기고 지워준다.
- 하이폴리곤으로 쓸 눈 서브툴은 눈동자 모양으로 모델링해준 다음 따로 토폴로지를 진행하지는 않고 반구를 잘라 새로 복제한 서브툴을 로우 폴리곤으로 쓴다.
- 눈의 검은자를 그릴 부분에 그룹을 나눠주고 마스킹을 한 다음 Inflate으로 들어가게 만들어준다.

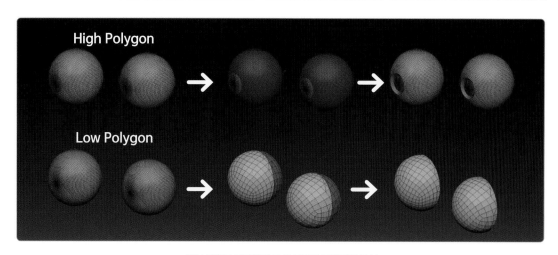

하이 폴리곤 모델링과 로우 폴리곤 모델링의 구성

UNIT 3 토폴로지 : 갑옷

01 상체 갑옷

COMMENT 전체적인 제작 방법은 똑같이 진행이 된다. 다른 부품들의 연결 부위와 끝 부분들을 만드는 방법들을 공부한다. 덩어리가 너무 크면 토폴로지 작업에 방해가 되는 부분이 많다. 특히 뒷면과 앞면이 반투명하게 비춰지기 때문에 하이드를 적절하게 해준 다음 부분 토폴로지를 진행하면 조금 더 효율적이다. 안쪽(뒷면)을 만들 때 특히 면이 겹쳐 보이거나 뒷면에 영향을 받아서 작업하기가 힘들어지는 경우가 있다.

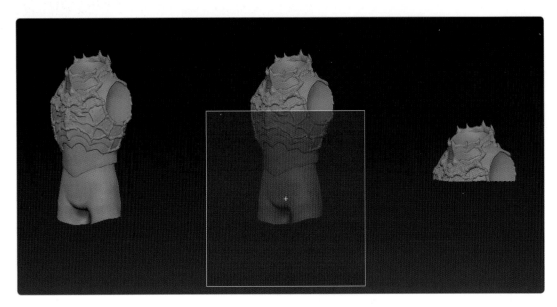

나머지 부분들을 하이드시켜서 작업 환경을 최적화한다.

COMMENT 중간 중간 Adaptive Skin옵션의 Preview(단축키 A)를 활성화시켜서 연결이 되지 않아 구멍이 뚫린 부분이나 면이 생성되지 않은 부분들을 수정하면서 진행을 한다. 이때에는 Solo Mode를 활성화시키면 해당 서브툴만 볼 수 있다. 웬만하면 4 각형의 형태로 작업하는 것이 좋고, 삼각형으로 만들 때는 버텍스에 많은 선들이 몰리지 않게끔 적절하게 풀어주는 요령이 필요하다. 사각형으로 된 부분도 모델링의 각도에 따라서 폴리곤으로 변환하면서 생각했던 방향과 다르게 엣지가 생성되어버리는 경우도 있으므로 작업 중에 반드시 폴리곤의 상태를 확인하면서 작업을 하고 나중에 UV작업하기 전에 수정을 해야 한다.

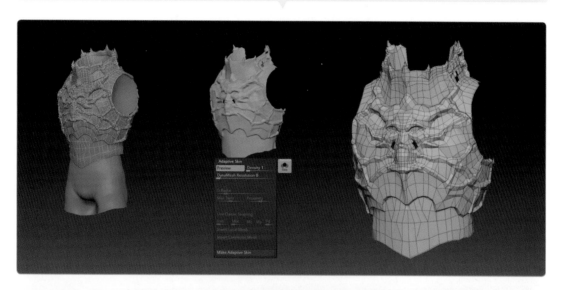

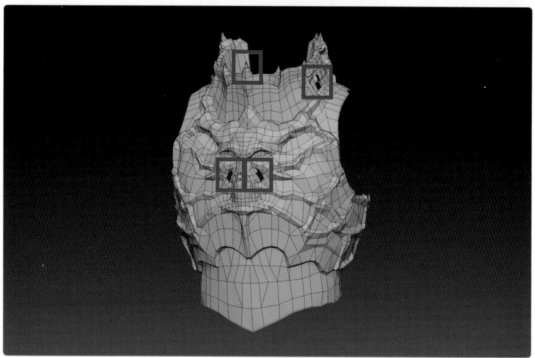

작업 과정 중에 한 번씩 확인을 해가면서 토폴로지를 진행한다.

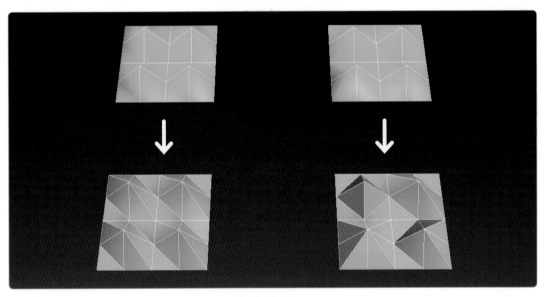

폴리곤의 구조를 이해하자

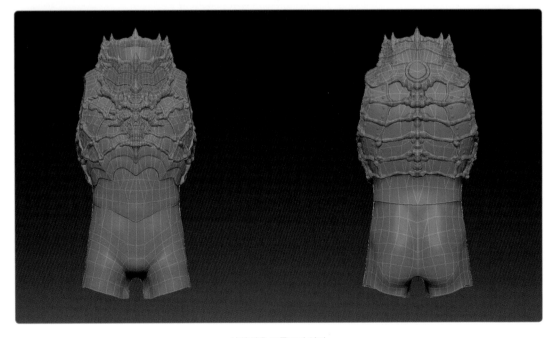

상체 갑옷 토폴로지 완성

COMMENT 오브젝트들 끼리 붙어 있으면 두께가 생기게 된다. 필자는 이 두께가 있는 부분에 일일이 폴리곤으로 전부 덮어주기 보다는 어느 정도의 기준을 가지고 토폴로지를 하는 편이다. 본인이 지금 만들고 있는 캐릭터의 손가락을 기준으로 그것보다 두꺼운 두께를 가지고 있으면 토폴로지로 면을 만들어 주고, 그게 아니면 생략하는 편이다. 그리고 둥근 부분에 조금 더 면을 많이 쓰는 편이다.

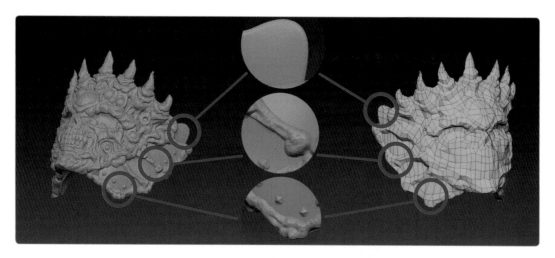

동그라미 부분의 토폴로지 구성을 확인하자.

03 팔 부분은 좌우 대칭이 필요 없으니 그냥 토폴로지 작업을 하고, 나중에 맵을 펼 때에 겨드랑이 안쪽을 기준으로 UV를 펼쳐야 하므로 겨드랑이 안쪽에 일자가 되게끔 토폴로지를 진행을 한다.

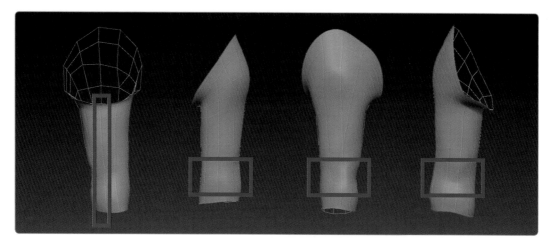

안쪽을 일자로 만들어준다.

COMMENT 로우 폴리곤을 만들 때처럼 관절을 만들어 주면 위의 이미지처럼 진행되지만, 요즘은 관절 부분에 애니메이션이 잘 돌아갈 수 있도록 면을 4각형으로 만들어서 진행하기도 한다. 그럼에도 굳이 위의 이미지처럼 토폴로지를 진행한 이유는 관절의 구조에 따라 모델링을 해주면 리깅을 할 때 조금 편하게 작업할 수 있다. 그리고 인체 모델링을 하면서 관절 부분 모델링을 할 때 접히는 부분이나 관절의 움직임 범위 등을 조금 더 잘 만들어 줄 수 있도록 가이드가 될 것 같다는 생각이 들어서 예전 방식으로 모델링을 했다.

04 토폴로지 마무리. 관절 부분과 각 오브젝트의 끝부분과 뒷면들이 어떻게 구성되어 있는지를 공부한다. 파일을 kn_topo_end. ztl로 저장을 한다. (kn_topo_end.ztl파일을 열어보고 토폴로지의 흐름을 공부한다)

COMMENT   중간에 토폴로지를 하면서 면을 조금 줄인 패턴의 오브젝트와 면을 조금 많이 써준 토폴로지 그룹들을 조금 섞어서 제작을 하였다. 베이킹하고 맵을 넣었을 때 각 부분들의 결과물을 공부하기 위해서이다. 그리고 관절 부분은 이전에 설명한 대로, 약간 예전의 방식인 로우 폴리곤 캐릭터를 만들 때처럼 면의 구성을 만들어보았다.

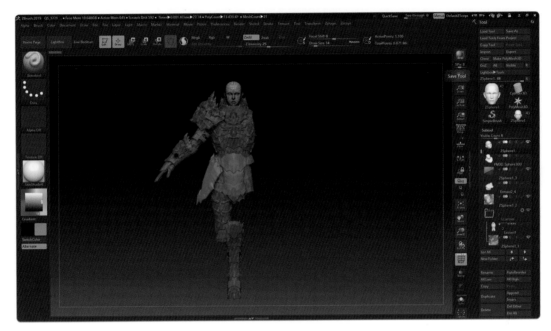

kn_topo_end.ztl 파일을 열어보고 토폴로지의 흐름을 공부한다.

CHAPTER 04 아이디 그룹 만들기

토폴로지를 한 오브젝트들을 정리해서 베이킹을 할 수 있도록 다시 배치를 한 다음, 로우폴리곤과 하이 폴리곤을 나누고 로우 폴리곤은 UV맵을 펴고, 하이폴리곤은 폴리그룹을 재질별로 정리하는 작업이다. ZSphere로 토폴로지를 만들어준 서브툴은 Adaptive Skin옵션에 Make Adaptive Skin으로 변환을 시켜주는데, 원래 작업하던 서브툴 그룹에서 생성되는 것이 아니라, 새로운 서브툴 그룹에 새롭게 생성이 되므로 생성을 한 다음에는 꼭 Append로 불러온다.

UNIT 1 서브툴 합치기

토폴로지를 위해서 나눠 놓은 하이 폴리곤 서브툴과, 토폴로지를 한 서브툴을 합쳐준다.

01 얼굴 서브툴을 통합시킨다.

- ZSphere를 이용해서 토폴로지를 진행한 얼굴 서브툴을 Adaptive Skin의 옵션에 Make Adaptive Skin으로 변환을 시켜준다. Density 값은 1, DynaMesh Resolution 값은 0으로 설정을 한다.
- 새로운 서브툴 그룹에 토폴로지를 한 서브툴이 등록이 된 것을 확인한다.
- 작업 중이던 서브툴 그룹에 Append 로 서브툴을 등록을 해서 서브툴의 위치를 위아래로 정렬을 해준다.
- 디테일하게 모델링했던 하이폴리곤 서브툴과, ZSphere를 이용해서 토폴로지를 진행한 얼굴 서브툴 두개 MergeDown으로 통합시켜준다(위쪽 서브툴을 선택한 다음 MergeDown으로 합쳐준다).

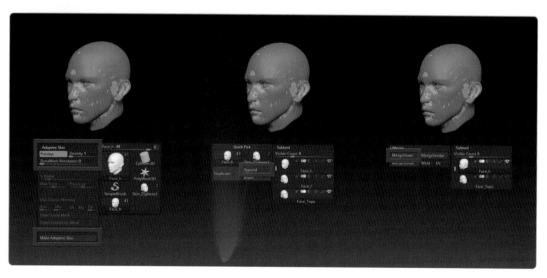

서브툴을 합쳐준다.

COMMENT Ctrl + Shift + 좌클릭으로 오브젝트들을 살펴보면 한번씩 Merge가 되면서 폴리곤이 뒤집혀 있는 경우가 있다. 디스플레이 프로퍼티(Display Properties) 옵션에 Flip을 실행시키면 폴리곤을 반대쪽으로 뒤집을 수 있다.

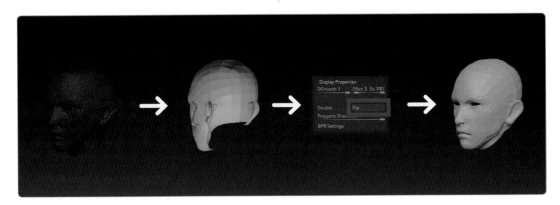

Flip기능을 숙지한다.

02 다른 서브툴들도 같은 방식으로 합쳐준다. 실제로 Zsphere 서브툴들은 이후의 작업에는 필요가 없지만, 토폴로지 부분을 수정을 할 일이 있을 수도 있어서 같이 정리는 하는 것이고 파일의 용량이나 깔끔하게 작업을 하는 스타일이면 파일 자체를 하나 더 복사를 해준 다음 Zsphere로 토폴로지 작업을 했던 서브툴은 지워준다. (ID_001.ztl로 파일을 저장 한다.)

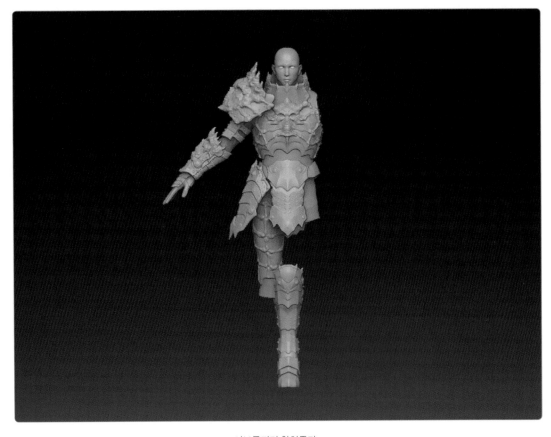

서브툴끼리 합쳐준다.

UNIT 2 폴리곤 나누기 : 로우폴리곤과 하이폴리곤 나누기

노말맵을 베이킹할 때 각 오브젝트들끼리 겹쳐져서 노말맵 베이킹에 어려움이 생기는 경우가 많은데, 필자의 경우 아예 오브젝트들끼리 멀찍이 떨어뜨려서 서브스텐스 페인터에서 베이킹을 한 다음 다시 합쳐서 완성을 하는 방식을 쓴다. 그렇기 때문에 토폴로지를 할 때 서브틀 그룹을 묶어서 토폴로지를 따로 한 다음 각 부품들끼리 합쳐준 것이다. (ID_001.ztl 파일을 열어서 공부를 한다.)

01 서브툴끼리 겹쳐지지 않게 좌우로 움직여준다.

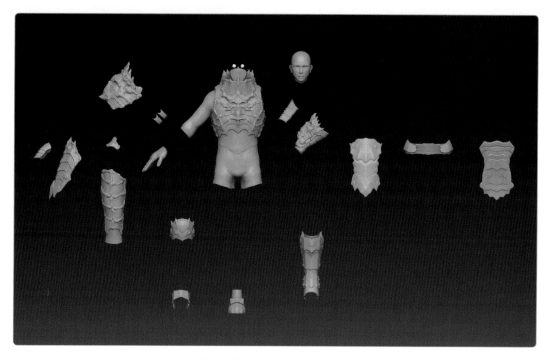

좌우로 서브툴이 겹치지 않게 펼쳐준다.

COMMENT   중앙에 기준이 되어줄 서브툴이 꼭 있어야한다. 오브젝트를 배치시킬 때 좌, 우축(X 축)으로만 이동을 시켜주면 나중에 오브젝트를 정렬할 때 조금 더 도움이 된다.

02 합쳐줬던 하이폴리곤과 로우 폴리곤을 다시 분리시켜준 다음 로우폴리곤과 하이폴리곤들을 따로 합쳐준다. 모든 로우 폴리곤이 합쳐진 서브툴 1개, 모든 하이폴리곤 서브툴들이 합쳐진 서브툴 1개를 만들어주면 된다. 이전에 서브툴들을 처음 덩어리별로 분리를 시켜줄 때 미처 폴리그룹을 관리 못해준 부분이 있다면 지금 확인을 한다. 하이폴리곤 서브툴들을 합쳐준 다음에 작업을 하면 여러모로 번거로워지기 때문이다.

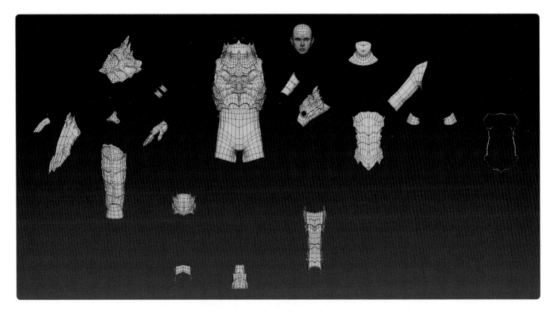

로우폴리곤은 하나의 그룹으로 바꾸어준다.

COMMENT 로우폴리곤은 폴리그룹을 하나로 만들어 주고 맥스로 가져가서 UV를 펴면 된다. 조금 에러난 부분들은 맥스에서 편집해서 토폴로지를 완성한다.

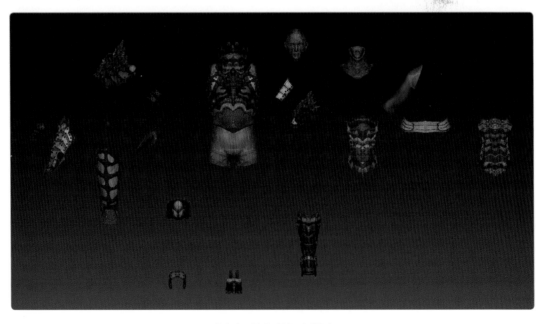

재질 별로 폴리그룹을 나눠준다.

하이폴리곤 그룹은 재질별로 폴리그룹을 나눠주고 서브스텐스에서 베이킹 작업을 할 때 사용할 KN_H.oBJ 파일로 익스포트를 해둔다. 하이폴리곤 서브툴을 새로운 서브툴 그룹에 불러온 다음 익스포트(Export)를 진행하면 된다.

03 로우폴리곤 서브툴을 Goz해서 맥스로 보낸다. 그리고 모델링 수정과 UV를 세팅해줄 준비를 한다.

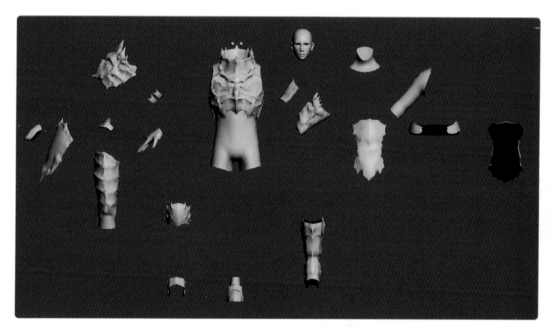

Max로 Goz를 해준다.

COMMENT 수정을 해줄 때는 최대한 모델링의 위치가 많이 벗어나지 않도록 하고, 부품 덩어리별로 서브툴을 나눠왔기 때문에 수정이 필요할 때는 하이폴리곤 덩어리를 Goz해서 그 위에다가 모델링을 해준다. 아무래도 지브러쉬보다는 Max가 조금 더 정교하게 작업이 가능하기 때문에 Max에서 작업을 이어간다. Topology상태일 때에는 몰랐지만 Max로 Goz를 시키고 나면 지브러쉬에서 보지 못했던 Edge들이 자동으로 연결이 되면서 방향이 생각보다 안 맞는 부분이 생길 수도 있다. 토폴로지 작업을 할 때에는 4각형을 유지하고 폴리곤이 꺾이는 부분에는 확실하게 Edge를 연결시켜서 폴리곤으로 변환할 때 선이 겹치지 않도록 작업을 해줘야한다. 아래에 a의 경우에는 토폴로지를 할 때, 자연스럽게 연결되지 않고 버텍스 2개가 겹쳐져 있었고, b의 경우에는 Edge가 3각형으로 연결되면서 Edge의 방향이 잘못 생성된 케이스이다.

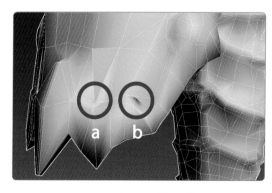

vertex나 Edge가 꼬여있는 상황

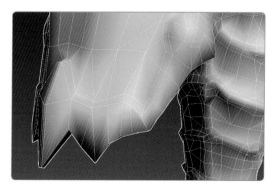

수정한 모습

CHAPTER 05 UV 편집하기

UV맵을 펼치는 몇 가지 패턴을 알아보고, 패턴을 이용해서 UV를 정리해주는 실습을 통해서 UV 좌표에 대해 공부를 한다. Pelt의 기능과, Quick Peel의 기능을 공부한다. 내가 원하는 부분만 따로 분리시키는 방법을 공부하고, 오브젝트 중에 잘 보이지 않고 디테일 표현을 안 해줘도 되는 부분들만 따로 분리를 하는 방법과 맵을 펼치기 위해서 어쩔 수 없이 잘라서 맵을 펼칠 때 최대한 자연스럽게 맵을 펼칠 수 있는 방법 등을 공부한다.

UNIT 1 오브젝트 분리해서 UV 정리하기

어깨 갑옷 같은 부분은 갑옷의 앞면과 뒷면의 두께 부분에 모두 모델링 되어 있는 경우이다. 이 경우에 어깨 갑옷의 안쪽은 화면에 나올 일이 거의 없는 부분이다. 이러할 때 앞쪽의 면과 뒤쪽의 면을 따로 분리해서 맵을 따로 펼쳐두고 뒷면은 맵을 조금 작게 펴주는 공부를 한다.

몸통 갑옷 같은 경우에도 팔이 나오는 부분은 딱히 맵의 공간을 많이 할당할 필요 없이 적당히 어두운 색만 있어도 충분하다. 이 부분 역시 분리를 해서 UV를 정리해준다.

팔 부분은 맵을 펼치기 위해서 어쩔 수 없이 잘라서 UV를 펼치는 가장 많이 나오는 패턴 중에 하나이다. 오브젝트를 분리시키는 방법은 크게 2가지가 있다. 폴리곤을 선택해서 선택한 부분만 맵을 펼치는 방식과 Point-to-Point Seams를 이용해서 가위로 잘라주듯이 UV를 분리를 시키는 방법이 있다. 맵을 덩어리별로 디테치를 시켜서 진행을 한다.

(설명하기 쉽도록 부분 부분을 따로 Detach를 해서 맵을 정리한 다음 Attach를 실행시켜서 하나로 합친 다음 한 장의 UV 안에 적절하게 배치를 한다.)

01   어깨 갑옷의 맵을 펼쳐준다. Unwrap UVW 모드에서 뒷면 폴리곤들을 선택한 다음 Quick Peel을 실행시켜서 뒷면만 UV를 정리해준다. (반드시 Unwrap UVW 모드에서 폴리곤을 선택해야한다.)

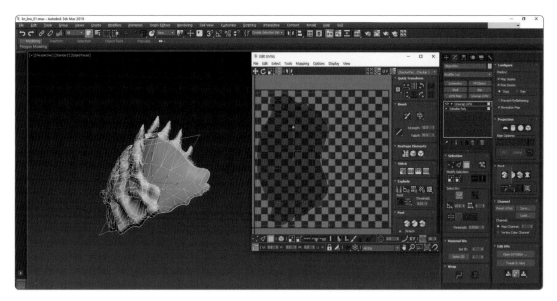

뒷면만 따로 폴리곤을 선택한 다음 UV를 편집해준다.

COMMENT   부분들을 따로 맵을 편 다음 하나로 합쳐서 사이즈와 위치를 맞춰줄 예정이므로 사이즈를 지금 바로 줄이거나 하지 않는다. 대신에 체크맵 공간 안쪽에 모든 오브젝트들을 배치를 시켜 두면 나중에 오브젝트들 끼리 하나로 합칠 때 UV 좌표들이 거의 겹쳐져 있어서 선택하기가 힘들 수도 있으므로 적당이 여유를 두고 바깥쪽에 이리저리 펼쳐둔다.

02   나머지 부분들의 폴리곤을 선택한 다음 UV를 편집을 한다(해당 폴리곤을 선택한 다음 Quick Peel로 UV를 펼친다).

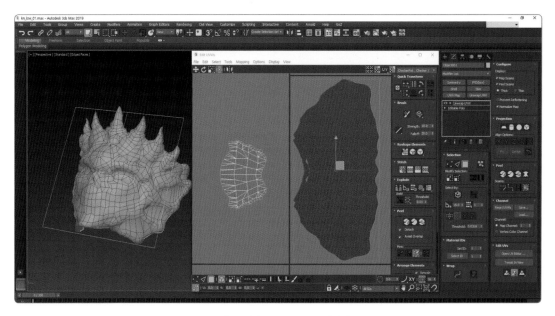

폴리곤을 선택하고 Quick Peel로 정리한다.

03 모델링의 반만 쓸 생각이므로 폴리곤 자체를 반만 선택하고 나머지를 지워주면 UV역시 반쪽만 남게 된다. 체크맵의 영역 밖으로 배치를 시킨 다음 Edit Poly를 적용시킨다. 일종의 세이브 개념으로 생각을 하면 된다(필자의 경우에는 Convert Editable Poly로 변환을 시켜버린다).

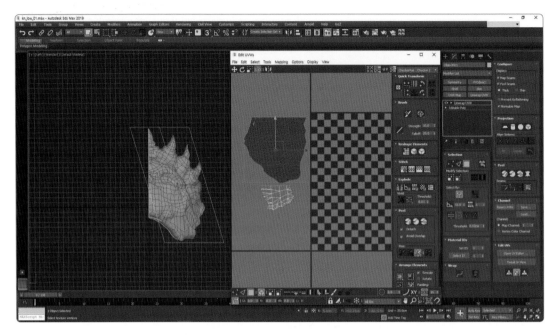

폴리곤 반을 선택하고 지워준다.

COMMENT　　　양쪽으로 대칭이 되어 있는 경우에는 맵을 펼 때 위의 방식처럼 맵을 대칭으로 펼친 다음 폴리곤을 직접 반으로 잘라버리는 경우와 먼저 반을 잘라놓고 UV를 펼치는 순서에 따라 다른 UV 결과물이 나오게 된다. 이때 오브젝트의 정면 위주로 맵을 만들 생각이라면 맵을 편 다음 폴리곤을 잘라버리는 방식을 쓰고, 측면 위주로 맵을 만들 생각이면 미리 폴리곤을 반만 남겨둔 다음 UV를 펼친다.

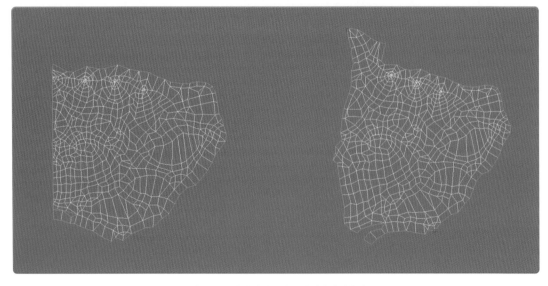

맵을 펴는 순서에 따라서 다르게 결과가 나온다.

양쪽을 대칭으로 했을 경우에 대칭이 만나는 축의 가운데 부분은 일자로 곧게 펴질 수밖에 없다. 사람 얼굴을 정면으로 펼쳐서 정면 위주로 그림을 그릴 때 눈의 위치나 대부분이 정면을 기준으로 보여지기 때문에 맵을 그릴 때 조금 더 편하다. 물론 사람마다 맵을 그리는 방식이 다를 수 있다. 내가 맵을 그릴 수 있는 정도로 UV를 정리하는 것이 가장 좋다. Pelt로 작업을 하다보면 어떨 때는 Pelt를 적용만 시키고 StartPelt나 Relax를 안 써도 맵을 그릴 수 있는 정도로 UV가 정리되어 있으면 그 다음 단계를 생략해도 되는 경우가 있기 때문이다.

04 팔 부분 맵을 편다. Point to Poitn Seams 기능을 이용해서 면을 펼치는 작업을 한다. 실린더 형태도 오브젝트가 연결이 되어있는 패턴이 많이 있는데, 이 경우에는 Pelt나 Quick Peel 기능으로 펼 수가 없다. Seams 옵션에 Point to Point Seams를 이용해서 맵을 펼쳐준다.

COMMENT   Seams 옵션에 Point to Point Seams 옵션을 활성화시키고 가위로 자르듯이 버택스를 클릭해주면, 하늘색으로 선이 따라오면서 그 선을 기반으로 Uv를 자를 수 있다. UV가 잘리게 되면 연결되는 부분에 텍스쳐를 완벽하게 연결시켜주기가 힘든 경우가 많이 있다. 그러할 때는 가장 잘 안 보이는 쪽의 라인을 잘라주게 된다. 모델링할 때 미리 자를 부분을 팔 안쪽으로 생각을 해 두고 일자로 모델링을 한 부분이 있으므로 그 부분을 잘라준다. 한쪽 끝의 버택스를 클릭을 한 다음 자를 버택스들을 가위로 자르듯이 순서대로 찍어주면 되는데 일일이 전부 클릭을 해주지 않아도 시작점과 연결된 자를 부분들의 버택스에 포인터를 가져가면 알아서 하늘색 선이 생성되고, 이 버택스를 클릭하는 순간 하늘색으로 잘리게 된다. 다 자르고 나면 마우스 오른쪽 클릭으로 마감을 한다.

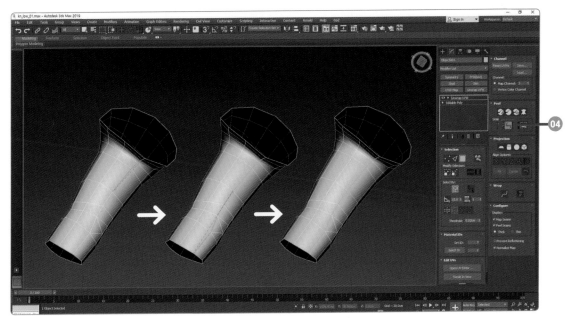

Point to Point Seams를 이용해서 맵을 펼쳐준다.

05 몸통 갑옷 역시 팔이 나오는 부분만 따로 폴리곤을 선택한 다음 UV를 편집하여 준다. (미리 반을 잘라낸 다음 UV를 펼치는 작업을 한다.)

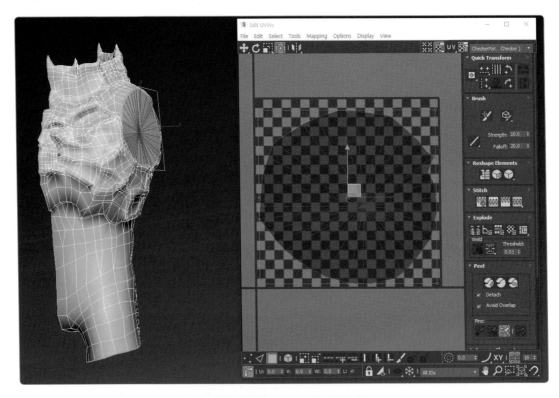

폴리곤을 선택하고 Quick Peel을 실행시킨다.

COMMENT 바지 부분도 실린더 형태로 이루어져 있고, 몸통역시 실린더처럼 구조가 되어있다. 바지 부분은 가랑이를 중심으로 잘라주면 잘 펼 수 있지만 몸통 부분이 항상 오브젝트를 펼치기 힘든 부분이다. 모델링을 할 때에 앞뒤나 적어도 어깨나 목 부분이 모델링적으로 나눌 수 있도록 구성이 되는 것이 좋다.

06 몸통과 바지가 될 부분만 폴리곤을 선택한 뒤에 폴리곤을 펼쳐주는데 Point to Point Seams기능으로 가랑이를 잘라서 맵을 펴준다.

Configure 옵션의 Display :

- Map Seams : 초록색 심즈를 껐다가 켤 수 있다.

- Peel Seam Seams : 파란색 심즈를 껐다가 켤 수 있다.

- Thick와 Thin으로 선의 굵기를 조절할 수 있다.

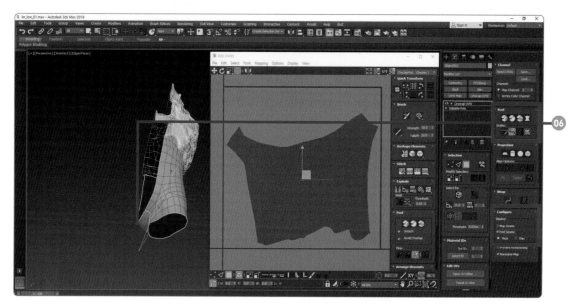

가랑이 쪽을 잘라서 맵을 편다.

07 나머지 갑옷 부분을 선택해서 면을 자동으로 펴게 되면 목 부분 안쪽으로 들어가는 부분이 생각보다 맵의 넓이를 많이 차지하는데, 이때에는 직접 Edit UVWs에서 버택스들을 선택해서 수정을 해준다.

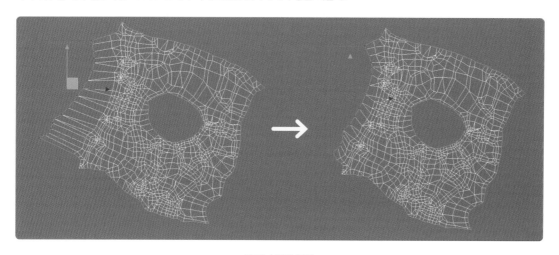

UV를 수정해 준다.

08 얼굴 UV좌표를 편집한다. 머리카락이 있을 부분까지 위쪽에서 목 뒤까지 자르고 턱 밑까지 잘라서 맵을 편다.

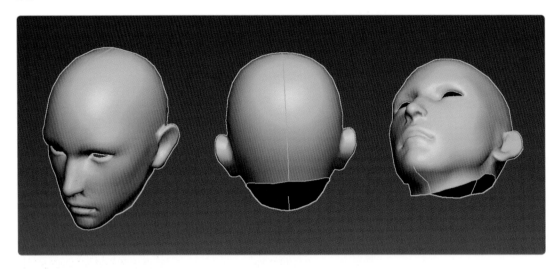

UV를 수정해 준다.

COMMENT 필자의 경우 펠트로 먼저 기본적인 부분을 펴고 난 다음 Quick Peel을 적용시켰다. 귀와 귀 뒷부분에 맵이 잘 겹쳐지는 부분이므로 주의를 하면서 맵을 펼친다. 인터넷에서 얼굴 텍스쳐라고 검색을 하면 나오는 패턴과 비슷하게 펴져있는 것을 확인할 수 있다.

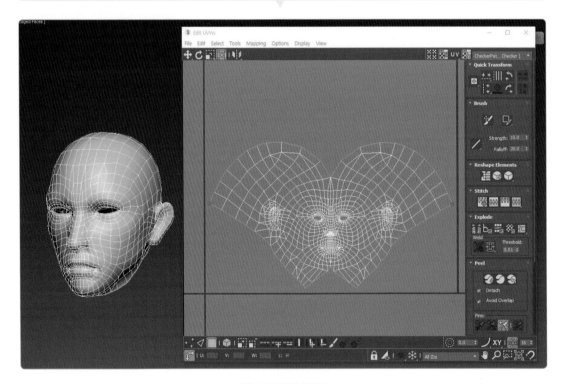

얼굴 UV를 펼친 이미지

09 손 부분도 의외로 맵을 펴기가 까다로운 부분 중에 하나이다. 아래위로 반을 자르듯이 Point to Point Seams를 이용해서 라인을 만들 때 새끼손가락 내지는 엄지손가락 중에 한쪽은 붙여놓은 상태로 잘라주면 맵이 조금 더 잘 펴진다.

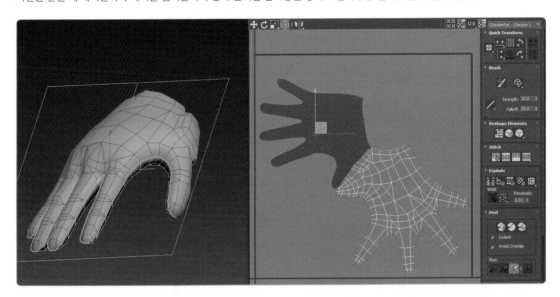

한쪽 연결 부분은 붙여준 상태로 맵을 자른다.

10 나머지도 전부 UV를 펴펴준다.

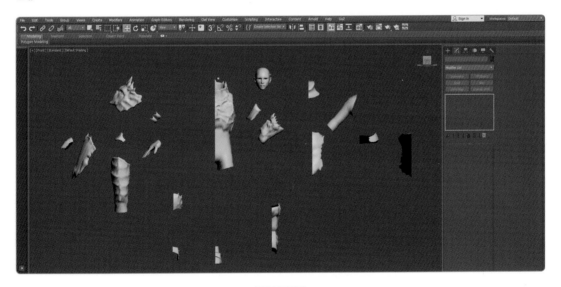

UV를 펴친다.

Configure 옵션의 Display :

- Map Seams : 초록색 심즈를 껐다가 켤 수 있다.

- Peel Seam Seams : 파란색 심즈를 껐다가 켤 수 있다.

- Thick와 Thin으로 선의 굵기를 조절할 수 있다.

UNIT 2 UV 배치

따로 맵을 폈었던 오브젝트들을 Attach로 합쳐준 뒤에 펼쳐진 UV들을 배치를 한다. 초록색 심즈(Seams)가 UV를 잘라준 부분을 알려주는 가이드 역할을 한다. 배치를 할 때 사이즈가 중요한데 최대한 비슷한 크기의 밀도를 유지해 주는 것이 중요하다.

특히 얼굴 부분이나 문양이 디테일하게 들어가는 부분들은 UV를 조금 더 크게 할당을 해주면 그만큼 더 디테일한 맵 작업을 할 수 있지만, 비슷한 재질(쇠사슬, 천의 패턴 등등)이 들어가게 되면 밀도의 차이가 날 수 있으니 초반에는 최대한 밀도를 비슷하게 맞춰서 작업을 하다가 어느 정도 캐릭터 작업들이 많이 익숙해지면 부분의 UV의 밀도를 조금씩 조절해서 작업하도록 한다.

01 모든 오브젝트를 어태치(Attach)해준다. Edit UVWs창에 오른쪽 상단에 보면 Texture를 세팅해줄 수 있는 옵션이 있다. 이들의 옵션으로 맵의 흐름과 밀도를 확인할 수 있다.

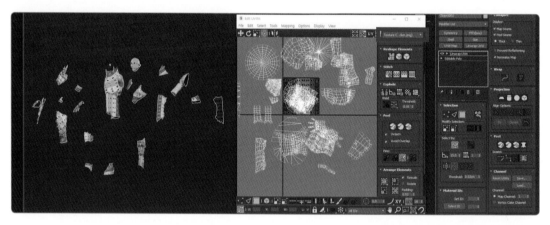

Texture Checker 옵션

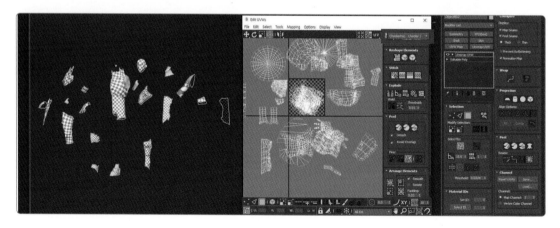

Checker Pattern 옵션

- Texture Checker : 텍스쳐에 영어와 숫자가 좌표와 색으로 설정이 되어 있어서 UV의 연결점이나 흐름, 방향등을 볼 수 있다.

- Checker Pattern : 체크무늬 텍스쳐로 텍스쳐의 밀도를 확인할 수 있다.

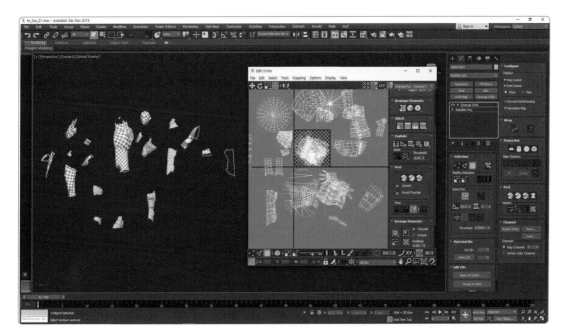

오브젝트들이 어태치 된 모습

02 Edit UVWs 창에서 폴리곤을 활성화시킨 다음 전부 선택([Ctrl] + [A])을 한 뒤에 Arrange Elements옵션에 Pack : Custom을 실행시키면 현재 펼쳐져 있는 오브젝트들의 사이즈를 최대한 비슷하게 맞춰준 다음 배치를 자동으로 해준다.

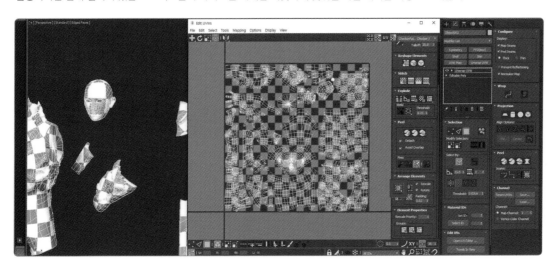

Pack : Custom을 실행시킨다.

COMMENT   위의 방법으로 맵을 펴면 맵의 빈공간이 너무 많아져서 비효율적이긴 하나, 일정한 밀도를 맞춰준다는 기능만으로도 훌륭한 기능이다. 실제로 보면 면 구성에 따라서 맵이 조금씩 크고 작게 펴질 수밖에 없는 부분들도 있다. 가이드를 본다고 생각을 하고 다시 테트리스를 하듯이 배치를 한다. 이 과정의 요령은 오브젝트들 간에 너무 아슬아슬하게 붙어 있게끔 배치를 해서는 안된다는 것이다, 큰 부품 위주로 배치를 끝낸 다음 작은 오브젝트를 사이사이 끼워 맞춰주듯이 작업을 해준다. 차라리 오브젝트 UV 사이즈를 조금 줄여주는 한이 있더라도 오브젝트끼리의 간격은 최소 5픽셀 이상이 되어야한다. 사이사이 빈칸은 머리카락과 눈썹 등을 만든 다음 넣어줄 공간들이다.

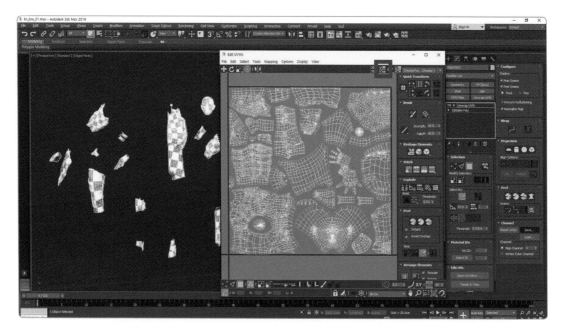

UV를 배치한다.

CHAPTER 06 눈썹 만들기

투명값을 맵으로 만드는 방법도 공부를 해서 끝이 자연스럽게 표현될 수 있도록 공부를 한다.

UNIT 1 속눈썹 만들기

01 눈 주변에 면을 복제를 한 뒤에 속눈썹 모양으로 모델링을 한다.

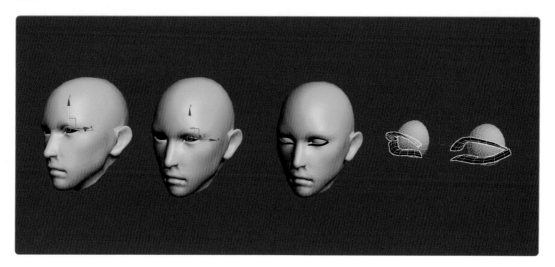

눈썹을 모델링한다.

02 UV를 펼친 다음 Attach로 하나로 만들어준 다음 복제를 한다.

03 복제를 한 눈썹 오브젝트의 버택스를 전부 선택한 다음 Modifier List옵션 중에 Push기능을 이용해서 전체적으로 조금 크게 만들어준다(Parameters 수치를 조금 올려준다).

04 폴리곤으로 바꾸고 전체 선택을 한 다음에 플립을 실행시켜서 각 부분 앞뒤로 뒤집힌 2개의 눈썹들을 만들어준다.

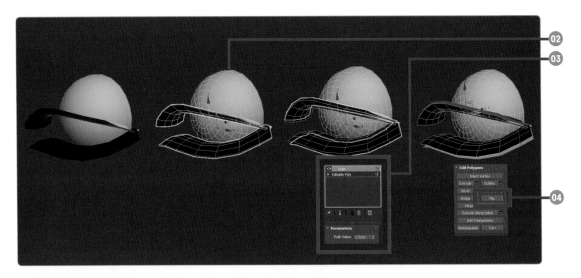

양쪽에서 볼 수 있도록 복사를 한 눈썹을 플립으로 뒤집어준다.

COMMENT 플랜은 한쪽 면만을 가지고있는 상태이기 때문에 양쪽에도 보이도록 복제를 했고 조금 더 풍성하게 보이기위해서 푸쉬 기능으로 사이즈를 살짝 다르게 만들어준다. 몇 번 더 복사해서 눈썹을 더욱 더 풍성하게 만들기도 한다.

05 로우폴리곤 캐릭터에 어태치로 붙여준 다음 조금 떨어뜨려서 배치를 한다.

COMMENT 어태치와 동시에 UV 좌표도 같이 합쳐지게 된다. 맵의 빈 공간에 눈썹의 좌표를 배치한다. 파일을 kn_low.max로 저장을 한다.

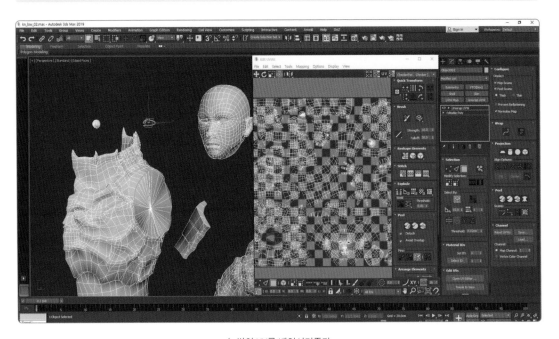

눈썹의 UV를 배치시켜준다.

CHAPTER 07 서브스텐스 베이킹

로우폴리곤(Max파일)과 하이폴리곤(Zbrush)을 각각 익스포트를 해서 서브스텐스 페인터에서 베이킹을 한다. 일차로 베이킹이 끝나면 조각난 로우폴리곤 모델링 파일을 다시 합쳐서 서브스텐스에 띄워주는 작업까지가 목표이다.

UNIT 1 익스포트

Zbrush 에서는 Obj로 파일을 익스포트하고, Max 에서는 Fbx로 익스포트를 진행한다.

01 kn_low_export.max 파일을 열어서 오브젝트를 선택한 다음 Utilities옵션에서 Reset Xform을 실행시킨다.

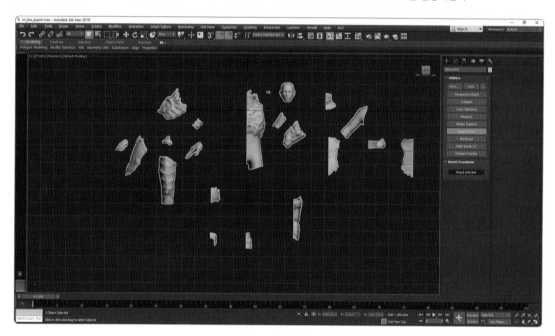

Reset Xform을 실행시킨다.

COMMENT Reset Xform은 익스포트 전에 꼭 해줘야하는 옵션이다. 플랜 상태나 오브젝트들을 어태치시키는 과정에서 오브젝트의 앞뒤가 뒤집히는 경우가 있고, 오브젝트의 중심축이 돌아갔다던가 하는 문제들을 해결해준다. 그러하니 꼭 Reset Xform을 실행시키고 익스포트를 해야 한다. (Reset Selected를 클릭해준다.) 리셋 엑스폼을 실행시키고 난 다음에는 폴리곤으로 변환을 시켜준다.

02 익스포트를 해준다.

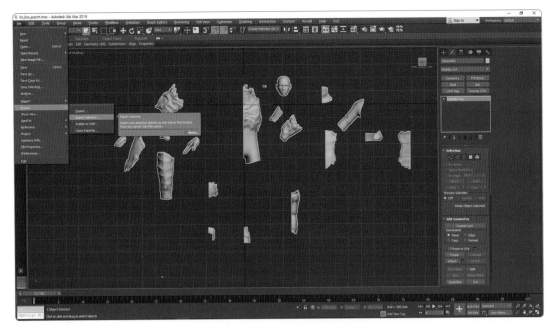

익스포트를 실행한다.

03 익스포트 옵션은 다음과 같다. kn_low_01.Fbx로 익스포트를 한다.

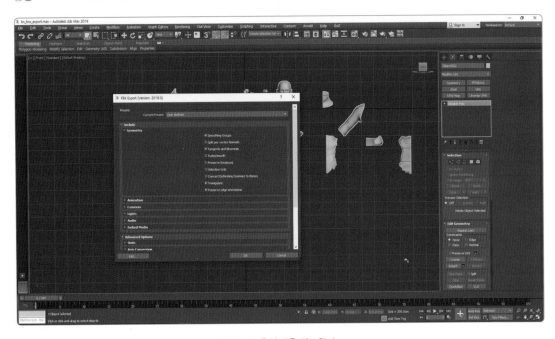

익스포트 옵션 값을 체크한다.

04 Ekn_high_export.ztl파일을 열어서 high 서브툴을 선택한 다음 익스포트를 한다. kn_high,obj로 익스포트를 한다.

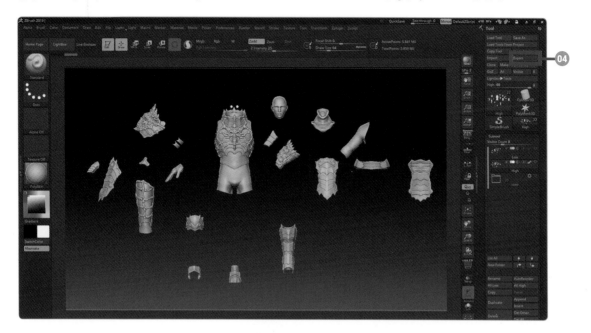

익스포트를 한다.

UNIT 2 서브스텐스 베이킹

서브스텐스에서 노말맵을 베이킹한다. 서브스텐스 작업용 다른 맵들도 같이 베이킹을 진행한다. (ID 맵도 포함이 되어 있다.)

01 서브스텐스 옵션에서 New(Ctrl + N)로 New project창을 열어서 kn_low_01.fbx파일을 불러온다. 이때 Document Resolution 값은 2048로 크게 잡아준다.

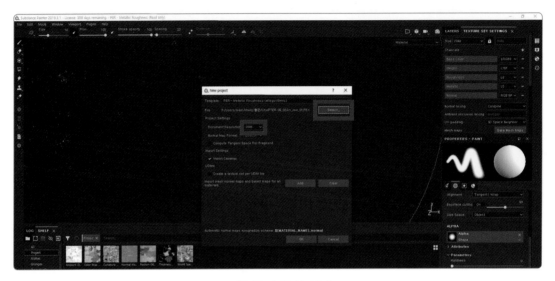

로우폴리곤 파일을 불러온다.

02 Bake Mesh Maps를 클릭한다.

Bake Mesh Maps를 클릭한다

- Output Size : 2048

- Antialiasing : Subsampling 4×4 로 세팅한다.

- ID baker parameters 옵션에 Color Source : Mesh ID/ Polygroup으로 세팅한다.

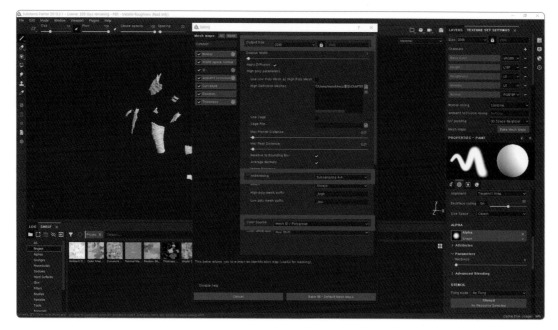

베이크를 실행시킨다.

03 베이킹이 완료되었으면 제대로 맵이 추출되었는지 꼼꼼히 확인한다.

베이킹이 완료되었다.

04 맥스에서 조각을 냈던 오브젝트들을 완전한 오브젝트로 만들어준다.

- 가운데 몸통의 갑옷을 빼고 전부 디테치를 먼저 해준 다음 오브젝트를 하나씩 완성품으로 만들어준다.

- 나중에 몸통 갑옷을 중심점으로 잡고 오브젝트들을 어태치시켜줘야 한다.

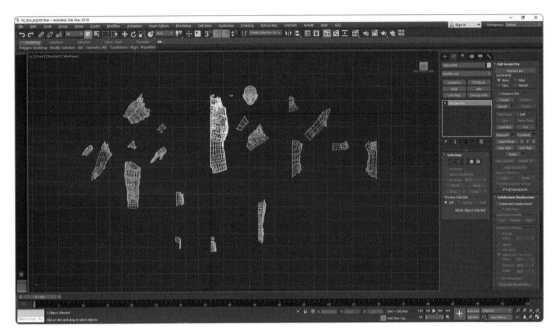

몸통 갑옷을 제외하고 전부 디테치시킨다.

05 각각 오브젝트들을 시메트리 혹은 미러 복사를 통해서 하나씩 완성품을 만들어준 다음 오브젝트들을 조합해준다. 조립이 끝나면 전부 어테치시켜주고 난 다음 익스포트를 한다. kn_low_02.Fbx 로 익스포트한다.

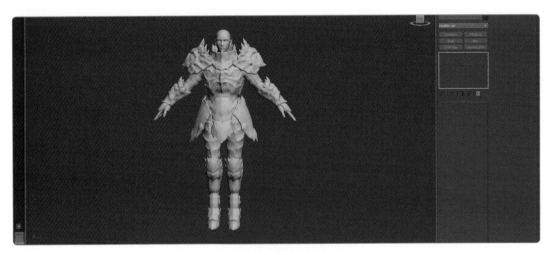

오브젝트의 조립이 완성되었다.

06 베이크가 끝이 났던 서브스텐스 툴에서 kn_low_02.Fbx 파일로 교체를 해준다. Edit 옵션에 Project Configuration...을 클릭한다.

Project Configuration...을 클릭한다.

07 Project Configuration에서 새로 익스포트시킨 kn_low_02.Fbx 파일을 선택한 다음 OK를 눌러준다. 파일 교체가 되고나면 kn_01로 저장을 한다.

kn_low_02.Fbx 파일을 선택한다.

완성품을 불러왔다.

COMMENT　　　오브젝트의 모델링을 조금 수정해야 할 때에도 위와 같은 방법을 쓰면 된다. 하지만 서브스텐스는 맵을 만드는 프로그램이므로, 맵을 다 만들고 나서 맥스에서 모델링을 수정하는 편이 조금 더 효율적일 것이다. 맵도 위와 같이 교체를 해주면서 적절하게 작업을 할 수가 있다. 오브젝트의 교체가 되고나면 파일을 세이브해서 본격적인 매핑에 들어간다.

CHAPTER 08 매핑

아이디맵을 이용해서 전체적인 맵의 재질을 설정한 다음, 전체적 혹은 부분적인 디테일을 올려나간다. 얼굴 부분은 스킨 재질을 입혀서 베이스를 잡아주고 실사 이미지 텍스쳐를 편집해서 마무리한다. 서브스텐스의 기본인 마스크 작업에 대한 개념을 명확히 공부하고, 레이어 구조를 이용한 편집과 필터링 등의 기본적인 서브스텐스의 매핑 구조를 공부한다.

UNIT 1 ID 맵을 이용한 기본 재질 입히기

서브스텐스의 기본 핵심은 마스크를 이용한 부분의 매핑과 베이킹했을 때 같이 뽑은 텍스쳐들을 이용한 각종 필터링 작업, 그리고 레이어이다.

잘 세팅이 되어있는 스마트 머터리얼들의 구조를 공부하면서 나만의 재질을 만들고, 마스크와 베이킹을 한 맵들을 이용한 각종 필터와 레이어 작업을 통해서 조금 더 리얼한 텍스쳐를 만드는 것을 목표로 한다.

01 스마트 머터리얼의 카테고리에서 Steel Dark Age머터리얼을 드래그해서 적용시킨다.

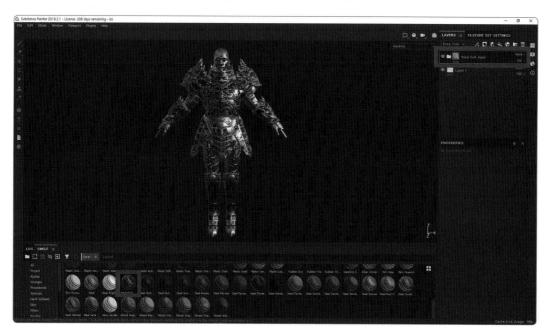

스마트 머터리얼 재질을 하나 입혀준다.

02 갑옷의 주색으로 쓸 예정이므로 Steel Dark Age레이어에 오른 클릭을 한 다음 Add mask with color selection을 클릭해서 Color Selection을 레이어에 추가를 한다. 그리고 Pick color를 이용해서 메인 갑옷 부분을 스포이드로 선택해준다.

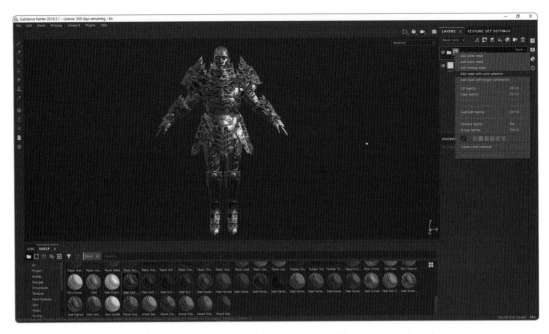

Add mask with color selection를 클릭한다.

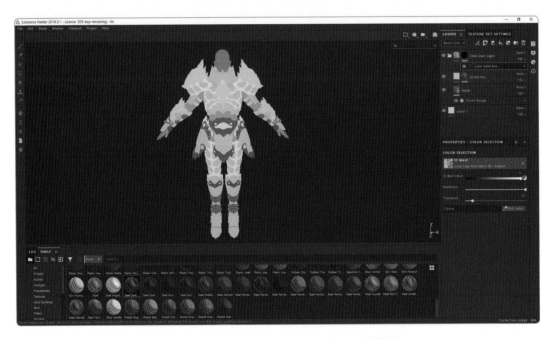

Pick color를 이용해서 메인 갑옷 부분을 스포이드로 선택해준다.

머터리얼이 부분만 적용되었다.

03   스마트 머터리얼에서 Skin Face 머터리얼을 드래그해서 넣어준 다음 이번에는 그냥 블랙 마스크를 씌워준다. 해당
머터리얼이 없으면, 서브스텐스 홈페이지에 쉐어 카테고리에 가면 무료로 머터리얼이나 플러그인을 다운 받을 수 있다. (https://
share.substance3d.com/)

Skin Face 머터리얼을 적용시킨다.

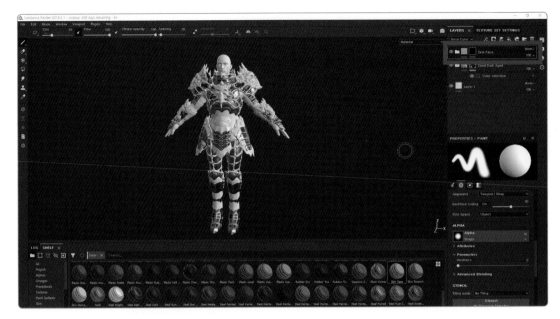

블랙 마스크를 적용시켜준다.

COMMENT 마우스 오른쪽 클릭으로 블랙 마스크를 적용시켜주면 전체 검은색의 마스크가 생성되므로 해당 스킨 맵은 나오지 않게 된다. 스마트 머터리얼과 블랙 스킨이 하나의 레이어에 같이 생성되어있는데, 각자 기능이 다른 레이어들이다. 스마트 머터리얼 폴더 밑에 생성되어있는 레이어의 옵션들은 최종 결과물을 보여주며, 결과물에 대한 옵션을 줄 수 있는 곳이다. 그리고 오른쪽 블랙 마스크는 최종적으로 아래에 설정들이 그려지게 될 위치를 나타내고 있다.

04 오른쪽 블랙 마스크에 마우스 클릭을 해서 애드 페인트(Add Paint)를 등록시켜준다. Paint 레이어를 클릭하면 페인트 관련 옵션들이 또 생기게 되므로 이런 것들도 하나의 레이어로 생각하면 된다.

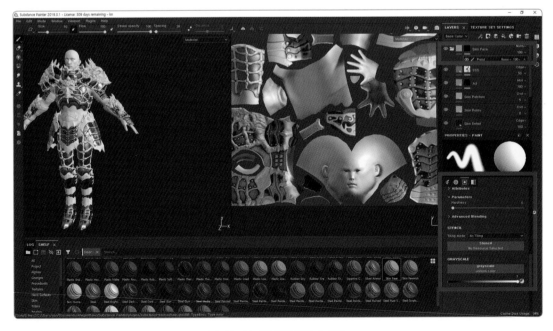

Paint로 마스크를 직접 그릴 수 있다.

05 맵을 그릴 때에는 브러쉬 옵션에서 Alignment를 UV로 바꿔서 얼굴 부분을 그려준다(그린다기 보다는 영역을 칠해준다고 보면 되겠다).

브러시로 직접 영역을 그려준다.

COMMENT   검은 마스크에다가 흰색으로 그려주면 흰색 부분에만 뭐든지 나오게 되고 검은색 마스크가 되어있는 부분에는 영향을 미치지 않는다. (지브러쉬도 그렇다) 흰색 브러쉬를 그린 부분을 지워주려고 하면 지우개 모드(단축키 2번)로 지워 주거나, 브러쉬 색상을 검은색으로 바꿔서 칠해주면 지우개로 지우는 효과랑 똑같은 효과가 난다. 회색으로 색상을 세팅하고 칠해주면 반만 지워지게 된다. 반투명 효과가 필요할 때 쓰는 방법이다.

06 지우개 모드 밑에 보면 폴리곤 필(Polygon Fill)모드가 있는데, 이 모드를 사용하면 와이어프레임이 보이게 되고, 2D 창에서 드래그를 하면 드래그가 된 폴리곤에는 해당 브러쉬가 적용이 된다.

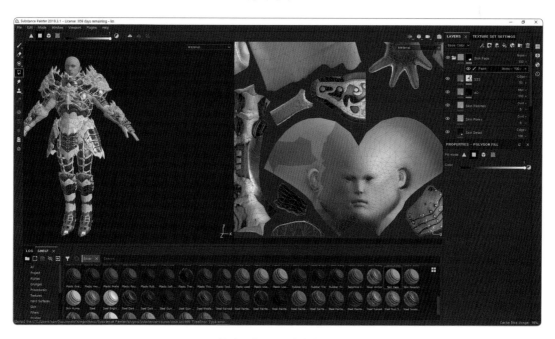

폴리곤 필 모드도 한번 써보자.

07 스마트 머터리얼 Bone stylized를 적용시키고 컬러 셀렉트로 해골들을 선택해준다. 그런데 아이디 맵을 잘못(실제로는 설명을 위해 일부러 그랬습니다!)나눠서 해골 부분이 몇 개로 나눠져 있다. 이때에는 픽 컬러(Pick color)를 추가로 눌러줘서 나머지 해골들도 등록해주면 된다.

선택한 부분만 머터리얼이 적용되었다.

COMMENT 추가로 설명을 하면, 픽 컬러로 영역들을 잡아주다가 특정 부분을 더해주거나 빼주거나 하고 싶을 때에는 컬러 셀렉션 레이어 위쪽에 Add Paint를 추가해서 그려주거나 빼줄 수 있다. 반대로도 가능하다. 이렇듯이 서브스텐스 페인터에서는 레이어와 마스크 기능들로 다양한 재질의 편집을 할 수 있다.

Pick color로 추가를 해준다.

08 Bronze Armor 머터리얼을 추가해준다. 나머지들도 스마트 머터리얼을 적용시켜본다.

Bronze Armor 머터리얼을 추가해준다.

COMMENT 　　Color Selection옵션 중에 Hardness와 Tolerance값을 조절하면, Color Selection범위를 조금 더 강하게 하거나 부드럽게, 영역자체를 조금 더 넓거나 좁게 조절할 수 있다. 처음부터 스마트 머터리얼을 많이 쓰는 이유는 스마트 머터리얼의 구조를 한 번씩 살펴보면서 어떤 식으로 제작이 되어 있는지를 공부하기 위해서이다. 각 레이어의 특징들이 어떻게 머터리얼에 적용되는지 살펴만 봐도 상당한 공부가 되고 이를 응용할 수가 있기 때문이다. 이것저것 많은 설정들을 적용시켜보고, 일일이 레이어를 껐다가 켜기도 하고, 수치 값들도 이리저리 움직여 보면서 공부를 하자

UNIT 2 스마트 머터리얼의 구조를 파악하자

재질들을 이리저리 넣어보고 스마트 머터리얼을 조금 더 공부해서 재질이 형성되는 원리를 공부한다. 여러 가지 레이어들의 합성으로 최종 머터리얼이 만들어지는 과정을 공부하고, 직접 만들어 보기도 한다.

레이어의 기능을 공부하고, 필터나 제너레이트 기능들에 추출했던 맵들이 어떻게 사용되고 있는지 구조를 파악하는데 목표를 둔다.

01 Steel Dark Age 머터리얼의 구조를 파악하고 전체적으로 어둡게 색상을 바꿔본다.

COMMENT   Steel Dark Age 머터리얼은 Scratches와 Metal의 2개의 레이어로 구성되어 있다. 두 개를 껐다가 켜 보면, Metal은 베이스가 되는 검은색의 쇠 재질을 가지고 있고, Scratches는 벗겨져서 색이 까진 밝은 재질을 가지고 있는 것을 확인할 수 있다. 그리고 Scratches는 마스킹으로 처리가 되어있는데, 이 마스킹에 따라서 벗겨지는 부분이 결정되는 것을 알 수가 있다.

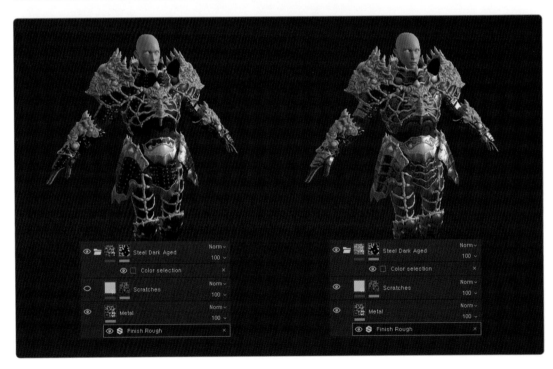

스마트 머터리얼의 구조를 파악하자

COMMENT   Scratches 레이어의 마스크 부분을 클릭하면 3개의 레이어들이 나오게 된다. 이들의 조합으로 닳아서 벗겨진 부분들이 생성이 되는 것이다. 이 레이어들의 오른쪽 끝을 보면 각각 필터효과를 가지고 있다. (이 필터 효과는 포토샵에 있는 필터의 기능과 같다.) 여기서 마스크 에디터 레이어가 가장 큰 효과를 가지고 있는데, 이 역시 클릭을 해서 열어보면 Generator 속성에 Mask Editor 옵션과 파라메터들을 가지고 있다.

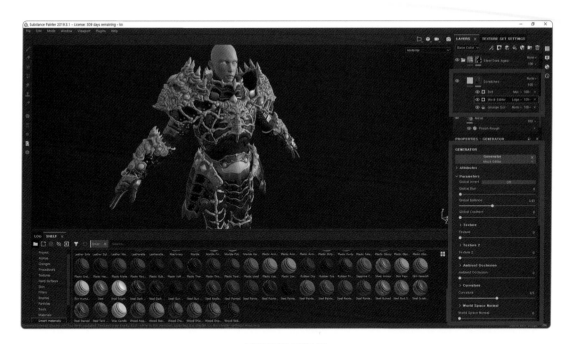

파라메터를 바꿔보자

COMMENT 파라메터들로 닳은 부분들의 범위나 밀도나 질감 등의 많은 변화를 만들어 줄 수 있다. 그리고 더 밑으로 내려가 보면 이 설정들이 베이킹했을 때 나온 맵들에 의해서 간섭과 영향을 주면서 텍스쳐가 제작된다는 것을 알 수 있다. 수치들을 조작해서 전체적으로 어둡게 만들어준다.

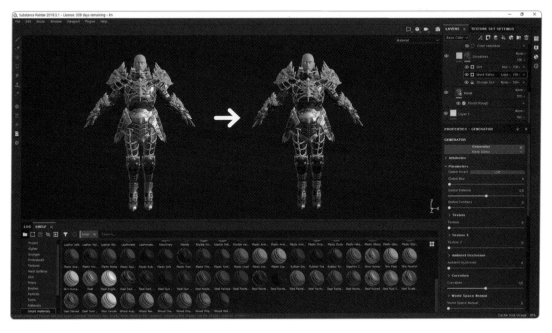

파라메터만으로도 색을 조절할 수 있다.

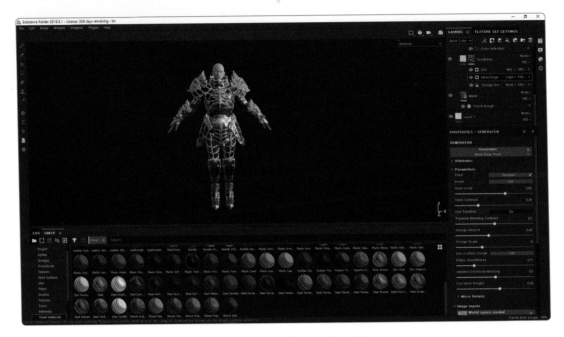

제네레이터를 다른 속성으로 변경시켜준다.

02 Scratches에 Levels 레이어를 추가해준다.

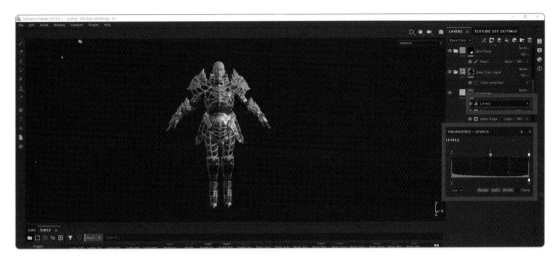

Level을 추가해준다.

COMMENT   레벨 값을 조절해서 닳은 부분의 경계가 조금 더 뚜렷해지도록 수정을 한다.

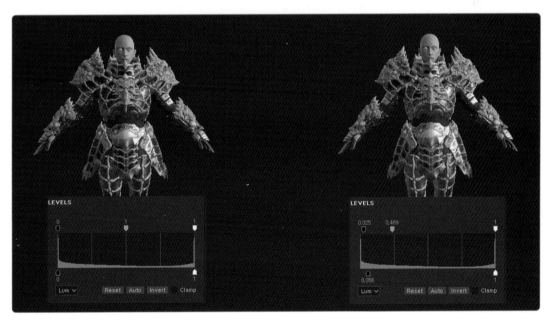

Level의 수치를 조절해 본다.

COMMENT   스마트 머터리얼에 레이어 2개만이 있다고 생각을 했는데 막상 확인을 해보니 2개의 레이어를 기본 베이스로 무수한 마스크와 필터와 파라메터, 마스크, 등등의 구조로 이루어져 있는 것을 확인을 했다. 짬짬이 시간이 날 때, 스마트 머터리얼을 한두 개씩 열어보고, 어떤 구조로 이루어져 있고, 파라메터와 어떤 맵들을 기반으로 구성이 되어 있는지를 공부를 해 두면, 훨씬 더 다양하고 디테일한 머터리얼을 만들 수 있다. 내가 원하는 효과가 어떤 것인지, 어떤 레이어와 필터를 적용시켜주면 어떠한 결과가 나오는지를 항상 공부하자.

03 레이어와 마스크 영역 이외에도 레이어 썸네일로 최종적인 색상 톤을 조절해본다.

COMMENT Scratches 레이어의 레이어 썸네일(왼쪽 썸네일)을 클릭해서 전체 닳은 부분의 색상을 조절한다. 레이어 썸네일에는 기본적으로 머터리얼과 브러쉬로 제어할 수 있는 부분들이 있다. 베이스 컬러를 어둡게 잡은 뒤 색감을 조금 줘서 전체적으로 어두운 톤을 깔아준다.

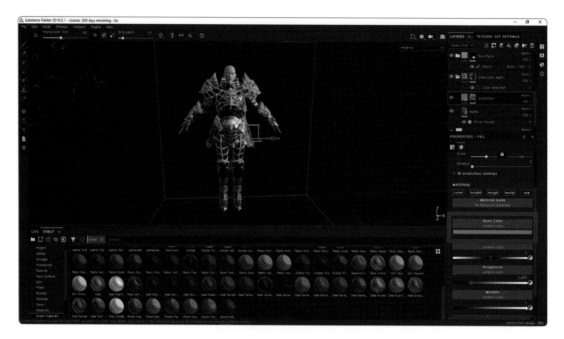

베이스 컬러를 어둡게 조절해본다.

COMMENT 개인적으로 서브스텐스 작업을 할 때 항상 레이어에 마스크를 추가하는 방식으로 작업을 많이 하는 편이다. 최종적으로 컨트롤을 한군데에서 더 해줄 수 있다는 점이다. 단순 브러쉬 작업을 할 때에는 일반 레이어를 사용하지만 재질 작업을 할 때에는 대부분 Fill Layer를 사용하는 이유이기도 하다. 작업 방식도 가장 어두운 계열의 재질을 밑에 깔아서, 그 위에 레이어들을 하나씩 올려가면서 밝은 부분이나 변화를 주는 방법을 많이 쓴다. 다른 스마트 머터리얼에 특징이 있는 레이어를 가져와서 특징만 추가해주는 경우도 있다.

04 다른 재질들도 이것저것 조절하면서, 기본 색상들의 배치도 이리저리 바꿔본다.

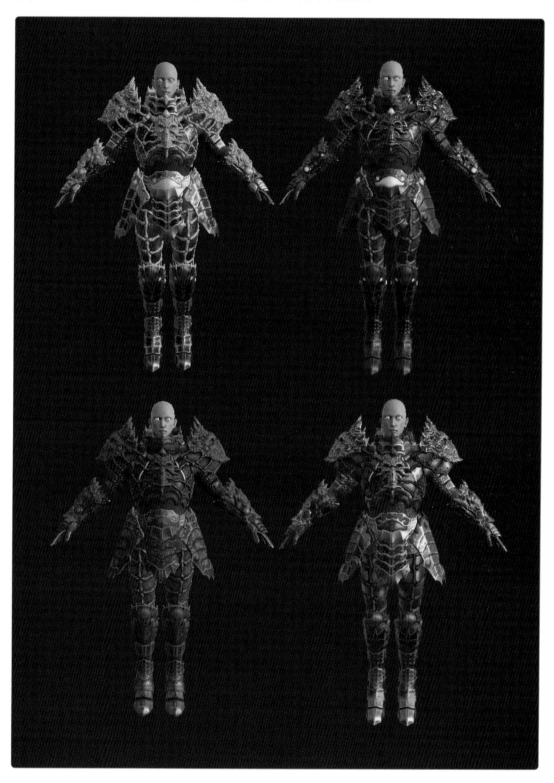

단 몇 분 만에 나온 기초 컨셉 맵들

<u>UNIT</u> **3 레이어의 구성**

일반적인 레이어의 구성을 알아보고 브러쉬에 대해서 공부를 한다. kn_black,spp 파일을 열어서 공부를 한다.

01 레이어의 가장 윗부분에 Add a Fill Layer를 실행시킨다.

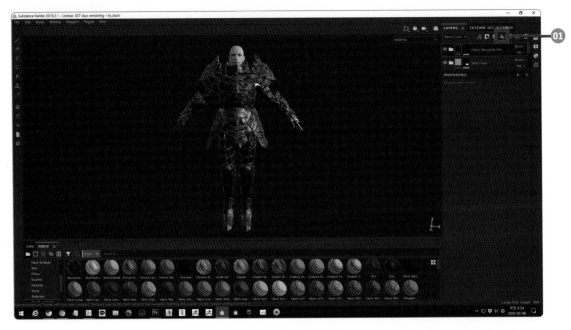

Add a Fill Layer를 실행시킨다.

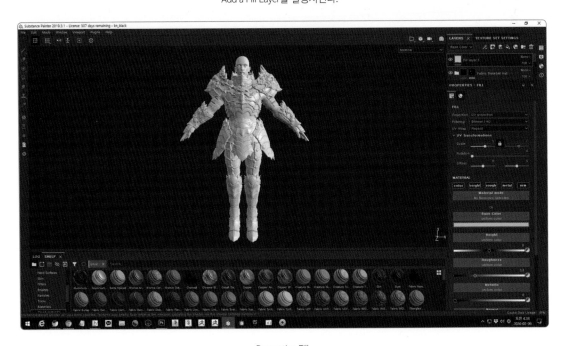

Properties-Fill

레이어 옵션을 보면 Fill과 Material로 텝이 구성되어 있지만 하나로 쭉 연결되어있고 빠르게 위치를 찾아주는 네비게이션 역할을 한다.(마우스 휠로 드래그를 하면 Fill 아래위로 움직이면서 같은 카테고리를 찾으러 갈 수 있고, Fill 과 Material의 경계나 칸이 있지는 않다.)

Material 의 옵션들은 다음과 같다.

- Color : Base Color칸에 컬러를 넣을 수 있다. 컬러를 바꾸면 전체 컬러가 바뀌게 된다.

- Height : 높이 값을 줄 수 있다. 어느 정도 튀어 올라 보일 뿐이지 실제 모델링이 튀어나오지는 않지만 효과가 꽤 좋다.

- Rough : 거칠기라는 뜻으로 수치 값의 조절로 빛을 반사를 시켜준다. 표면이 전체적으로 매끄러울수록 빛을 잘 반사하고, 표면이 거칠수록 빛을 반사하지 못한다고 생각하면 조금 쉬울 것이다.

- Metal : 금속의 뜻으로 빛의 강도로 생각하면 된다. Rough 와 Metal은 2개가 동시에 들어가면 쇠 질감의 강함과 범위를 표현할 수 있고, Rough만을 사용하면 가죽이나, 면의 광택을 표현 할 수 있다.

- Nrm : 노말 값을 만들어준다.

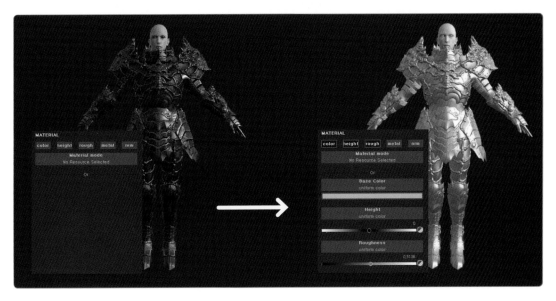

Material의 속성들을 공부한다.

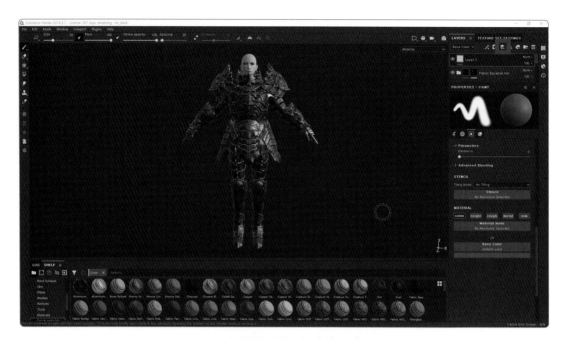

Add a Layer를 클릭해서 레이어를 생성해준다.

이전과는 다르게 그냥 레이어만 추가되었고 레이어 속성은 그대로 5개가 있는 상태이다. 브러쉬와 알파, 스텐실, 머터리얼의 패널들이 생성되어 있는 것을 볼 수 있다.

- 브러쉬(Brush) : 포토샵 브러쉬와 똑같은 기능들을 가지고 있는 브러쉬 옵션들이 있다. Add a Layer로 레이어를 생성하면 브러쉬 모드가 있어서 바로 모델링에 그림을 그릴 수 있다.

- 알파(Alpha) : 브러쉬의 속성을 제어하는 알파맵 관련 옵션들이 있다.

- 스텐실(Stencil) : 지브러쉬에도 있는 기능으로 스텐실로 실제 옷을 만들 듯이 알파나 맵소스를 이용해서 재질을 만들어 주거나 문양 등을 만들 때 사용한다.

- 머터리얼(Material) : color, height, rough, metal, nrm 속성이 있다. Add a Layer와 Add a Fill Layer는 적잖은 차이가 있다. Add a Layer는 빈 레이어 기반으로 브러쉬 모드로 작업을 할 수 있고, 마스크를 추가 할 수 있다. (레이어에 마스크를 추가해서 작업이 가능하다.) Add a Fill Layer는 화이트 레이어를 적용시켜서, 모든 속성들이 일괄적으로 적용되는 상태에서 시작한다. (레이어에 페인트 모드를 추가해서 작업할 수 있다.)

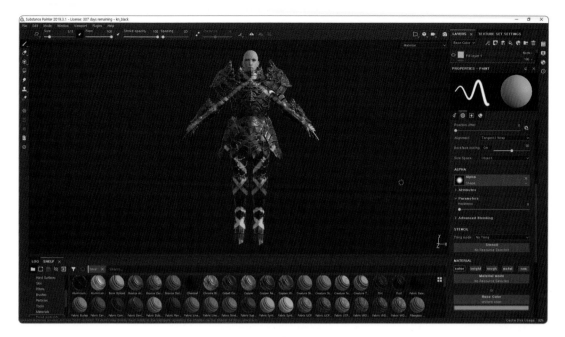

Black Mask를 추가한다.

COMMENT　블랙 마스크를 추가하면 모든 현제 레이어 썸네일에 작업이 되어있던 모든 것들이 나오지 않게 된다(마스크가 검은색이면 반응을 하지 않기 때문이다). 하지만 블랙 마스크를 추가한 마스크 썸네일에 오른 클릭을 한 다음 페인트 모드를 추가를 해 주고 페인트 모드에서 브러쉬로 그려주면, 그 영역 안에는 레이어에서 작업해 주었던 선들이 나오게 된다. 페인트 모드에 브러쉬 옵션을 보면 브러쉬 색깔이 하얀색으로 등록이 되어 있다. 그러므로 검은색으로 마스크를 전부 씌운 상태에서 하얀색 브러쉬로 칠을 하게 된다는 뜻이다. 그래서 하얀색으로 칠한, 레이어 썸네일에서 작업해주었던 부분의 선들이 나오게 된다.

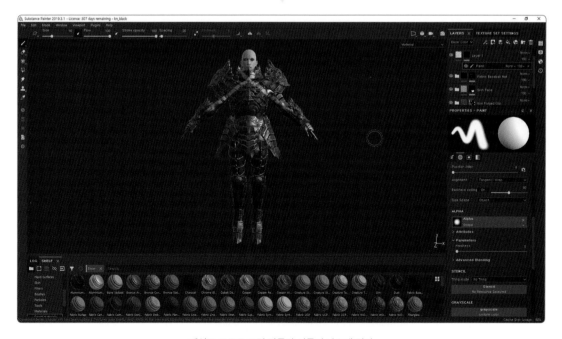

페인트 모드로 그린 만큼만 선들이 나오게 된다.

마스크의 브러쉬 모드를 보면 브러쉬 옵션의 가장 아래에 Grayscale 옵션이 있다. 흰색이 설정되어있으면 Black Mask에 흰색으로 그려주는 것이므로 흰색이 그려진 만큼 왼쪽에 있는 레이어에서 작업을 해주었던 부분들이 나오게 되는 것이다. 반대로 그레이 스케일에서 검은색으로 그려주면 검은색이 칠해지므로 지우개 같은 효과를 주게 된다.

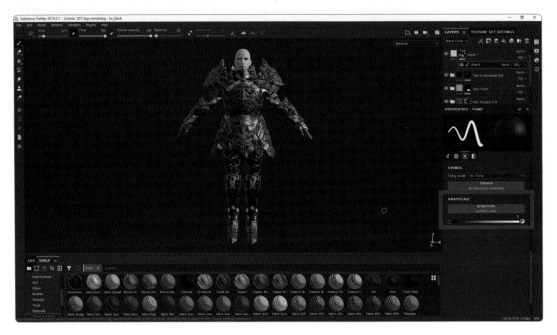

그레이스케일을 이용해서 지우거나 칠할 수 있다.

Add a Fill Layer 방식은 레이어 썸네일에서 전체적으로 재질이나 색감들을 입히고 난 다음 마스크를 이용해서 작업을 진행할 수 있다. 주로 필터나 기타 효과 작업을 할 때 일괄적으로 전체에 적용시켜줄 수 있고 마지막에 전체 강도나 하이트 (height)값 등을 일괄적으로 적용시켜줄 수 있다. Add a Fill Layer를 추가시켜준 다음, 마우스 오른쪽 클릭으로 애드 제네레이터(Add generator)를 클릭한다.

Generator를 적용시킨다.

COMMENT Generator를 클릭하면 다음과 같은 옵션들이 뜨는데, Fiber Glass Edge Wear를 적용시켜준다.

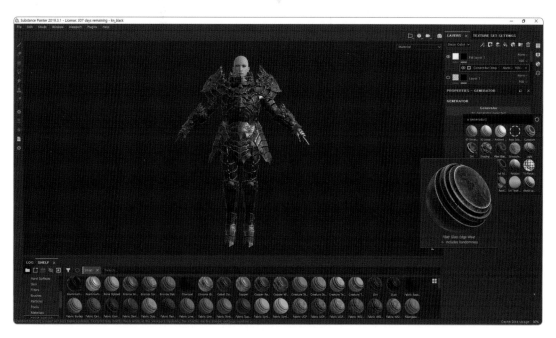

Fiber Glass Edge Wear를 적용시켜준다.

COMMENT 다른 옵션들은 한 번씩 건드려 보고, 밑에 적용되어 있는 맵들이 이 효과의 기준이 되는 맵들인 것 정도만 인지를 하고 다음으로 넘어간다.

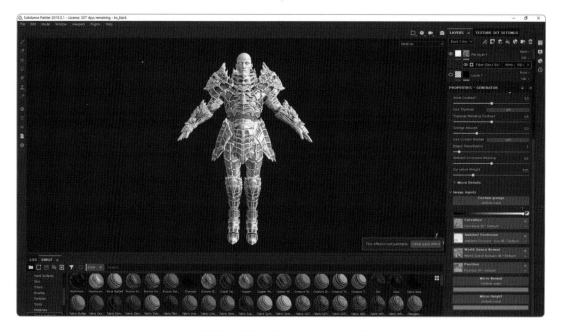

베이킹했던 맵들을 기반으로 효과가 적용되었다.

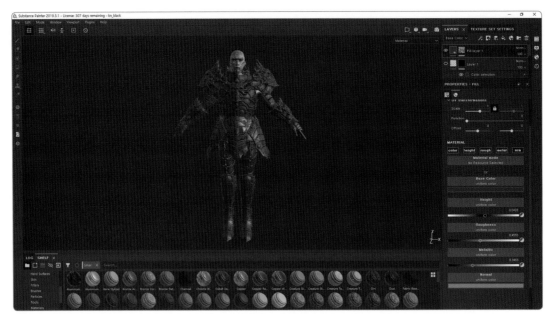

전체 색상을 세팅한다.

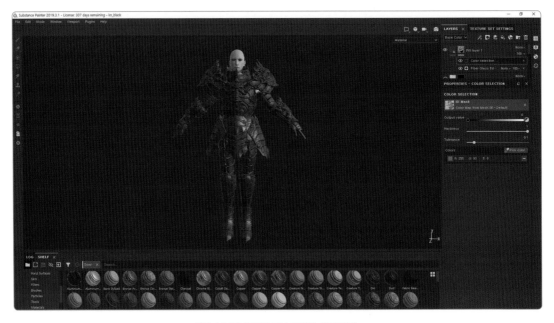

얼굴 부분만 효과를 마스킹해준 샘이 된다.

이처럼 전체적인 구성은 마스크와 브러쉬, 필터, 레이어 등으로 구성이 되어있는 프로그램이다. 이 옵션들을 얼마나 잘 활용하는지에 따라 빠르고 사실적인 텍스쳐를 많이 얻을 수 있다. 점점 기술 보다는 만드는 사람의 눈이 높아져야하는 시대가 오고 있다는 것이므로, 평소에도 좋은 작업물을 많이 보면서 눈을 높이는 훈련을 하고, 틈틈이 머터리얼과 필터들을 열어서 어떤 원리로 제작이 되었는지를 분석해야한다.

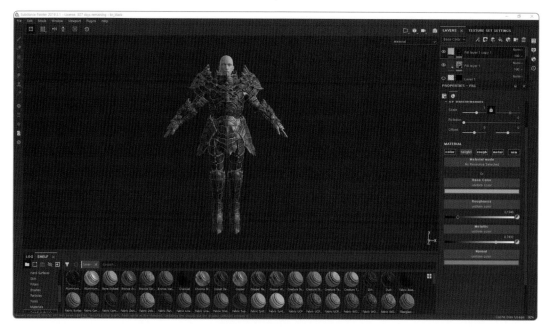

컬러와 Generator를 수정한다.

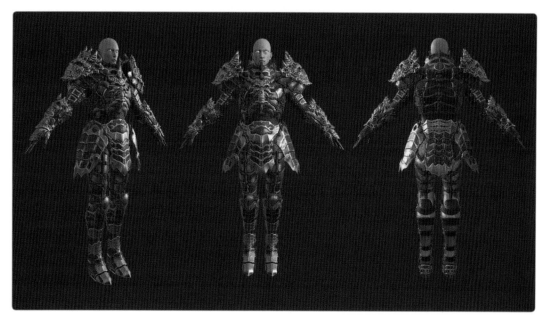

아이언맨 칼라가 생각이 나서 컨셉을 잡아봤다.

Zbrush의 기능인 FiberMesh 기능을 이용해서 눈썹 알파맵(AlphaMap)을 만든다.

01 Zbrush에서 플랜 하나를 만들고 디바이드를 적용시켜서 면의 밀도를 조금 있는 정도로(필자는 디바이드 4단계를 적용시켰다) 만들어준 다음 마스크로 눈썹 모양을 그려준다. 이때 중요한 것은 아래 방향으로 그려줘야 한다.

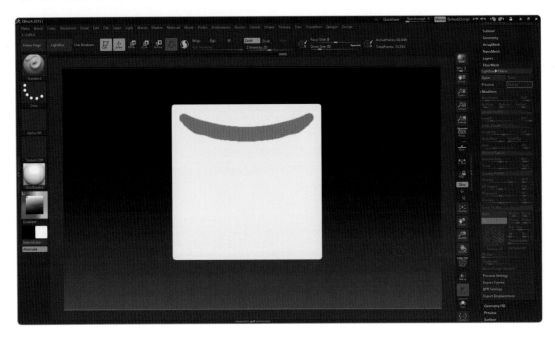

눈썹 모양으로 마스킹을 한다.

02 FiberMesh 옵션에 Open을 누르면 다음과 같이 Fiber 샘플들이 나오는데, Fibers162.zfp를 선택한다. 기본 형태들의 샘플이므로 최대한 자신이 원하는 결과물과 비슷한 샘플을 선택하는 것이 좋다.

FiberMesh를 적용시킨다.

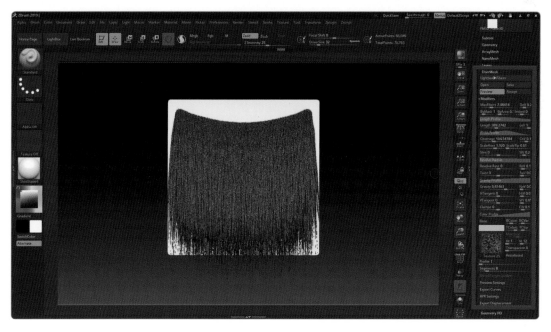

Modifiers 옵션들을 세팅한다.

03 수치를 세팅해서 눈썹 모양으로 만들어준 다음 Accept를 눌러서 적용시킨다.

수치를 적용하는 왼쪽과 바리에이션을 적용하는 DeV, Lev, Cov 등의 오른쪽 바가 있는데, 오른쪽은 왼쪽의 수치 데이터에 얼마나 랜덤(Random)한 적용을 해주는가에 대한 부분이다. 예를 들면 똑같은 길이(Length)들의 눈썹을 뿌려주면 자연스럽지가 않다. 이때에 Length 오른쪽에 있는 LeV 바의 수치를 조절해주면 길이들이 조금씩 다르게 변형이 된다.(중요 체크!)대부분 자연스러운 오브젝트를 만들 때에는 바리에이션 수치를 조절해야 한다.

- MaxFibers : 뿌려지는 Fiber 양을 설정한다.

- Length : FIber의 길이를 설정한다.

- Coverage : 전체 범위를 설정한다.

- ScaleRoot : 뿌리 부분의 스케일을 설정한다.

- Slim : 두께를 설정한다.

- Twist : Fiber의 꼬임(회전)을 설정한다.

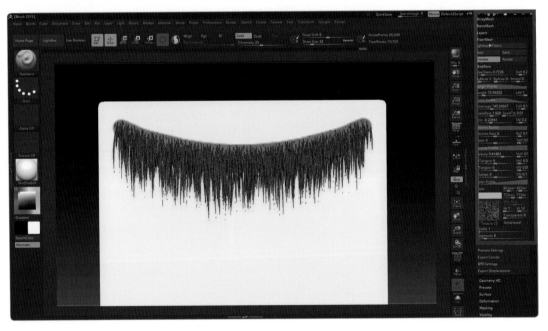

눈썹모양으로 세팅을 한다.

Accept를 적용시켜주면 새로운 서브툴에 Fiber가 생성된다

04 이제 Fiber는 폴리곤으로 취급을 받게 되므로 GroomHair Toss 브러쉬와 무브(Move)브러쉬로 눈썹을 정리해준다 GroomHair Toss 브러쉬는 빗질을 하는 효과가 있다. 여러 가닥들로 방향을 잡아준 다음 무브 브러쉬로 디테일을 잡는다. 스무스(Shift + 클릭)를 적용시키면 전체 면들의 길이를 줄여줄 수 있고, Move 브러쉬로 길이를 늘여줄 수 있다.그룹 기능으로 그룹을 나눠서 길이에 맞게 잘라낼 수도 있다. (Groom으로 시작되는 브러쉬들은 전부 파이버(Fiber)브러쉬를 쓸 때 유용한 브러쉬들이다).

COMMENT   GroomHair Toss 브러쉬는 빗질을 하는 효과가 있다. 여러 가닥들로 방향을 잡아준 다음 무브 브러쉬로 디테일을 잡는다. 스무스(Shift + 클릭)를 적용시키면 전체 면들의 길이를 줄여줄 수 있고, Move 브러쉬로 길이를 늘여줄 수 있다.그룹 기능으로 그룹을 나눠서 길이에 맞게 잘라낼 수도 있다.

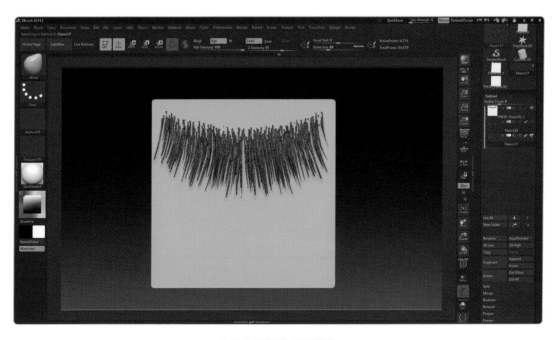

눈썹의 디테일을 모델링한다.

05 Alpha를 클릭해서 GrabDoc을 누르면 해당 눈썹 모델링을 알파 맵으로 변환시켜준다.

06 알파맵을 선택한 다음 Export해주면 눈썹 알파 맵을 만들 수 있다.

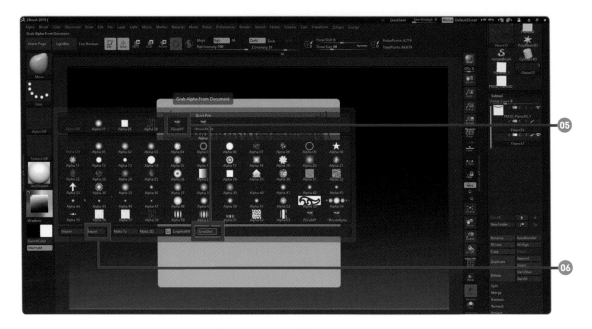

GrabDoc를 눌러서 알파로 변환한 뒤에 Export시킨다.

COMMENT   필자의 경우에는 속눈썹 모델링을 한 다음 UV를 거기에 맞도록 세팅을 했기 때문에 위와 같은 둥근 모양으로 속눈썹을 만들게 되었지만, 일자로 만들고 속눈썹의 UV를 플랜 형태로 만들면 조금 더 만들기가 용이할 것이다.

UNIT 5 얼굴 디퓨즈 맵(Diffuse Map) 만들기 - Polypaint

디퓨즈(Diffuse), 베이스(Base)의 이름으로 툴들마다 다른 단어를 쓰고 있다. 토폴로지로 맵을 펼친 로우 폴리곤과 폴리페인트로 맵을 그려줄 하이 폴리곤 두 개의 서브툴을 이용한다.

전체적으로는 하이폴리곤 서브툴에 폴리페인트로 맵을 그려준 뒤에 로우폴리곤으로 하이폴리곤의 폴리페인팅을 옮겨와서 맵을 추출하는 과정이다. 폴리페인트의 레이어 기능도 함께 공부를 한다. Polypainter.ztl 파일을 열어서 작업을 한다.

01 hight 서브툴에 SkinShade4 머터리얼을 적용시킨 다음 피부색을 넣어준다.

- **high 서브툴을 선택한다.**
- **SkinSHade4로 머터리얼을 변경한 다음, 상단에 Mrgb를 체크한 뒤에 칼라 옵션에서 피부색을 선택한다.**
- **FillObject를 클릭해서 피부 베이스색을 깔아준다.**

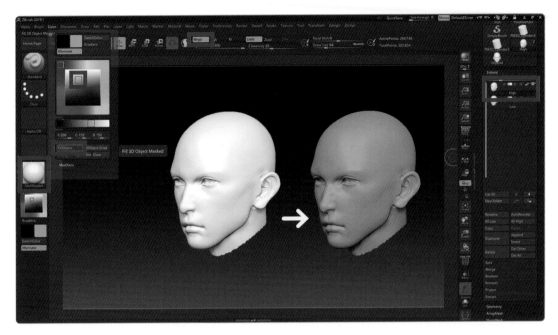

베이스 컬러를 넣어준다.

02 브러쉬를 Clay로 바꾸고, Rgb를 활성화시킨 다음 Zadd를 꺼준다. Rgb 모드로 색만 칠해지고, Zadd가 꺼져있으므로 모델링이 되지 않는다.

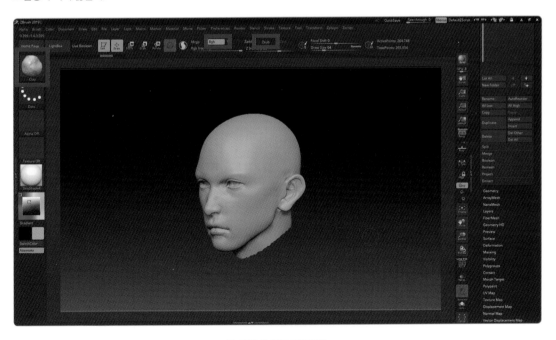

Zadd를 꼭 끄고 작업한다.

03 Tool 옵션의 Layers를 열어서 New를 두 번 눌러 레이어(Layer)를 2개 추가한다. 일반적인 레이어와 다르게 지브러쉬의 레이어는 밑에 있는 레이어가 위쪽의 레이어보다 상위로 인식이 된다(포토샵, 서브스텐스 페인터의 레이어와 반대로 생각하면 된다).

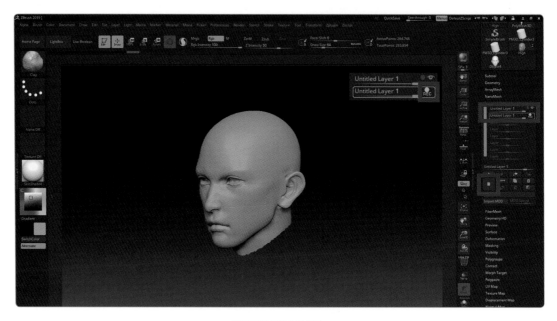

레이어를 2개 추가한다.

COMMENT   레이어들을 자세히 보면 선택된 레이어에 테두리가 생기는 것을 확인할 수 있다. 하지만 직접 작업을 하기 위해서는 눈모양 아이콘 옆에 있는 점을 클릭해서 REC 모드가 활성화가 되어있어야만 작업이 가능해진다.

04 전체적인 피부 톤은 아래의 이미지와 같다.

COMMENT   Rgb Intensity 값을 낮춰서 덧칠을 하는 방식으로 작업을 한다(3 정도로 아주 낮게 세팅을 한다). 기본적으로 빛을 많이 받는 부분과 적게 받는 부분, 핏줄의 색깔 등을 고려해봤을 때, 전체적으로 아래와 같은 톤을 띠게 된다. 크게 흐름을 잡고 레이어의 수치를 낮춰 전체 톤을 잡아주는 방식이다(아래 이미지의 톤을 위주로 폴리페인트를 다시 그려 줄 것이다. 아래의 이미지는 그냥 참고용이다).

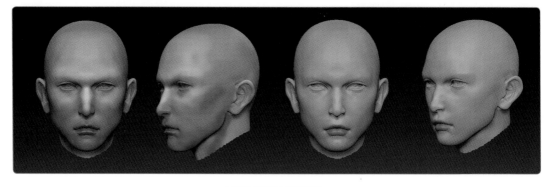

피부톤의 기본 배색이다.

05 핏줄처럼 보이게 브러쉬를 세팅한 다음 아래의 이미지처럼 전체적인 톤을 그려준다.

COMMENT skin_d1 레이어에 핏줄을 그려준다. 드래그로 그리기 보다는 가볍게 찍어주듯이 그려준다. 사이즈도 조금씩 크고 작게 만들어가면서 찍어준다.

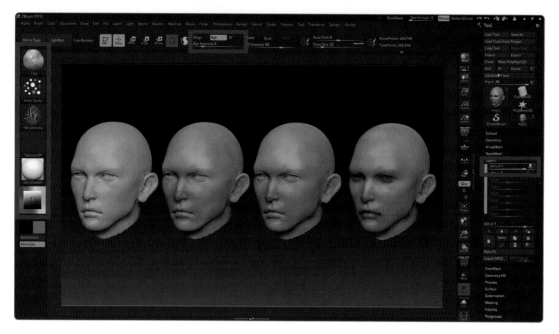

피부톤을 깔아준다.

COMMENT 스무스를 써서 연결 부분에 텍스쳐를 조금 뭉개줘서 조금 더 자연스럽게 만들어 줄 수 있다. 하지만 너무 스무스 브러쉬를 많이 쓰면 전체적으로 다 뭉개져 버리기 때문에 오히려 디테일이 떨어져 보이는 경우가 있으므로 색깔들의 연결 부분만 자연스럽게 뭉개지도록 한다. 스무스 브러쉬를 쓸때에는 쉬프트(Shift)키가 눌린 상태에서 브러쉬를 칠하게 되는데, 이 쉬프트키를 눌렀을 때 상단에 Zadd를 보면 활성화가 되어있으므로, 모델링에도 스무스를 먹이게 되어서 작업한 부분들이 부드럽게 뭉개져버린다. 이때에는 꼭 쉬프트를 누른 채로 Zadd를 끄고 작업을 한다.

06 위쪽에 전체 피부톤으로 적절하게 색을 입힌 다음 브러쉬 세팅을 바꾸어서 다시 한 겹을 그려준다.

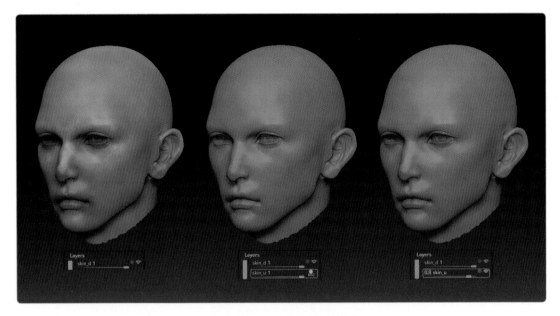

톤을 올려준 다음 수치를 조금 내려준다.

COMMENT   아래에 톤을 깔아놓고 위쪽에 피부 톤을 한 겹 더 더해준 다음 아래쪽(아래쪽 레이어가 우선으로 보이게 된다)
레이어의 수치를 낮춰서 다른 레이어와 색이 자연스럽게 섞이도록 해준다.

07 브러쉬를 둥근 땡땡이 모양으로 바꾼 다음 한 겹을 더 입혀 주고, 다시 한 번 피부 톤을 깔아준다.

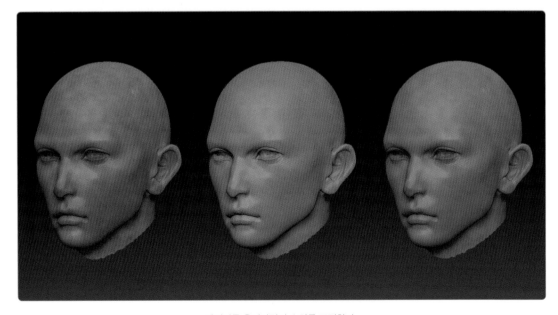

레이어를 올려가면서 수치를 조정한다.

레이어를 계속 쌓아가면서 조금씩 퀄리티를 올려나가는 방법으로 매핑을 마무리한다. 아주 디테일한 부분은 포토샵에서 수정을 해줘도 되고, 서브스텐스에서도 위와 같은 방법으로 피부 톤을 잡아줄 수가 있다. 조금 더 사실적인 텍스쳐가 필요할 때는 사진 맵을 합성하기도 한다.

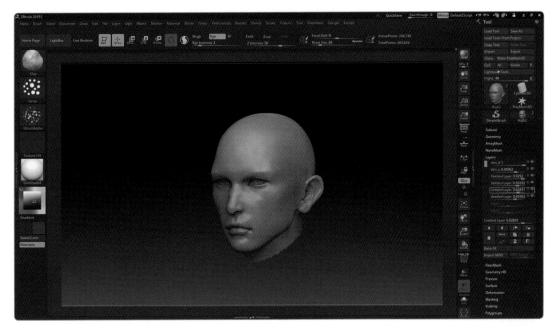

피부 텍스쳐를 완성했다.

08 Low 서브툴을 선택한 다음 디바이드를 4단계 올려서 프로젝트 작업해준다. Low 서브툴을 High 서브툴 위쪽으로 올린 다음 프로젝트 작업을 진행한다.

COMMENT　　　붓 모양의 아이콘이 켜져 있으면 바로 프로젝트 작업과 함께 High에 적용시켰던 폴리페인팅 값이 그대로 복사가 된다. 붓 모양의 아이콘이 꺼져있는 경우에 프로젝트 작업을 진행시키면 Polypainting값을 가져올 것인지 물어보는데, 이럴 때는 Yes 를 눌러주면 된다.

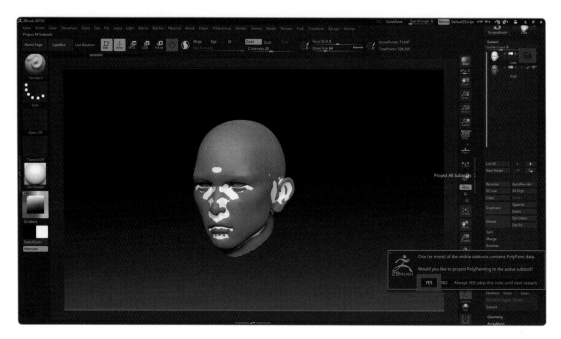

프로젝트 작업을 진행시켜준다.

COMMENT　　　프로젝트 수치를 입력해가면서 딱 들어맞게 진행을 해준다. 디바이드의 면이 작으면 폴리페인팅 퀄리티가 떨어지게 되니 디바이드를 충분히 올려준다.

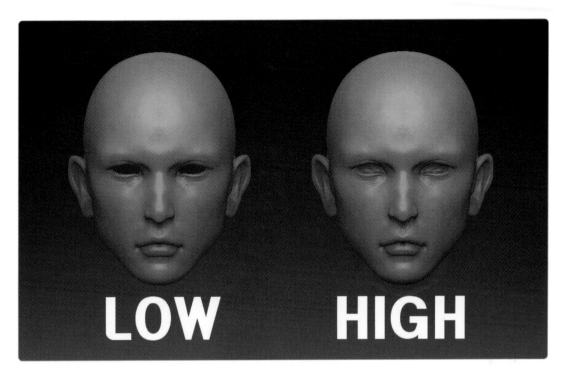

왼쪽이 Low, 오른쪽이 High이다.

09 Low 서브툴을 선택한 다음, Texture Map 옵션의 Create 옵션에 New From Polypaint를 눌러서 텍스쳐를 생성한다.

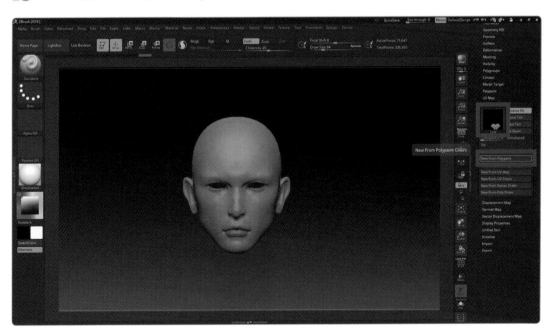

텍스쳐를 생성한다.

10 택스쳐를 익스포트(Export)해준다.

텍스쳐를 익스포트(Export)시킨다.

COMMENT　왼쪽에 Clone Txtr을 눌러서 텍스쳐를 왼쪽으로 옮긴 다음(실제로는 등록 개념이다.) 텍스쳐를 Export해준다.

UNIT 6 디퓨즈 맵 적용

맵을 추출하고 다른 맵이나 머터리얼 등을 등록하는 방법을 공부한다. kn_diff.spp 파일을 불러와서 공부한다.

01 현재 작업되어있는 맵을 익스포트한다. config옵션에 PBR MetalRough(From cache)세팅으로 Export를 한다.

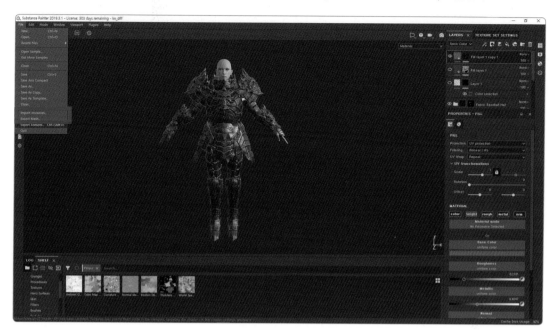

맵(Texture)을 Export시킨다.

Export 옵션을 확인한다.

- **Config** : 익스포트되는 세팅을 불러오는 기능을 한다(이번 익스포트 옵션은 PBR MetalRough이다). 각 엔진에 맞도록 기본적인 익스포트 옵션을 제공하고, 따로 맵을 설정해줄 수 있다. Cofiguration에 보면 자세한 익스포트 설정값들이 세팅되어있는 것을 확인할 수 있다

프리셋(Presets)을 활용하자.

COMMENT 엔진 별로 추출을 할 수 있도록 프리셋(Presets)값이 세팅이 되어있고, 즉석에서 몇몇 맵들을 추가해서 커스텀 (Custom)세팅을 익스포트할 수 있다. config 옵션에 PBR MetalRough(From cache)세팅으로 Export를 한다(디퓨즈 맵만 확인할 수 있으면 된다).

02 Export를 클릭해주면 맵 파일들을 추출하고 난 다음 Open folder를 클릭하면 맵을 추출한 폴더가 자동으로 열리게 된다.

텍스쳐(맵소스)를 추출한다.

03 기존의 디퓨즈맵에 지브러쉬에서 추출한 텍스쳐를 합성해준다. 파일을 Face.png로 세이브를 한다.

- 디퓨즈맵을 기반으로 레이어를 추가해서 눈을 그려주고, 얼굴 텍스쳐와 눈썹 텍스쳐를 합성해준다.
- 디퓨즈맵은 그대로 두고 편집한 얼굴과 눈썹, 눈알의 텍스쳐만 레이어로 합쳐준 다음 png 파일로 저장한다.

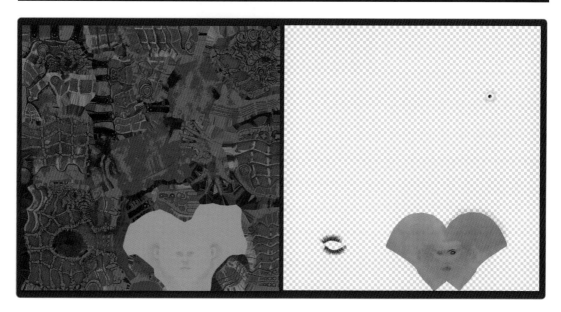

텍스쳐(맵소스)를 추출한다.

04 눈썹 알파 텍스쳐를 만들어준다. eyebrows_alpha.png로 저장한다.

- 눈썹 텍스쳐만 남기고 다 지운다.
- Ctrl + I 키로 색 반전을 시켜준다.(눈썹부분만 흰색이 된다.)
- 아래에 레이어를 하나 만든 다음 검은색으로 만들어준다.
- 아래에 레이어를 추가를 해준 다음 흰색으로 채워준다.
- 3개의 레이어를 하나로 합친 다음 eyebrows_alpha.png로 저장한다.

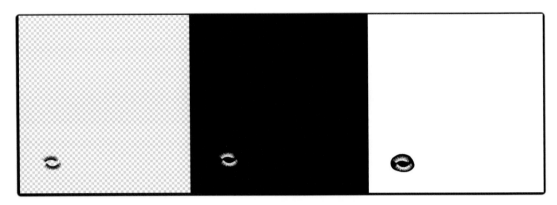

알파 텍스쳐를 제작한다.

05 새로 제작한 텍스쳐 2장을 등록한다.

- 텍스쳐를 드래그해서 서브스텐스 툴로 드래그해주면 자동으로 등록 옵션이 뜨게 된다.

- 일반 텍스쳐와 알파 텍스쳐의 등록 옵션이 다르므로 아래의 그림과 설명을 보면서 등록시켜준다.

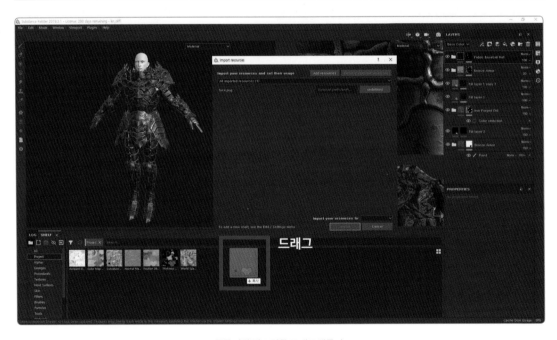

등록시킬 텍스쳐를 드래그해준다.

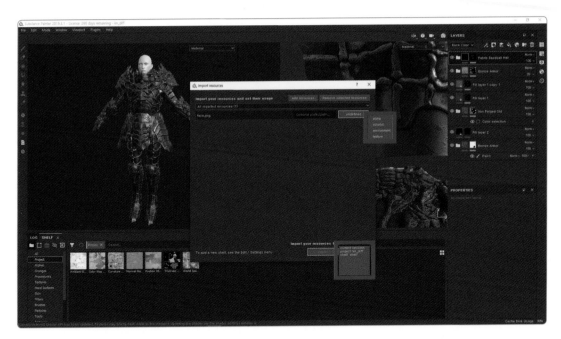

텍스쳐의 유형에 따라 세팅을 해준다.

undefined 옵션 :

- alpha : 알파 텍스쳐로 등록을 해준다.

- texture : 일반 비트맵 텍스쳐로 등록을 해준다.

Import your resources to 옵션 :

- current session : 이번 서브스텐스 실행 동안만 등록을 한다.

- project 'kn_diff' : kn_diff.spp(로딩한 파일 이름이다) 파일 안에 등록한 텍스쳐를 포함시켜준다.

- shelf 'shelf' : 서브스텐스 라이브러리(shelf)에 등록을 시켜준다.

06 서브스텐스 레이어의 제일 위쪽에 스마트 머터리얼인 Skin Face 머터리얼을 적용시킨다(혹시 머터리얼이 없다면 서브스텐스 홈페이지에 가면 무료로 받을 수 있다).

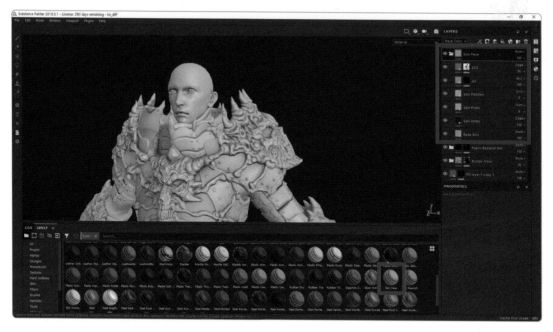

Skin Face 머터리얼을 적용시켜준다.

COMMENT   Skin Face 머터리얼을 폴더에 제일 아래에 있는 Base Skin 레이어에 Base color 부분에 face 맵을 드래그해서 넣어준다. face 맵을 검색하려면 SHELF 옵션에 Textures를 클릭하면 등록하거나 베이킹했던 텍스쳐들만 보이게 된다. (Alpha는 알파 카테고리가 따로 있다.)다른 방법으로는 Base Color를 클릭해서 직접 검색을 해주는 방법이 있다. SHELF 옵션에 All을 클릭한 뒤에 상단 검색에서 직접 단어를 검색해 보면 필터링도 가능하다.

베이스컬러에 face 맵을 등록시킨다.

SHELF에서 Textures를 선택한 다음 face맵을 선택하는 방법

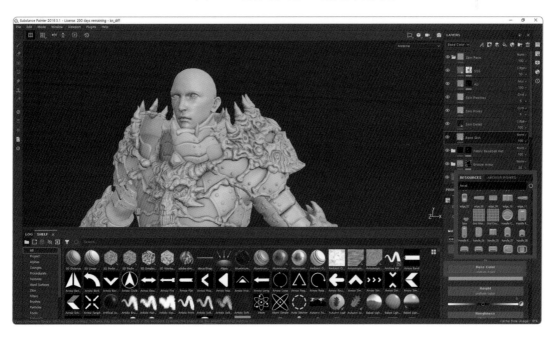

Base Color를 클릭해서 검색하는 방법

All 상태에서 검색하는 방법

07 Skin Face 머터리얼을 폴더에 SSS 레이어의 컬러와 옵션 값을 세팅해준다. 전체적으로 톤을 덮어주는 부분이기 때문에 조금 창백하게 만들려고 한다면 파란색 계열로 바꿔주면 되는데, 색의 명도와 채도가 강하면 강할수록 전체적으로 색을 덮어주기 때문에 꼭 한 번씩 색을 극단적으로 움직여 보면서 감을 익힌다.

SSS 레이어의 세팅을 바꾼다.

08 Skin Face 머터리얼을 폴더 제일 윗부분 마스크를 등록하는 부분에 마우스 오른쪽 클릭을 한 뒤에 Add Mask With Color Selection을 선택한 다음 Pick color로 얼굴만 선택해준다.

color Selection으로 얼굴만 흰색 마스크를 잡아준다.

09 Add a Fill Layer로 레이어를 등록한 다음 Face 맵을 한 번 더 넣어준 다음 눈알만 셀렉트해서 눈알 맵을 적용시켜준다. 조금이라도 다른 재질과 광택 등을 주려면 재질별로 따로 적용시켜주는 편이 좋다.

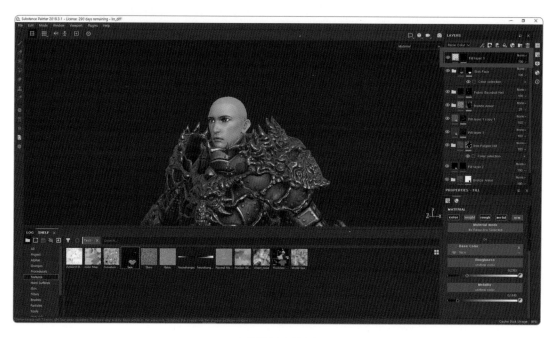

눈알 맵도 넣어 준다.

UNIT 7 알파를 이용한 투명 재질 (Opacity) 제작

알파 텍스쳐를 이용해 투명도(Opacity)를 적용시켜서 눈썹 맵을 완성한다.

알파를 이용하기 위해서는 알파맵이 적용될 수 있도록 쉐이더를 등록한 다음 머터리얼 속성에 Opacity를 추가한다. 그리고 알파맵을 적용시키는 방식을 공부한다.

01 SHADER SETTINGS를 클릭한 다음 Main Shader를 pbr-metal-with-alpha-blending으로 설정해준다.

SHADER SETTINGS을 변경한다.

쉐이더를 변경한다.

02 TEXTURE SET SETTINGS를 클릭한 뒤에 Channels에 '+'를 클릭해서 Opacity를 추가한다.

TEXTURE SET SETTINGS을 클릭한다.

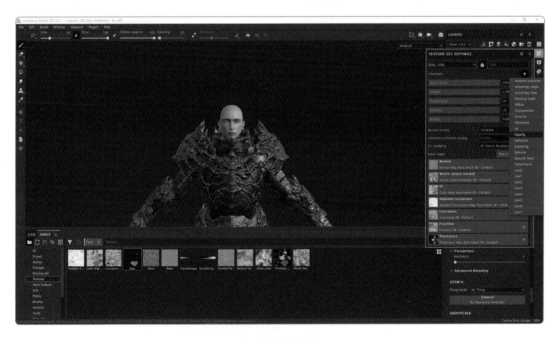

Opacity를 추가한다.

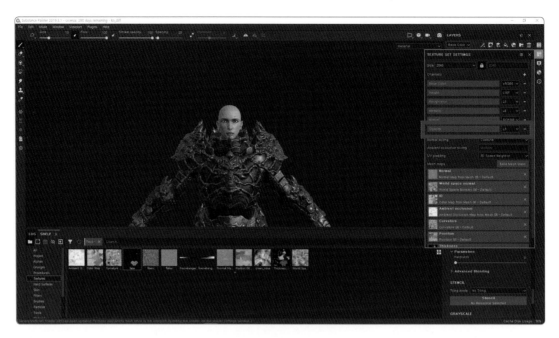

Opacity가 추가되었다.

COMMENT 잘못된 맵이나 빼버릴 맵이 있다면 맵 옆에 '-' 버튼을 누르면 삭제가 된다.

03 Add a Fill Layer를 클릭해서 레이어를 하나 추가한 다음 Face맵을 등록한다. MATERIAL 옵션에 보면 op가 추가가 되어있다. 설정을 Color와 op만 남겨두고 다른 것들은 비 활성화시켜준다.

필 레이어로 추가를 한다.

04 color에는 Face 맵을 등록시켜주고, Opacity에는 eyebrows_alpha 맵을 등록시켜준다.

눈썹에 투명값이 적용되었다.

05 눈썹과 얼굴 맵 소스가 같이 들어있기 때문에 아래에 작업을 해놓았던 Skin Face 머터리얼이 보이지 않게 되었다. 이때에는 Skin Face 머터리얼을 눈썹 레이어 위쪽으로 가져오면 가장 빠른 방법으로 수정이 가능하지만 다른 방법으로도 생각을 해볼 수가 있는데, 눈썹을 적용한 레이어에 Color Selection에서 눈썹의 ID 컬러만 선택해서 다른 부분을 마스킹해준 다음 눈썹의 맵만 보이게 하는 방법도 있으므로 이 방법을 사용해본다.

COMMENT Color Selection으로 ID Mask작업을 하다보면 경계면의 위치가 맞지 않는 경우가 있다. 이러할 때는 Hardness와 Tolerance 값을 적절하게 수정하면 원만큼 해결이 가능하다.

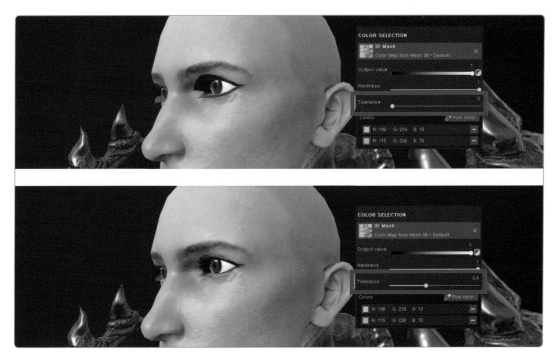

Tolerance 값을 수정하였다.

UNIT 8 에미시브(Emissive)맵 적용하기

형광같이 빛이 나는 맵(Emissive)을 넣을 수가 있는데, TEXTURE SET SETTINGS에서 Emissive 맵을 추가를 해준 다음 해당부분의 아이디를 설정해서 빛이 나게끔 만들어주는 작업을 목표로 한다.

Id가 설정이 되지 않은 경우에는 마스크를 그려서 등록시키는 방법도 있으므로 몇몇 부분에 마스크를 이용해서 맵을 추가해주는 방법도 공부를 한다(기본적으로 편집기반의 프로그램이지만, 개인적으로 맵을 그리듯이 작업해주는 방법도 많이 사용하곤 한다).

01 TEXTURE SET SETTINGS에서 Emissive를 추가시켜준다.

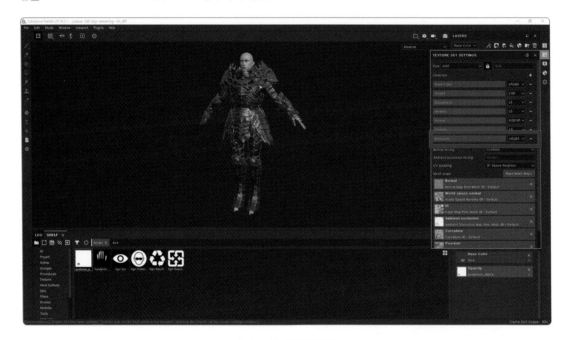

Emissive를 추가시켜준다

02 Add a Fill Layer를 클릭해서 레이어를 하나 추가하고 머터리얼 옵션에서 color와 Emissive만을 활성화시켜준 다음, Add Mask With Color Selection옵션의 Pick color로 빛날 부분만 선택해준다.

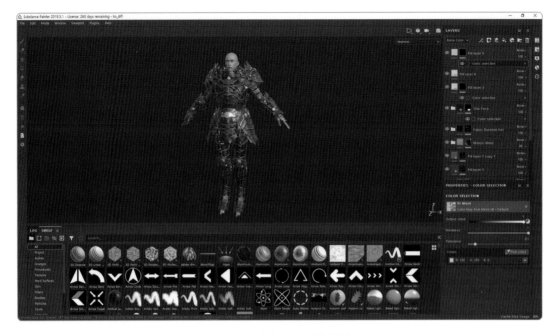

Pick color로 빛날 부분만 선택해준다.

03 Base Color와 Emissive Color를 설정해준다.

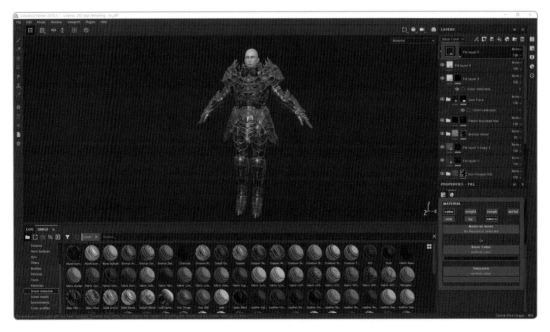

색상을 설정한다.

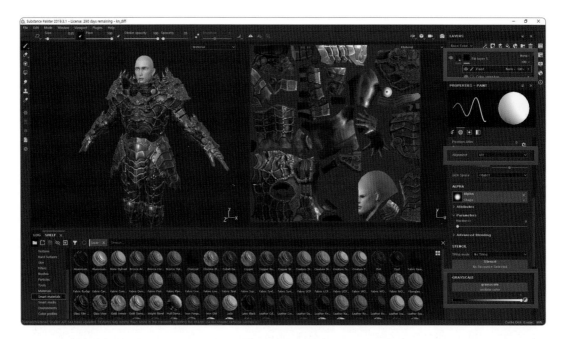

직접 영역을 그려준다.

COMMENT 레이어 썸네일(왼쪽)과 마스크 썸네일(오른쪽)의 구별을 명확하게 이해하도록 공부한다. 오른쪽 마스크 썸네일 부분에 오른쪽 클릭을 한 다음 Add Paint를 등록시켜준다. 그리고 삭제할 부분이 있는 곳은 검은색 브러쉬로 그려주고, 추가를 해줄 부분은 흰색으로 색을 칠해주면 된다. 이때에는 브러쉬 설정에서 Alignment 값을 UV로 바꾼 다음 작업을 해준다. 폴리곤 단위로 선택할 수 있을 때에는 Polygon Fill기능을 쓰기도 한다.

04 SHADER SETTINGS 옵션에서 Emissive Intensity 옵션값을 설정한다.

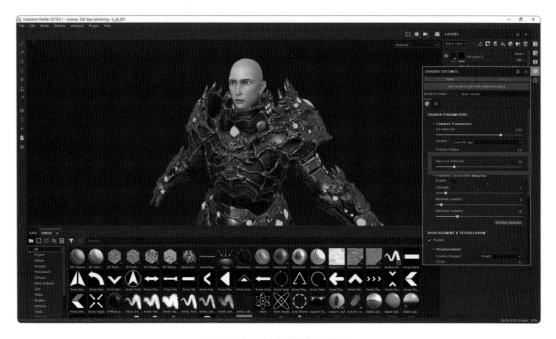

Emissive Intensity 옵션값을 설정한다.

UNIT 9 기타 디테일 작업과 맵 추출하기

투구 모델링을 추가한 모델링 파일을 불러와서, 앞선 과정들을 전체적으로 다시 한 번 실습을 한 뒤에 디테일까지 마무리를 하는 과정이다. 기존에 만들었던 머터리얼들 중에 사용할만한 머터리얼을 복제하는 방법을 공부한다.

베이킹했을 때 뽑아 두었던 Ao맵(Ambient Occlusion)과 커버츄어 맵(Curvature Map)과 브러쉬 옵션들을 이용한 작업을 공부한다.

디테일 맵을 적용시키는 방법도 크게는 레이어 썸네일(왼쪽 레이어)과 마스크 썸네일(오른쪽 마스크 레이어)를 이용하는 방법이 있는데, 간단한 효과 같은 경우에는 왼쪽 레이어를 주로 쓰는 편이고 대부분 오른쪽 마스크를 이용해서 작업을 많이 하는 편이다.

01 머터리얼 추출하기. Iron Forged Old 머터리얼 레이어에 오른쪽 클릭을 한 다음 Shelf에 등록시켜준다.

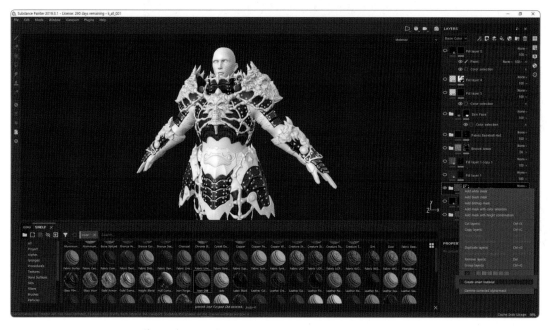

머터리얼을 복사한다.

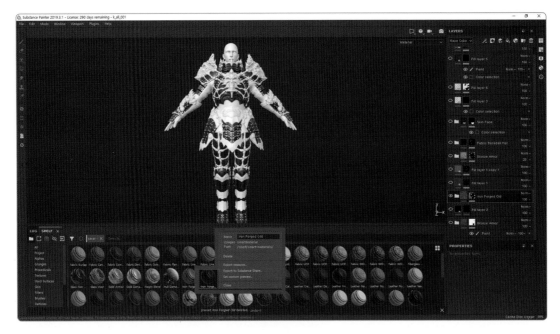

머터리얼이 등록되었다.

COMMENT   머터리얼을 오른쪽 클릭하면 이름과 익스포트 등의 추가 설정 등을 해줄 수 있다.

02   k_all 파일을 불러와서 새로 등록했던 머터리얼을 적용시켜본다.

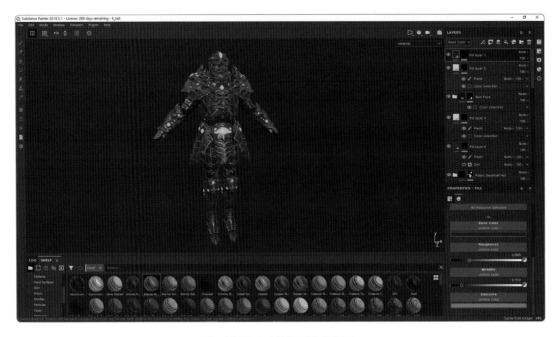

새로 등록한 머터리얼을 적용시켜본다.

03 Add a Fill Layer로 새로운 레이어를 만들어준다.

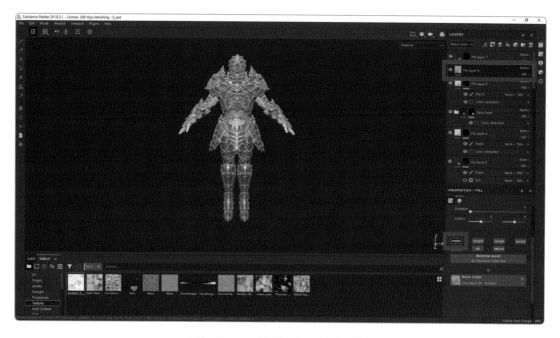

Add a Fill Layer로 새로운 레이어를 만들어준다.

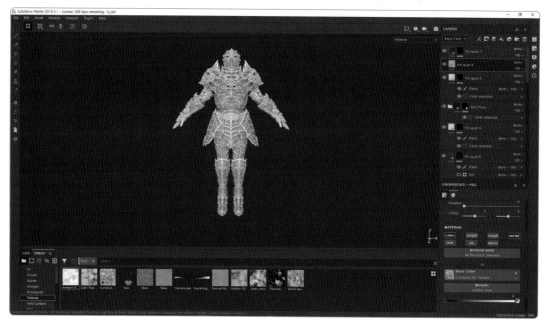

메탈을 켜서 조금 보기 좋게 작업 하고난 후에 끄는 방법도 있다.

04 Add Levels를 추가해서 수치를 조정한다.

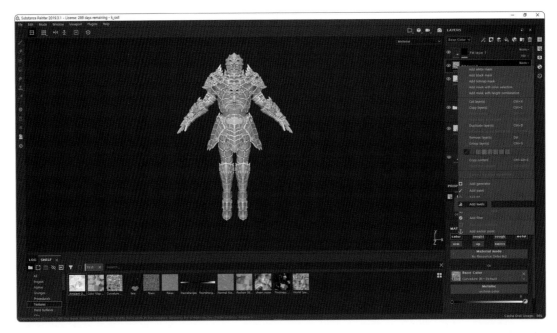

레벨을 적용시킨다.

05 레벨 값을 적용하고 필터를 Overlay로 적용을 한 뒤에 오버레이의 수치 값을 조절해서 선명도를 높여준다.

COMMENT 레벨 바를 자세히 보면 위쪽에 세 개의 조절점이 있고, 아래쪽에 두개의 조절점이 있는데, 위쪽의 세 개는 각각 색의 분포도를 조절할 수 있는 부분이고, 아래에 두 개의 조절점은 절대 값을 의미한다. Overlay 필터를 적용시켜야하므로 완전 검은색 계열은 안 나오게 해야 한다. 그러하니 아래쪽에 검은 포인트(점)의 위치를 검은색에서 흰색(왼쪽)으로 조금 올려준다. 위쪽의 레벨을 조절하면 색의 분포만 바뀌는 것이 아니고, 색의 넓이(분포)도 넓어졌다가 좁아지게 된다. 전체적으로 어두운 색을 깔기보다는 그림자가 질만한 부분에만 조금 두껍게 어두운 색이 깔리도록 조절한다.

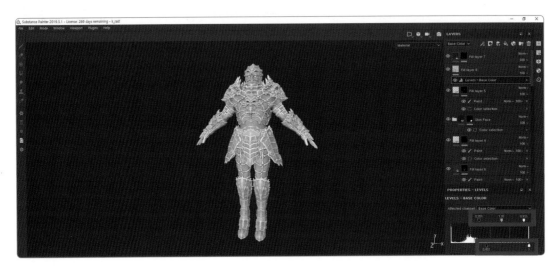

레벨 값을 조절한다.

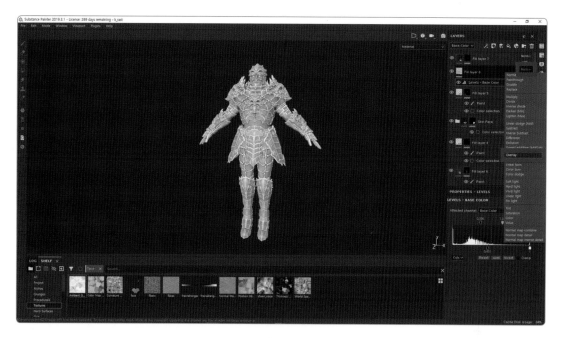

Overlay 필터를 적용한다.

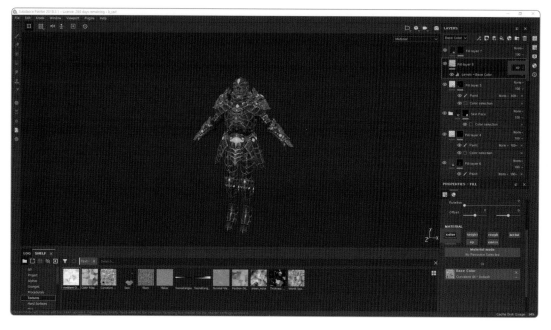

필터의 수치 값을 조절한다.

06 똑같은 방법으로 Add a Fill Layer를 하나 만들어 준 다음 Color에 Ao(Ambient Occlusion)맵을 적용시킨다. 그 다음 레벨을 적용시키고, 수치를 조절하고, Multiply를 적용시켜준다.

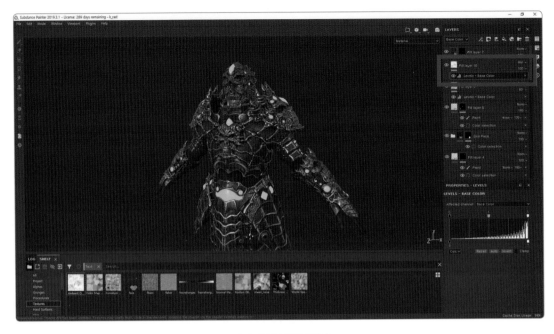

Multiply필터를 적용시킨다.

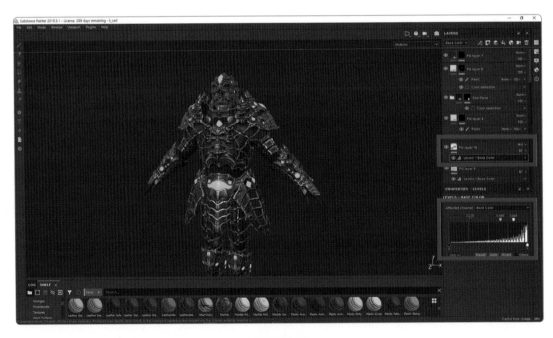

수치를 조정한다.

07 k_rast_end.spp 파일을 불러와서 Export Textures… 으로 맵을 추출한다.

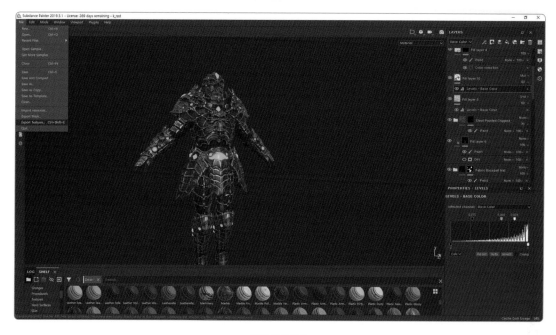

맵을 추출한다.

COMMENT 마모셋(Marmoset)에 필요한 맵들을 뽑기 위해서는 옵션을 PBR MetalRough (from cache)설정값으로 맵을
추출한다.

PBR MetalRough 옵션으로 출력한다.

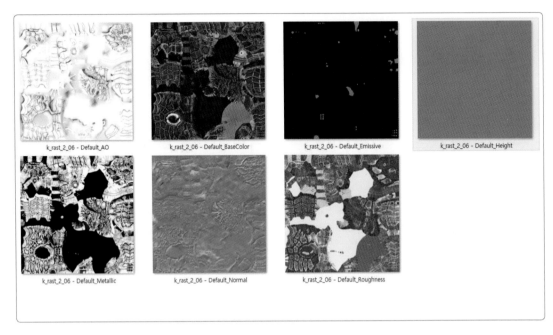

추출된 맵들

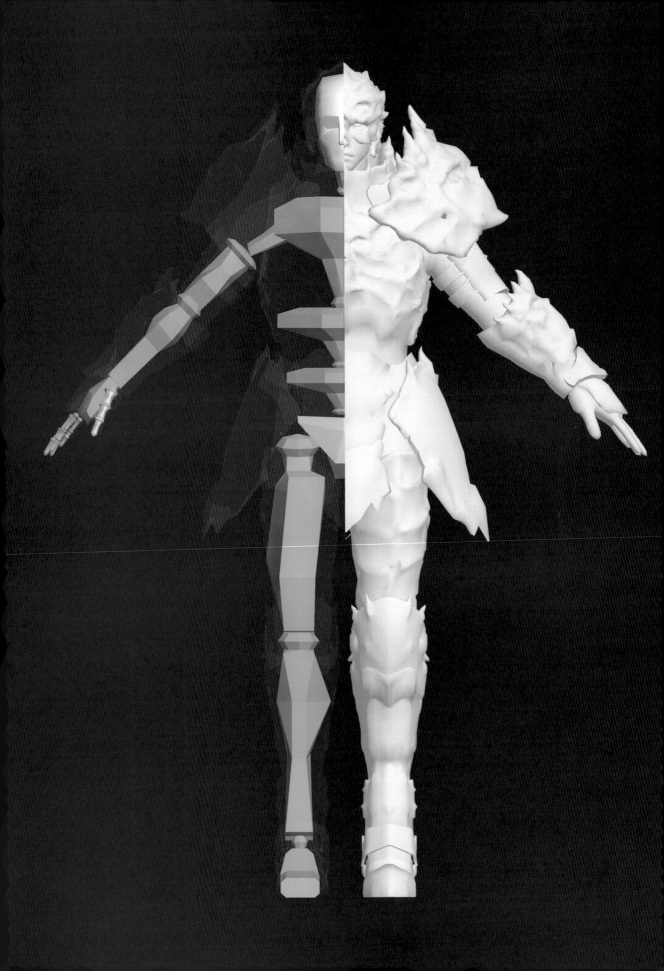

PART 06

리깅

CHAPTER 01 리깅의 기초

본격적인 캐릭터 리깅에 앞서 리깅의 개념을 공부한다. 오브젝트에 본을 세팅하고 스킨을 입혀서, 본의 움직임에 따라서 오브젝트의 버택스들이 따라 움직이게 만드는 작업을 리깅이라고 한다.

맥스는 사람 형태의 뼈대를 세팅해놓은 Biped라는 강력한 기능이 있다. 바이페드(Biped)를 만들어 놓은 캐릭터에 맞춰서 크기와 관절의 위치 등을 맞춰준(본 세팅) 다음 모델링(스킨)에 뼈대를 적용시킨 다음 각각의 버택스들의 설정값을 본에 맞춘다. 그리고 본이 움직이면 버택스들이 따라 움직여서 최종적으로 캐릭터가 움직이게 된다.

실제로 애니메이션을 배우기위해서는 너무나 방대한(직종이 따로 있을 만큼)설정들을 배워야하지만, 이 책에서는 최소한의 캐릭터 세팅과 랜더링을 걸기위한 키 포즈만을 공부한다.

UNIT 1 리깅 연습

실린더를 하나 만들고, 본을 추가한 다음 스킨을 입혀서 관절처럼 움직여보는 과정을 공부한다. 버택스(vertex)를 본에 맞춰서 Weight 값을 줘서, 본의 움직임에 반응하도록 작업을 한다.

skin_test.max 파일을 불러와서 실습해도 된다.

01 실린더 하나를 만들어준 다음, 폴리곤으로 변환을 시켜준다.

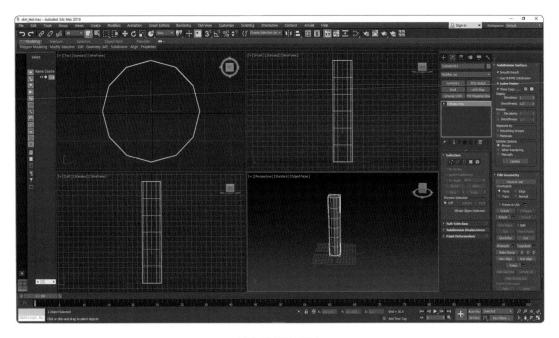

실린더를 만들어준다.

02 본을 만들어준다.

COMMENT 본은 create의 System에 Bones가 있다. Bone를 활성화시킨 다음에 마우스 왼 클릭을 하면 본이 따라서 생성이된다. 한번 클릭 할 때마다 본이 새로 생성되면서 계속 마우스를 따라다닌다. 마우스 오른 클릭하면 본 생성이 멈추면서 마지막으로 마름모 모양의 본이 생성된다. 본을 만들 때는 항상 프론트 뷰(Front View)에서 생성해준다. 본을 생성시키고 난 다음 다른 오브젝트를 클릭해서 본의 선택이 해제가 된 경우에는 Modify 패널에 보면 본의 스케일이나 형태를 다시금 변형시켜줄 수 있다.

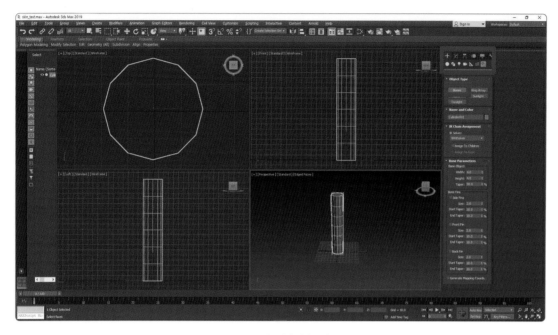

본(Bone)을 생성시켜준다.

Bone Parameters에서 Bone Object 옵션들은 다음과 같다.

- Width : 본의 앞뒤의 크기를 조절할 수 있다.

- Height : 본의 양옆의 크기를 조절할 수 있다.

- Taper : 본의 끝부분의 두께를 조절한다.

나머지 옵션들은 특별한 경우의 세팅이 아니면 많이 사용하지 않는 부분들인데, 한 번씩 수치를 조절해보면 어느 정도 알 수 있으니까 이리저리 막 건드려보자!

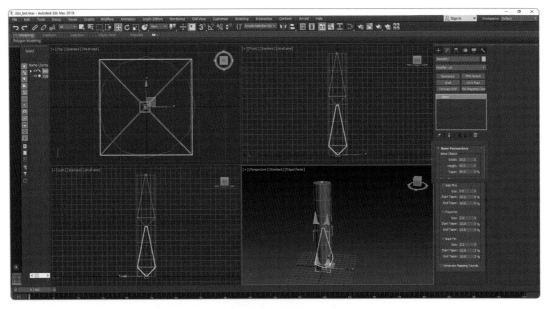

본의 사이즈를 수정한다.

COMMENT 처음 본 하나를 만들어서 내가 사용하기 적당한 수치 값들(두께,너비)을 알아낸다. 그리고 처음 생성한 본을 지우고, 새로 Bones 버튼을 클릭을 한 다음 수치를 입력하고 본을 만들면 본의 크기를 따로 수정할 필요가 없다. 처음 본 하나를 만들어서 크기를 세팅하여 수치를 알아낸다. 그리고 새로 만들기 전의 수치를 입력하고 난 다음에 드래그하여 본을 만들어준다. 그러나 한번 끊어진 본은 다시 연결하려면 본의 끝 부분을 클릭해서 계속 본을 이어주면 되지만 본이 끊어지면서 조그만 본이 생성되어 있으므로 꼭 삭제를 하고 새로 본을 연결시켜주어야 한다.

03 폴리곤으로 변환시킨 실린더를 클릭한 다음 Modifier List 옵션에서 스킨(Skin)을 적용시켜준다.

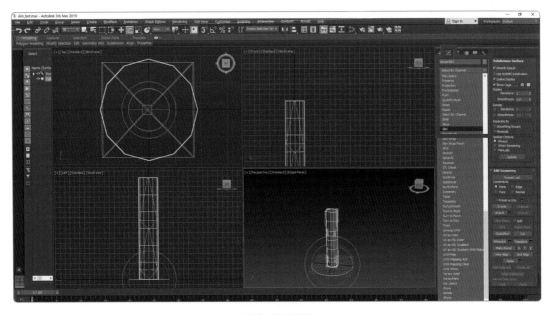

스킨을 적용시킨다.

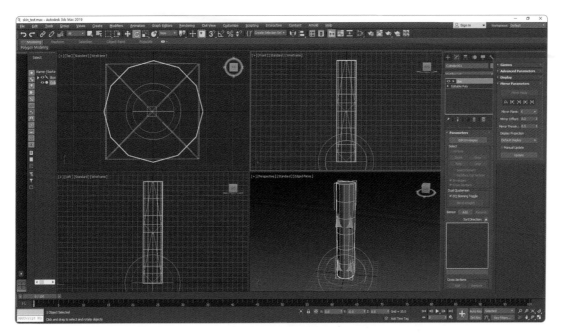

스킨이 적용된 모습

04 스킨에 본을 적용시켜준다.

- Bone 옵션에 Add를 활성화시켜주면 Select Bones 창이 새로 뜨면서 화면에 보이는 오브젝트 리스트가 뜬다.

- Bone001을 `Ctrl` + 왼쪽 클릭을 하면 하위 링크되어있는 모든 본들이 다 펼쳐져 보이게 된다.

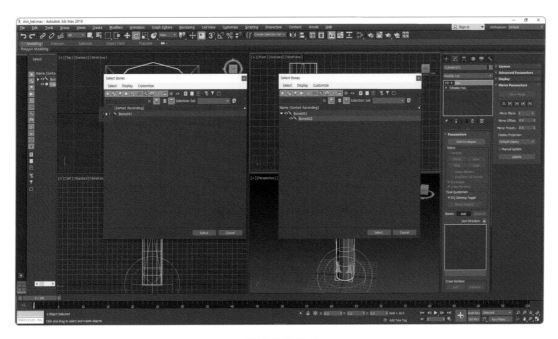

본을 등록시켜준다.

COMMENT 스킨의 메뉴가 매우 길게 되어 있으므로 스크롤을 왔다 갔다 하면서 메뉴의 위치나 이름을 잘 기억하자!

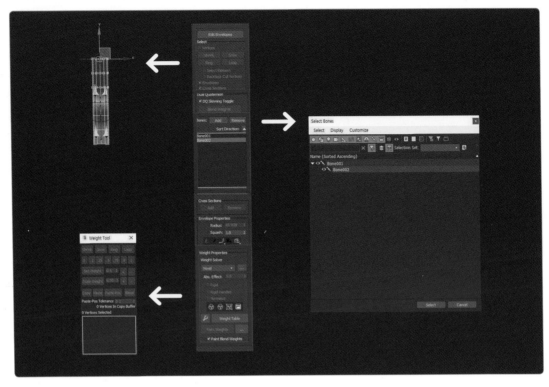

Skin 메뉴의 구조

크게 3가지 부분으로 나누어진다.

- Select : 선택 관련 부분이나, 엔빌로프(본의 범위)와 버택스로 선택이 가능하다.

- Bones : 본의 등록과 해제에 관련기능들이 있고, 본을 선택할 수도 있다.

- Weight Properties : 버택스 웨이트(Weight)값을 설정할 수 있다.

05 스킨의 세부 사항을 알아본다.

폴리곤에 스킨을 적용시키고 나면 스킨에는 Envelope와 Vertices로 세팅을 해준다.

- Envelope : 뼈라고 생각을 하면 되고, 이 엔빌로프(Envelope)는 본의 중심에 노란 실선으로 되어있어서 그림으로 찾기가 매우 힘이 드니 꼭 프로그램에서 선택해보는 연습을 해야 한다.

- Vertices : Vertex의 복수로써 버택스 하나하나의 값을 본에 적용시켜주는 기능을 한다.

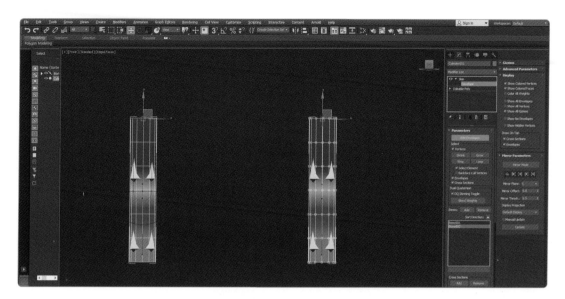

Envelope와 Vertices를 선택했을 때의 모습들

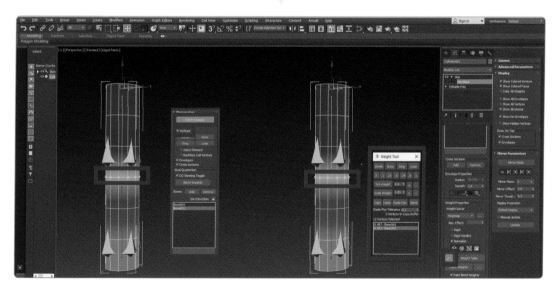

버택스를 선택하고 웨이트 툴(Weight Tool)을 열어본다.

06 본을 선택해서 로테이션 시켜준 다음 웨이트값을 조절해본다.

COMMENT 애니메이션을 할 때에 회전 값과 스케일 값은 무조건 Local 축을 설정해 두고 움직여야 한다. 아무 방향이나 50도 정도 돌려놓은 다음 Weight 값을 조금씩 수정해서 부드럽게 움직이도록 진행을 해본다. 스냅 기능으로 일정한 각도로 세팅을 해두고 회전을 하면 정확한 각도를 만들 수 있다.

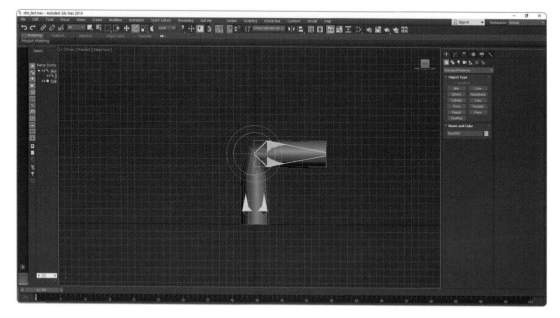

본을 회전시킨다.

COMMENT 실린더를 선택한 다음 스킨 옵션에서 버텍시즈(vertices) 체크를 해준다(버텍스 체크가 되어있지 않으면 버텍스를 선택할 수가 없다). 위쪽에 버텍스를 드래그해서 선택해준다.

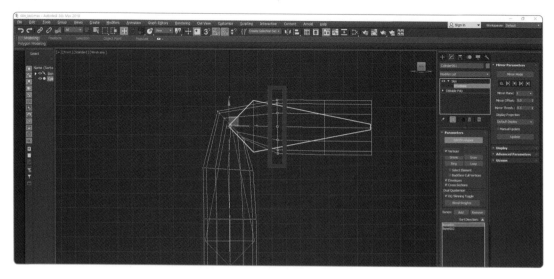

vertices를 체크해야 버택스가 선택된다.

COMMENT 파라메터를 아래쪽으로 내려보면 Weight Properties에 보면 웨이트 툴을 오픈할 수 있다. Bone002에 0.987의 값이 설정되어있는 것은 거의 모든 웨이트값이 bone002로 되어있기 때문에 Bone001에는 거의 영향을 주지 않기 때문에 이를 조절해준다. 양쪽의 합이 항상 1이기 때문에 Bone001이든, 002든 한쪽에 수치를 적용시키면 1에서 입력한 수치를 뺀 나머지 수치들은 자동으로 다른 본에 적용이 된다. Bone002에 0.9의 웨이트값을 적용시킨다. 위쪽에 수치 세팅이 되어있는 버튼이 있으므로 '.9'라고 되어있는 버튼을 눌러주면 된다('0.얼마'에서 앞자리 0은 생략해도 된다).

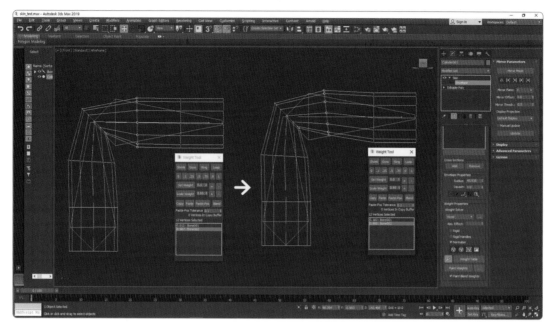

수치를 적용해서 부드럽게 연결되었다.

07 arm.max 파일을 열어서 관절 세팅을 실습한다.

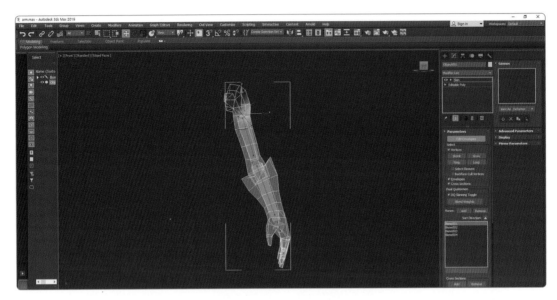

arm.max 파일을 열어서 확인한다.

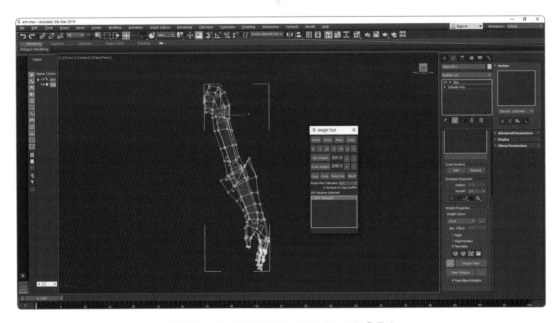

모든 버택스들을 선택해서 어깨 본에 웨이트 수치 1을 준다.

COMMENT 순차적으로 버택스의 웨이트값을 설정해준다. 맨 위쪽에 버택스들을 어깨 부분의 본인 bone001에 1의 값을 가지고 있기 때문에 bone002쪽으로 연결해줄 부분부터 세팅을 시작한다. 관절 부분이 항상 제일 민감한 부분이고, 관절 부분 주변에 값들을 얼마나 양쪽 본(Bone)에 자연스럽게 붙여줄 수 있는지가 제일 중요한 포인트가 된다. 어깨 부분과 위쪽 팔의 본이 만나는 지점의 버택스를 선택해서 양 쪽으로 0.5씩 웨이트값을 나눠준다. 노란색으로 양쪽에 웨이트값이 골고루 나눠졌다는 표시를 확인할 수 있다.

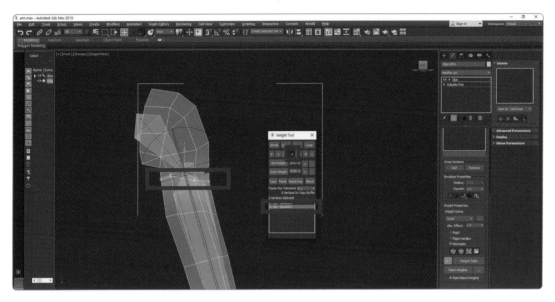

버택스를 선택하고 본을 선택한 뒤에 웨이트값을 준다.

COMMENT 어깨 위쪽의 버택스들 중 일부는 팔이 옆으로 들릴 때 Bone002의 영향을 조금 받아서 접히게 되면 자연스럽게 연결이 가능하니 어깨 쪽의 버택스들을 선택한 다음 bone002를 직접 선택을 한 뒤에 0.25 값을 주면 bone 001에는 0.75의 값을 가지고, bone002에는 0.25의 값을 가지게 된다.

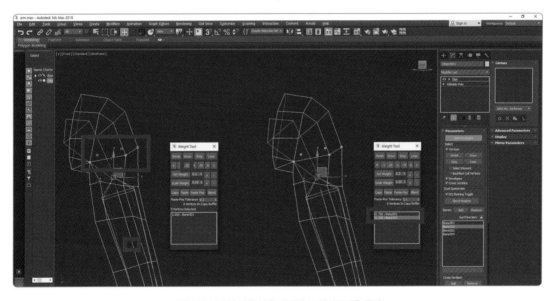

버택스를 선택한 다음 본을 선택하고 웨이트값을 준다!

아래의 두 부분은 무조건 bone002만을 따라다니면 되므로 웨이트값을 1로 준다. 다시 한 번 강조하자면 버택스들을 선택한 다음 웨이트값을 줄 본을 선택하고 웨이트값을 입력한다. 그러면 기본에 웨이트값을 준 Bone001에는 웨이트값이 0이 된다. 이런 부분들이 대부분이고, 관절 부분들만 잘 설정해 주면 무리 없이 포즈를 잡을 수 있다.

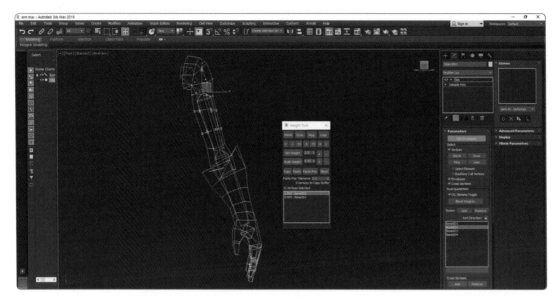

단순하게 웨이트값을 주는 경우가 많다.

난이도가 높은 부분인 관절 부분에 웨이트값을 세팅한다. 이전에 실린더 세팅 작업을 기억해서 관절 부분에는 웬만큼 0.5씩 나눠서 준 다음 그 주변을 모델링 상황에 따라서 반대쪽 본에 웨이트값을 조금씩 나눠주는 방식으로 진행을 한다. 관절의 가운데 부분의 버텍스를 선택하고, bone002를 선택한 다음 1 값을 준다. bone001에 줬던 웨이트값을 0으로 만들기 위해서, 다른 쪽 본을 선택해서 강제로 1을 줘버리는 방법이 제일 확실하다. 그 다음에 bone003을 선택한 다음 0.5의 웨이트값을 준다. 그렇지 않으면 Bone002에 웨이트값을 0.5를 주고, bone003에 다시 웨이트값을 0.5 주면 된다.

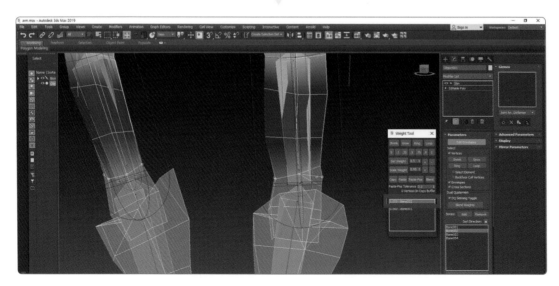

한쪽에 1을 주고 나머지에 0.5를 주는 방법이 제일 확실하다.

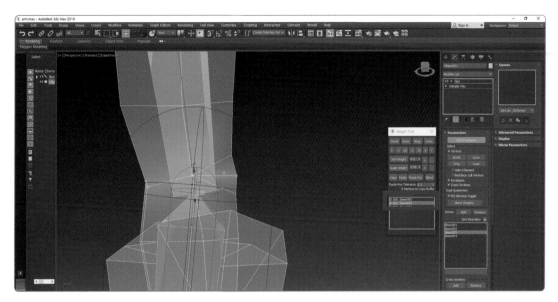

정확하게 0.5씩 나누어준다.

COMMENT 위쪽 관절은 Bone002에 0.75, Bone003에 0.25를 주고 아래쪽 관절 부분은 반대로 Bone003에 0.75, Bone002에 0.25의 값을 준다. display에 Show No Envelopes 체크를 해제해서 조금 보기 좋게 환경을 바꾸었다.

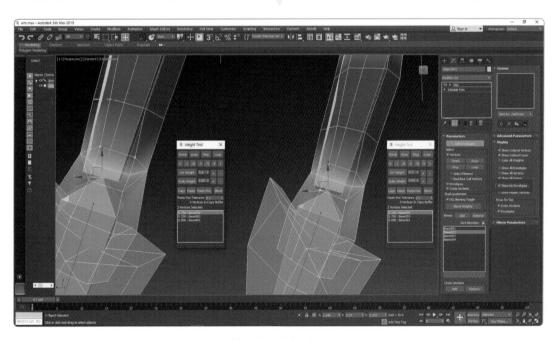

정확하게 0.5씩 나누어준다.

COMMENT 나머지 부분들은 전부 선택해서 Bone003에 전부 1을 준다. 손이나 손가락까지 세팅은 실전에서 하도록 한다.

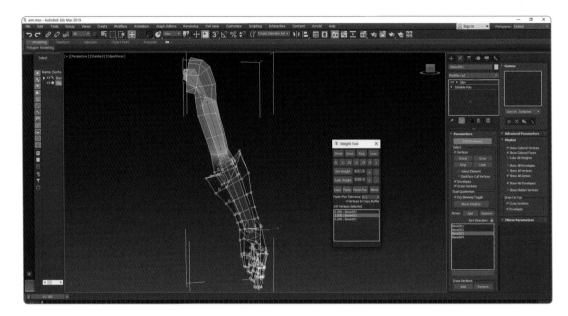

나머지 부분에 웨이트값을 준다.

COMMENT   아주 기본적인 관절에 대한 공부를 했다, 실제 캐릭터도 버택스가 많이 있지만 위의 방법들로 하나씩 웨이트값을 설정해나가면 되는데, 중간 중간 본을 움직여 보면서 조금 더 세밀하게 웨이트값을 설정하는 방법을 많이 쓰면 좋다. 포즈를 잡고 나서도 조금 수정할 부분은 그때 그때 수정해도 상관이 없다.

CHAPTER 02 캐릭터 리깅

본격적인 캐릭터 리깅에 들어가는데, 들어가기에 앞서 몇 가지 작업을 해준 다음 리깅에 들어가야 한다. 첫 번째로는 리셋 엑스폼으로 혹시 모르게 뒤집힌 부분들이나 오브젝트 축의 방향 등을 리셋 해준 다음 세부 디테일 모델링을 수정할 부분이 있으면 지금 수정을 완료해놓고 리깅에 들어가는 방법이 제일 깔끔하다.

UNIT 1 리셋 엑스폼(Reset Xform)

모델링을 하다가 보면 다른 오브젝트 끼리 붙이기도 하고 반만 만들어서 나머지 반을 합쳐주기도 한다. 그럴 때 간혹 생길 수 있는 축의 변화나 사이즈의 변화 등을 한 번에 해결할 수 있는 방법이 리셋 엑스폼(Reset Xform)이다.

01 k_skin_reset.max 파일을 열어서 오브젝트를 클릭한 다음 리셋 엑스폼을 적용시킨다.

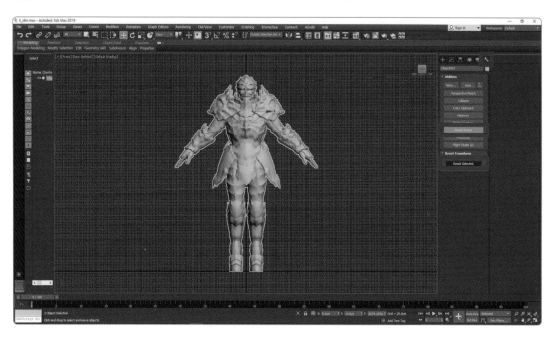

오브젝트를 클릭한 다음 리셋 엑스폼을 적용시킨다.

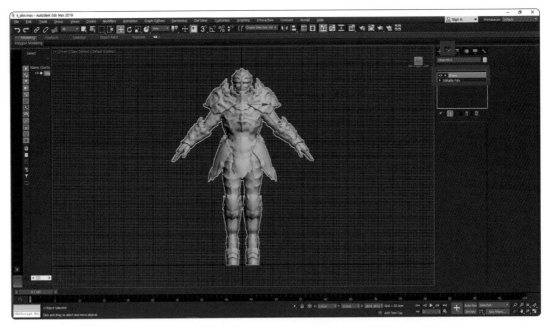

리셋 엑스폼을 적용시켰다.

02 폴리곤으로 변환을 한다. 오브젝트를 마우스 왼쪽 클릭을 한 다음 폴리곤으로 변환시켜준다.

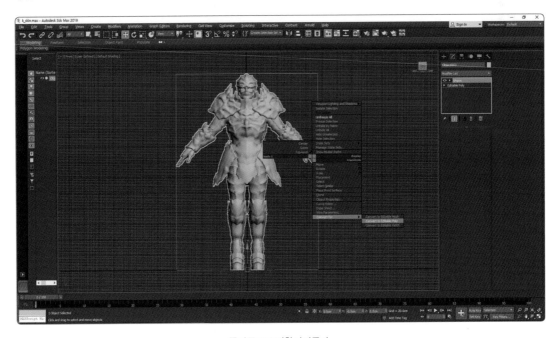

폴리곤으로 변환시켜준다.

03 눈으로 확인이 조금 힘든 경우가 있는데, 이때에는 랜더를 걸어서 면이 제대로 나오는지 확인을 해본다.

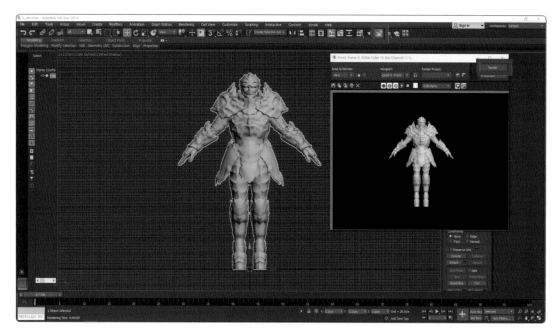

랜더를 걸어서 면이 뒤집힌 부분을 찾아본다.

COMMENT 만약 뒤집힌 부분이 있다면 해당 부분의 폴리곤을 클릭을 하고, 플립(Flip)을 눌러주면 면이 뒤집히게 된다. 폴리곤을 선택한 다음 Edit Polygons 옵션에 Flip 버튼이 있다. 현재 오브젝트는 면이 뒤집어진 부분이 없다.

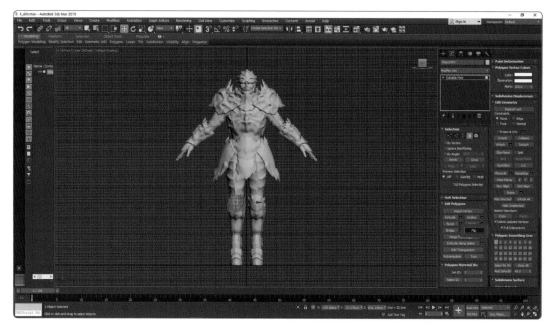

플립(Flip) 버튼의 위치를 확인한다.

04 오브젝트를 클릭한 다음 중심축을 0,0,0으로 이동시킨다. 오브젝트를 클릭한 다음 하이라키(Hierarchy) 패널을 선택하고, Adjust Pivot에 Affect Pivot Only를 클릭하면 Alignment 옵션에 Center to Object로 피봇을 오브젝트의 중심으로 이동시킨다.

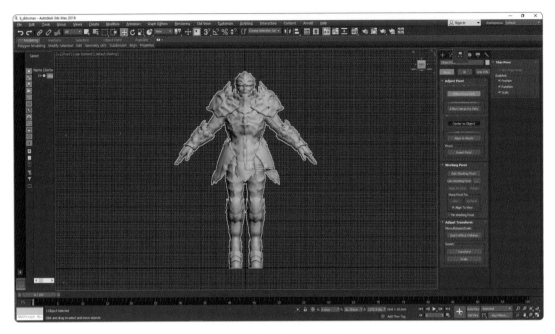

오브젝트의 중심축을 가운데로 이동시킨다.

COMMENT Affect Pivot Only가 활성화되어있는 상태에서 피봇의 위치를 0,0,0으로 이동시켜준 다음, Affect Pivot Only를 비활성화시켜준다.

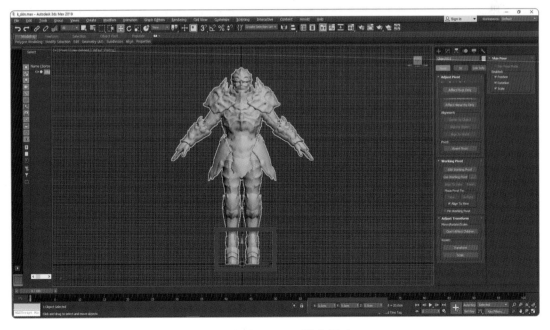

피봇의 위치를 0,0,0으로 이동시켜준다.

UNIT 2 바이페드 : 피규어 모드

캐릭터에 바이페드를 맞추는 작업을 공부한다.

바이페드를 세팅한 다음 스케일과 위치등을 맞춰주게 되는데, 제일 중요한 부분은 무게중심(Biped001)을 제일 먼저 맞춰준 다음 나머지 다른 부분들을 세팅해주는 과정이 된다.

01 k_skin.max 파일을 열어서 오브젝트를 클릭을 한 다음 Alt + X키를 눌러서 반투명상태로 만들고, 프리즈 기능을 사용해서 선택되지 않게 한다.

> **COMMENT** 프리즈를 시키면 회색으로 되게끔 기본적인 세팅이 되어있으므로 이를 해제해야 한다. 디스플레이(Display) 판넬을 클릭한 다음 DIsplay Properties 옵션 중에 Show Frozen In Gray의 체크를 해제해준다. 오브젝트를 클릭을 하고 Alt + X키를 눌러서 투명하게 만든 다음 마우스 오른쪽 클릭을 해서 Freeze Selection을 선택한다.

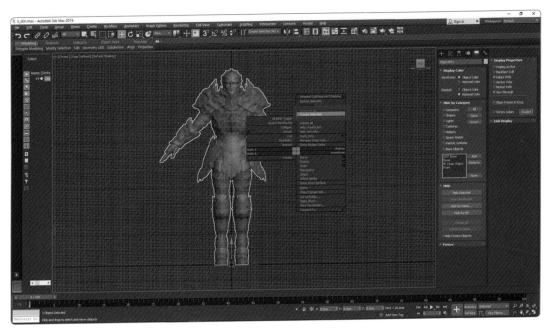

프리즈시켜서 선택이 되지 않게 한다.

02 바이페드를 만든 다음 x축을 0으로 정렬시켜준다.

> **COMMENT** create 패널에서 system을 활성화시켜준 다음 Object Type 옵션에서 Biped를 클릭한다. 그리고 Front View에서 드래그해서 파이패드를 생성시킨다. 꼭 프론트 뷰에서 만들어주고, 바닥부터 생성되므로 캐릭터의 발바닥 위치쯤에서 머리 크기까지 한 번에 드래그를 해서 길이를 최대한 맞춰준다.

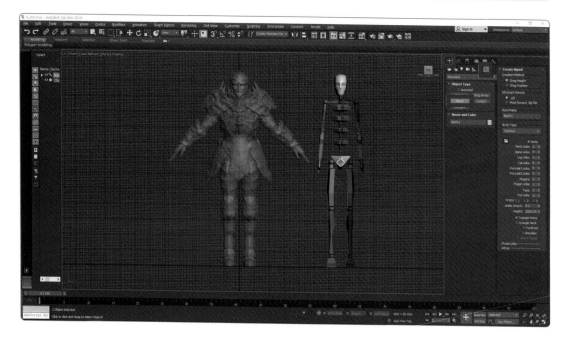

바이페드를 생성한다.

> **COMMENT** Blped001을 선택하는 방법은 왼쪽에 Select 패널에서 Biped001을 선택해줘도 되고, 바이페드 아무 곳이나 클릭을 한 다음 Track Selection 옵션에 Body Horizontal을 클릭해도 된다. 바이페드 중심축(Biped001)을 클릭한 다음, Motion 패널을 클릭하고 Biped 옵션에서 Figure Mode를 활성화시키고, x축을 0으로 이동시켜서 가운데로 정렬을 한다.

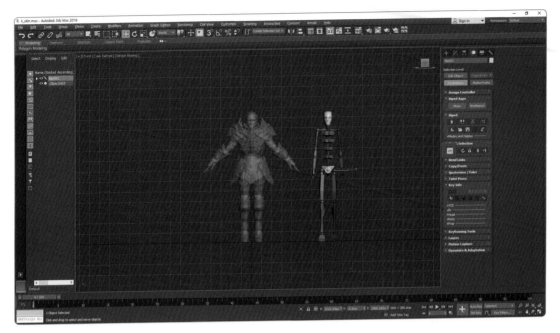

바이페드의 중심축(Biped001)을 클릭한다.

COMMENT 꼭 피규어 모드가 활성화되어있는 상태에서 이동을 시켜줘야 한다. (사이즈 세팅도 마찬가지이다) 피규어 모드가 활성화되어있지 않으면 모든 작업이 취소되어 버린다!

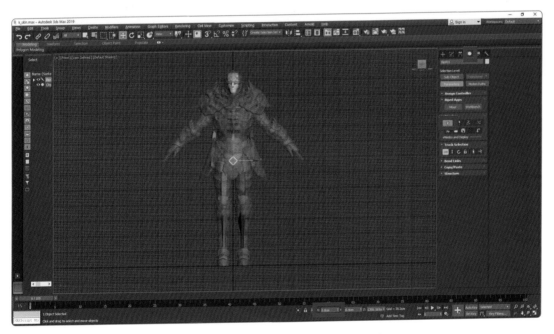

피규어 모드를 활성화하고 x축을 0으로 이동시켜준다.

03 중심축을 골반에 맞춰서 위아래로 조절을 한 다음, 골반(Pelvis)을 선택해서 스케일 조절을 한다.

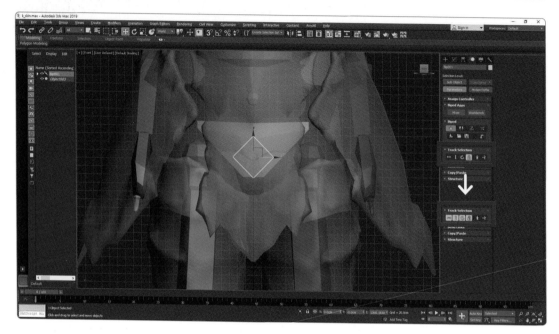

Track Selection을 항상 전부 켜놓고 작업한다.

펠비스(Pelvis)의 x축 사이즈를 스케일에서 다리와 바이페드 다리의 간격을 맞춰준다. 스케일은 무조건 피봇을 Local로 세팅한 뒤에 스케일을 적용시킨다. 회전역시 대부분 Local 축으로 설정한 다음 회전을 시켜야한다.

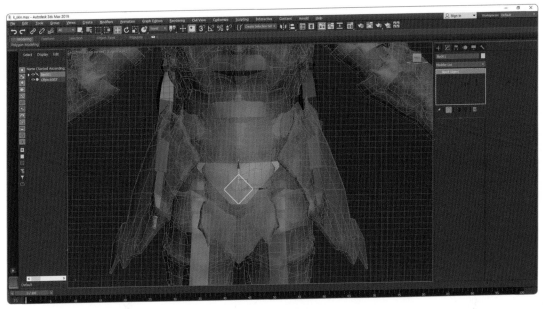

펠비스의 스케일을 조절해서 다리와 간격을 맞춘다.

화면을 돌려가면서 파이패드 다리 부분과 캐릭터 모델링의 다리 부분의 가랑이 부분을 맞춰준다. 단축키 F3 과 F4 를 번갈아 보면서, 와이어프레임 모드와 오브젝트와 와이어프레임이 같이 보이게 조절을 하여 중심축을 맞춰 준다.

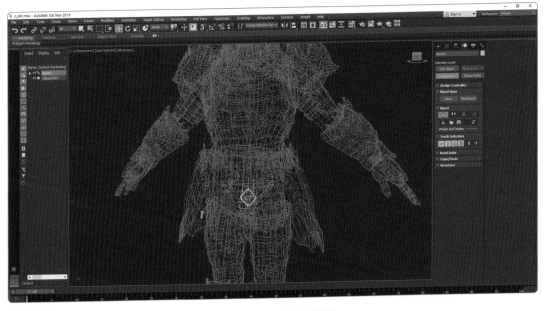

뷰포트를 돌려가면서 작업해준다.

04 다리를 세팅해준다.

COMMENT   바이페드 역시 대칭 작업(Symmetry)이 가능하다. 왼쪽이나, 오른쪽 중에 한쪽만 작업을 해준 다음 축 복사를 해주면 된다. 필자는 보이는 화면에서 오른쪽을 세팅해줄 예정이다.

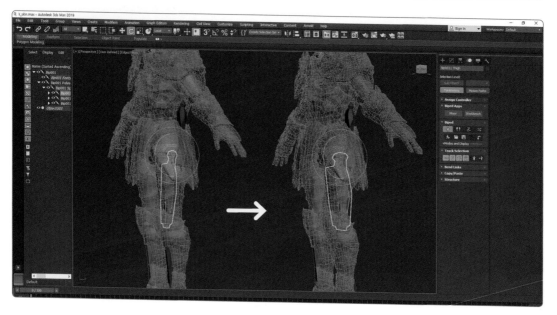

다리부분을 세팅한다.

COMMENT   투명도를 주기 위한 다른 방법을 사용해서 작업을 해본다. 프리즈를 해제한 다음 머터리얼 에디터(단축키 M)를 열어서 빈 머터리얼을 하나 적용시킨다. (오브젝트를 선택한 다음 머터리얼을 적용시킨다.) 드래그해서 직접 모델링에 적용시키거나, assign material to selection을 클릭한다. Opacity 수치를 10점도로 낮추면 오브젝트가 투명하게 보인다. 머터리얼의 투명도(Opacity)를 낮추는 방법이다. 캐릭터 오브젝트를 선택한 다음 Freeze Selection을 클릭해서 선택이 되지 않도록 한다. 와이어 프레임을 볼 때에는 단축키 F4 를 클릭하면 된다.

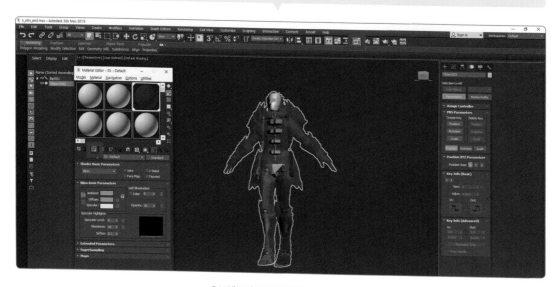

오브젝트의 투명도를 주는 다른 방법

Motion 패널 Structure 옵션에서 Toe Link(발가락 관절 개수)수치를 1로 세팅한다. 이 발가락은 발의 앞꿈치 부분을 담당해야 하므로 사이즈를 크게 키워준다. 스케일은 무조건 Local 축이다!

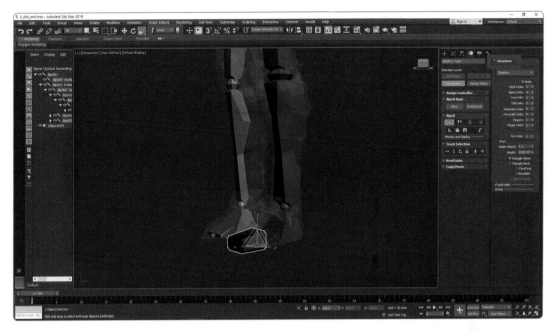

발가락을 발의 앞꿈치로 사용한다.

05 몸통(Spine)을 세팅한다.

몸통 (척추 : spine)은 대부분 링크를 2개에서 3개 정도만 쓴다. 회사마다 조금 다를 수도 있지만 캐주얼 캐릭터는 2개 정도만을 쓰고, 이번 캐릭터는 허리 벨트부분이 두껍기 때문에 스파인을 3개로 만들어준 다음 세팅을 한다. 스트럭쳐(Structure) 옵션에서 Spine Links 값을 3으로 세팅한다. 허리는 Bip001에서 따로 떨어져서 움직일 수 있다.

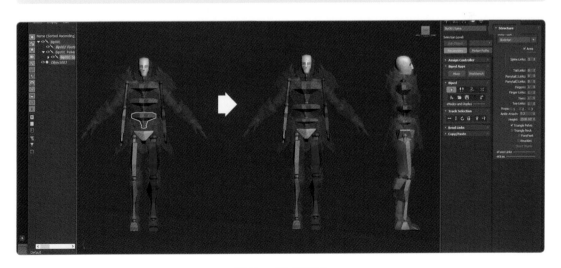

몸통(Spine)을 세팅한다.

06 머리를 세팅한다.

어깨 갑옷 때문에 목의 위치가 잘 안보여서 세팅하기가 힘들 때는 캐릭터 오브젝트의 프리즈를 풀어주고(Unfreeze All) 오브젝트를 클릭한 다음 엘리먼트 설정을 하고 어깨 갑옷을 클릭해서 하이드시켜주면 목 부분을 보기가 쉽다. 셀렉션(Selection) 옵션에서 엘리먼트(Element)단위로 선택을 하고, 어깨 갑옷을 선택한 다음, 하이드 셀렉티드(Hide Selcted) 버튼을 클릭한다. Edit Geometry 옵션의 위치가 가끔가다가 아래 위쪽으로 바뀌어서 순서대로 외우는 것은 의미가 없다. 단어를 정확하게 인지하고 스크롤로 찾아 다녀야 한다.

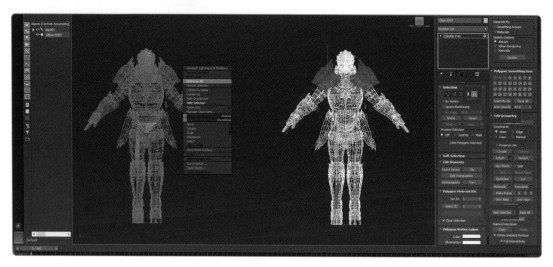

엘리먼트로 어깨 갑옷을 클릭한 다음 하이드(Hlde)시켜준다.

어깨 갑옷을 하이드시킨 다음 다시 오브젝트를 프리즈 시켜준다. 이 방식을 꼭 기억해둔다. 나중에 리깅을 할 때 제일 많이 쓰는 방법 중에 하나이기 때문이다.

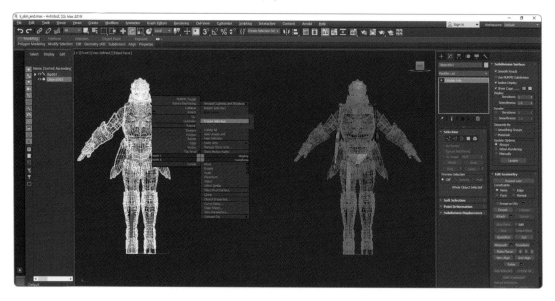

다시 프리즈 시켜준다.

목은 몸통과 따로 움직일 수 있으므로 목의 위치를 먼저 세팅을 한 다음, 머리를 세팅한다. 너무 눈, 코, 입 위치를 맞추려고 하는 것 보다 목의 관절과 머리의 위치가 더 중요하다. 바이페드 역시 작업에 방해가 된다면 하이드를 시켜가면서 작업을 한다.

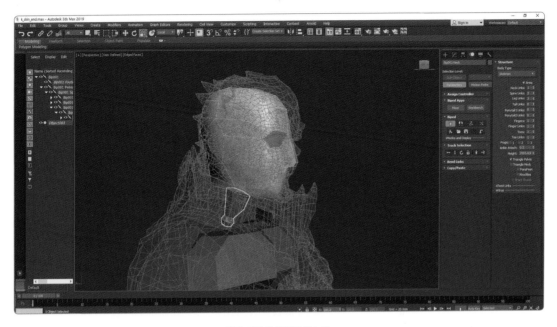

목과 머리의 위치를 잡는다.

07 팔 부분을 세팅을 한다.

어깨(Bip001 L Clavicle)역시 따로 움직일 수 있으므로 Spine에 파묻히더라도 어깨의 관절이 되는 위치에 이동시킨다. 어깨를 자연스럽게 내려있는 상태의 모델링이므로 어깨(Bip001 L Clavicle)를 조금 회전시켜준다. 한 번 더 이야기하면 회전할 때에는 Local 축을 사용한다.

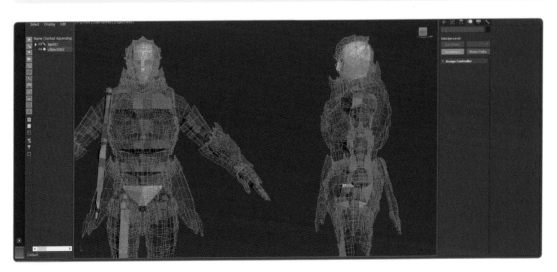

팔의 위치와 두께도 세팅해준다.

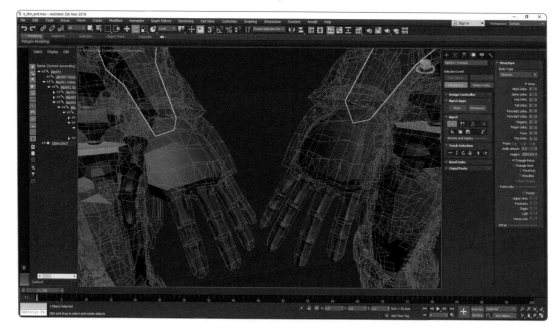

손가락 바이페드를 세팅한다.

- 세팅한 본들을 선택한다.

- Copy/Paste 옵션의 카피 콜렉션(Copy Collections)옵션에 create Collection을 클릭한다.

- 콜렉션이 새로 등록이 된 것을 확인한다.

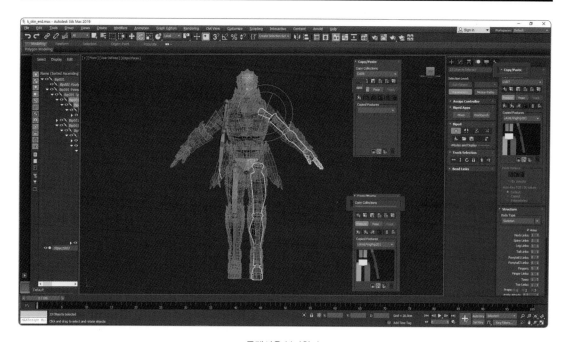

콜렉션을 복사한다.

COMMENT　　Copy Posture, Paste Posture, Paste Posture Opposite 버튼을 순서대로 클릭을 해준다. 반대쪽으로 바이페드가 복사된 것을 확인할 수 있다.

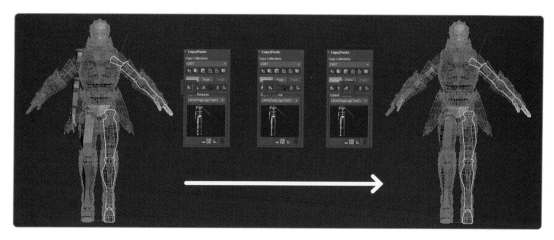

손가락 바이페드를 세팅한다.

09 기타 본(Bone)의 추가. 어깨 갑옷과 허벅지 보호 장비 등의 디테일한 부분들에 본을 세팅하여 준다.

> **COMMENT**   어깨 갑옷과 허벅지 보호 장비 등의 디테일한 부분들에 본을 세팅하여 준다. 본(Bone)을 스케일로 조절하면 안된다. 수치 값으로 두께나 넓이를 키우고 처음 만들 때 드래그로 길이를 잘 정해주는 것이 좋다. 본을 하나만 만들고 우 클릭으로 본(Bone)만드는 것을 중단해도 끝에 작은 본이 남으니 선택해서 지워준다. 어깨(Clavicle)에 딱 붙이는 것이 아니고 어깨 갑옷이 회전을 할 중심축에 본의 시작점을 자아준다. 옆에서도 보면서 어깨갑옷의 중심을 맞춰준다. 중요한 부분은 한쪽 의 위치만 설정을 해두고 축 복사로 반대쪽으로 추가 생성을 해준 다음 각자 상위 본에 맞춰서 링크를 걸어줘야 한다.

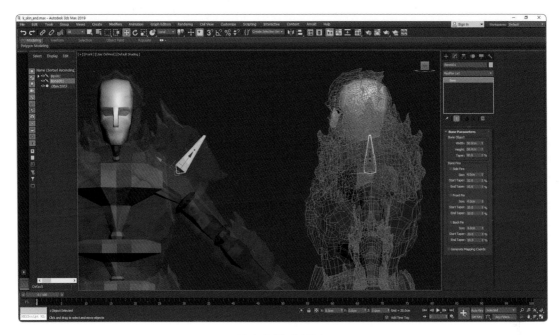

본의 위치를 세팅한다.

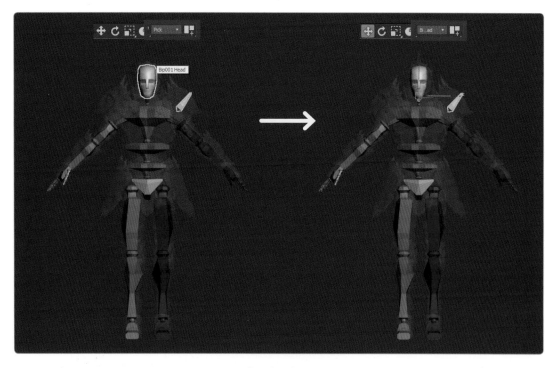

축 복사 준비한다.

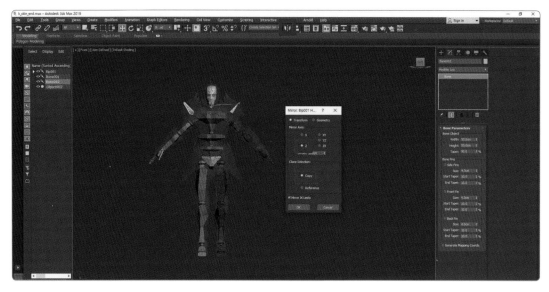

축 복사를 실행시켜준다.

축 복사를 해준 다음 각자 상위의 본(Clavicle)에 링크를 걸어준다. 축의 설정을 원래대로 세팅한 뒤에 링크 작업에 들어간다. 링크 버튼을 클릭한 다음 본을 선택한 상태에서 드래그로 마우스를 움직이면 사선이 따라다닌다. 해당 본(Bip001 L Clavicle)에 마우스를 가져다면 아이콘이 변하는데 이때 클릭해주면 링크가 걸리게 된다.

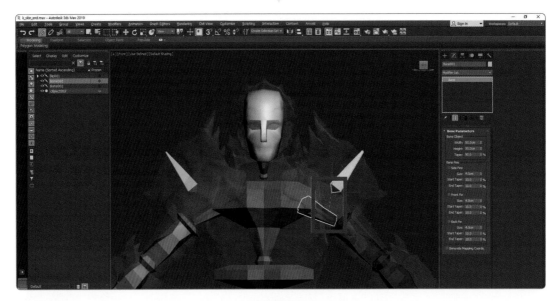

드래그해야 한다.

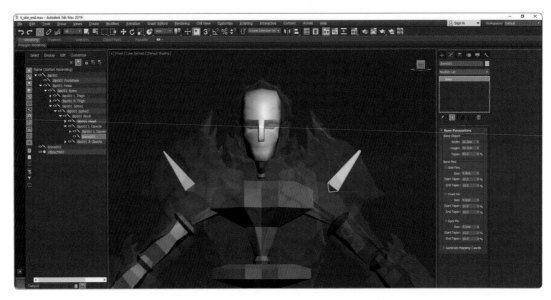

본이 바이페드에 등록이 되었다.

반대쪽도 똑같은 방법으로 링크를 걸어준다. 본의 끝에 생기는 작은 본 역시 지워준다. 허리 쪽과 허벅지 옆에 있는 보호 갑옷도 본을 하나 만들어서 배치하고 축 복사를 한 뒤에 링크를 걸어준다. 링크(Link)는 Pelvis에 링크를 걸어 준다.

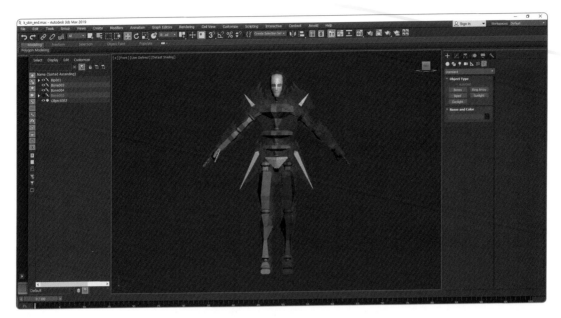

본을 복사한 뒤에 링크를 건다!

COMMENT   앞쪽과 뒤쪽의 본들은 다리의 움직임에 의해서 애니메이션을 줘야할 때가 많으므로 본을 몇 개씩 만들어서 세팅을 한다. 본(Bone)의 링크(Link)는 Pelvis에 링크를 걸어준다.

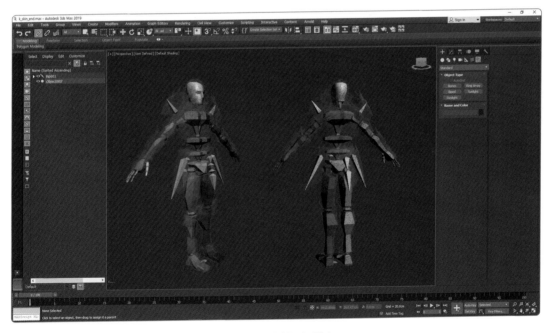

본(Bone)의 세팅을 완료했다.

COMMENT   끝으로 각 관절들을 움직여보면서 본의 링크가 잘 되었는지 확인한다.

UNIT 3 리깅

피규어 모드로 본의 세팅을 끝내고나면 이번에는 리깅 차례이다.

01 캐릭터 오브젝트를 선택한 다음 Modify List 목록에서 Skin을 적용시킨다. k_rig.max 파일을 불러와서 리깅을 한다.

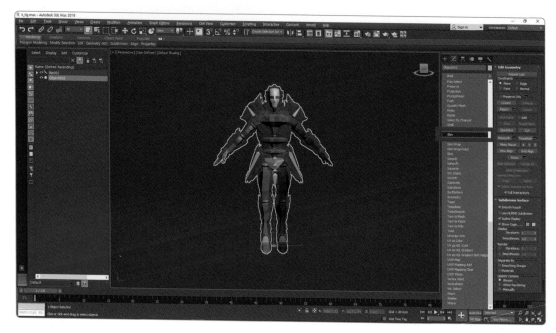

Skin을 적용시킨다.

- **파라메터(Parameters)에서 Bone 옵션의 Add를 클릭한다.**

- **Select Bone 창을 열어서 bip001 옆에 있는 작은 삼각형을 Ctrl + 왼쪽 클릭으로 모든 본들을 열어서 Ctrl + A 로 선택을 해준다.**

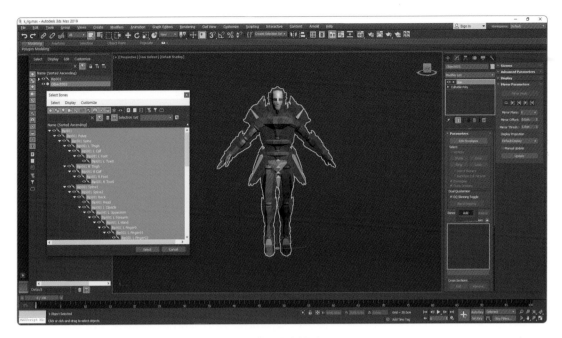

본을 등록시켜준다

02 따로 떨어져 있는 오브젝트(Element)들의 리깅을 먼저 한다.

COMMENT 따로 떨어져있는 오브젝트들 중에서 무조건 하나의 본만을 따라가도 되는 오브젝트들이 있다. 대표적으로 어깨 갑옷이 있다. Parameters에서 버택스(Vertices)체크를 한 다음 어깨 갑옷 중에 어느 한 버택스만 선택을 해도 엘리먼트(Element)단위로 선택되므로 어깨 갑옷 전체가 선택이 된다. 리깅 역시 축 복사(Symmetry)가 되므로 한쪽에만 리깅을 한다.

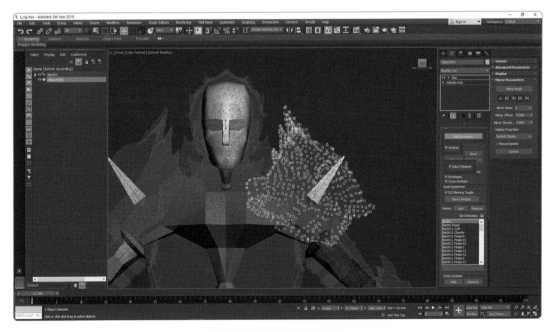

엘리먼트 단위로 선택할 수 있다.

COMMENT 웨이트툴(Weight Tool)을 열어서 어깨 본(Bone001)에 1을 주면 된다. 버택스들을 선택하고 해당 본을 클릭 한 뒤에 웨이트값을 넣어주면 된다. 본 안쪽에 실선같이 생긴 엔빌로프(Envelopes)를 직접 선택하는 방법과 Bone 리스트에서 선택을 해주는 방법, Scene Explorer에서 선택해주는 방법이 있다.

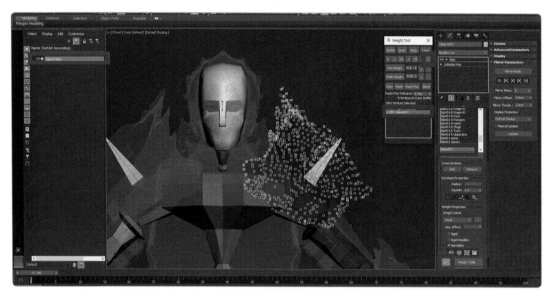

웨이트값을 1로 준다.

COMMENT 투구 역시 Bip001 Head에 웨이트값을 1로 준다. 엘리먼트(Select Element)를 체크한 뒤에 투구 전체 선택을 한 다음 Bip001 Head를 클릭하고 웨이트값 1을 준다.

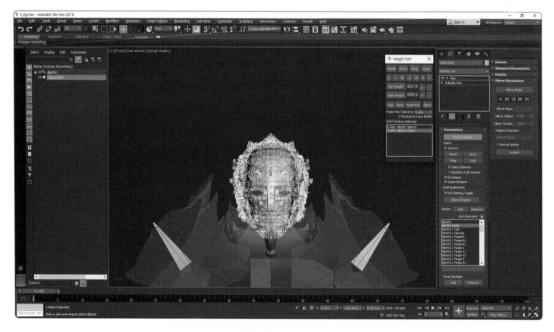

투구를 리깅한다.

COMMENT   팔뚝 보호구는 Bip001 L UpperArm에 1을 준다.

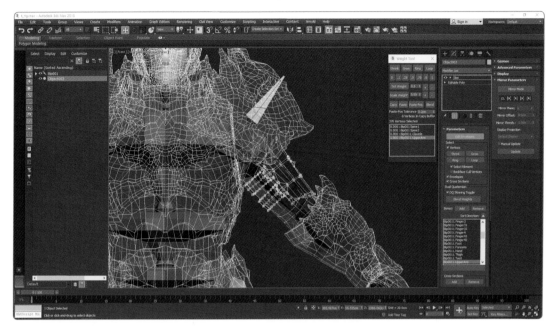

팔뚝 갑옷을 리깅한다.

COMMENT   팔뚝 보호구는 Bip001 L UpperArm에 1을 준다.

팔목 보호구를 리깅한다.

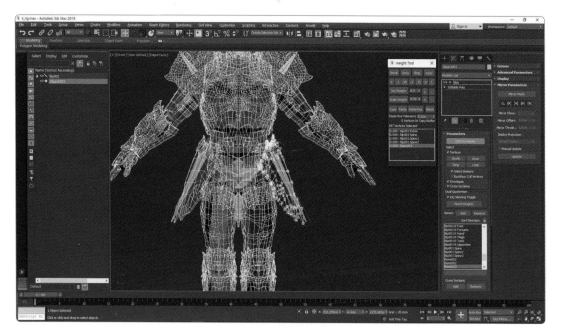

버택스들을 선택한 다음 본을 선택하고 웨이트값을 준다.

03 엘리먼트 단위로 선택했었던 오브젝트들을 축 복사를 해준다.

COMMENT 웨이트값을 설정한 오른쪽의 버텍스들을 선택한 다음 Mirror Parameters 옵션에서 Mirror Mode를 활성화시킨다.

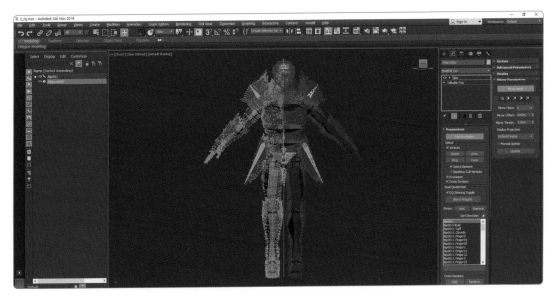

리깅했던 부분들을 선택한 다음 미러 모드(Mirror Mode)를 활성화시킨다.

COMMENT 제일 오른쪽에 있는 Paste Blue to Green Vertex를 클릭해서 웨이트값을 복사해준다. 아이콘을 자세히 보면 버텍스들의 색깔이 파란색과 초록색으로 되어있다. 거기에 삼각형의 방향이 오른쪽에서 왼쪽으로 향하고 있는 것으로 봐도 오른쪽에서 왼쪽으로 버텍스의 웨이트값을 복사를 하라는 명령어임을 알 수가 있다. 버택스 색깔도 파란색과 초록색으로 알려주고 있다. 옆에 있는 명령어들은 각각 본의 속성을 좌우로 복사해주는 옵션과 버택스의 정보를 좌우로 복사하도록 해주는 키들로 구성되어있다.

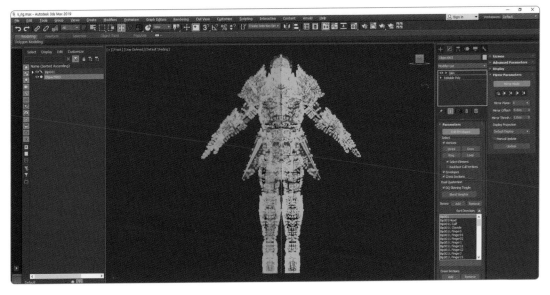

우측에서 좌측으로 버택스의 정보를 복사한다.

04 스킨의 레이어에서 Editable Poly 상태로 내려가서 리깅했었던 엘리먼트들을 하이드시켜준다.

COMMENT　　　처음으로 이 명령어를 실행을 시킬 때 경고창이 뜨게 된다. 이때에는 무조건 Hold/Yes 버튼을 클릭을 한다. Do not show this message again 체크를 해주면 다음부터 레이어의 아래위 이동시에 이런 경고창을 띄우지 않게 된다.

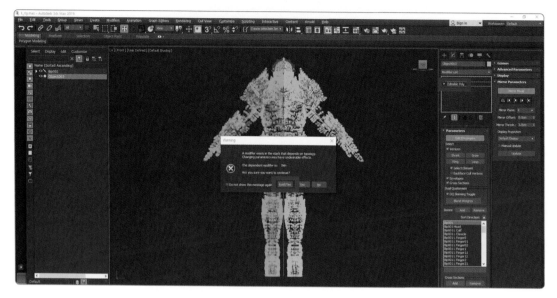

Hold/Yes를 클릭한다.

COMMENT　　　에디트 폴리레이어를 선택한 다음 엘리먼트로 리깅을 했던 갑옷 부분들을 하이드시켜준다. Edit Geometry 옵션에 Hide Selected 버튼이 있다.

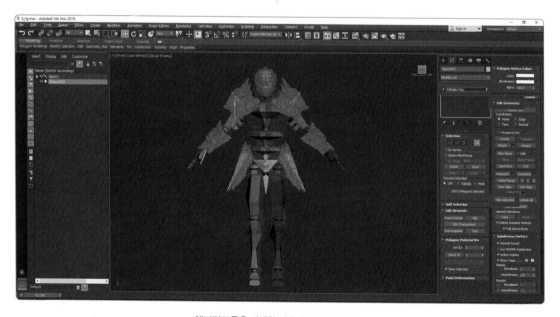

엘리먼트들을 선택한 다음 하이드시켜준다.

05 전체 버택스를 클릭한 다음 Pelvis에 웨이트값을 1 준다. 에디트 폴리 레이어에서 스킨 레이어로 올라갈 때 버택스, 폴리곤, 엘리먼트 등이 선택되어있으면 안 된다. 꼭 모든 셀렉트를 해제한 다음 skin 레이어로 올라가도록 한다.

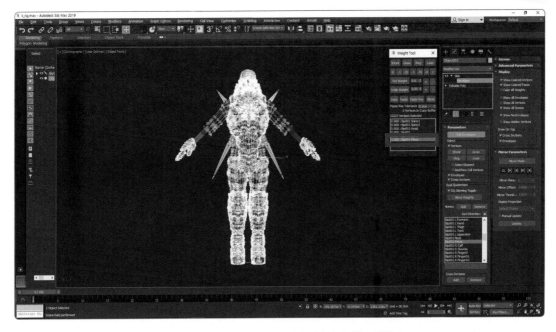

elvis에 웨이트값을 전부 1로 주고 나서 하나씩 리깅을 진행한다.

COMMENT　　　항상 작업은 잘 보이는 부분부터 작업을 해나가면서 점점 하이드시켜서 작업하기 좋은 환경을 만들어나가는 것이 좋다. 한쪽만 웨이트값 세팅을 해준 다음 나머지 부분들은 축 복사를 해주도록 한다.

06 팔부분의 웨이트값을 잡아준다.

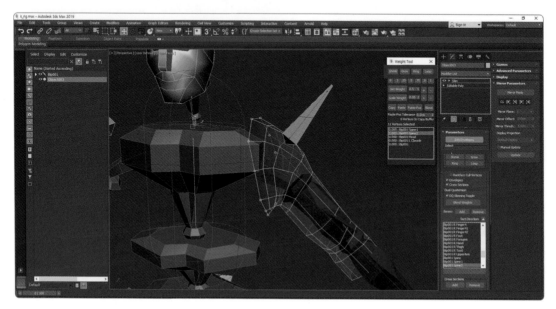

팔의 안쪽은 몸통 쪽에 웨이트값을 1 준다.

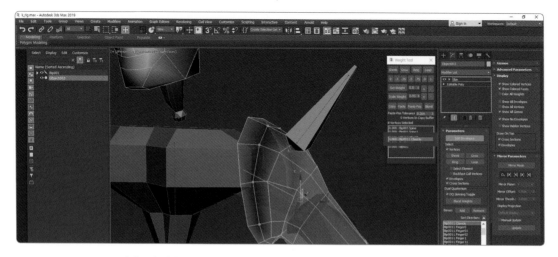

어깨 쪽에 웨이트를 많이 주다가 점점 팔뚝 쪽으로 웨이트값을 나눠줄 준비를 한다.

COMMENT 그 밑에 라인들은 Clavicle 쪽에 힘을 먼저 1로 줘서 Bip001에서 웨이트값을 0으로 만들어주고 나서 왼쪽 팔뚝 (L Upper Arm)에 0.25정도를 준다

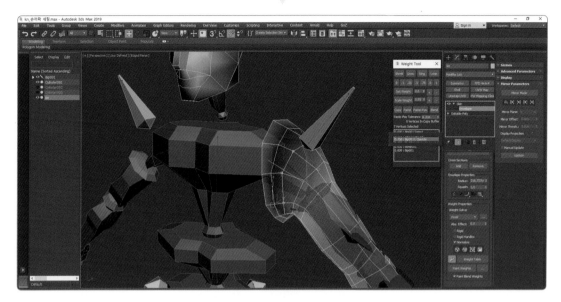

관절 부분으로 갈수록 노란색이 된다.

COMMENT 관절부분이므로 0.5씩 웨이트값을 나눠 주는데 어깨 쪽에 조금 더 웨이트를 잡아주기 위해서는 구체적인 수치를 입력해서 웨이트값을 준다. 어깨(Clavicle)쪽에 우선 웨이트값을 1을 줘서 중심축에 주었던 웨이트값을 가져오고 나서 왼쪽 어퍼 암 (L Upper Arm)부분에 0.4를 입력하고 Set Weight를 준다. (.4를 눌러주면 0.4로 인식을 한다.)

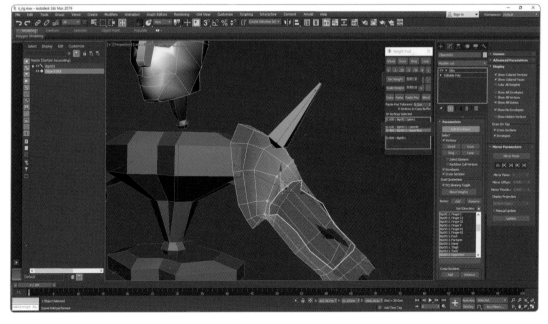

웨이트값을 직접 입력할 수 있다.

밑으로 갈수록 왼쪽 팔뚝 쪽에 웨이트값이 더 가도록 세팅한다. 거의 팔뚝 쪽에 있는 부분이므로 0.75를 팔뚝에 주고 0.25는 어깨에 준다. 나중에 움직여 보면서 디테일한 부분은 수정을 해준다.

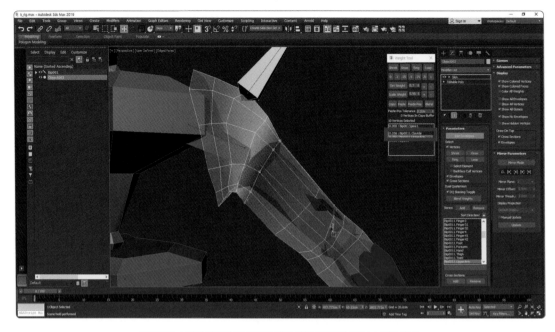

디테일한 수정은 전체를 다 세팅한 다음 본을 움직여보면서 수정을 한다.

팔뚝 부분은 팔에 웨이트값을 1로 주면 된다.

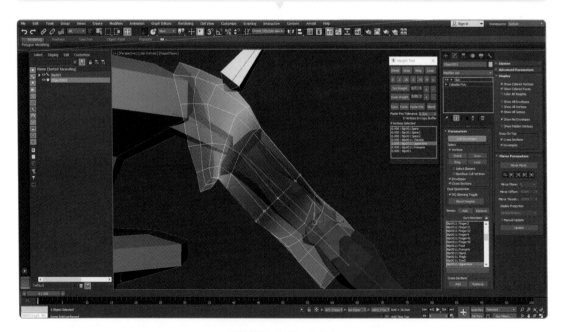

팔뚝부분은 웨이트 1로 준다.

위쪽 팔(Upper Arm)과 아래쪽 팔(Lower Arm)의 관절부분은 로우폴리곤의 실습과 거의 비슷한 구조를 가지고 있으므로 전체적인 위쪽 팔(Upper Arm)의 웨이트값의 흐름은 1, 0.75, 0.5, 0.25, 0의 순으로 진행이 되고, 반대로 아래쪽 팔(Lower Arm)에서 위쪽 팔으로의 흐름은 반대로 되게 된다(당연히 웨이트의 합이 1이므로 한쪽에 웨이트값을 주면 나머지는 1에서 적용시킨 웨이트값을 뺀 나머지 값을 가지게 되기 때문이다). 크게 흐름을 잡은 다음 조금씩 수정하면서 최대한 자연스럽게 움직일 수 있도록 세팅을 해준다. 팔의 앞쪽은 아래쪽 팔이 접히는 부분이므로 너무 아래 부분에 영향을 받지 않게 해야 한다. 팔이 굽혀질 때 안쪽으로 접히는 듯이 들어가지 않도록 주의한다. 차라리 조금 뚫고 들어가는 것이 훨씬 자연스럽다.

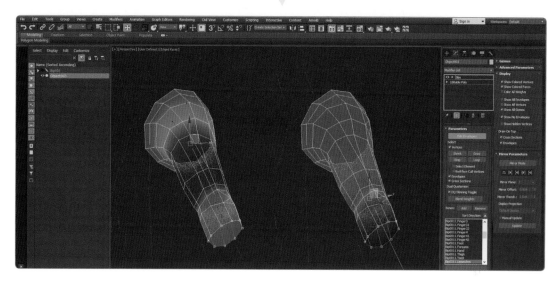

팔의 리깅을 완성한다.

전체적으로 손 부분은 모델링 할 때에 관절의 부분에 폴리곤의 구조를 잘 만들어 놓으면 생각보다 작업하기가 편하다. 전체적으로 손에 웨이트값을 다 주고 난 다음 리깅에 들어간다. 손목의 끝 부분에는 팔목에 웨이트값 1을 줘서 팔목과 팔이 애니메이션 될 때 뚫려 보이지 않도록 세팅한다.

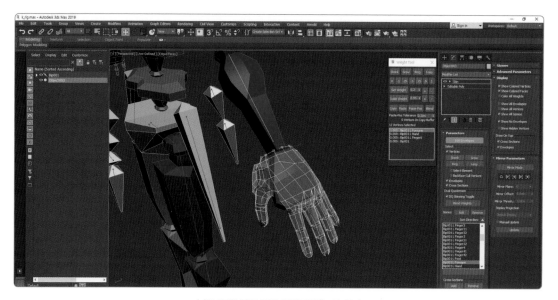

손목부분은 팔목 쪽에 웨이트값을 1로 준다.

손가락을 하나의 팔이라고 생각을 하면 관절간의 웨이트값의 흐름을 짐작할 수 있다. Flnger1에 웨이트값을 1을 준 다음 연결되는 다른 쪽의 본들을 클릭해서 값을 주면 자연스럽게 관절 부분들의 웨이트값이 정리가 된다.

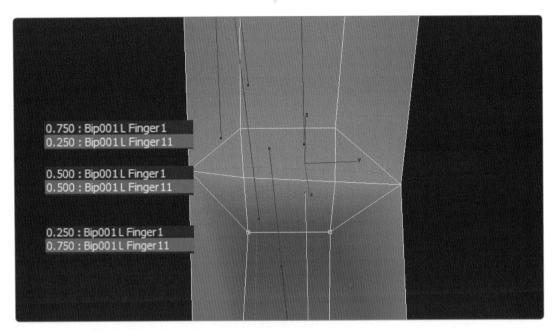

관절 부분의 세팅만 잘 해주면 된다.

전체적인 흐름은 손에서 손가락들 쪽으로 조금씩 웨이트값을 주는 흐름으로 잡아준다.

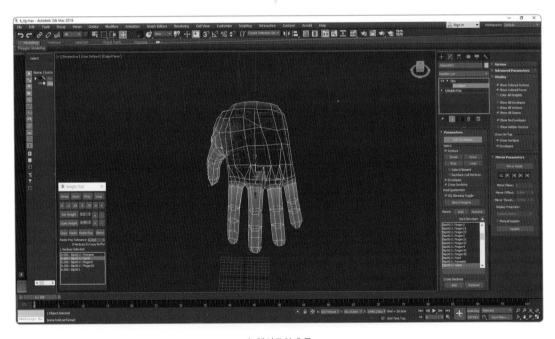

손 웨이트의 흐름

07 얼굴 부분을 리깅한다.

COMMENT 전체 얼굴에서 목으로 연결되는 부분만 웨이트값을 서로 맞춰 주기만 하면 된다. 얼굴 버텍스를 전부 선택하고 Head에 웨이트값을 1로 준 다음 목 부분에 연결되는 부분들만 다시 선택해서 목(Neck)에 웨이트값 1을 주면 된다.

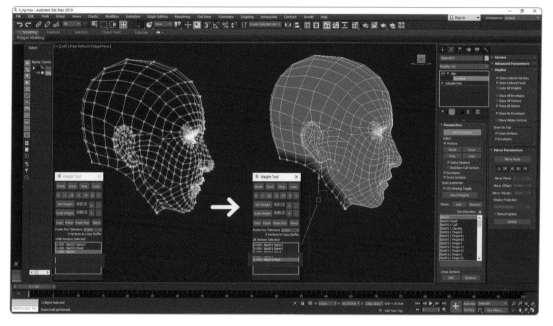

머리 부분의 리깅

COMMENT 목 부분 역시 몸통(Spine)과 머리(Head)부분에 1의 웨이트값을 주고 나머지는 적절하게 분배를 해준다.

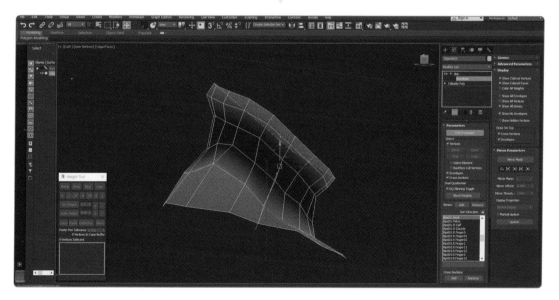

목 부분 웨이트값의 흐름

08 몸통 부분의 리깅을 한다.

COMMENT 몸통 부분은 생각보다 포즈를 잡을 때 많이 늘어나는 부분인데 스파인의 구조에 따라 생각을 하자. 벨트 부분에 세팅한 Spine부분은 거의 골반(Pelvis)부분에 같이 붙어있을 뿐이고, Spine1은 허리라고 생각하고, Spine2부분은 갈비뼈 부분이라고 생각하면, 애니메이션을 할 때나 모델링을 할 때 이해하기가 쉬울 것이다. 허리 부분의 모델링을 할 때에는 최대한 폴리곤의 흐름을 일정하게 만드는 것이 좋다(캐릭터 전공 학생들에게 리깅 수업을 꼭 한번쯤 하는 이유이기도 하다. 리깅을 하게 되면 자연스럽게 관절의 흐름과 모양을 조금 더 이해할 수 있게 되고, 모델링을 할 때에 많은 도움이 된다고 생각한다). 갈비뼈 주변의 갑옷 덩어리를 모두 잡아서 Spine2에 웨이트값으로 1을 준다.

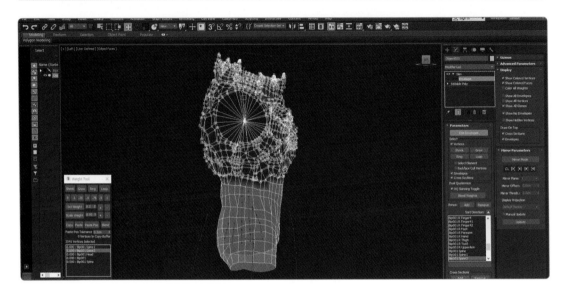

Spine에 상부 갑옷을 전부 1을 준다.

COMMENT 허리 부분과 살짝 걸치는 부분 정도까지 버텍스를 선택하고 웨이트값을 Spine1에 1을 준다.

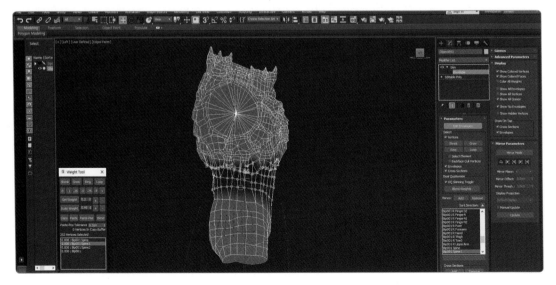

허리 부분의 웨이트값을 준다.

다리 부분은 한쪽만 잡고 복사를 해줄 예정이다. 다리 부분의 리깅을 할 때에는 허벅지(Thigh)한쪽을 회전시켜준 상태에서 엉덩이 쪽과 허벅지 앞쪽의 리깅을 해준다.

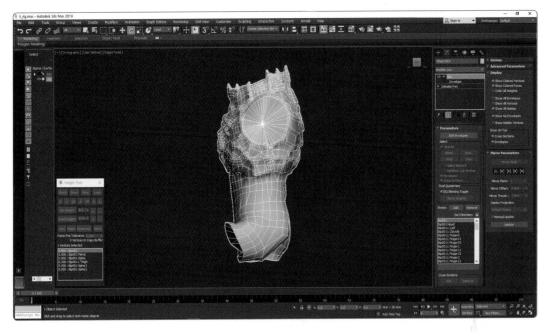

다리를 들고 늘어나는 부분들에 웨이트값을 정리해준다.

허벅지 쪽에 버택스들의 웨이트값은 당연히 허벅지(Thigh)에 1을 맞춰놓고 중간의 흐름을 잡는다. 앞쪽으로는 구부러지는 경우가 많으므로 앞쪽에는 조금 뚫리더라도 다리를 굽힐 때 골반 쪽의 버택스들이 안쪽으로 많이 밀려들어가지 못하게 해주고, 엉덩이 쪽의 버택스들은 생각보다 허벅지 쪽으로 많이 늘어난다. 그러므로 엉덩이 쪽의 폴리곤 구조역시 중요한 부분이다.

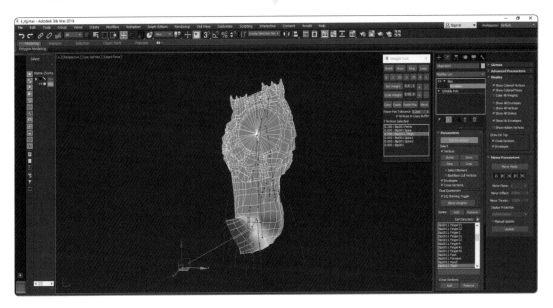

개인적으로 제일 까다롭게 생각되는 부분이다.

　　다리를 다시 현재의 상태로 돌려놓으려면 2가지 방법이 있다. 첫 번째는 처음부터 다리의 회전 값을 줄 때 스냅(Snap)을 체크하고 회전해서 그 각도만큼 다시 돌리면 된다. 두 번째는 피규어 모드(Figure Mode)에서 Copy/Paste기능으로 복사해주는 방법이 있다.

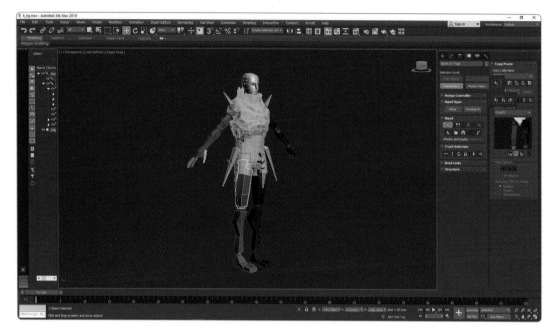

다리를 제자리로 돌려준다.

09 다리 부분을 리깅한다.

제일 잡기 쉬운 부분부터 잡고 하이드를 시켜나간다. 정강이(Calf) 부분은 웨이트값을 1만 줘도 될 부분들이 많이 보이므로 정강이부터 공략을 한다.

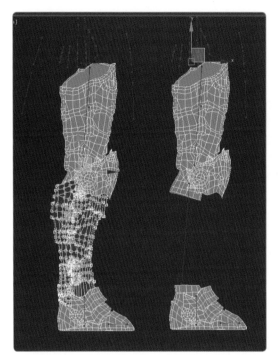 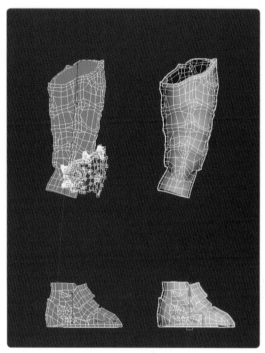

간단한 부분부터 정리하면서 하이드를 시켜준다.   정리하면서 하이드를 시켜준다.

무릎 보호대는 본을 하나 설정해서 세팅을 해줘도 되고, 지금의 경우에는 허벅지 안쪽에는 면이 있기 때문에 정강이(Calf) 부분에 웨이트값을 1 준다. 그 다음은 당연히 하이드로 숨겨준다.

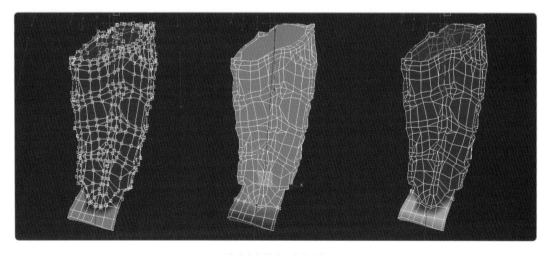

허벅지의 웨이트값의 흐름

COMMENT 신발 부분 Foot에 웨이트값으로 1을 준다. 그리고 발목 위쪽으로 정강이랑 연결이 되는 부분은 Calf 에 1을 주고, 앞꿈치와 뒷꿈치를 나눠서 웨이트값을 주면 된다.

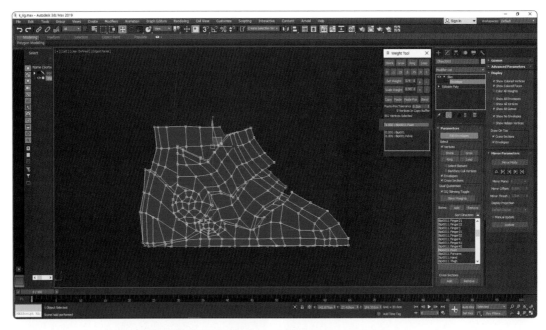

Foot에 웨이트값을 1을 주고 다른 부분으로 세팅을 해준다.

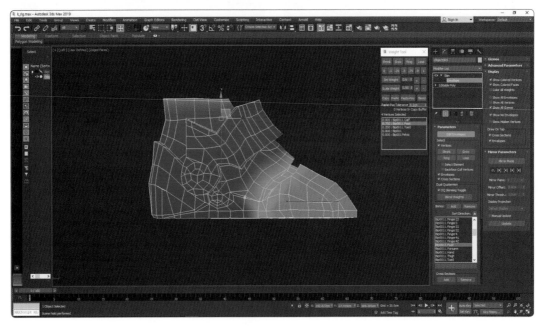

신발 웨이트값의 흐름

10 웨이트 값들을 오른쪽에서 왼쪽으로 복사를 해준다.

COMMENT 언하이드 올(Unhide All)을 하고 스킨으로 가서 Mirror Parameters에 Mirror Mode를 활성화시킨다. 보는 방향에서 오른쪽을 세팅해줬기 때문에 Paste Blue to Green Vertex를 클릭한다.

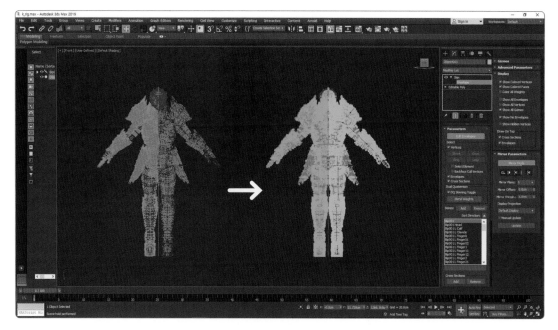

웨이트값을 복사한다.

COMMENT 조금씩 본을 움직이면서 디테일하게 웨이트값을 잡아주면서 마무리한다.

CHAPTER 03 포즈

바이페드로 캐릭터의 포즈를 잡는 공부를 한다. 키포즈 애니메이션의 기초를 배우는 것을 목표로 한다.

UNIT 1 키포즈를 잡기위한 준비 단계

무턱대고 키포즈를 잡으려다가 세팅을 해놓은 상태를 날리는 경우가 많이 있다.

특히 본의 경우에는 처음 잘못 세팅을 해버리면 완벽하게 안 되는 경우가 정말 한번쯤은 생기는데, 처음부터
정확한 셋팅을 하는 습관을 기르자.

01 피규어 모드(Figure Mode)를 해제하여 애니메이션 키 포즈를 잡을 준비를 한다. k_keypose.max파일을 연다.

> **COMMENT** 스킨을 잡은 캐릭터를 클릭해서 프리즈시킨다(바이페드 아무 부분이나 클릭을 해야 Motion의 바이페드 메뉴들이
> 나온다). 피규어 모드(Figure Mode)를 해제하여준다.

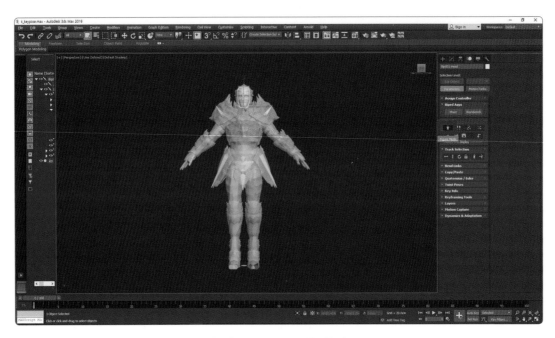

피규어 모드(Figure mode)를 꺼준다.

애니메이션 시작 전에 제일먼저 전체 본에 애니에이션 키 값을 하나를 만든다. 바이페드는 따로 애니메이션 키 값을 주는 곳이 있고, 일반 본 역시 키 값을 주는 부분이 따로 있다. 그렇기 때문에 본의 리스트와 바이페드의 리스트를 따로 모아서 관리를 해준다. 들이 몇 개 안되므로 본들은 모두 선택해서 Create Selection Sets 부분에 bone이라고 이름을 만들고 엔터를 치면 bone 이라는 이름의 셀렉션이 등록된다.

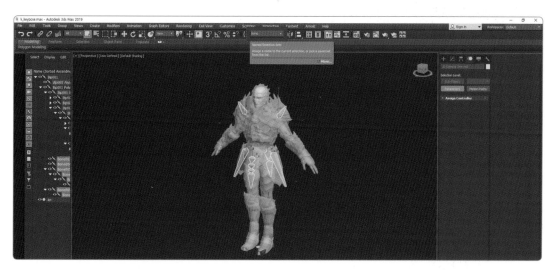

셀렉션을 등록한다.

Bip001은 정말 자주 선택하기 때문에 셀렉션으로 등록한다. Bip001을 선택하는 방법으로는 셀렉션을 등록시키거나, 왼쪽에 Scene Explorer에서 선택을 하거나(제일 위쪽에 있다!), 바이페드 아무 곳이나 클릭을 먼저 한 다음 Motion 패널에 Track Selection 밑에 아이콘을 클릭하면 바로 이동이 된다.

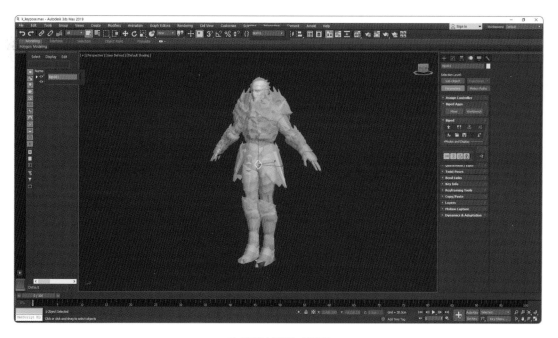

Bip001을 선택하는 방법들

　　　아래에 Time Slider가 있는데 이곳에 모눈 한 칸 마다의 숫자 단위를 프레임이라고 한다. 이 프레임들에 각각 본의 현재 위치나 회전, 스케일 값을 등록을 하면 해당 프레임에 해당 동작이 나오게 된다. 이 프레임에 들어가는 설정값을 키(Key) 리고 한다. 그리고 각 각의 프레임의 흐름에 따라 키 값들이 순차적으로 움직이거나 회전을 하거나 하는 것을 '키 프레임(Key Frame) 애니메이션'이라고 한다. 한 동작(키프레임)과 다음 동작(키프레임)이 자동으로 연결이 되는데, 이 작업에는 물리 값이 적용되며 컨트롤이 굉장히 어렵다. (당연히 이 부분들은 애니메이션의 영역이므로 이 책에서는 키 포즈만 만들 수 있을 정도로만 공부를 한다.)

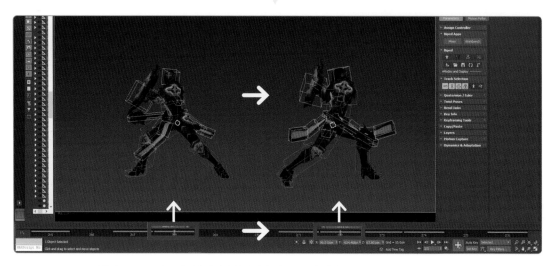

타임바(TIme Bar)가 프레임에 따라서 움직이면 키 포즈도 움직여서 애니메이션으로 보이게 된다.

　　　bone들을 선택하고, 타임 바가 0프레임에 있는지 확인을 하고, 오른쪽 아래에 있는 Set Key(단축키 K)를 눌러서 최초의 리깅 상태인 키 값을 저장한다. 셀렉션에 모아놓은 bone을 선택하면 선택이 용이하다. 자세히 보면 셋 키(Set Key)버튼의 모양에 더하기와 열쇠 그림이 그려져있다.

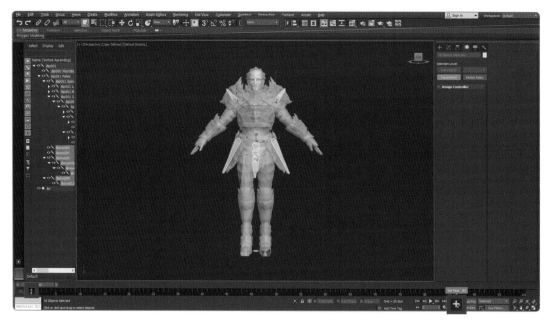

Bone의 키 값이 설정되었다.

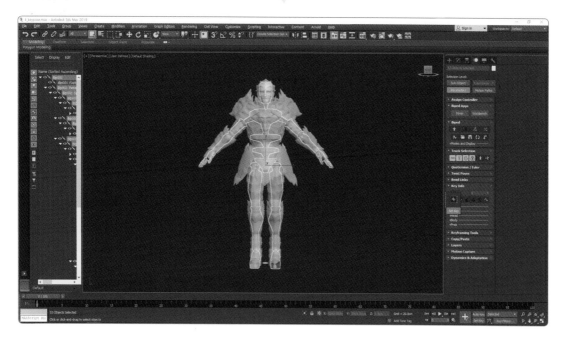

바이페드(Biped)에도 키 값을 준다.

Bip001을 선택해서 키 값이 들어가 있는지 확인한다.

키 값이 들어가 있지 않으면 셋 키로 키를 주면 되는데, 키를 자세히 보면 색깔이 다른 사각형 3개로 되어 있는 것을 볼 수 있다.

- 빨간색 : 무브(이동)에 대한 키 값이다.

- 초록색 : 로테이트(회전)에 대한 키 값이다.

- 노란색 : 스케일(크기)에 대한 키 값이다.

Track Selection에 키들이 따로 그려져 있는 이유가 여기에 있다. 정교한 애니메이션을 잘 만들기 위해서는 이동 값과 회전 값 등을 따로 쓰는 경우가 많이 있는데, 키 포즈에는 별로 쓸 일이 없기 때문에 이전에 처음 부터 애니메이션 작업을 할 때에 이것들을 전부 잠금 버튼으로 묶어서 사용하라고 한 것이다.

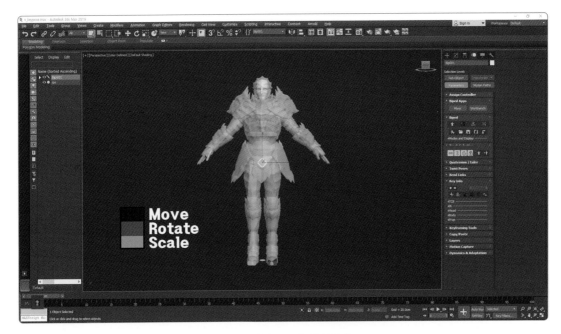

키에는 속성에 따라 색깔들이 있다

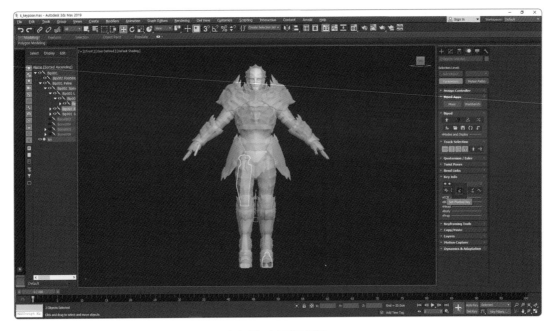

슬라이딩 키가 적용되었다.

셋 플랜티드 키(Set Planted Key) 와 셋 슬라이딩 키(Set Sliding Key)는 둘 다. 현재 발바닥의 위치에 고정을 시켜주는 역할을 하는데, 플랜티드 키는 완전 고정을 시켜주고, 슬라이딩 키는 빙판을 미끄러지는 것처럼 움직일 수 있고 위, 아래로만 움직일 수 없도록 고정을 시켜준다. 무게 중심을 위 아래로 움직여 보면 바로 확인이 가능하다. 키는 잡지 말고 그냥 아래, 위로 움직여만 보자!

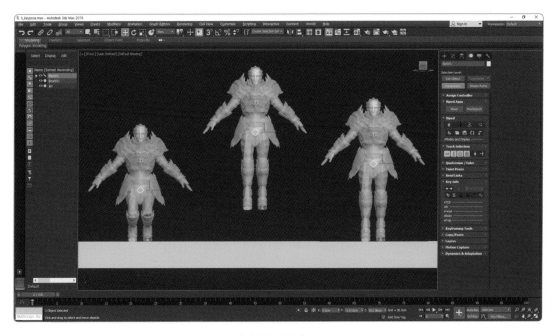

슬라이딩 키의 테스트

최초에 리깅이 된 상태를 키 포즈로 저장을 하고 나면 나중에 새로운 키 포즈를 잡다가 마음에 안 들어서 새로 시작을 한다거나 할 때에 최초의 리깅 상태의 키로 돌아갈 수 있도록 한다. 작업 방법은 타임 바를 처음 키 프레임으로 이동을 시켜주면 된다. 슬라이딩 키와 플랜티드 키의 설명은 조금 뒤에 다시하기로 하고, 기본 준비 과정을 마친다. 다음은 키포즈를 잡을 때 이 키들의 활용에 대해서 알아보기로 한다.

- Auto Key를 활성화시킨 다음 타임 트랙을 5 프레임으로 맞춘다.

- Auto Key를 활성화시키면 빨간색 테두리가 생긴다.

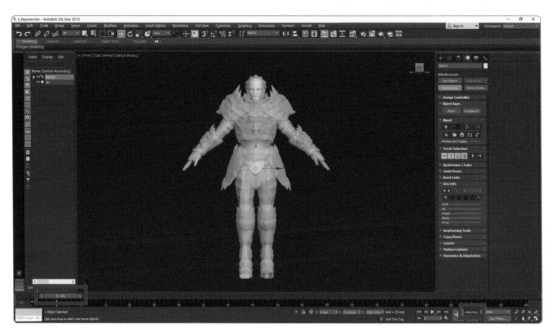

Auto Key를 눌러서 키 포즈를 잡을 준비를 한다.

각각 바이페드는 Bip001에 링크가 되어있고, 그 각각의 관절 부분들 역시 링크로 연결이 되어있다.
키 작업을 할 때에 각 바이페드마다 키 값을 주는 것이 아니고, 몇 부분의 그룹에만 키 값을 주면 된다.

- 머리 : 머리와 목이 하나의 그룹으로 되어있다.

- 몸통 : Spine으로 이름이 되어있는 몸통들의 그룹이다.

- 팔 : Clavicle(쇄골)부터 UpperArm(상박), Forearm(팔뚝), 손과 손가락들의 그룹이다.
  (Clavicle는 이 책에서는 어깨로 부른다)

- 다리 : Thigh(넓적다리), Calf(종아리), Foot(뒷꿈치), Toe(앞꿈치)로 그룹이 되어있다.

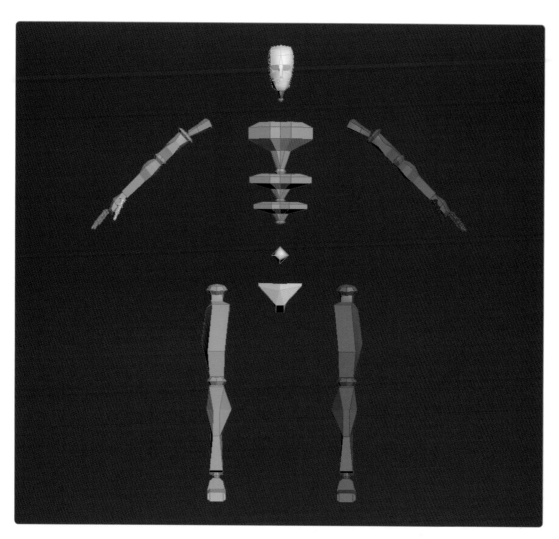

그룹별로 키 값을 가진다.

COMMENT Bip001을 선택한 다음 상체를 조금 내려주고 시작해야 하는데, 모델링을 항상 T포즈나 A포즈로 작업을 한 캐릭터이기 때문에 처음부터 무리하게 Bip001을 움직이다 보면 다리가 바닥에서 떨어지게 된다. 이전에 언급했었던 슬라이딩 키 문제가 여기서 나오게 된다. 슬라이딩과 플랜티드 모두 고정시켜주는 역할을 하게 되는데 Bip001을 움직이다보면 아래로는 안내려가도록 세팅이 되어 있지만 위쪽으로는 그냥 따라가 버린다. 문제는 그 다음부터 생기게 되는데, 그 상황을 인식을 못하고 다리 부분에 키가 들어가게 되면 그때부터는 그 키가 들어간 곳이 바닥으로 인식이 되어버리기 때문이다.

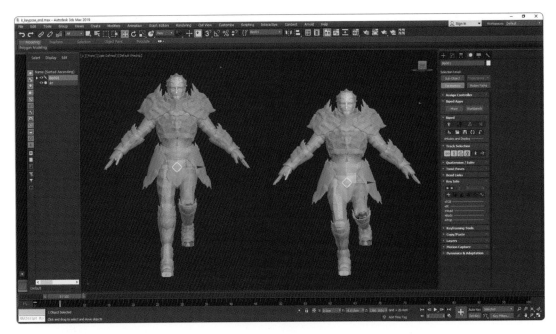

슬라이딩키를 이해하자!

COMMENT　　　Bip001을 선택한 다음 조금 아래로 낮춘 다음 보이는 화면에서 왼쪽으로 돌려준 다음, 다리를 앞뒤로 위치를 잡아준다. 회전을 할 때는 무조건 Local축을 세팅한다.

Bip001을 먼저 움직인다.

COMMENT　　　발바닥을 움직일 때 위쪽으로 움직이지 못하도록 축을 X, Y 축으로 고정을 하고 움직여 준다. 개인적으로는 잘 쓰지 않으나 책에서 방향이 조금 더 잘 보이기 위해서 깔아준 것이다. 회전을 할 때는 무조건 Local축을 세팅한다.

발목을 돌려줄 때에는 발 뒷꿈치를 선택한 다음 회전을 시켜주고, 앞꿈치를 돌려준다. 세밀한 키 조절이 아니라면 각도 스냅을 켠 다음 작업하는 것이 발의 앞꿈치와 뒷꿈치의 방향을 1자로 맞춰주기가 편하다. 발 뒷꿈치를 선택한 다음 Page Down 키를 눌러주면 하위 링크(앞꿈치)로 선택 이동이 된다. PageUp키를 누르면 상위 오브젝트로 선택 이동이 된다. 그리고 다리를 돌려줄 때에는 정강이를 선택한 다음 X축으로 회전을 준다. (Local 축이다!)

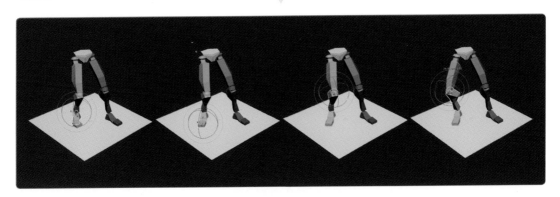

슬라이딩 키를 이용한 키포즈 잡는 법

허리를 조금 숙여주고 다리와 몸통의 발란스를 잡는다. Bip001의 위치에서 직선으로 아래로 내려가면 동그란 플랜을 하나 볼 수가 있는데 무게중심의 위치를 보여준다. 다리의 각도와 길이에 따라서 무게 중심을 이동시키면서 자연스럽고 무리가 가지 않도록 위치를 잡아준다. 뷰 포트를 돌려가면서 여러 방향으로 보면서 포즈를 잡는다. 상체의 포즈나 장비에 따라 무게중심의 위치가 바뀔 수가 있으므로 조금씩 수정하면서 포즈를 잡아 나가는 것이 요령이다.

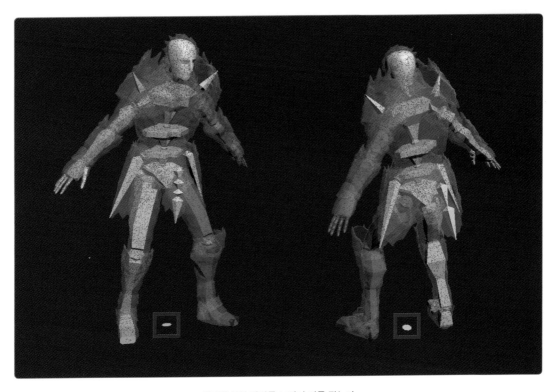

무게중심의 위치를 보면서 키를 잡는다.

허리와 팔을 자연스럽게 잡아준다. Bip001과 붙어있는 허리(Spine)는 어느 정도 Bip001의 각도나 위치를 따라가는 정도로 잡아주고, 그 위쪽으로 갈수록 조금씩 크게 각도를 잡아준다. Bip001의 각도가 한쪽으로 기울어질 때 Spine은 위쪽으로 올라갈수록 Bip001의 기울어진 반대쪽으로 균형을 맞춰주면 기본적인 포즈의 균형을 잡는데 많은 도움이 된다. 처음 모델링할 때에 어깨를 조금 낮춰서 만들었기 때문에 어깨를 살짝 올린다음 팔을 내려준다.

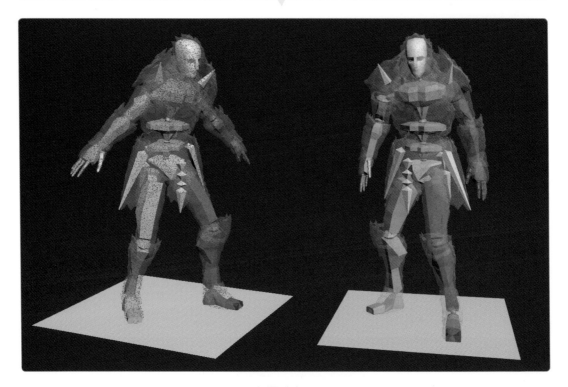

상체를 잡아준다.

엄지 손가락을 제외한 나머지 손가락의 한 라인을 잡은 다음 회전을 시키고, PageDown으로 순차적으로 접어준다.

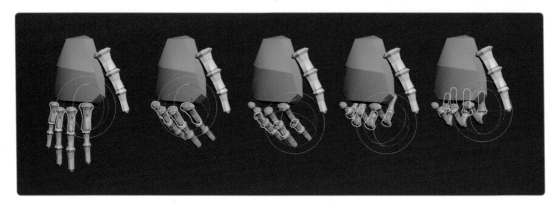

손을 구부린다.

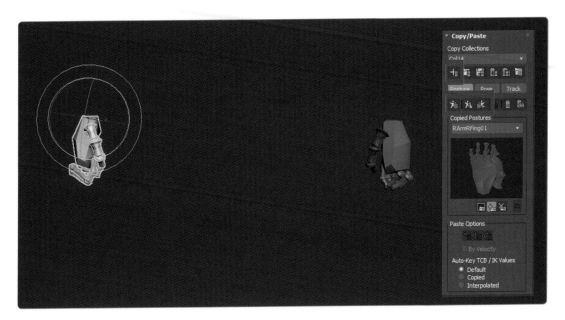

Copy/Paste로 복사를 해준다.

COMMENT　　　키 포즈들을 다듬고 나서 마지막으로 얼굴을 잡아준다.　바이페드 키포즈가 완료되면 거기에 맞춰서 본의 키를 잡아주면서 마무리한다. 어깨 갑옷의 경우에는 포즈에 따라서 몸속을 뚫고 들어가기도 한다. 이때 본으로 움직여서 여유롭게 잡아주면 되는데, 로컬 축으로 무브하면 움직이기가 조금 편하다.

어깨 본의 키를 잡아준다.

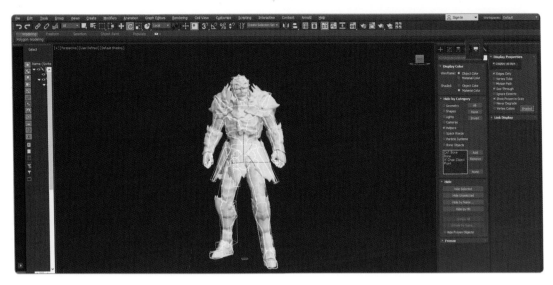

Display as Box를 체크해줘서 작업을 조금 더 편하게 만들어준다.

UNIT 3   무기 세팅

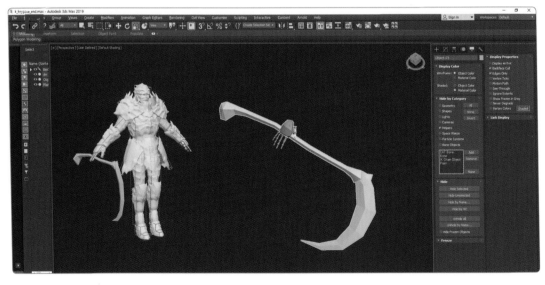

손의 위치에 둔 다음 링크를 걸어준다.

무기에 따라서 피봇의 위치를 변경해 줘야 할 때가 있다. Hierarchy 판넬에 Adjust Pivot 옵션에 Affect Pivot Only를 활성화시킨 다음 피봇(Pivot)을 움직여서 정리한다.

- 방패의 경우 : 손이나 팔목에 붙을 수 있도록 방패의 중심 쪽에 피봇을 세팅하고 링크를 걸어준다.

- 손잡이가 있는 경우 : 손잡이에 피봇을 세팅한 뒤에 링크를 걸어준다.

- 창 같은 경우 : 포즈에 따라 봉이 손을 따라서 움직여야하므로, 봉의 중심에 피봇을 세팅한 후에 링크를 걸어준다.

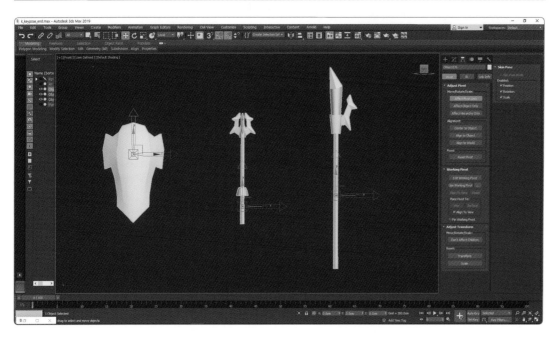

피봇의 위치를 세팅한 뒤에 링크를 해준다.

COMMENT　　　무기를 손에 링크를 걸어주고 나서 키포즈를 잡아주면 되고, 키가 잡혀있는 상황이면 피규어 모드로 바꾼 다음 무기의 피봇을 세팅해준다. 그리고 무기를 손에 잡을 수 있는 위치로 움직이고 방향도 맞춰 준 다음 피규어 모드를 해제하면 손에 붙은 상태에서 키 포즈를 취하게 된다. 손가락이 쥐고 있지 않은 경우에는 애니메이션 활성화(Auto Key)를 활성화한 다음 손의 키 값을 잡아주면 된다.

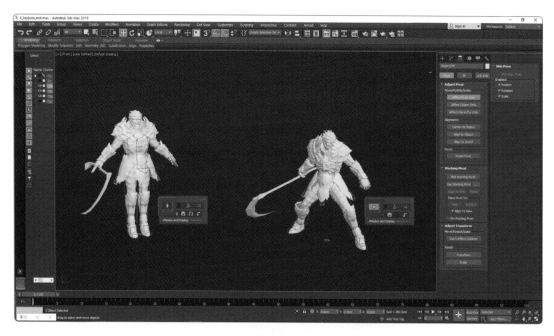

무기를 링크시켜준다.

봉 같은 경우에는 키포즈에 따라서 봉의 위치를 움직일 때, Local축으로 움직여주면 된다.

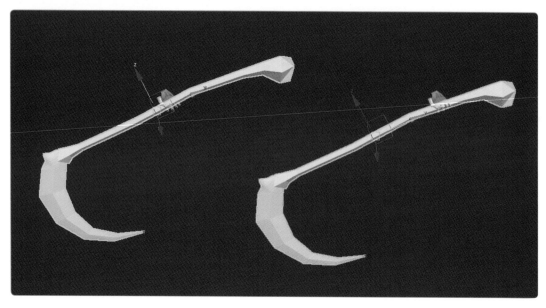

로컬 축으로 움직여준다.

활 같은 경우에는 본을 세팅해서 작업을 해준다. 활의 시위 부분에는 본 대신 헬퍼를 쓰는데, 헬퍼는 create판넬의 Helper 옵션에 더미로 만들었다. 더미는 초록색 속이 투명한 박스로 되어있다. 더미역시 링크가 가능하고 링크를 Bone으로 인식이 된다. 이 더미에 키 값을 주면 활시위가 당겨지는 것처럼 된다.

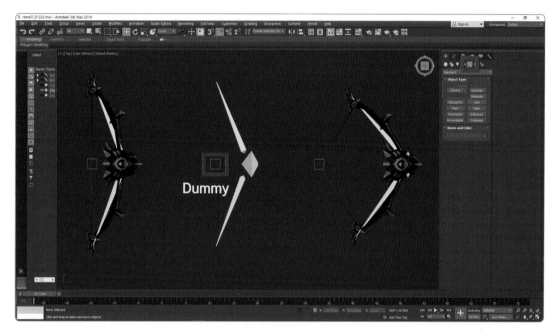

활은 스킨을 잡아준다.

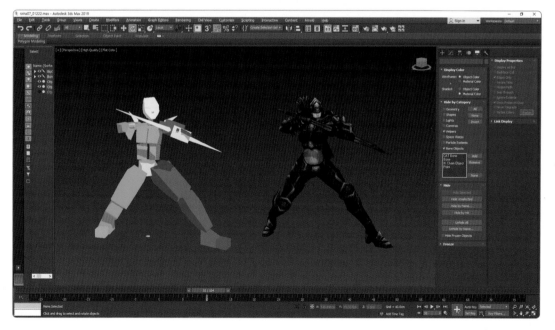

활로 키포즈를 잡은 모습

PART 07

마모셋 랜더링

마모셋 엔진에 키포즈를 잡은 캐릭터 오브젝트를 불러와서 머터리얼과, 조명, 포그 등의 연출을 세팅을 한 뒤에 랜더링을 거는 것을 공부 한다.

CHAPTER 01 캐릭터 파일 적용

마모셋 엔진에 키 포즈 작업을 했던 Max 파일을 Fbx로 추출하는 것을 공부한다. 애니메이션이 있는 경우(키 포즈를 하나의 파일에 순차적으로 잡아놓은 상태에도 포함이 된다) 애니메이션도 같이 추출을 하는 방법을 공부한다.

UNIT 1 익스포트(Max)

k_keypose_end.max 파일을 불러온다.

캐릭터 폴리곤만 선택한 다음 Export 옵션에 Export Selected...를 클릭하고 파일 이름을 정한 뒤에 경로를 지정해준다.

01 k_keypose_end.max 파일을 불러온다. 캐릭터 폴리곤만 선택한 다음 Export 옵션에 Export Selected...를 클릭하고 파일 이름을 정한 뒤에 경로를 지정해준다.

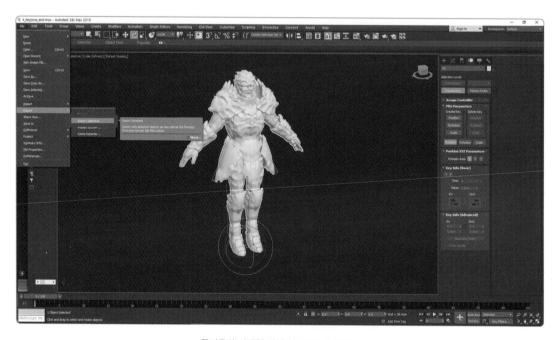

폴리곤만 선택한 뒤에 익스포트를 한다.

COMMENT k_marmoset_90.fbx로 이름을 익스포트 한다. Geometry 옵션은 그대로 두고, Animation 옵션을 체크 하고, Bake Animation 옵션을 체크한다. 애니메이션은 90프레임 까지만 되어 있으니까, End에 90을 입력한 뒤에 OK를 눌러서 익스포트를 한다. Start는 말 그대로 시작 프레임 수이고, End는 끝내는 프레임 수, Step는 키를 1프레임 단위로 키를 생성을 해서 익스포트하면 끝이다. 마모셋 엔진에서 애니메이션이 생각보다 많이 빠르게 돌아갈 것이다.

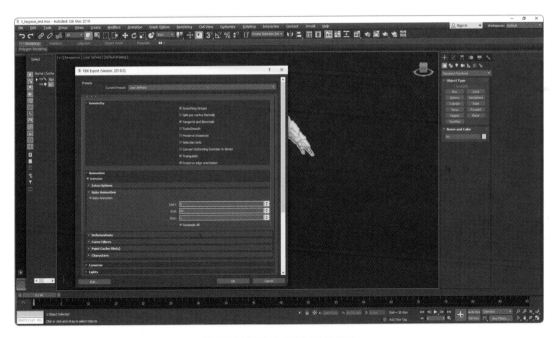

폴리곤만 선택한 뒤에 익스포트를 한다.

COMMENT   한 동작씩 익스포트를 하는 방법을 추천 한다. 해당 프레임에 트랙 바(Track Bar)를 옮겨놓고 그 상태에서 폴리곤으로 변환을 시킨 후 익스포트를 하면 포즈 1개만 익스포트를 할 수 있다. 애니메이션을 체크할 필요가 없다. 참고로 30 프레임이 실제 시간 1초와 같다. k_marmoset_1.fbx 파일로 익스포트를 한다.

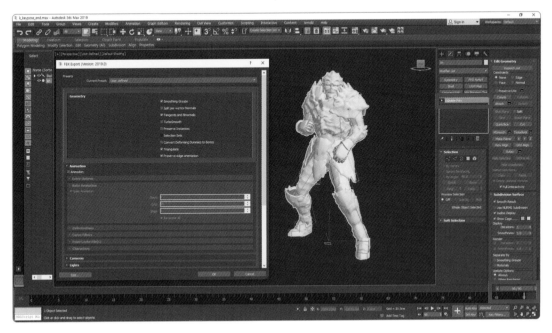

포즈 하나만 익스포트를 한다.

UNIT **2** **임포트**(Marmoset)

01 마모셋(Marmoset)을 실행시키고 모델링 파일을 등록한다.

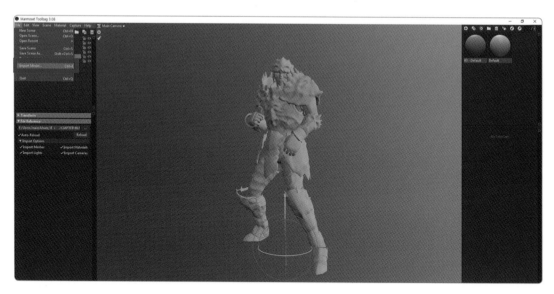

임포트를 한다.

02 Edit 옵션에서 Preferences...를 클릭해서 Preferences 창을 연 다음 Content 옵션에 Default Tangent Space 옵션의 3D Studio Max로 설정을 해준다.

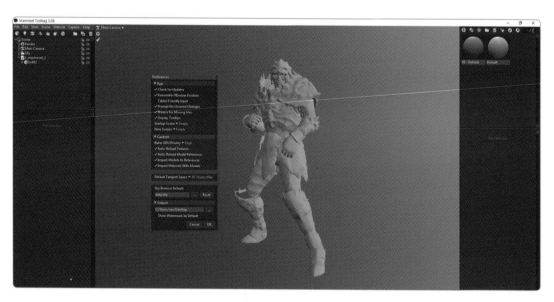

Default Tangent Space 옵션에 3D Studio Max로 설정해준다.

COMMENT 맥스 기반의 작업을 하였으므로 탄젠트 스페이스 옵션을 Max로 설정한 것이다. 한번만 체크해주고 나면 다음부터는 자동으로 체크가 되어있다.

03 머티리얼을 만들어서 적용시켜준다. 우측 상단에 load various Material Preset을 클릭한 다음 Unreal 4 Template를 클릭해서 새로운 머티리얼을 등록한다.

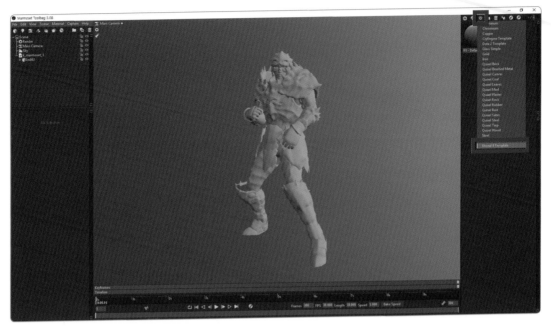

머티리얼을 등록한다.

COMMENT 새로 생성된 머티리얼을 드래그해서 모델링에 적용시키고 다른 머티리얼은 지워준다. 우측 상단에 휴지통 아이콘이 있다.

새로 생성한 머티리얼을 적용시켜준다.

04 서브스텐스 패인터에서 추출했던 맵을 등록시켜준다. Texture 폴더에 있는 맵들을 사용한다.

맵을 드래그해서 넣어주면 된다.

- Surface : NomalMap을 적용시킨다.

- Microsurface : Roughness 맵을 적용시킨다.

- Albedo : BaseColor 맵을 적용시킨다.

- Reflectivity : Metallic 맵을 적용시킨다.

맵들을 등록시켜준다.

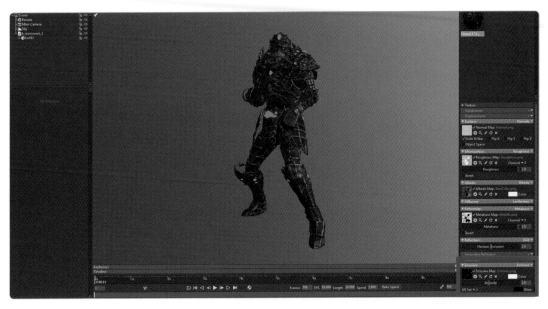

missive 맵을 적용시킨다.

Transparency 옵션의 오른쪽 삼각형을 열면 Dither로 설정하면 자동으로 Use Albedo Alpha가 체크되어
있는 것을 확인할 수 있다. 자동으로 알파가 빠지지만, 알파 맵이 따로 존재하면 알파 맵을 넣어준다.

- Cutout : 잘라내듯이 알파를 잡아준다.

- Dither : 노이즈를 미리 준다는 뜻인데 자세히 보면 알파와 일반 맵의 경계부근에 자잘하게 노이즈처럼 알파가 찍혀
있는 것을 볼 수 있다. 알파와 그렇지 않은 부분의 경계에 일부러 노이즈를 줘서 자연스럽게 알파를 처리할 때에 쓴다.

- Add : 아래의 수치 바를 조절해서 전체적으로 알파를 적용시킨다.

알파맵을 적용한다.

05 캐릭터의 사이즈를 맞춰준다.

COMMENT   사이즈가 너무 큰 경우에는 거리가 있는 라이트를 쓸 때에 제대로 효과가 나지 않는 경우가 있다.브라우저 메뉴의
Render 옵션 중 Scene에 Show Scale Reference 체크를 해주면 샘플 캐릭터의 사이즈를 볼 수 있다.

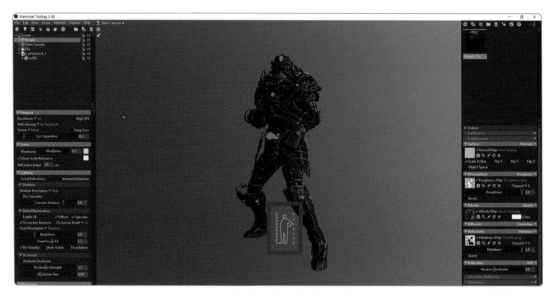

스케일을 비교한다.

COMMENT   사k_marmoset_1을 선택한 다음 Transform 밑에 스케일을 각각 0.15로 설정한다. 사이즈 작업이 끝나면 Render에
Scene 옵션에서 Show Scale Reference 체크를 꺼준다.

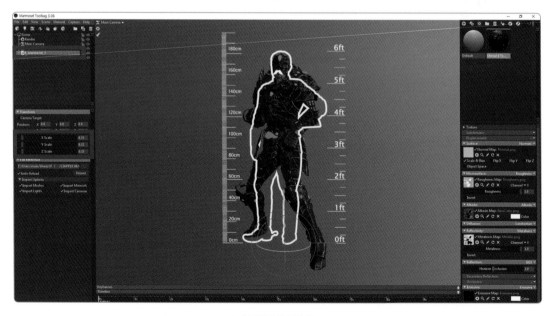

사이즈를 줄여준다.

CHAPTER 02 환경 세팅

스카이 라이트를 세팅하고 조명과, 포그, 기타 설정들을 세팅해서 랜더링할 이미지를 뽑을 준비하는 과정이다.

UNIT 1 환경세팅

01 기본 조작법을 익힌다.

- 확대/축소 : 마우스 휠 드래그, Alt + 마우스 오른쪽 클릭

- 뷰포트 회전 : Alt + 마우스 왼쪽 클릭

- 메인 조명 회전 : Shift + 마우스 왼쪽, 오른쪽 버튼을 누르면서 드래그

- 뷰포트 Move : Alt + 마우스 휠 클릭

- 화면 중앙 정렬 : Ctrl + F , Ctrl + Shift + F

기본 조작법을 익힌다.

02 화면 왼쪽 상단에 Sky를 클릭하면 왼쪽에 메뉴가 나오게 된다. 프리셋(Presets...)을 클릭한다.

Presets... 에서 원하는 세팅을 선택한다.

COMMENT Presets...는 계속 바꿔가면서 쓸 수 있으나, 그때마다 세팅해놓았던 Sky Light 값들이 리셋이 된다. 필자는 Smashed Window를 선택했다. 선택을 하고 Sky Browser 창의 오른쪽 상단에 있는 Done 버튼을 눌러준다.

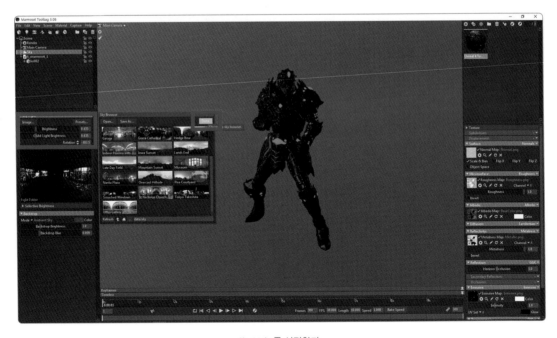

Sky Light를 설정한다.

Sky Light :

- Brightness : 스카이 라이트의 강도를 설정할 수 있다.

- Child-Light Brightness : 차일드 라이트의 강도를 설정할 수 있다
  (차일드 라이트는 지금 세팅이 되어있지 않으므로 수치를 올려도 아무 변화가 없다).

- 브라이트니스(Brightness) 값을 1.5로 준다.

- Rotation : -1400으로 값을 준다.

Sky Light 방향과 강도를 설정한다.

- BackDrop : 배경의 환경을 설정할 수 있다.

Mode :

- Color : 우측에 설정한 색상 값을 배경색으로 사용한다.

- Sky : Sky Light 설정할 때 사용된 이미지를 배경으로 사용한다.

- Blurred Sky : Sky Light 설정할 때에 사용된 이미지에 블러를 먹인 상태를 배경으로 사용한다.

- Ambient Sky : 잔잔한 하늘을 배경으로 사용한다.

Backdrop을 설정한다.

배경을 어둡게 깔아준다.

Child-Light를 설정해준다. 차일드 라이트(Child-Light)는 Light Editor(사진 이미지)에 왼쪽 클릭을 하면 추가되고, 오른쪽 클릭을 하면 라이트가 지워진다. 라이트를 생성시킨 부분의 색을 그대로 라이트로 바꿔준다. 라이트를 하나 만들어서 드래그해보면 배경의 색에 따라 라이트가 바뀌는 것을 확인할 수 있다. 차일드 라이트는 나중에 설정으로도 바꾸어 줄 수 있다. 왼쪽과 오른쪽에 2개의 라이트를 설치한다. (설치 후에 설정을 바꿔줄 계획이다.)

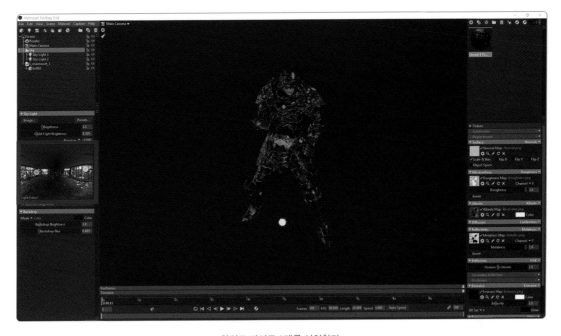

차일드 라이트 2개를 설치한다.

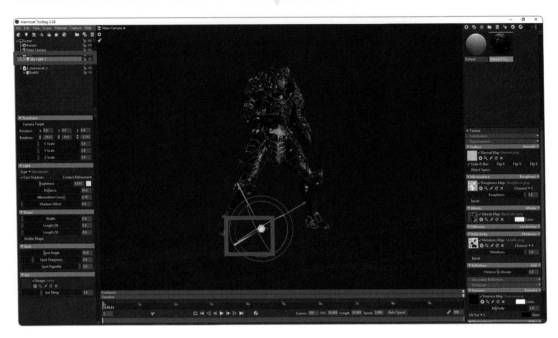

라이트의 방향과 종류를 확인할 수 있다.

Light :

- **Type** : 라이트의 속성인데, **Directional**(태양광), **Spot**(후뢰쉬 혹은 무대조명), **Omni**(전구)와 똑같은 속성을 가진다.

- **Brightness** : 밝기를 설정할 수 있다.

- **Distance** : 빛이 비춰지는 거리를 설정할 수 있다.

- **Attenuation Curve** : 빛의 감쇠 커브를 설정할 수 있다.

- **Shadow Offset** : 그림자의 상세 값을 설정할 수 있다.

- **Shape** : 빛의 모양을 설정할 수 있다(길다란 전구모양, 평평한 모양 등을 설정할 수 있다).

- **Spot**: 빛의 크기와 길이 등을 설정할 수 있다.

COMMENT 하나는 정면에서 약간 오른쪽 위에서 아래로 빛이 떨어지도록 만들어준다. 색상과 강조를 조절해서 석양이지는 느낌으로 라이트 세팅을 한다. 하나는 반대쪽 아래에서 앞쪽으로 어두운 파란색 계열로 세팅을 해준다. 역광을 표현해준다. 적당히 조절해야 하지만 개념을 설명하기 위해 일부러 색과 강도를 강하게 줬다.

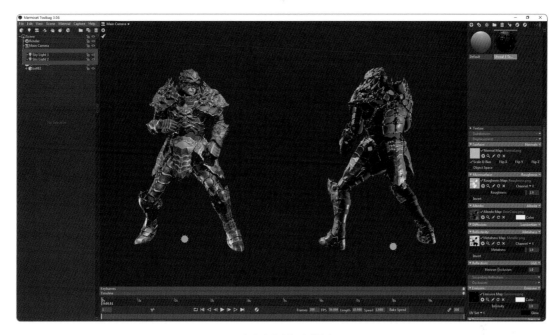

주광과 반사광을 설치했다.

COMMENT 캐릭터의 정면에서 왼쪽 아래나 윗부분에 보조광을 설치해준다. 전체적인 캐릭터의 색을 만들어줄 수 있다. 보조광도 강하게 세팅을 한다. (강하게 세팅을 하고난 다음 조금씩 수정을 해서 본인이 원하는 퀄리티의 연출을 만들어주는 방식이다.)

보조광을 설치했다.

03 라이트 설치

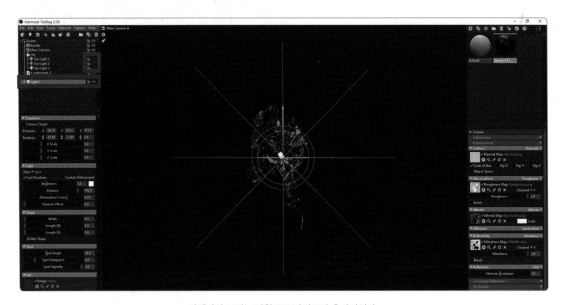

카메라가 보이는 방향으로 라이트가 추가되었다.

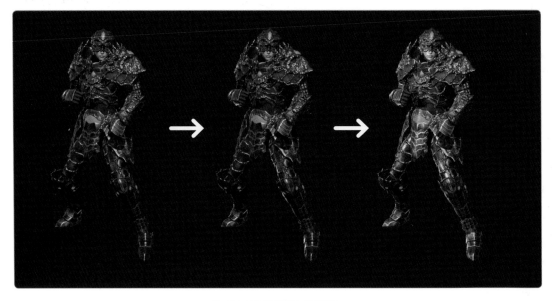

Spot Light로 라이트를 설치한다.

04 포그를 설치한다.

포그를 적용시킨다.

- **Linear : 직선적인 포그**(밀도가 가장 낮다)

- **Inverse : 거꾸로 된 포그**(뒤집힌 포그)

- **Exponential : 꽉 찬 포그**(구름 위의 하늘처럼 밀도가 높은 포그)

포그의 수치들 역시 라이트와 비슷한데 강약과 투명도, 포그의 색과 밝기 등으로 수치를 입력할 수 있다.

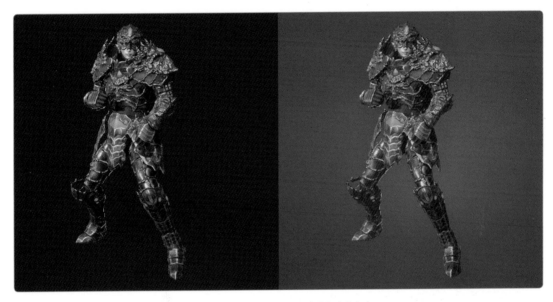

포그의 유무에 따라서도 분위기가 바뀐다.

05 New Shadow Catcher를 설치한다. 그림자를 받는 플랜이 생성되고, 투명도와 사이즈, 등을 설정해줄 수 있다.

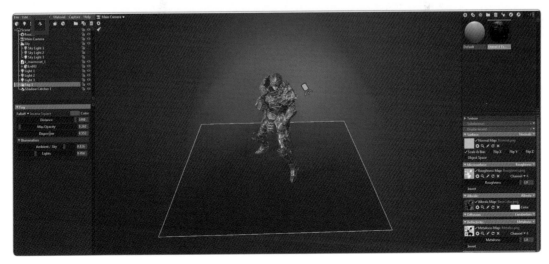

Shadow Catcher를 설치한다.

CHAPTER 03 랜더링

최종적으로 턴테이블을 설치하고 머터리얼과 랜더 턴테이블 설정을 한 뒤의 랜더링까지가 이 책의 최종 목표이고 한 번의
사이클이 끝나게 된 것이다.

UNIT 1 머터리얼 수정

COMMENT   머터리얼 밑에 보면 수치를 넣을 수 있는 bar들이 존재한다. 바를 움직여서 수치들을 조절하여 조금 더 좋은
이미지가 나오도록 조절한다.러프니스와 메탈릭의 조율이 서브스텐스와 비슷하므로 이 부분들을 조금 더 자연스럽게 세팅을 한다.
에미시브(Emissive)도 꺼준다.

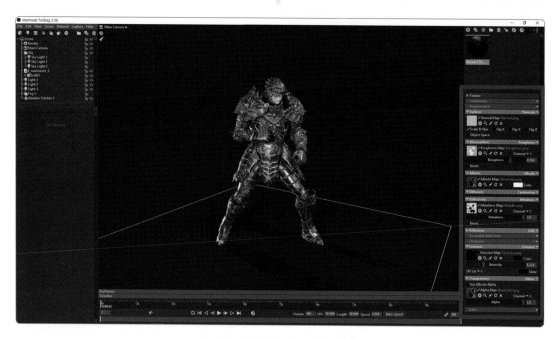

텍스쳐들의 설정들을 조금 더 조절한다.

UNIT 2 랜더 세팅

랜더를 세팅한다. 렌더에는 뷰포트, 씬, 라이팅, 오클루전 등의 설정을 줄 수 있다.

설정 중에서 자세히 보면 맵으로 해결할 수 있는 부분과 맵이 없이도 자동으로 효과를 주는 부분들도 많이 있으므로 맵의 설정과 함께 비교를 해보면서 조금이라도 좋은 효과를 낼 수 있도록 이것저것 수치들을 많이 대입해보면서 감을 익힌다.

① **씬의 구성 :** 레솔루션, 안티알리아싱 Stereo, 등을 설정할 수 있다.

② **씬(Scene) :** 와이어 프레임(WireFrame)의 유무와 컬러, 투명도를 조절할 수 있다. 스케일 샘플을 불러올 수 있다.

③ **Lighting :** Local Reflections(일반적인 반사값), Internal Refraction(굴절)의 유무를 체크할 수 있다. Shadow의 밀도와 길이들을 조정할 수 있다.

④ **Global Illumination(전역 조명) :** 글로벌 일루미네이션 적용의 유무, 반사와 투과, 굴절 등을 조절할 수 있다.

⑤ **오클루전(Occlussion) :** 오클루전 맵을 조절한다. 오클루전은 맵을 추출한 상태라면, 추출한 맵을 사용하면 된다.

⑥ **워터마크(Watermark) :** 워터마크에 관한 설정을 할 수 있다.

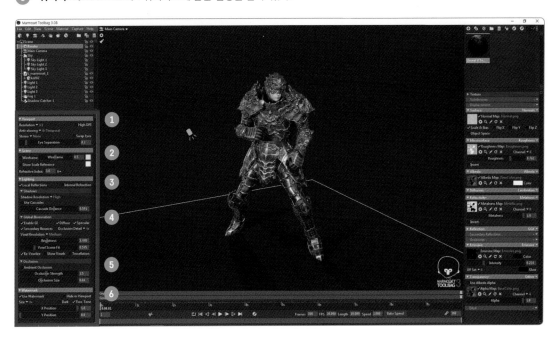

랜더링 메뉴들

UNIT 3 카메라 세팅

기본적인 카메라의 컨트롤과 카메라 보정, 카메라 이펙트, 필터 등을 조절할 수 있다.

포토샵 급의 보정이 된다.

1 **Transform** : 카메라(뷰 포트)를 직접 수치로 이동, 회전 등을 할 수 있다.

2 **Control** : 카메라(뷰 포트)의 이동과 회전 등의 수지를 조절할 수 있다.

3 **Limits** : 카메라에 투사되는 공간에 대한 조절을 할 수 있다.

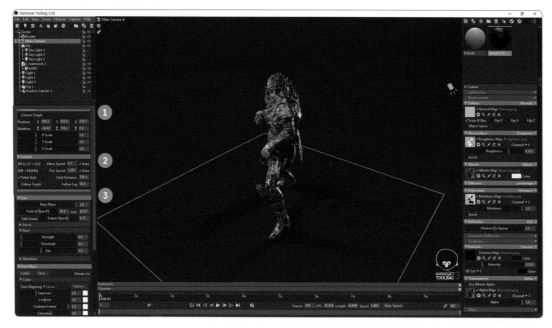

기본적인 카메라(뷰포트) 컨트롤들

④ **Lens :** 카메라 렌즈의 속성을 조절할 수 있다. 굴곡과 Safe Frame등을 조절한다.

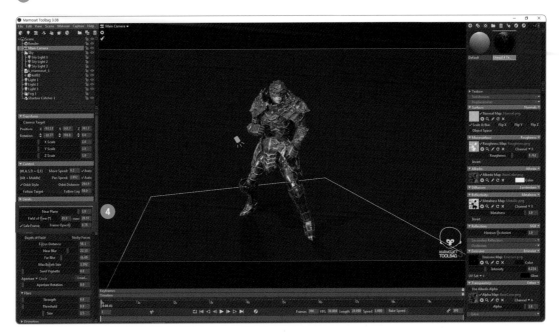

렌즈 관련 설정을 할 수 있다.

⑤ **포커스(Focus) :** Depth of Field 효과를 줘서 뷰 포트에서 가까운 곳의 블러 값이나, 먼 곳의 블러, 블러의 크기와 포커스의 위치 등을 설정할 수 있다.

뒷부분에 블러(Blur)를 설정했다.

6 **플레어(Flare) :** 렌즈 플레어 효과를 줄 수 있다.

렌즈 플레어를 준다.

7 **포스트 이펙트(Post Effect) :** 후처리 이펙트라고 보면 된다. 포토샵의 필터 기능들과 비슷한 부분들이 많이 있다. 컬러(명도, 채도, 색상 등), 샤픈(Sharpen) 등의 이펙트와 전체 필터링 등을 줄 수가 있다.

이펙트를 있는 데로 다 줬다!

UNIT 4 턴테이블(Turn Table)

COMMENT　　턴테이블을 세팅한다. 조명, 모델링 등 턴테이블 밑으로 종속되는 것들은 모든 것들이 돌게 된다. 세팅에 따라 캐릭터가 조명을 받으면서 돌던가, 캐릭터는 그대로 조명이 돈다던지, 다 같이 돌 수 있도록 상황에 따라 세팅을 하면 된다.

모델링 오브젝트만 턴테이블에 종속시켜줬다.

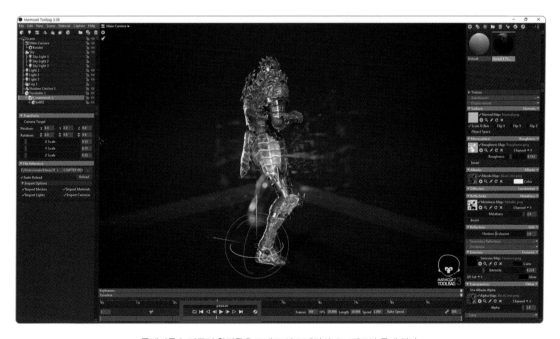

플레이를 눌러주면 환경들은 그대로 있고 캐릭터 오브젝트만 돌게 된다.

기본적인 랜더링 명령들은 기타 프로그램과 같다. Capture에 보면 옵션과 이미지 출력에 관한 옵션들이 있다.

01 Cull Back Faces. 투 사이드 체크를 해준다.

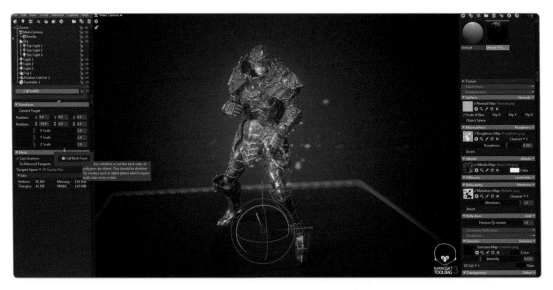

투 사이드 체크를 해준다.

02 Capture를 클릭한다.

Capture를 클릭한다.

COMMENT 이미지에 랜더를 걸어서 바로 오픈을 하거나, 아트스테이션에 등록, 비디오로 포맷으로 출력 등의 옵션들이 있다. Setting에 들어가 보면 이미지 사이즈와 비디오 퀄리티와 사이즈 등을 세팅할 수 있다.

03 Marmorset Viewer... 마모셋 뷰어로 출력을 할 수 있다. 턴테이블과 같이 많이 쓰고 있는 아웃풋 방법 중에 하나이다.

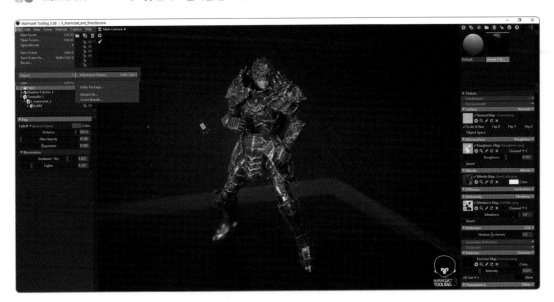

마모셋 뷰어로 익스포트한다.

COMMENT 사이즈와 퀄리티 등의 세팅을 하고 Export를 하면 파일로 출력이 된다. 이 파일을 클릭 하면 실시간으로 캐릭터를 돌려 볼 수 있게 된다. 800×600으로 프리뷰를 걸어본다.

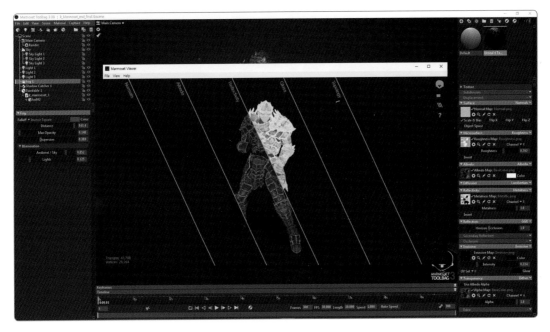

프리뷰로 익스포트를 시킨다.

PART 08

여자 캐릭터 만들기

전체적인 공정은 남자 캐릭터 만들기와 비슷한 부분들이 많이 있으므로, 간략하게 언급만 하고 넘어가는 부분이 조금 있을 것이다(모델링의 숙련도를 올리기에는 직접 모델링을 많이 해보는 수밖에 없다). 이번 단락에서는 조금 디테일한 모델링 기법들과, 헤어 등의 작업 과정이 주가 될 것이다.

CHAPTER 01 전체 비율 잡기

남성 인체를 먼저 공부하고 만들어본 다음, 여성 캐릭터를 공부하고 만들어 보는 순서를 많이 권장한다. 남성 인체의 특징은 근육의 형태와 인체의 실루엣이 직선적이고 단순한 근육 구조들로 이루어 져 있어서 만들기가 비교적 쉽기 때문이다. 반면 여성 인체의 경우에는 곡선 형태의 구조를 가지고 있으므로 조금만 이상하게 만들게 되어도 바로 티가 나기 때문에 난이도가 좀 있는 편이다.

제작 순서는 남성과 동일하게 전체적인 비율을 먼저 잡고 나서 디테일을 잡아가는 순서로 작업을 한다.

UNIT 1 실루엣 잡기

인체의 전체적인 비율을 같이 잡아서 각각 서브툴을 나눈 다음에 부분 디테일 작업에 들어가는데 이 방법이 개인적으로 캐릭터를 만들 때 가장 많이 쓰는 방법이고, 가장 효율적이라고 생각한다.

스피어를 다이나메쉬로 바꾼 다음 알파와 무브 등을 이용해서 기본 가닥을 잡아나가는 방식이다.

01 지스피어를 다이나메쉬로 바꾼 다음 얼굴 형태를 무브(Move)브러쉬로 잡아준 다음 알파와 무브로 목까지 만들어준다.

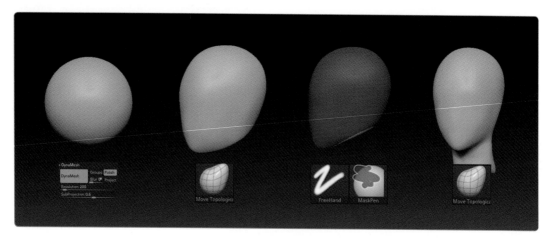

얼굴 형태만 잡아준다.

02 몸통과 팔, 다리들을 각각 따로 서브툴을 잡아준다.

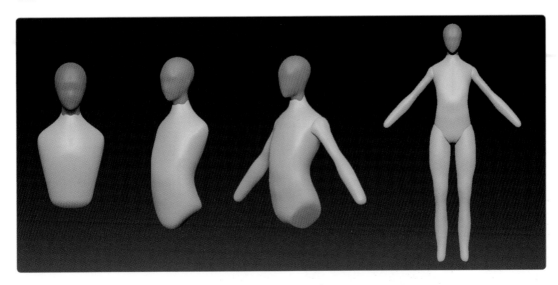

얼굴 형태만 잡아준다.

COMMENT 하나의 서브툴로 만들 때보다 부분을 따로 나눠서 작업하는 이유는 각 부분 부분 수정하기가 편하고, 붙어있을 때(겨드랑이나 가랑이 등) 브러쉬 작업이나 무브 작업이 불편하기 때문이다. 부분적으로 빠르게 길이와 두께 등의 기본적인 위치만 잡아주고 디테일을 만들어가는 공정이다.

UNIT 2 디테일 : 서브툴로 부분 디테일 잡기

보통 인체를 공부할 때 처음부터 너무 디테일하게 비율과 근육을 공부하는 데에는 많은 시간이 소요가 된다. 개인적으로는 히어로 캐릭터를 만들어보기를 권장한다. 얼굴이 다 나오지 않고 쫄쫄이를 입은 히어로 캐릭터들은 전체적인 비율과, 인체를 구성하는 큰 흐름을 공부하기에는 너무 좋은 예시라고 생각을 한다. 검색을 해보면 참고 이미지도 많이 나오므로 충분히 관련 이미지를 수집할 수 있다는 장점도 있다. 이번 캐릭터 역시 타이즈를 기본적으로 입고, 그 위에 방어구를 덧대는 방식으로 진행을 한다.

01 바디를 기준으로 갑옷을 입혀주게 되므로 최대한 비율에 신경을 쓰면서 조금 더 디테일을 전체적으로 다듬어준다. 손발도 비율을 맞춰서 작업을 하고 여성 캐릭터인 경우에는 처음 만들 때부터 하이힐의 유무에 따라 신발처럼 만들어두기도 한다.

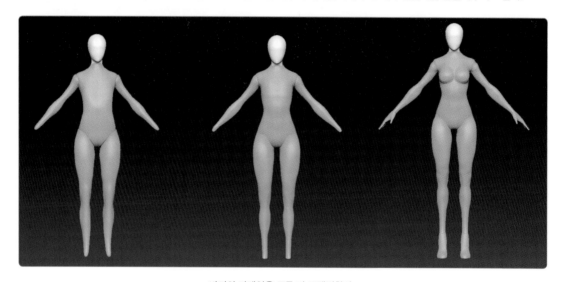

바디의 디테일을 조금 더 모델링한다.

02 서브툴을 크게 상체와 하체로 나누어서 머지(Merge)를 시킨 다음, 모델링을 완성한다.

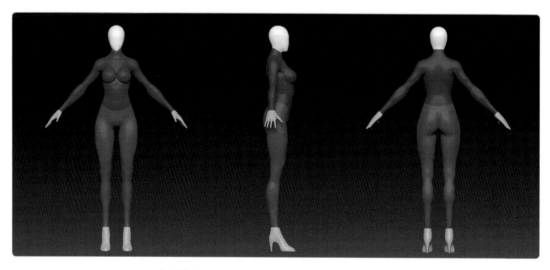

서브툴을 합쳐서 디테일을 잡은 다음 다시 서브툴을 나눠준다.

03 상체와 팔, 하체와 다리도 적절하게 폴리그룹으로 나누어준다.

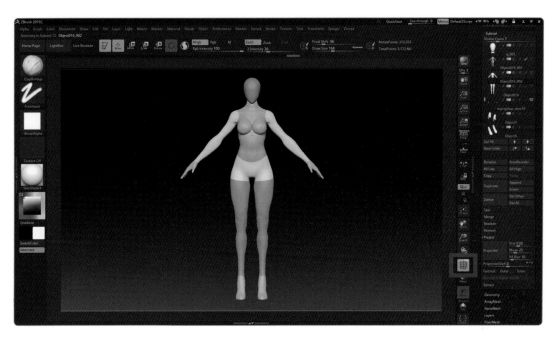

각 부분에 폴리그룹을 나눠준다.

CHAPTER 02 얼굴 만들기

얼굴의 디테일을 잡을 때, 기본적인 골격을 잡을 때, 꼭 눈을 넣고 기본 형태를 마무리하는 것이 중요한 부분이다. 그리고 이왕이면 눈알 매핑까지 폴리페인팅으로 러프하게나마 해두면 얼굴을 만들 때 조금 더 작업하기 편하다. 눈의 구조와 형태가 캐릭터의 개성과 얼굴의 표현에 중요한 부분이기 때문이다. 얼굴의 폴리 페인팅 과정까지 지브러쉬에서 하는 방법과 스포트 라이트를 이용한 실사 텍스쳐를 입히는 방법도 있다.

UNIT 1 형태잡기

01 제일 중요시하는 부분은 전체적인 골격이고, 두 번째가 눈의 위치와 눈두덩이 형태를 많이 이야기한다. 눈의 바깥쪽에 눈두덩이 부분이 자연스럽게 나와야 대각선 방향에서 볼 때 자연스러운 얼굴 구조가 나오기 때문에 이 부분에 유의하면서 큰 흐름부터 잡아준다.

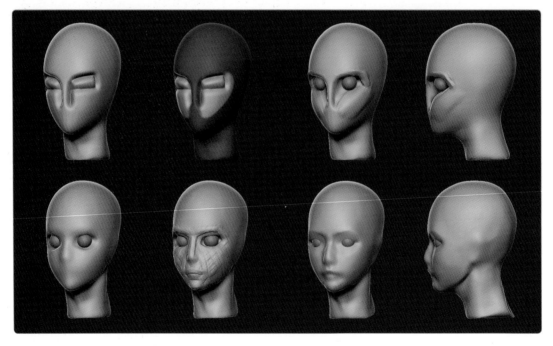

눈 부분을 중심으로 얼굴의 형태를 모델링한다.

- 눈의 위치를 데미지 스텐다드 브러쉬로 강하게 표시를 한다.

- 마스크를 하지 않은 부분이 처음 골격을 잡을 때 아주 중요하다. 위쪽으로 파주는 느낌으로 모델링을 진행한다.

- 눈알을 심어서 위치를 잡아준다.

- 옆모습을 보면 눈두덩이 밑쪽으로는 눈의 골격처럼 뒤쪽으로 밀려나 있도록 모델링을 해준 것을 알 수 있다.

- 무브와 브러쉬를 이용해서 눈 아래 부분을 조금 채워준다.

- 코와 입의 위치를 잡아줄 때에는 근육의 흐름도 같이 그려준다.

- 눈알 주변을 잡아준다.

- 옆모습으로 보면 눈두덩이 위아래 부분이 눈 보다 조금 위로 나와 있는 것을 알 수 있다.

02 귀의 위치가 잡혀야 턱의 라인까지 위치를 조금 더 명확하게 잡아줄 수 있으므로 마스크를 이용해서 귀의 위치와 크기를 잡아준 다음 다이나메쉬 밀도를 조금씩 올려가면서 전체적인 얼굴의 구성을 모델링한다.

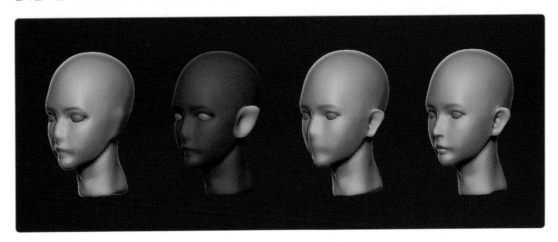

얼굴의 골격과 구조를 잡아준다.

COMMENT 대각선에서 옆쪽에서 봤을 때 눈두덩이에서 골격이 살짝 뒤쪽으로 빠지면서 내려오고 눈 밑에 광대 쪽에서 살짝 앞으로 나오는 느낌으로 모델링을 한다. 입은 코 밑에서 생각보다 앞쪽으로 나와 있다. 인종마다 골격의 차이가 있는데, 미간에서 코로 내려오는 라인과 눈의 깊이가 대표적으로 인종의 차이를 나타낼 수 있는 중요한 부분이다.

03 근육의 흐름을 잡아주면서 조금씩 다이나메쉬 밀도를 올려가면서 디테일을 올려간다. 눈의 구조와 눈두덩이가 정말로 중요하다!

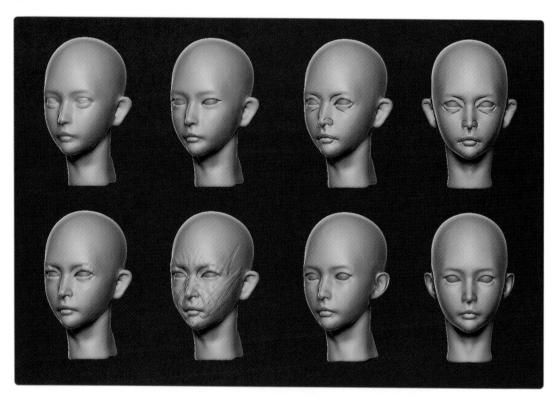

디테일을 밀도와 함께 올려준다.

COMMENT 눈알을 먼저 덮어주고 나서 눈과 얼굴의 전체 형태를 먼저 잡아준 다음 데미지 스텐다드로 눈의 모양을 파준다. 다이나메쉬의 밀도를 올리면서 전체적인 형태를 마무리한다.

형태를 잡는 방법과 동일한 과정이다. 다이나메쉬의 밀도를 계속 올려서 마무리 하는 방법과 디바이드를 줘서 디테일을 올리는 방법이 있다. 컴퓨터가 안 뻗을 범위에서 본인이 편한 방법을 쓰면 된다.

작업의 순서는 전체적인 부분을 동시에 작업하는 것이 제일 좋은 방법인데 책에서 설명하기 위해서 눈과 기타 부분들의 디테일을 부분적으로 나눠서 쓰는 것이므로, 전체적으로 디테일을 올려가는 방법으로 작업을 한다.

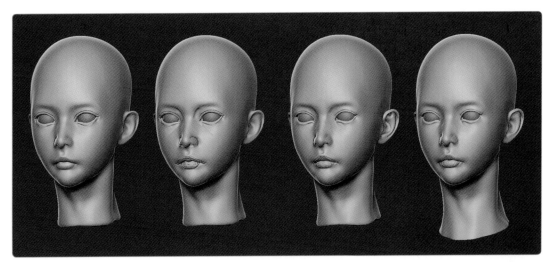

얼굴의 골격과 구조를 잡아준다.

COMMENT　　　전체적으로 돌려가면서 모델링을 한다. 그리고 바로 다음 단계인 눈알의 모델링과 폴리페인트를 진행하고 나서 얼굴을 조금 더 수정을 하거나 컨셉을 잡아 가는 방법도 좋은 방법이다. 아무리 좋은 머터리얼을 쓰더라도 모델링으로만 얼굴의 퀄리티를 보면서 작업하기가 쉽지가 않기 때문이다.

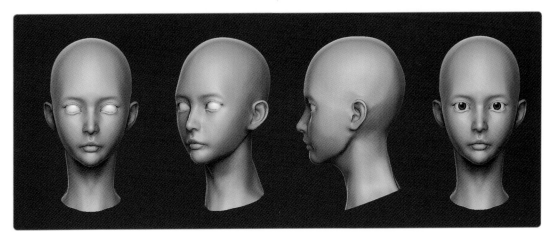

얼굴 모델링의 완성

UNIT 3 폴리페인팅 : 눈알 그리기

눈알 모델링을 조금 더 해준 다음 눈알 폴리페인팅을 진행한다. 눈알은 한쪽만 만들고 폴리페인팅을 진행한 다음 복사하는 방법을 쓴다.

포트폴리오로 사용할 경우에는 망막도 만들어 줘서 디테일을 조금 더 추가해준다.

01 눈알의 앞부분(눈동자 부분)을 잘라낸 다음 안쪽으로 움푹 들어가도록 모델링을 한다.

> **COMMENT**   남자 캐릭터와 동일한 과정인데 조금 더 디테일하게 다듬어준다. Activate Symmetry 옵션에 >Z<, >M< 옵션을 켜주고, (R)옵션도 켜준 다음 8개의 카운트를 세팅한다. (R)옵션은 둥글게 축을 잡아준다. 원래 양쪽에 있던 눈을 한쪽만 지우고 모델링 및 폴리페인팅을 진행하므로 반드시 로컬 시메트리(Local Symmetry) 옵션을 활성화시키고 작업을 한다.

둥글게 축을 잡아준다.

02 눈알을 조금 다듬어서 안쪽으로 움푹 파이게 잡아주고 폴리쉬로 안쪽 부분을 반듯하게 만들어준다.

눈알 모델링을 해준다.

03 부분 디바이드를 적용해서 면의 밀도를 높여준다.

COMMENT 디바이드를 적용시켜줄 부분만 마스크를 해제하고 디바이드를 충분히 올려준다(눈알을 그릴 부분을 조금 크게 잡아줘서 디바이드가 되는 부분과 안 되는 부분의 경계에 폴리페인트가 적용될 때 혹시 디테일이 떨어질 수 있는 것을 방지한다). 면의 밀도가 높아야 폴리페인팅도 디테일하게 그려줄 수 있다. 마스크를 적용한 상태에서 디바이드를 적용시켜주면 디바이드 수치는 그대로(활성화가 되지 않고)이고, 면의 밀도만 올라가게 되므로 디바이드가 적용이 안 된 것으로 생각해서 계속 올려주면 컴퓨터가 다운이 되므로 주의하자!

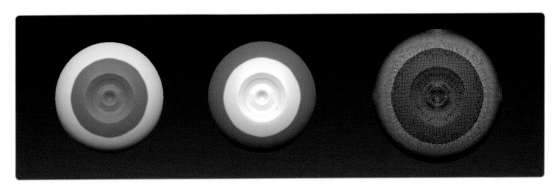

부분 디바이드를 올려준다.

04 상단에 Mrgb 옵션을 체크한 다음 Color메뉴에 FillObject를 실행시켜서 현재 세팅해 놓은 SkinShade4 머터리얼과 흰색을 적용시켜준다.

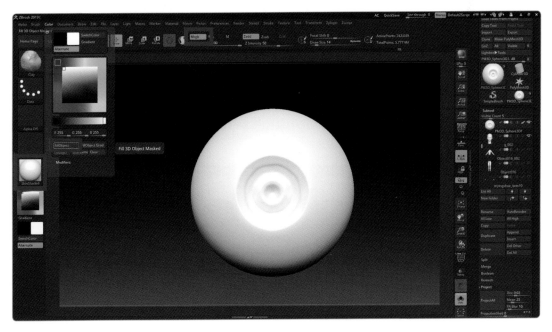

머터리얼과 흰색을 적용시켜준다.

05 눈알의 바탕색부터 그려준 다음 어두운 색깔로 안쪽에 원을 그려주고 테두리에도 어두운 색으로 선명하게 그려준 다음 조금씩 눈알을 그려준다.

> **COMMENT** Mrgb 옵션은 머터리얼과 색을 동시에 적용시켜주는 기능이고, Rgb 옵션은 색만 적용을 시켜주는데, 어차피 머터리얼을 바꿔줄 필요가 없기 때문에 둘 중에 아무 옵션이 켜져 있어도 상관이 없다. Rgb Intensity 값은 포토샵의 Opacity(투명도)와 같다고 생각하면 되는데, 0에 가까워질수록 색이 연하게 칠해지고, 100에 가까울수록 원 색깔이 그대로 칠해진다. 단축키 ⓒ 키는 스포이드 기능으로 현재 마우스 포인트에 있는 색을 그대로 바꿔준다. 포토샵의 단축키 스페이스바와 같은 컬러픽기능을 한다.

폴리페인팅 옵션과 단축키를 확인한다.

> **COMMENT** 눈알의 전체 색상을 칠한 다음, 위쪽에 조금 더 어둡게 칠해 준다. 안쪽에 거의 검은 색으로 둥글게 그려준 다음, 조금씩 밝은 색으로 라인들을 마구 그어준다. 너무 똑바로 자를 잰 듯이 그려주기 보다는 주금씩 길이와 두께를 바꾸어 가면서 선을 긋는다. 대칭 축(X)키도 켰다가 켜서 너무 똑같은 패턴이 나오지 않도록 주의를 하면서 선을 긋는다. 색상도 조금씩 밝게 바꿔가면서 선을 그어 준다. 색상은 단축키 ⓒ 키로 원하는 색을 픽해주던가 파레트에서 색을 직접 선택하면서 작업을 한다. 어느 정도 밝게 칠해졌으면 반대로 어두운 색으로 눈알의 선을 조금씩 그어서 디테일을 올려준다. 최종적으로 눈알의 반사광을 그려준다.

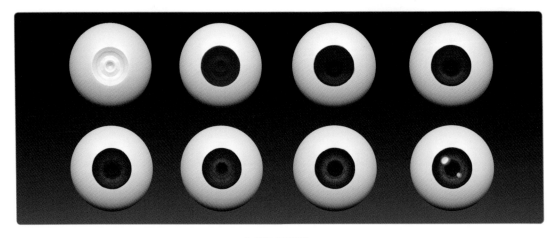

눈알을 그려준다.

06 축 복사를 해주고 난 다음 눈의 위치를 잡아준다.

COMMENT 축 복사를 진행할 때에는 Local Symmetry 옵션을 꺼준 다음 축 복사를 실행시켜준다. 오른쪽 눈을 로테이트시켜준다. 왼쪽 눈과 광택의 방향이 같도록 회전을 시켜준다. 왼쪽 눈을 마스킹을 한 다음 오른쪽 눈을 회전시켜준다.

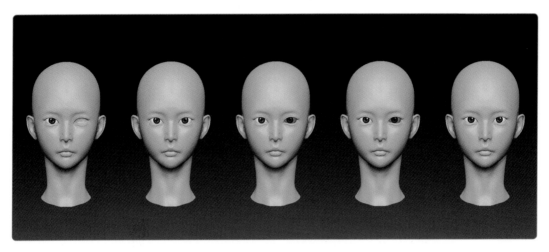

눈알의 광택을 같은 방향으로 만들어준다.

COMMENT 눈알을 아래로 조금 로테이트시켜주고 바깥쪽으로 로테이트시켜서 눈알의 위치를 잡아준다. 살짝 눈알의 윗부분이 가려질 정도로 위쪽으로 올려준다.

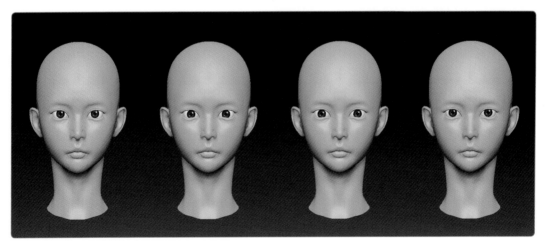

눈알의 위치를 잡아준다.

얼굴 텍스쳐 작업 : 스포트라이트 & 폴리페인팅

눈썹 부분은 스포트라이트 방식을 이용해서 눈썹을 그려준 다음 폴리페인팅으로 피부 텍스쳐를 그려준다.
작업의 퀄리티에 따라서 두 가지 중에 하나의 방법을 쓰면 된다.

01 눈썹 텍스쳐를 등록한 다음 스팟 라이트를 실행시킨다.

COMMENT 기존의 FiberMesh 방식으로 맵을 추출하는 방법이 있고, 이번에는 텍스처를 SpotLight를 사용해서 붙여주는
방법을 공부한다(다양한 방법을 배우고 결과물에 따라서 편한 방식으로 작업을 한다). 공부가 목적인 사람들은 핀터레스트나 인터넷
검색을 해서, 눈썹 알파 맵이나 사진 텍스처를 적절하게 편집해서 쓰면 된다.

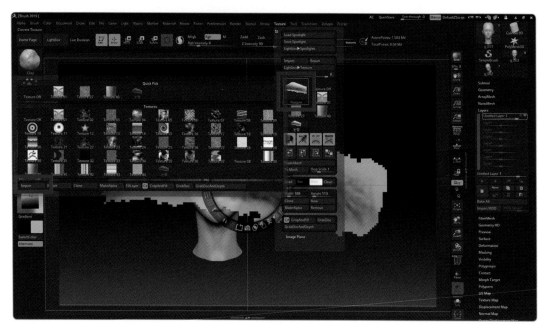

이미지를 등록한 다음 스팟라이트에 등록해준다.

02 눈의 위치에 맞춰서 스팟 라이트를 적당히 조절한 다음 눈썹을 찍어준다.

COMMENT 스케일을 줄여서 보면 안쪽에 조절할 수 있는 포인트들이 있다. 컨트롤 키 Ctrl 를 클릭한 상태에서 포인트를 건드리면 회전이나 스케일을 변경할 수 있다.

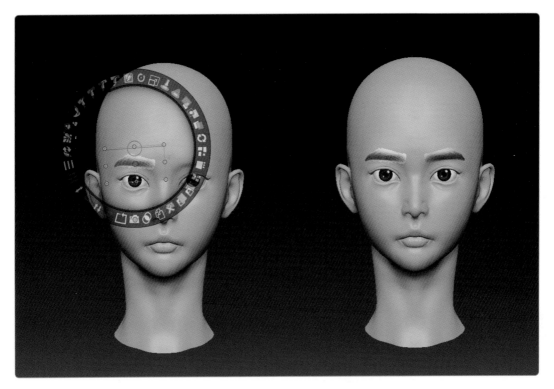

눈썹을 스팟라이트를 이용해서 그려준다.

03 레이어를 추가해준 다음 눈썹 주변을 정리하면서 폴리페인트로 피부 질감을 그려준다.

COMMENT 남자 캐릭터와 같은 순서대로 피부 질감을 그려준다. 레이어를 여러 개 사용해서 피부 아래쪽의 핏줄들과, 피부 위쪽에 명암 등을 그려주고 난 다음 자연스럽게 보이도록 각각 레이어의 수치들을 조절한다. 눈썹의 두께나 모양은 무브 브러쉬로 살짝 움직여서 편집이 가능한데, 너무 많이 움직이면 원래 얼굴에 변형이 많이 생기므로 맵을 그려줄 때 조금 더 정확하게 그려주는 훈련을 한다.

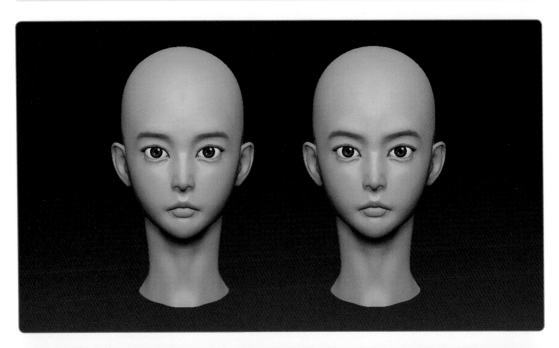

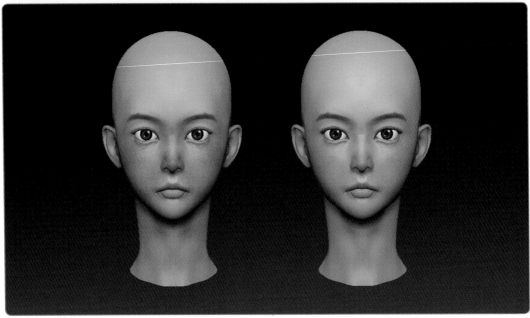

얼굴 매핑을 완성한다.

CHAPTER 03 갑옷 만들기

바디에 알파를 그려서 추출(Extract)을 이용한 오브젝트 모델링과 맥스에서 간단하게 모델링 가이드를 만들어서 Goz로 지브러쉬로 이동시킨 다음, 디테일 모델링을 하는 방법이 있다. 아직까지 개인적으로는 맥스에서 가이드 모델링을 하는 방법을 쓰는데, 정밀하게 모델링할 때에는 아무래도 맥스가 조금 더 편하다고 생각을 한다.

UNIT 1 오브젝트 모델링

01 상체 갑옷을 만들어준다.

COMMENT 상체 위에 마스크를 그려준 다음 Extract로 서브툴을 새로 추가를 한다. 리메셔와 디포메이션 옵션의 Polish By Fwatures로 면들과 테두리를 정리를 한다. 테두리를 만들어서 스트로크로 테두리를 그려준다. 마스크와 Extract 작업으로 갑옷의 디테일 부분을 완성한다. 마스크와 폴리그룹, 인플렛과 폴리쉬 작업들로 진행이 되는데, 방패 만들기나 남자 캐릭터를 만들 때 쓰던 기능들이다. 다만 조금 더 디테일하고 부품의 서브툴들과 폴리 그룹 들이 많이 나누어져있을 뿐이다.

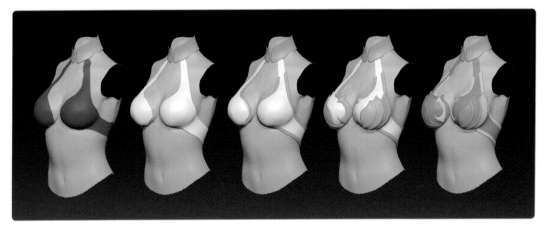

상체 갑옷을 만들어준다.

02　안쪽에 문양을 넣는 방법. 문양 역시 알파를 그려주고 익스트랙트로 서브툴을 추가해준 다음 판넬루프(Panel Loops)를 사용하여 두께를 준다. 테두리의 두께와 꺾임, 판넬루프의 옵션으로 적당하게 조절을 한다.

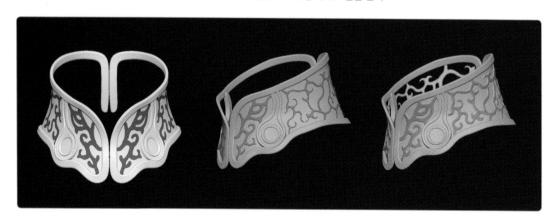

머터리얼과 흰색을 적용시켜준다.

03　마스크와 디포메이션(Deformation)콤보. 확실하게 폴리그룹이나 외곽프레임들을 스트로크와 서브툴로 따로 만들어주는 방법과 토폴로지를 하는 정교한 모델링 기법도 있지만, 조금 간단하게 프레임을 처리할 때도 있는데, 마스크를 한 다음 그룹을 잡아주고, 디포메이션 옵션에서 인플렛으로 튀어나오게 하거나 들어가게 만들어준 다음 Visblity에서 확장하고 그룹을 나눈 다음 디포메이션 옵션에 Polish By Group을 이용해서 다듬어주는 방식이 있다. 말이 길지만 간단하게 디포메이션 콤보라고 부르자. 이전 작업에 종종 쓰던 방식이다.

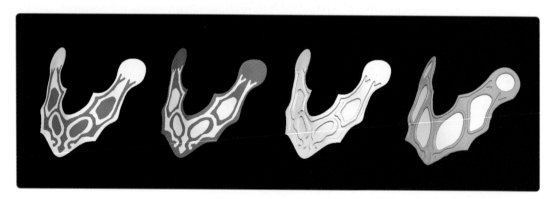

문양을 만들어준다.

> **COMMENT**　마스크와 디포메이션 콤보라고 이야기를 하는 이유는 콤보 입력처럼, 순서가 매우 중요하기 때문이다. 순서가 조금만 틀려도 그룹이 제대로 잡히지 않거나 깔끔한 작업물이 나오지 못하는 경우가 있으므로 확실하게 공정을 익혀야 한다.

04 토폴로지 모델링 방식. 개인적으로 제일 많이 쓰는 방식인데, 다이나메쉬로 적당히 모델링을 해서 모양을 잡아 준 다음 토폴로지를 해서 완벽하게 원하는 모양을 모델링하는 방식이다(실제로는 맥스에서 부품 모델링을 제일 많이 했었으나, 조금씩 지브러쉬의 비중을 높이고 있다).

토폴로지로 모델링을 하는 방법

05 알파 텍스쳐를 이용한 문양 모델링 방식

COMMENT 텍스쳐에 알파 문양을 등록한 다음 마스크에 알파 문양을 설정해서 드래그로 알파 문양을 적용해서 알파문양 대로 모델링을 해주는 방식이다. 간편하기도 하지만 알파 문양을 잘만 구한다면 고퀄리티의 문양을 손쉽게 만들 수 있는 강력한 기능이다. 실제 모델링을 한 오브젝트를 알파 맵으로 바꿀 수도 있는데, 그 방식은 머리카락을 알파 맵으로 뽑아내는 방식과 비슷한 과정이지만, 모델링을 완성한 소스를 굳이 알파맵으로 만들어서 다시 적용시킬 필요는 없기 때문이다.

알파 문양 텍스처를 이용한 모델링 방식

UNIT 2 손 보호구 모델링

01 측면에서 로컬 시메트리를 이용한 대칭 모델링을 하면 작업이 편하다. 팔을 만들 때 최대한 직선으로 만들도록 한다.

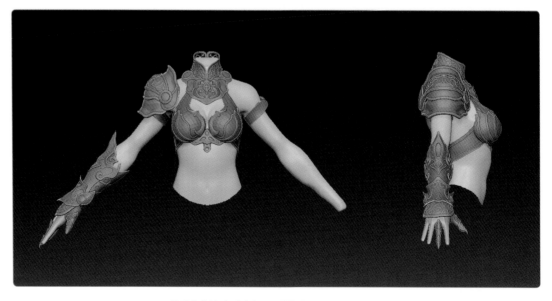

측면에서 볼 때 일직선으로 만들어주는 것이 중요하다.

일반적으로 캐릭터를 만들 때에는 'A' 포즈와 'T'포즈라고 하는 기본 포즈가 있다. 'A'포즈는 어깨에서 팔로 내려오는 모양이 정면에서 볼 때, 대각선 아래로 내려와서 'A' 포즈라고하고 'T'포즈는 팔의 모양이 어깨에서 일자로 쭉 뻗은 모양을 'T'포즈라고 한다.

- 'A'포즈 : 어깨가 반쯤 내려와서 어깨 모델링이 자연스러워서 애니메이션을 잡기가 편하다.
  팔의 각도가 대각선이라서 모델링하기가 조금 불편하다.

- 'T'포즈 : 어깨가 일자로 뻗어있는 상태이므로 팔을 접어서 차렷 자세로 내려올 때 어깨 모델링이 깨어지지 않도록 주의 깊게 모델링을 해야 한다(아래 모델링은 어깨 모델링을 살짝 돌려주면 별 문제가 없지만 정말 간혹 가다가 만들기 어려운 경우가 있다).

  어깨 갑옷의 모양에 따라서 모델링할 때에 몸을 뚫고 들어가는 경우가 있어서 정확한 모델링이 힘든 경 우가 있다. 팔이 X 축으로 뻗어 있기 때문에 모델링하기가 편하다.

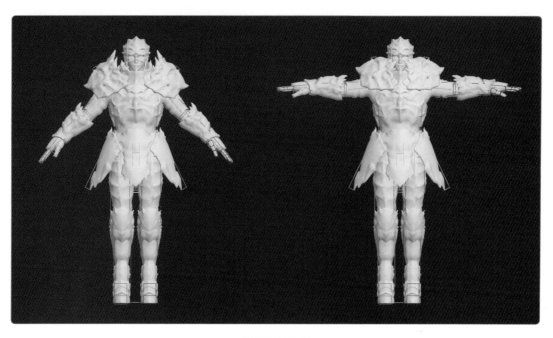

'A' 포즈와 'T'포즈

02 손목 모델링 방법은 이전에 설명했었던 부분과 동일하고 특이하게 볼 부분은 손가락 보호구부분이다.

COMMENT 일자로 뻗어있는 손가락 하나에 모델링을 해준 다음 토폴로지와 매핑 작업까지 완료를 한 다음 리깅하기 전에 모델링을 조금 수정하여 각각 손가락에 복사를 해주는 방식으로 작업을 한다. 엄지손가락의 경우에는 대칭으로 작업하지 말고 그냥 모델링하거나 손가락을 복사해서 최대한 정면이나 측면에 일자로 맞춘 다음 대칭 모델링을 해주는 방법이 있다. 특별히 손가락마다 디테일이나 컨셉이 다른 경우에는 일일이 다 만들어주는 만큼 퀄리티나 자연스러운 부분에서 이득을 보는 부분도 많이 있으므로 상황에 맞게 작업하면 된다(엄지손가락은 대부분 대칭 없이 모델링을 한다).

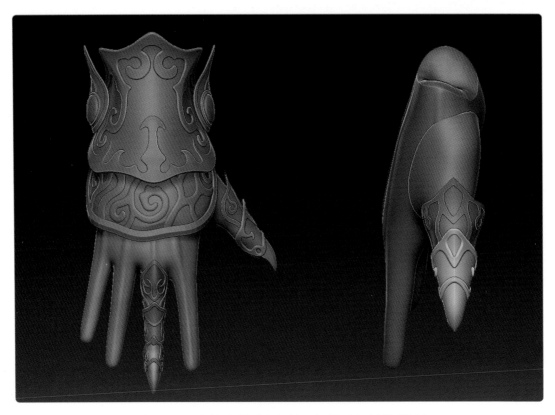

손가락 보호구 모델링은 하나를 완전히 만들고 난 다음 리깅 전에 복사해준다.

UNIT 3 기타 모델링

대부분 비슷한 형식으로 진행이 된다(상체를 모델링하고 나면 벨트 정도를 제외하고는 대부분 비슷한 컨셉으로 제작되어 있는 경우가 많다). 전체적인 모델링의 흐름을 한번 정도 복습할 겸, 어떤 순서와 작업 공정으로 만들었는지를 생각하면서 간단하게 살펴보도록 한다.

01 신발 모델링. 인서트 메쉬로 부품을 붙여주고, 폴리그룹과 문양, 등은 마스킹 작업으로, 테두리는 스트로크룰 이용해서 모델링을 한다.

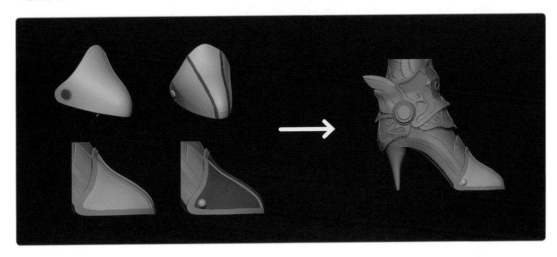

신발의 모델링

02 보호구 모델링. 마스크와 스트로크 작업으로 모델링을 한다.

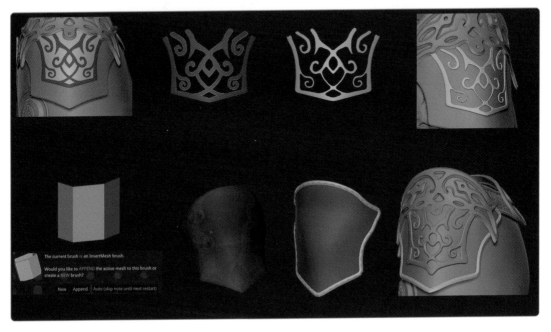

보호구 모델링

03 모델링 완성. 복사를 할 부분과 베이킹 이후에 모델링을 추가해서 마무리하기 전의 모델링 완성 이미지이다. 베이킹을 위한 정렬은 또 이 오브젝트들을 전부 분리할 예정이다. 머리카락과 속눈썹은 맥스에서 만들어줄 예정이다.

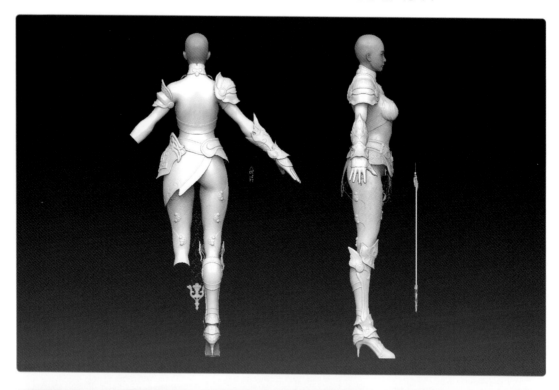

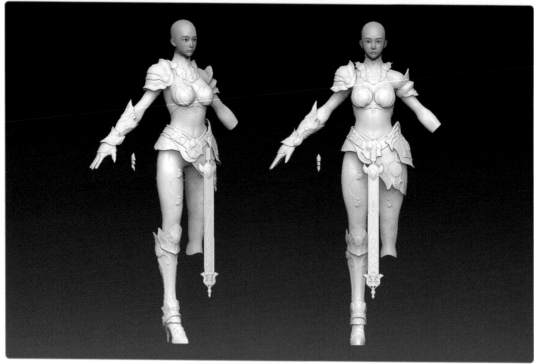

모델링을 완성한 모습

CHAPTER 04 토폴로지

이번 단락 역시 설명보다는 이미지를 통해 어떤 식으로 토폴로지가 진행되는지 보면서 복습하는 시간이다.

UNIT 1 토폴로지

01 얼굴부터 순차적으로 토폴로지를 진행 한다.

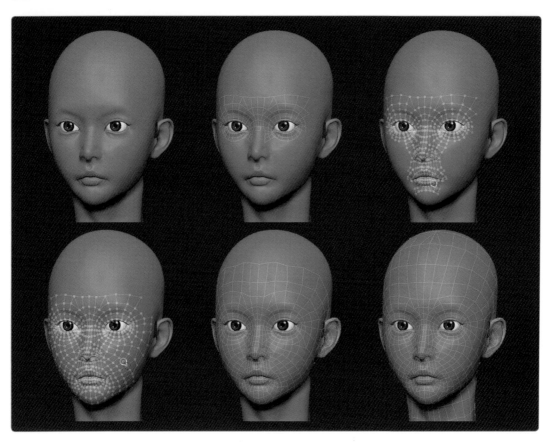

얼굴 토폴로지 순서

눈 부분이 제일 중요하고, 눈에서부터 둥글게 방사형으로 펼쳐지는 구조와 입 주변에서 둥글게 방사형으로 펼쳐지는 구조들을 생각하면서 토폴로지를 만들어준다. 눈부터 만들고 코로 연결해서, 입과 턱으로 토폴로지를 진행한 다음 눈 밑 광대에서 코와 입 쪽으로 연결해주면서 토폴로지를 만들어간다.

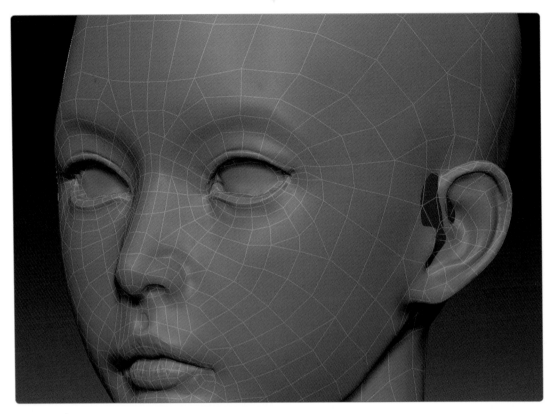

눈 주변과 입술 주변의 토폴로지를 본다.

02 상체 토폴로지. 몸에 붙여서 한꺼번에 토폴로지를 진행할 부분과 따로 만들어줄 부분을 구분하여 토폴로지를 진행한다.

COMMENT 어깨 갑옷은 당연히 따로 토폴로지를 진행해서 만들어 주고, 애니메이션을 용이하게 작업하기 위해 토폴로지를 따로 만들어 두는 경우가 있다. 아이템을 교체하는 게임을 만들 때에는 교체하는 부품의 수에 맞도록 부품들을 각각 따로 만들어 주기도 한다.

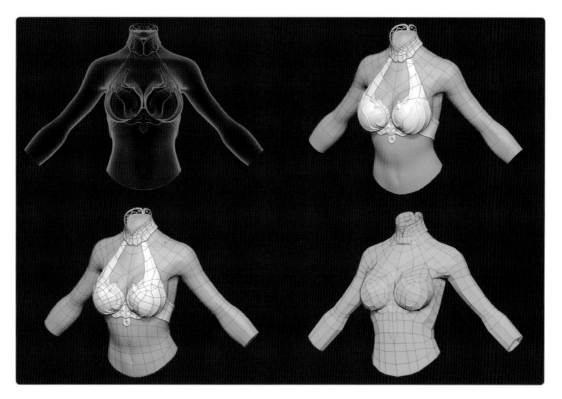

몸통 토폴로지

목 보호구 토폴로지

03 팔목 보호구 토폴로지. 손목의 보호구의 대칭 복사를 위해서는 팔목 오브젝트를 정면으로 만들어 준 다음 좌표를 0으로 이동을 시키고, 토폴로지를 진행한 다음 하이폴리곤 원본과 토폴로지를 한 서브툴을 합쳐준다. 그리고 원래 팔의 위치로 이동시킨다.

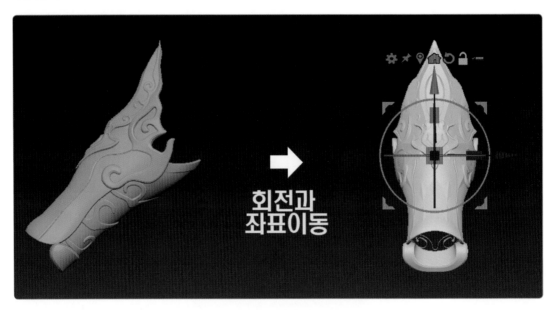

정면에서 축 복사를 할 수 있도록 위치를 이동시킨 다음 토폴로지를 진행한다.

COMMENT 끝 부분이 둥근 부분에 면을 많이 할당을 하고 조금씩 면을 줄여서 토폴로지를 진행하는데 대체적으로 사각형을 유지 하면서 모델링을 하는 것이 좋다. 원래는 팔목 보호구의 위쪽 끝 부분은 넉넉하게 만들어놓고 나중에 알파를 이용한 오파시티(Opacity)맵을 만들어서 투명하게 처리하는 방법도 있지만 요즘은 컴퓨터의 발전에 맞춰서 고퀄리티의 그래픽 소스를 만들 때에는 면을 많이 줘서 모델링을 하는 추세이다. 알파맵은 눈썹을 만드는 방법과 동일하고, 찢어진 천이나 털 재질 등을 만들 때에 Opacity 맵을 사용한다.

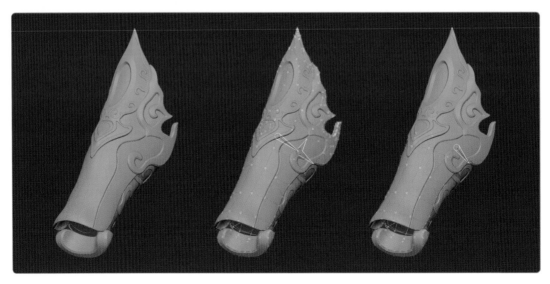

알파맵을 사용하지 않고 전부 토폴로지로 모델링을 해준다.

04 벨트 토폴로지.

COMMENT 오브젝트가 겹치는 부분에서 토폴로지를 진행할 때 두께 모델링을 할 것인지, 안 할 것인지를 선정하는 기준은 만들고 있는 캐릭터의 손가락 두께를 기준으로 손가락 두께보다 얇으면 두께 모델링을 진행하지 않아도 베이킹 옵션을 잘 컨트롤 하면 어느 정도 두께감있게 노말맵이 뽑히게 된다.

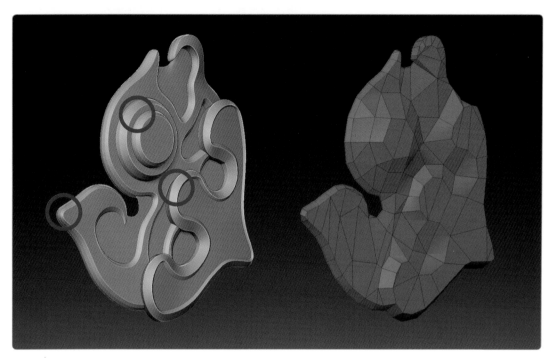

두께를 만드는 기준을 익히자!

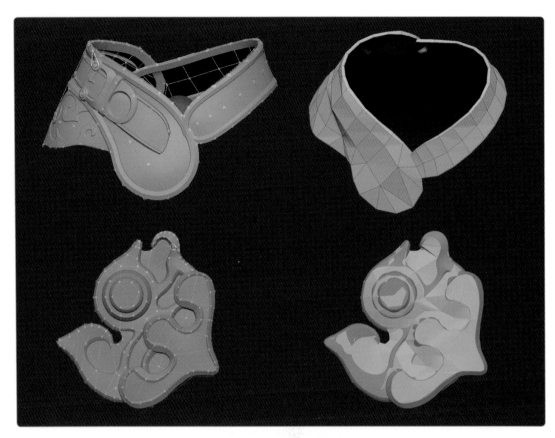

벨트와 버클은 따로 토폴로지를 한다.

PART 09

여자 캐릭터 만들기
: 매핑

매핑 작업은 토폴로지를 한 로우폴리곤 데이터에 맥스나, 마야 등의 툴을 이용해서 UV를 편집한다.

그 다음 맥스나 마야, 서브스텐스 등의 툴들을 이용하여 토폴로지를 한 로우 폴리곤 데이터에 원본 모델링 파일인 하이폴리곤 데이터를 베이크(BAKE)해서 노말맵을 추출하는데, 어차피 서브스텐스 페인터에서 매핑 작업을 하기 때문에 서브스텐스 페인터 툴을 이용하여 베이크를 진행한다. 이때 서브스텐스 페인터 툴에서 노말맵을 베이스로 한 다른 맵들도 같이 베이크가 되는데, 이 맵들은 서브스텐스 페인터에서 매핑 작업을 위한 맵들이 되는 것이다.

CHAPTER 01 UV작업

토폴로지로 제작한 로우 폴리곤 데이터를 Goz로 맥스 툴로 보낸 다음 맥스에서 Unwrap 작업을 한다. 이번 작업에서 중요한 포인트는 얼굴과 눈알의 텍스쳐 한 장과 헤어와 속눈썹의 텍스쳐 한 장, 몸통 텍스쳐 한 장, 총 3장의 텍스쳐를 만들어주는 것이다.

UNIT 1 얼굴 Unwrap

얼굴 부분은 거의 공식적으로 Unwrap 작업이 진행된다.

대부분 인터넷이나 자료들을 찾다 보면 크게 2가지 패턴정도의 맵들의 형태를 볼 수가 있다.

01 얼굴을 목에서 턱 밑까지 자르고(Point-to-Point Seams) 목 뒤에서부터 이마까지 잘라준다, 귀 뒤쪽에도 잘라주면 맵을 펼때 조금 더 도움을 주는데 별 차이가 없으므로 그냥 생략을 해도 무방하지만, 항상 맵을 다 펼치고 나서 혹시 겹치는 부분이 없는지 눈으로 확인을 하고 겹치는 부분이 있으면 직접 버택스를 선택해서 조절을 해준다.

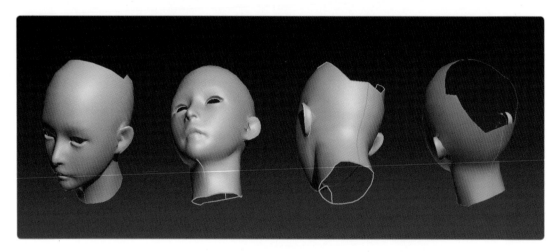

Point-to-Point Seams로 자를 부분을 설정한다.

02 눈알은 맥스에서 토폴로지 대신 스피어를 하나 만들어서 맵을 편다. 이전에 하이폴리곤 데이터를 만들 때 눈알을 조금 돌려 놓은 상태이면 지브러쉬에서 눈알 서브툴을 하나 복사를 한 다음 지리메셔를 해서 면을 많이 줄여준 다음 그 서브툴을 로우폴리곤으로 사용하면 된다. 눈알의 뒷면은 만들지 않아도 된다.

COMMENT 지리메셔(Zremesher)를 진행한 뒤에 맥스에서 꼭 Unwrap 작업을 해준 다음 다시 Goz로 지브러쉬에 옮긴다. 그리고 디바이드를 몇 번주고, 원본 눈알과 프로젝트올(ProjectAll) 작업을 해준다.일반적인 토폴로지는 상관이 없지만 지리메셔로 면을 줄이게 되면 간혹 가다가 모델링 자체의 사이즈나 형태가 변형이오는 경우가 있기 때문이다. 맵을 같이 추출해도 상관없으나, 나중에 얼굴 부분 맵과 눈알 맵의 UV 위치를 먼저 맞춰준 다음 맵을 한 번에 추출 하는 것이 편할 것이다.

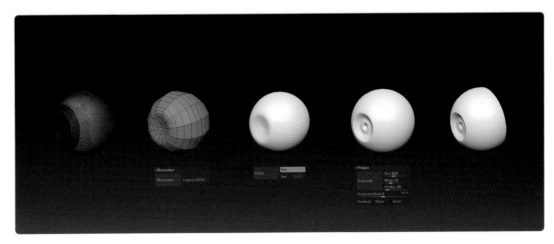

눈알 뒤쪽을 적당히 잘라준다.

03 눈알 앞쪽에 망막을 만들어준다. 눈알은 안쪽으로 움푹 들어간 모양이지만, 망막은 반대로 눈동자 크기정도의 부분이 앞쪽으로 볼록하게 튀어나오게 만들어준다. 사이즈도 눈알보다 조금 더 크게 만들어서 눈알을 덮도록 만들어준다.

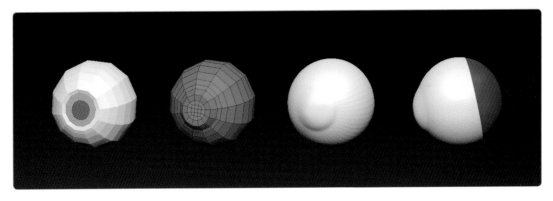

망막은 눈알보다 조금 크게 만들어준다.

COMMENT 망막은 유리처럼 거의 투명하게 만들어준 다음 반사광만을 넣어줘서 눈알 위쪽에 조금 더 반짝거리게끔 만들어주기 위해서 만들어준다. 게임 에서는 잘 쓰이지 않고, 포트폴리오로 만들거나 영상용으로 만들 때 사용하면 조금 더 퀄리티를 올릴 수 있다.

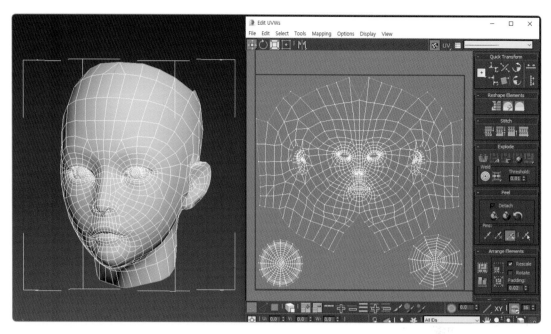

얼굴 맵을 펴준다.

UNIT 2 머리카락 텍스쳐 만들기

머리카락 맵은 지브러쉬에서 헤어 샘플을 만들고 이를 이용해서 노말맵과 몇 가지 텍스쳐를 뽑아내는 방식을 사용한다.

01 지브러쉬에서 플랜(Plane)을 하나 만든 다음 디바이드를 몇 번 적용시킨 다음(필자는 디바이드 3을 적용시켰다.) 윗부분에 마스크를 적용시켜준다.

플랜을 만들고 마스크를 그려준다.

02 FiberMesh 옵션에 Lightbox▷Fibers를 클릭하면 Fiber 샘플들이 나오게 되는데, 이 중에 머리카락과 비슷한 형태의 샘플을 클릭한다.(필자는 Fibers160.ZFP 적용시켜주었다.)

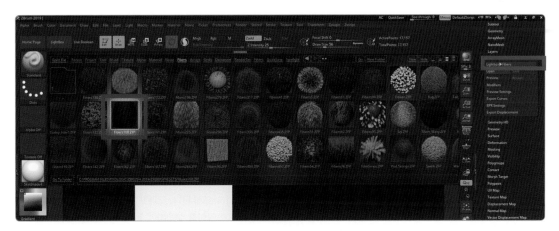

FiberMesh를 적용시킨다.

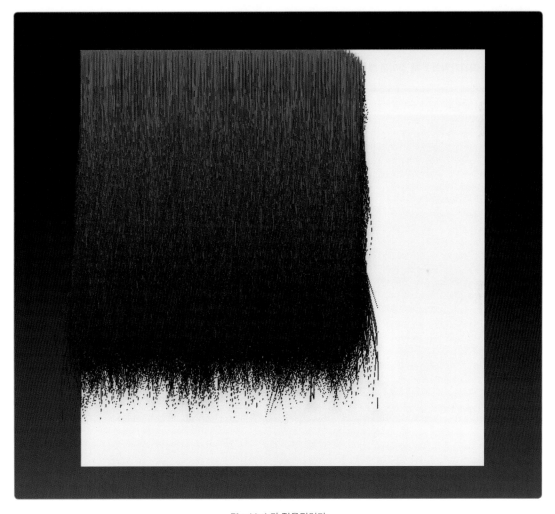

FiberMesh가 적용되었다.

Modifiers 옵션들을 보면 옵션 이름이 있고 그 밑에 관련 수치를 넣을 수 있는 바(Bar)들이 있는데 오른쪽 바의 이름들을 보면 Dev, LeV, Cov, Rev 등, V로 끝나는 옵션들이 있다. 이것들은 바리에이션(variation) 의 뜻을 가지는 옵션 바(bar)들이다.

이 옵션은 일반적인 수치로 적용한 값들에 변화를 주는 수치들이다.

만약 길이를 10으로 정해주면 다들 똑같은 길이의 결과물이 나와서 자연스럽지가 않지만, Variation 수치 를 줘서 자연스러운 길이들의 결과물을 만들어줄 수 있다.

V로 끝나는 옵션들의 기본개념을 이해하고 Modifiers의 수치들을 설정한다.

- MaxFibers : 머리카락의 최대개수를 설정한다.

- Length Profile : 길이의 세팅을 해줄 수 있는데, 클릭을 하면 그래프가 나오게 된다. 그래프가 오른쪽으로 갈수록 시 작부분, 중간부분, 끝부분의 설정이 되고, 그래프상의 위 아래의 좌표가 길이를 설정하게 된다. 좌표점은 마우스 왼 쪽 클릭으로 추가를 해줄 수 있고, 좌표점을 클릭을 한 상태에서 드래그해서 그래프 바깥으로 나가버리면 좌표점을 지워줄 수 있다.

좌표점을 바깥으로 드래그를 했다가, 그 상태에서 다시 그래프 안쪽으로 들어오게 되면 좌표점끼리 연결 되어있는 선 의 상태가 바뀌게 되는데, 직선에서 곡선으로, 곡선이었으면 직선으로 바뀌게 된다.

- Length : 머리카락의 전체 길이를 설정한다.

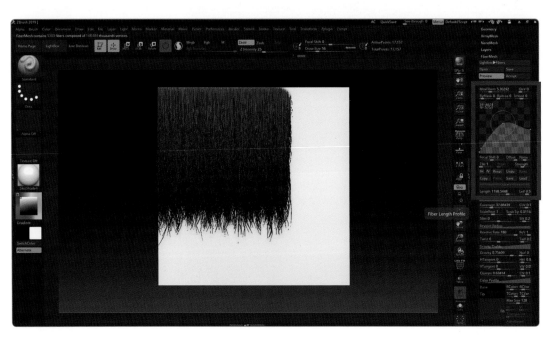

Modifiers에 옵션들을 조정한다.

- Width Profile : 클릭을 하면 그래프가 나오는데, 오른쪽으로 갈수록 시작, 중간, 끝으로, 그래프의 높이에 따라서 두께가 설정이 된다. 모근이 있는 쪽에 제일 두껍게 세팅하고 끝으로 갈수록 얇아지게 세팅을 한다.

- Coverage : 전체적인 두께를 설정한다.

- Slim : 두께를 얇게 설정한다.

- Twist : 머리카락의 회전(꼬임)을 설정한다.

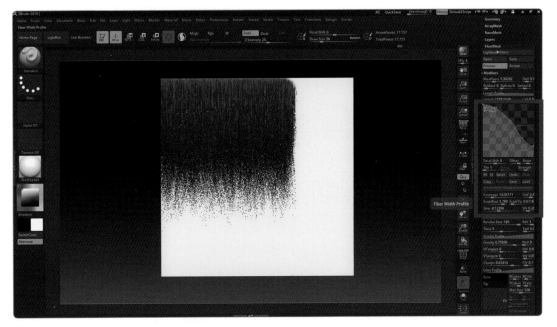

Modifiers에 옵션들을 조정한다.

- Gravity Profile : 클릭하면 중력을 설정하는 그래프가 나온다.

설정 방법은 이전에 설명했던 부분과 똑같고, 아래의 그림을 보면 중력 값의 높이에 따라서 머리카락의 곡선이 어떻게 설정되는지 알아본다.

(잘 보일 수 있도록 컬러를 바꾸었고, 다음 설명에 컬러의 세팅은 따로 있다.)

측면에서 본 것이므로 플랜이 보이지 않는다.

- Gravity : 전체적인 중력 값을 설정한다.

중력 값에 따른 머리카락의 곡선(측면에서 본 것이다.)

- Color Profile : 클릭을 하면 그래프가 나오게 되며, 오른쪽으로 갈수록 시작, 중간, 끝 부분의 컬러를 설정하는 것이고, 위아래의 위치에 따라서 컬러의 색을 설정하는데, 색은 color Profile에 아래에 있는 Base와 Tip의 칼라 세팅 값이다.

- Base : 모근 부분의 색상을 설정한다.

- Tip : 끝 부분에 색상을 설정한다.

- Segments : 머리카락의 마디를 뜻하는데, 머리카락 한 개당 세로로 면의 개수를 얼마나 세분하게 쪼개어서 표현하느나를 설정한다. 수치가 높을수록 디테일한 머리카락 결과물이 나온다.

(너무 높으면 컴퓨터에 무리가 갈 수 있으므로 조금씩 수치를 높여간다.)

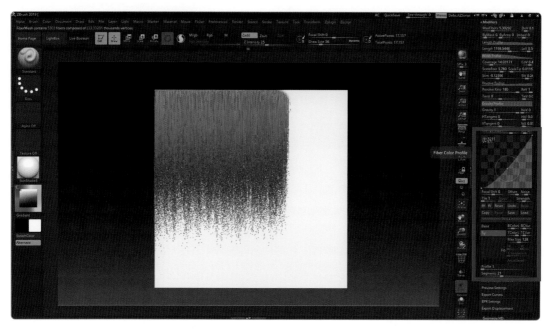

Modifiers에 옵션들을 조정한다.

04 세팅이 끝났으면 Accept를 눌러서 모델링 파일로 등록시켜준다.

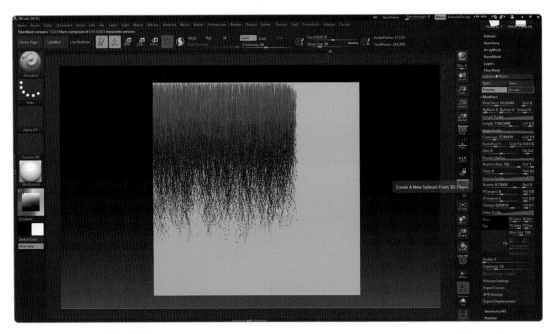

머리카락을 세팅한다.

05 GroomHairToss 브러쉬로 머리카락을 다듬어 준다. 머리카락 밀도가 다른 두 개의 머리카락 덩어리를 만들어준다.

> **COMMENT**   GroomHairTossfh 머리를 빗질하는 느낌으로 설정한다. 머리카락을 모델링 파일로 변환하였기 때문에 무브브러쉬로 길이를 늘이거나 방향을 수정할 수 있다. 반대로 쉬프트 키를 눌러서 스무스 브러쉬를 적용하면 머리카락이 짧아지게 된다. 마스크, 폴리그룹, 잘라내기 등 모든 작업이 가능하다.

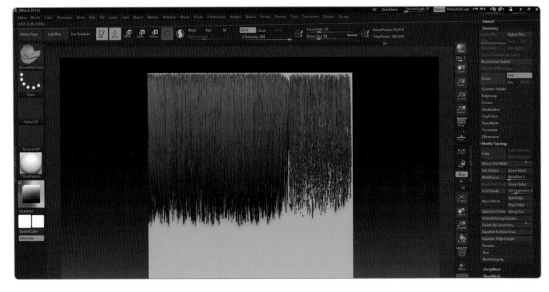

머리카락을 2종류로 만들어준다.

06 Texture를 클릭해서 GrabDocAndDepth를 클릭해서 맵을 추출한 다음 Export를 눌러서 맵을 추출한다.

COMMENT 제일 처음 제작했던 플랜 서브툴은 하이드시킨다. 프론트 뷰에서 작업을 하고, 맵을 추출한 다음 그대로 노말맵을 뽑아야한다. Bpr 버튼을 눌러서 랜더를 한번 걸어준 상태에서 맵을 추출한다.

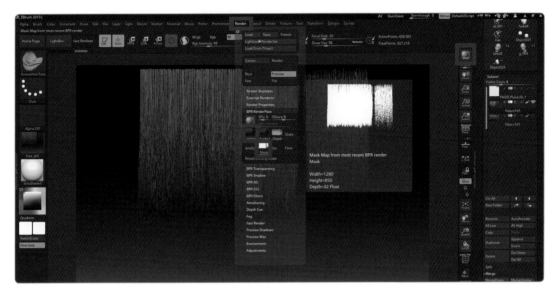

맵을 추출한다.

07 머터리얼을 NormalRGBMat로 바꾼 다음 플랜 서브툴을 보이게 하고, GrapDocAndDepth를 클릭해서 노말맵을 추출한다. Export를 눌러서 노말맵을 편집한다.

노말맵을 추출한다.

08 추출한 두 가지 맵을 포토샵에서 하나로 합쳐준다. 노말맵과 오파시티맵과 컬러맵 3개의 핵심 맵만 있으면 나머지는 서브스텐스에서 전부 제작이 가능하다. 컬러맵을 추출했을 때, 플랜 서브툴을 하이드시켰기 때문에 맵을 추출해서 채널에 들어가 보면 알파맵으로 깔끔하게 뽑혀있는 것을 확인할 수 있다. 그러므로 노말맵으로 추출한 맵을 컬러맵으로 합쳐주는 것이 방법이다. 맵을 합쳐준 다음 크롭으로 맵 사이즈(1024*1024)로 세팅을 한다.

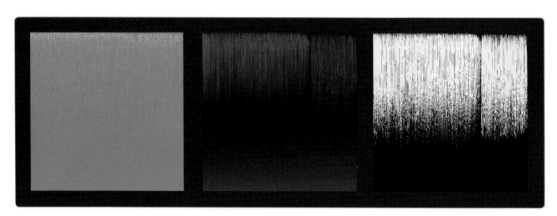

1024*1024 사이즈에 맞춰준다.

UNIT 3 머리카락과 눈썹 모델링과 UV 정리

01 눈썹 모델링. 눈썹을 가닥으로 잡아서 만들어 가면 이전에 작업을 했던 것보다 조금 더 디테일한 결과물을 만들어줄 수 있다. 눈썹을 양면으로 만들어준 다음 앞면 뒷면이 모두 보일 수 있도록 복사해준 다음 면을 뒤집어(Flip)준다. 눈썹을 가닥별로 유브이를 배치한 다음 몇 가닥씩 추가해서 위치를 맞춰준다.

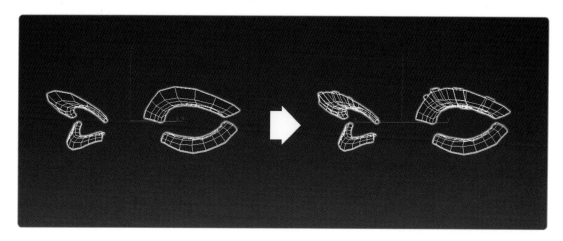

눈썹을 만들어준다.

COMMENT 눈썹의 길이는 눈의 안쪽에서부터 바깥쪽으로 나갈수록 조금씩 길어지는 형태로 만들어준다. 한 번에 다 만드는 것 보다는 적당히 배치한 다음 맵 소스를 넣고 나서 최종적으로 눈썹들을 더 추가를 해서 풍성하게 만들어준다. 눈썹의 길이나 모양 역시 눈썹 맵을 적용시킨 다음 모델링을 수정한다. 항상 자연스러운 모양을 만들도록 자료들을 많이 찾아보면서 작업한다.

02 머리카락 샘플을 만들어준 다음 눈썹과 함께 UV를 정리한다. (머리카락 샘플을 만든 다음 이 샘플들을 복사해가면서 전체적인 머리카락 모델링을 하는 방식이다.)

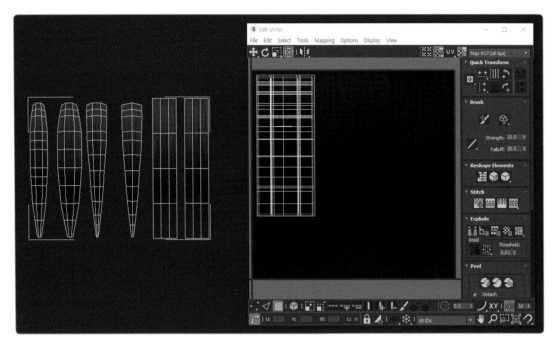

머리카락 샘플을 만들어준다.

COMMENT　　UV좌표를 이동과 반전을 통해서 여러 가지 패턴으로 만들어서 헤어 샘플을 완성한다. 머리카락의 밀도가 높은 부분과, 얇은 부분 두 가지로만 제작해서, 맵 좌표를 이리저리 이동시켜주면 다른 패턴의 맵 소스를 가진 맵 샘플이 여러 가지 나오게 된다. 다른 방법으로는 애초에 맵 소스를 만들 때 머리카락 패턴을 많이 만들어서 각각 헤어 모델링들에게 UV 좌표를 나눠주는 방법도 있다.

03 머리카락 폴리곤을 복사해주면서 모델링을 진행한다. 가르마 쪽부터 잡아가면서 모델링을 진행한다.

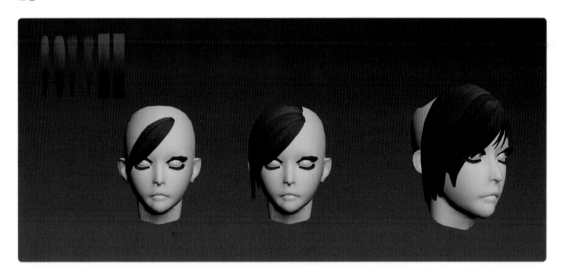

머리카락 샘플을 만들어준다.

COMMENT 가르마 반대쪽을 만들어 놓은 부분의 헤어들을 몇 개를 축 복사로 만든 다음 FFD 4×4×4를 적용시켜서 형태를 잡아준다. Control Points를 선택한 다음 무브나 로테이트로 모델링을 진행한다.

FFD 기능을 이용해서 모델링을 만들어준다.

COMMENT   뒤쪽에도 머리카락을 복사해서 완성을 해준다. 머리카락들이 많이 겹쳐지는 부분은 별 상관이 없지만, 생각보다 비어 보이는 부분이 많이 보일 수 있다. 눈썹을 만들 때처럼 머리카락 오브젝트를 하나 복사해서 플립으로 면을 뒤집어서 양면처럼 보이게 작업을 해준다. (마모셋 엔진에서 양면으로 랜더링해주는 방법도 있다.)

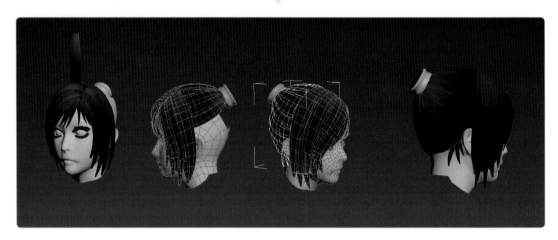

뒷머리를 완성시켜준다.

COMMENT   꽁지머리 부분은 중앙에 연결해 주는 장신구를 기준으로 동그랗게 축 복사를 해준다. 복사 옵션에 레퍼런스 방식으로 복사해서 동시에 큰 형태를 만들어준 다음, 디테일 모델링을 마무리한다.

꽁지머리를 완성한다.

기타 UV 정리

특정 부분 중에 몇 군데 맵을 펼 때 조심해야 할 부분

01 다리부분의 UV를 펴준다.

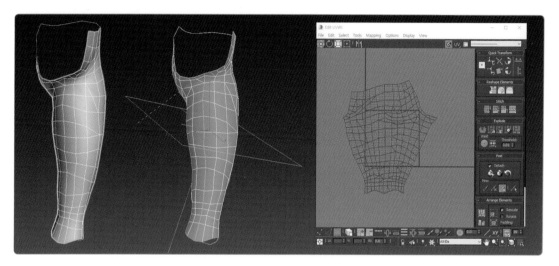

다리부분의 맵을 편다.

02 몸통 부분의 UV를 펴준다.

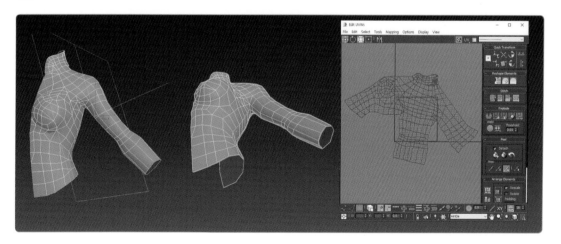

몸통 부분의 맵을 편다.

03 어깨 방어구 부분의 UV를 펴준다.

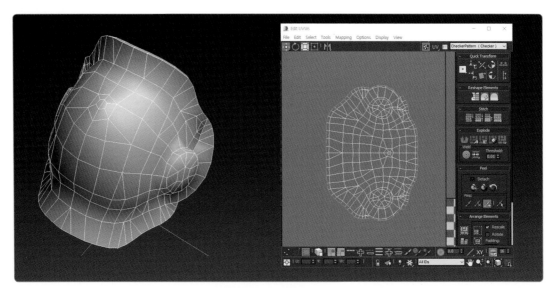

어깨 방어구 부분의 UV를 펴준다.

04 맵을 전부 펴준 다음 UV를 정리한다.

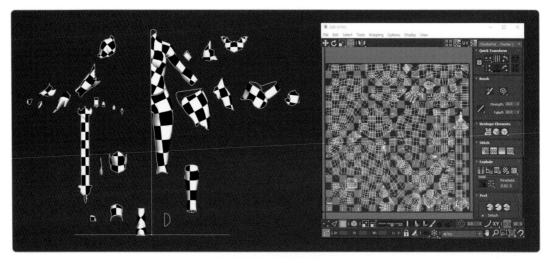

몸통 전체의 UV를 정리한다.

CHAPTER 02 폴리곤 ID 정리와 베이킹 —

하이폴리곤 모델링 파일에 폴리그룹들 정리한 다음, 서브스텐스에서 베이킹을 진행한다.

UNIT 1 폴리그룹 정리하기

하이폴리곤의 폴리 그룹을 세팅 한다.

> **COMMENT**   확실한 컨셉이나 모작의 경우에는 아이디 그룹을 만들기 쉬우나, 폴리그룹을 최대한 많이 나누어 놓으면 혹시 나중에 설정이 바뀌더라도 많이 나누어진 폴리그룹을 일일이 선택을 해줘서라도 작업이 가능하다. ID 맵 역시 일단 추출을 하고난 다음에 포토샵으로 편집이 가능하다.

01 하이폴리곤과 로우폴리곤의 위치를 맞춰서 따로 베이킹하기 위해서 오브젝트간의 간격을 둔다.

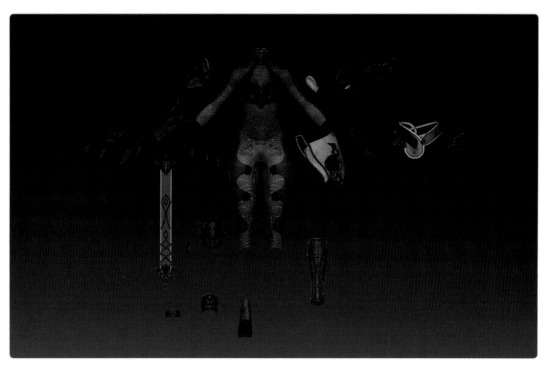

ID그룹을 추출하기위한 폴리그룹을 정리한다.

02 얼굴과 눈의 로우 폴리곤을 지브러쉬로 Goz 시켜서 얼굴과 눈의 맵을 추출을 한다.

COMMENT   UV를 펼친 로우 폴리곤 파일에 디바이드를 4번 정도 적용시킨 다음, 프로젝트올(ProjectAll)을 적용시킬 때, 폴리페인팅 값(매핑소스)을 같이 추출을 하는지를 물어보는데, 반드시 Yes 버튼을 눌러서 오브젝트를 폴리페인팅 정보를 가져와야 한다. 하이폴리곤 서브툴들(얼굴과 눈알) 역시 하나의 서브툴로 합쳐준 다음 작업을 진행하는 것을 꼭 확인한다.!

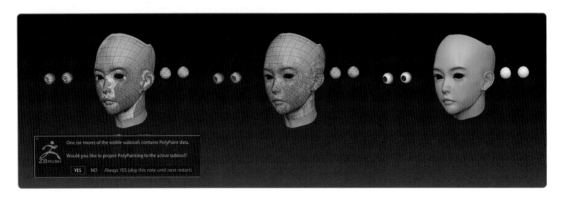

프로젝트올 작업으로 맵을 추출한다.

COMMENT   프로젝트올(ProjectAll) 작업을 거친, 디바이드가 4로 세팅되어있는 서브툴(Goz시킨 지브러쉬로 가져온 로우 폴리곤 데이터)에 UV MAP 옵션의 Morph UV를 클릭하면 UV와 추출된 맵의 정보를 확인할 수 있다.

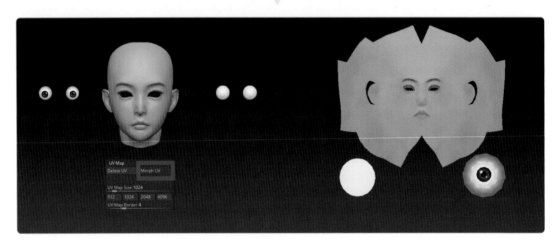

맵을 확인한다.

- Texture Map 메뉴에 Create 옵션에서 New From Polypaint를 눌러서 맵을 추출한다.

- New Txtr을 클릭해서 Texture에 추출한 맵을 등록시킨다.

- 왼쪽에 Texture를 클릭하고 Export를 클릭해서 맵을 PSD(포토샵 파일)파일로 저장을 시킨다.

얼굴과 눈의 텍스쳐를 뽑아둔다.

03 하이폴리곤 데이터들을 정리한다.

COMMENT   얼굴과 눈이 합쳐진 서브툴, 몸통 서브툴 들을 각각 Export시켜준다. 방법은 해당 서브툴을 선택한 다음 Export를 시켜주면, OBJ 파일로 추출이 된다. 머리카락은 따로 베이크하지 않고 앞서 추출했던 노말맵 등을 적용시켜주기만 하면 된다. 얼굴은 폴리페인팅이 되어있고, 몸통은 폴리그룹이 정리되어있는 것을 꼭 확인한다. 나중에 베이크(Bake)할 때, 이 부분에 대한 언급이 있을 것이다.

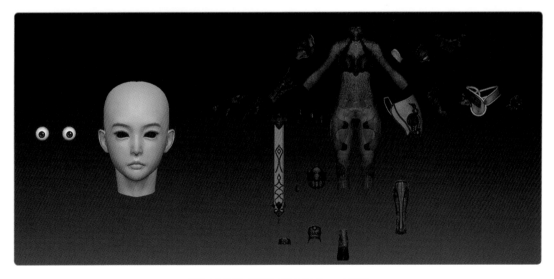

각각 서브툴을 선택한 다음 따로 Export시킨다.

UNIT 2 베이크(Bake)하기

지브러쉬에서 하이폴리곤 데이터를 2개(얼굴과 눈알, 몸통)추출하고, 맥스에서 로우폴리곤 데이터 1개로 Export를 한다.

중요한 부분은 맥스에서 로우폴리곤을 익스포트할 때 맵을 펼친 부분들끼리 폴리곤:머터리얼 아이디(Polygon : Material IDs … 지브러쉬에서는 폴리그룹)를 설정해준 다음 한꺼번에 익스포트를 하면 서브스텐스에서 작업할 때 조금 더 편하게 작업을 해줄 수가 있다.

(다른 부분 끼리 따로 작업을 해도 상관은 없지만, 전체 캐릭터를 보면서 색감이나 컨셉이나 맵소스를 작업하는 편이 당연히 더 작업하기 편하다고 생각한다.)

01 전체 오브젝트들에 리셋 엑스폼(Reset Xform)을 적용한다.

> **COMMENT** 리셋 엑스폼 작업을 해줘서 스케일, 피봇(Pivot)의 방향, 혹시 모를 뒤집어진 면들 같은 오류들을 점검한다. 리셋 엑스폼을 적용한 다음에 폴리곤으로 변환시켜주고 피봇이나 모델링을 확인한다.

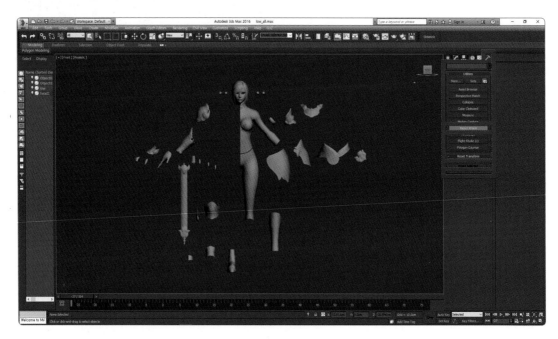

리셋 엑스폼을 실행시킨다.

02 로우폴리곤 데이터를 머리카락, 얼굴과 눈알, 몸통 세 가지로 나눈다.

COMMENT　　　머터리얼 아이디역시 각각 따로 적용시켜준다. UV를 펼친 것들 끼리 묶어준 것이다. 실제로 오브젝트 3개를 전부 합쳐준 것은 아니고 맵소스를 다르게 쓸(UV를 따로 세팅해준)세 개의 오브젝트를 전부 선택을 한 다음 Export를 할 것이다. 아래의 이미지는 각각의 부분을 잘 보여주기 위해서 색상을 표시한 것일 뿐이다.

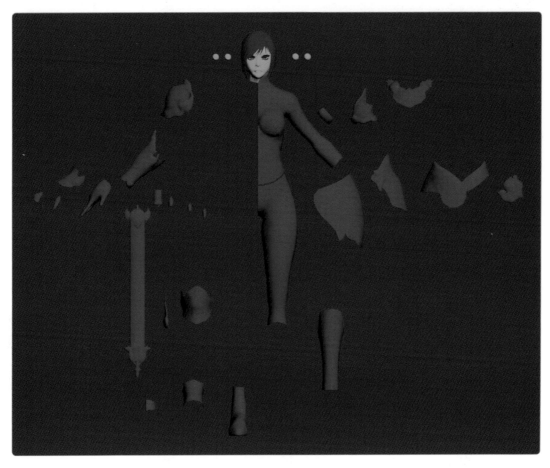

각각의 머터리얼 아이디를 따로 세팅한다.

03 전부 선택한 다음 export를 진행한다.

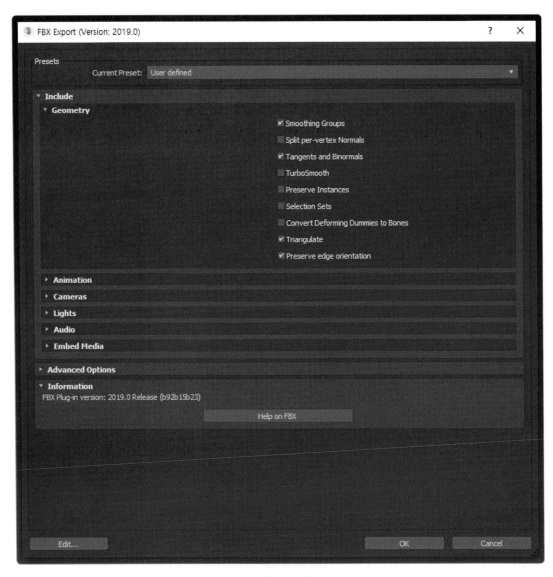

Export 옵션을 확인한다.

04 서브스텐스에서 FIle 옵션에 New를 눌러서 New project창을 띄운 다음 Select...버튼을 눌러서 익스포트한 로우 폴리곤 FBX 파일을 불러 온다. 아래와 같이 TEXTURE SET SETTINGS에 3개의 오브젝트로 나눠서 세팅되어있는 것을 확인할 수 있다.

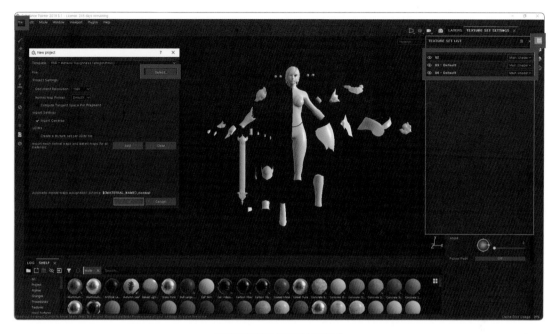

로우폴리곤 FBX파일을 불러온다.

05 각각의 베이크 옵션을 설정한다.

COMMENT　머리카락과 눈썹부분의 오브젝트는 베이크를 하지 않고 얼굴과 눈알, 몸통 부분 두 개의 오브젝트들만 베이크를 진행하는데, TEXTURE SET SETTINGS에서 해당 오브젝트를 클릭을 한 다음 베이크 옵션을 세팅하고 하나씩 베이크를 진행해도 되고, 전부 세팅을 한 다음 한꺼번에 베이크를 진행해도 된다. 머리카락 오브젝트는 베이크를 진행을 하면 안 되기 때문에 개별 오브젝트 세팅을 하고나면 부분들 베이크로 진행을 한다. 베이크 옵션은 왼쪽이 얼굴 부분이고, 오른쪽이 몸통 부분 이다. 중요하게 볼 부분은 ID 맵의 설정부분이다.

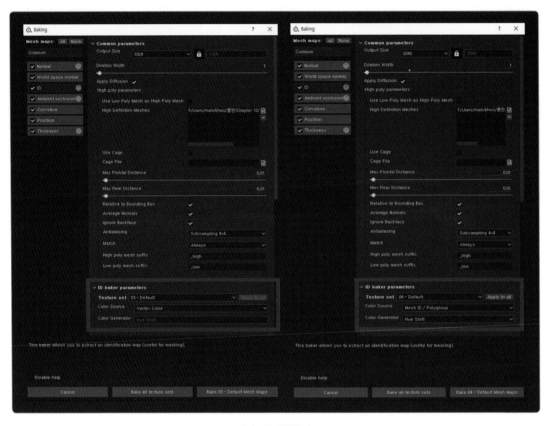

베이크를 진행한다.

06 베이크가 완료되면 맥스에서 오브젝트를 조립하고 다시 익스포트를 진행한 후에 서브스텐스 페인터에서 Project Confiugation... 메뉴에서 Select...로 불러온다.

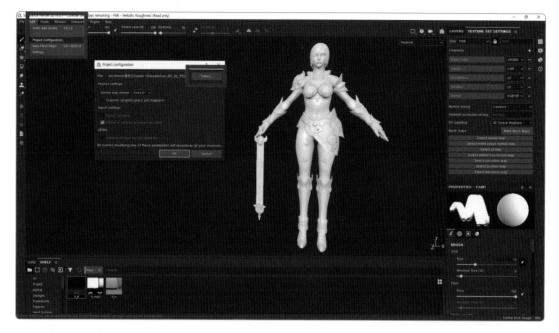

오브젝트를 합친 다음 다시 불러온다.

CHAPTER 03 매핑하기 : Substance Painter

서브스텐스로 매핑을 진행한다. 머리카락 부분은 알파맵을 적용시키고(Opacity), 노말과 컬러드을 작업 하고, 얼굴은 지브러쉬에서 폴리페인팅을 하고, 추출한 맵을 이용한다. 몸통맵은 ID 맵을 이용해서 전체적인 머티리얼을 적용한 다음, 디테일을 올려주는 순서로 작업을 진행한다.

UNIT 1 머리카락

01 알파맵을 넣기 위해서는 Shader Settings에서 쉐이더를 pbr-metal-rough-with-slpha-blending를 선택해준다.

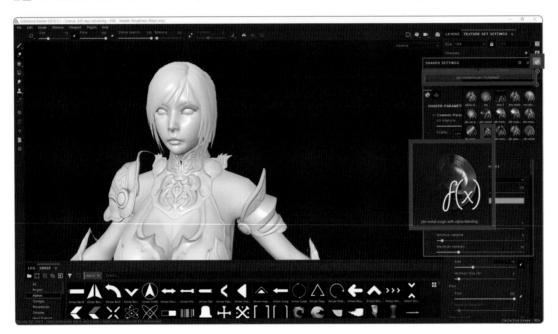

쉐이더를 바꿔준다.

02 오파시티맵을 등록해준다.

오파시티맵을 등록해준다.

03 미리 뽑아두었던 머리카락 노말과, Opacity, 컬러맵을 등록한 다음 맵을 적용시킨다.

COMMENT Opacity맵을 제일 위쪽에 배치를 한다. 조금 비어 보이거나 맵의 디테일한 수정은 텍스쳐를 다 뽑고 난 다음 리깅 작업에 들어가기 전에 유브이를 수정해주거나 모델링을 수정해주면 된다.

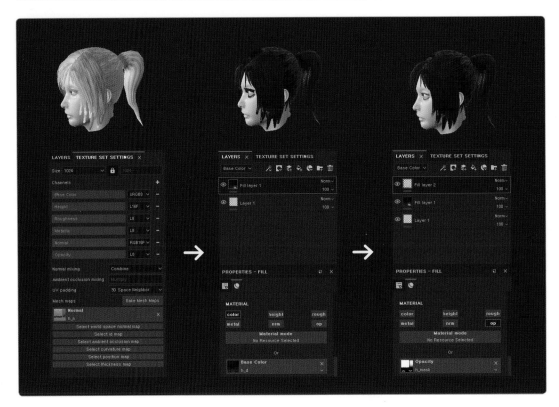

맵을 순서대로 적용시켜준다.

UNIT 2 얼굴 : 베이킹 된 맵의 활용

서브스텐스에서 베이킹 된 맵의 개념을 조금 더 이해한 다음 얼굴 매핑을 완성한다. 얼굴 맵은 미리 뽑아 두었던 맵을 적용시킨 다음, 눈알의 망막 부분에 투명 처리를 해주는 순서로 작업을 한다.

얼굴 컬러 맵은 지브러쉬에서 폴리페인팅을 한 맵을 사용하면 된다. 하지만, 간단한 오브젝트 제작의 공정을 공부하기 위해서 베이킹을 할 때 얼굴 ID 맵 세팅에 Color Source설정을 Vertex Color을 해두고 베이킹을 했으므로 베이킹으로 추출된 맵을 살펴보면 Color Map이 폴리페팅으로 추출했던 맵과 거의 비슷한 것을 알 수 있다.

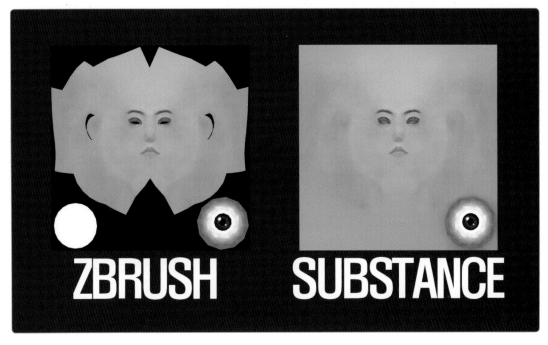

쉐이더를 바꿔준다.

01 눈알 투명도(Opacity)를 적용시켜준다.

COMMENT 얼굴 컬러멥(디퓨즈멥, 컬러맵, 베이스 맵 등으로 이야기하기도 한다)을 적용시킨다. 오파시티 레이어를 하나 더 추가한 다음 눈알의 망막 부분만 적용시켜준다.

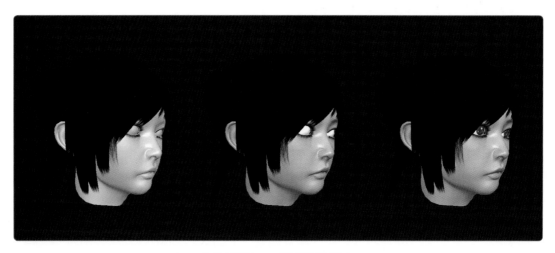

눈알 투명도(Opacity)를 적용시켜준다.

COMMENT 눈알의 투명도는 게임에서는 잘 사용되지 않는다. 그래서 UV의 구성도 눈알과 얼굴에 맵을 같이 넣어 버린 것이다.

마모셋에서 랜더를 걸 때 눈알, 수정체, 얼굴은 따로 디테치를 시켜준 다음 리깅을 해서 마모셋으로 보내면 각각 따로 맵을 설정 해 줄 수 있다. 눈알에도 본을 심어서 리깅을 해 두면, 랜더링을 걸 때 각도에 맞게 눈알도 회전을 줄 수 있기 때문이다.

눈은 특별한 효과를 주지 않을 시에는 눈과 얼굴은 같은 오브젝트로 처리하고, 수정체만 따로 디테치를 시켜준다.

노말맵의 방향을 이용한 매핑 방법이다.노말맵의 색상이 RGB로 되어있는데, 다음과 같은 방향의 속성을
가지고 있다.

- Red : 오른쪽에서 왼쪽으로의 방향을 나타내는 색상이다.

- Blue : 위쪽에서 아래쪽으로의 방향을 나타내는 색상이다.

- Green : 뒤쪽에서 앞쪽으로의 방향을 나타내는 색상이다.

색상의 방향을 알아본다.

에드 필 레이어로 레이어를 새로 만든 다음 컬러만 활성화를 하고, 컬러를 진한 남색 계열로 적용을 시킨다. 블랙마스크를 추가하고 제네레이터 설정한 다음 속성을 그레이스케일로 설정한다. 그레이 스케일에 월드스페이스 노말 맵을 적용시킨다. Gratscale type을 Green channel로 설정한다. 그러면 위에서 아래로 그림자(컬러는 진한 남색 계열)가 드리워 지는 것을 확인 할 수 있다. Invert 옵션을 On으로 반전시켜주면 그림자가 아래쪽으로 반전이 되고, 밑에 수치 바들을 조절하면 적절하게 피부 톤을 잡아 줄 수 있다.

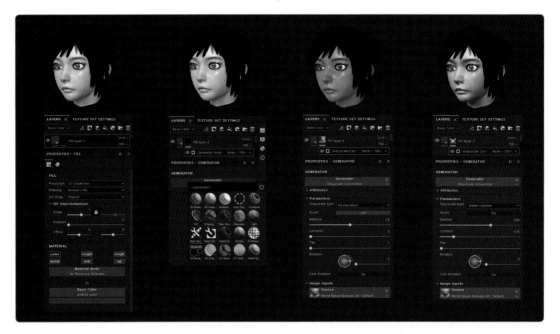

월드 스페이스 노말 맵(World Space Normal Map)의 활용

03 월드 스페이스 노말 맵(World Space Normal Map)의 활용도를 알아본다.

COMMENT　　　Thickness Map은 입체적으로 튀어나온 부분에 값을 이용하여 추출된 맵이다. 튀어나온 부분에 피부 톤을 한톤 더 깔아 줄 수 있다. 에드 필 레이어로 레이어를 하나 만들어준 다음 다홍색 계열로 컬러를 준다. 블랙 마스크를 추가를 하고 제너레이터를 등록한 다음 제너레이터를 그레이 스케일로 바꾸어 준다. 두께 맵(Thickness Map)을 적용시킨 다음 Invert를 On으로 놓고 수치를 조절하면 콧등과 귀 부분 등에 다홍색의 피부 질감을 추가를 해 줄 수가 있다. 피부 이외에 눈알 부분은 색이 적용되지 않도록 블랙마스크 밑에 브러쉬를 추가해서 검은색으로 눈알 부분을 그려준다.

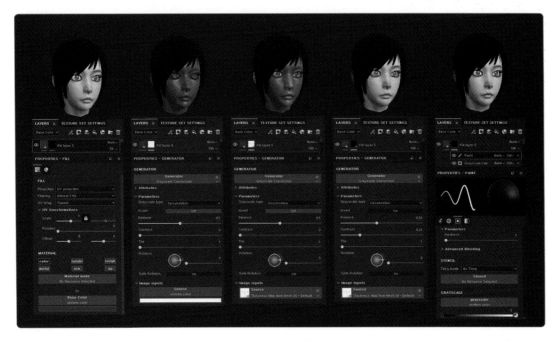

Thickness Map의 활용도를 알아본다.

04 Curvature Map의 활용도를 알아본다.

COMMENT　　　　Curvature Map은 조금 더 입체적인 텍스쳐를 만들 수 있다. 이번에는 조금 다른 방법으로 적용을 해본다. 에디 필 레이어로 레이어를 추가한 다음, 컬러만 활성화시킨 다음 보라색을 설정한 다음 에드 필을 적용시킨다. 그레이 스케일에 Curvature Map을 적용시킨다. Levels를 적용시키고 반전(Invert)시켜준 다음, 전체적인 밀도와 적용범위 등을 수정해준다. 레이어 필터를 Overlay로 바꾸고 수치를 내려가면서 자연스럽게 입체감을 더해준다.

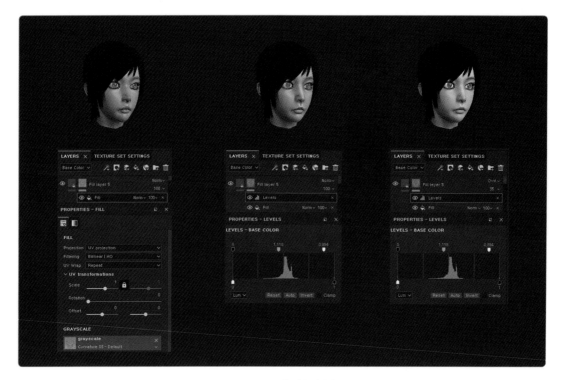

Curvature Map을 적용시킨다.

COMMENT　　얼굴에 그림자를 살짝 넣는 느낌으로 맵을 제작한다. Add Fill Layer을 추가하고, 컬러맵만 활성화를 시킨 다음, 엠비언트 오클루전 맵을 적용시킨다. 필터는 MultiPly를 적용한 다음 수치나 레벨 기능으로 자연스럽게 그림자를 더해준다.

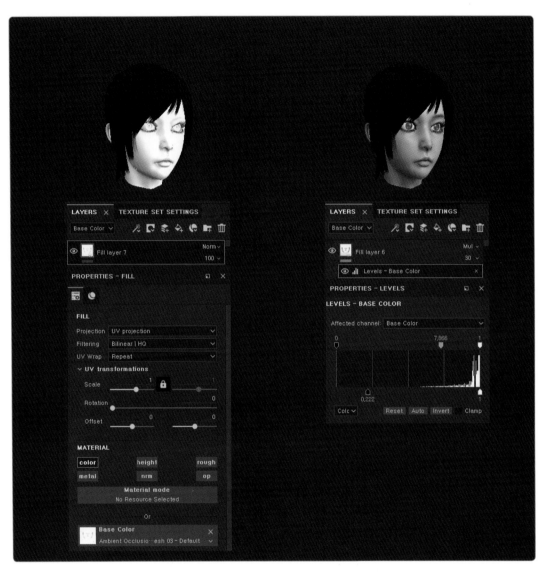

Curvature Map을 적용시킨다.

기본적으로 아이디 맵을 이용해서 스마트 머터리얼과, 머터리얼을 적용시켜서 각 부분의 기본 질감이나, 효과 등을 준 다음 전체적인 깊이감과 그림자 등으로 디테일을 올려주는 방식이다.

01 아이디맵을 활용하여 각각의 재질을 적용시킨다.

COMMENT   원하는 머터리얼(또는 스마트 머터리얼)을 적용시킨 다음 Pick Color를 이용해서 적용시킬 부분만 선택하여준다. 혹시 경계선이나 적용 범위가 조금 이상하면 Hardness와 Tolerance 수치를 조절하면서 작업한다.

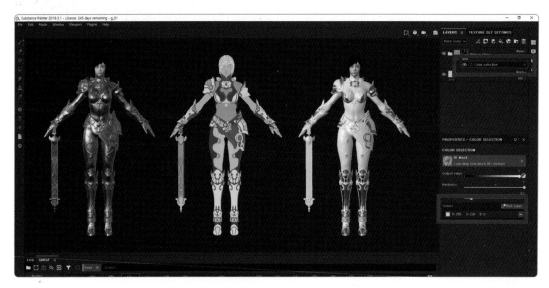

아이디맵을 활용하여 각각의 재질을 적용시킨다.

02 다른 부분들도 같은 방법으로 전체적인 재질 작업을 해준다.

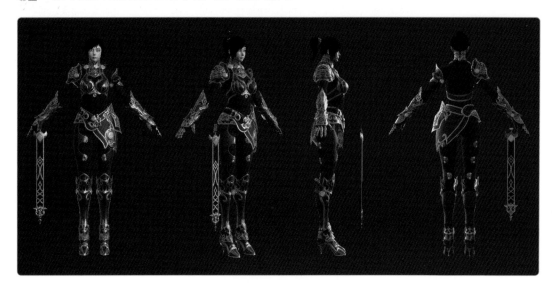

기본 재질을 적용한다.

03 Curvature Map, World Space Normal Map 등을 넣고 디테일을 조금 더 올려주고 마무리를 한다.

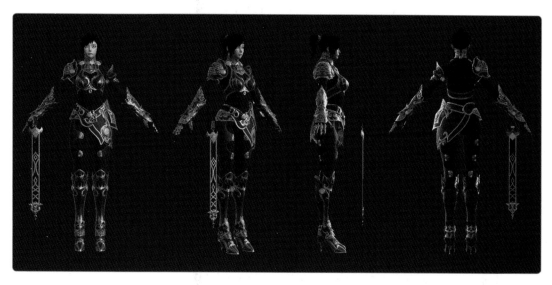

맵을 마무리한다.

COMMENT   맵을 추출한 다음 포토샵을 이용해서 맵의 퀄리티를 올려주고, 스킨을 잡은 다음 마모셋에서 랜더를 걸면 전체적인 작업의 공정이 마무리가 된다. 전체적인 공정에 대해서 쭉 한번 언급들을 한 것 같다. 이러한 과정을 통해 고퀄리티의 작업물을 만드는 요령이나 기법을 배우기보다는 처음부터 끝까지의 공정을 공부하는 데에 도움이 되었으면 한다. 한가지의 결과물을 만들기 위한 과정은 컨셉마다, 만드는 사람에 따라 조금씩 다르다고 생각을 한다. 똑같은 재질을 넣으면 똑같은 품질의 텍스쳐가 나오므로, 누구나 고퀄리티의 맵을 추출할 수가 있다. 어떤 맵을 어떻게 활용할 것인지와 어떤 결과물을 만들 수 있는지 예측하는 감이 중요해진 것 같다. 광택을 조금 더 넣었을 때 과연 이것이 내 컨셉에 잘 맞는지, 어느 것이 사람들이 보기에 더 좋은 퀄리티인지에 대한 고민을 많이 해봐야한다고 생각을 한다.

모델링에서 리깅까지
3DCG GAME 캐릭터

1판 1쇄 인쇄 2020년 5월 25일
1판 1쇄 발행 2020년 5월 30일

—

지 은 이 손성호
발 행 인 이미옥
발 행 처 디지털북스
정　　가 35,000원
등 록 일 1999년 9월 3일
등록번호 220-90-18139
주　　소 (03979) 서울 마포구 성미산로 23길 72 (연남동)
전화번호 (02)447-3157~8
팩스번호 (02)447-3159

—

ISBN 978-89-6088-342-0 (93000)
D-20-12
Copyright ⓒ 2020 Digital Books Publishing Co., Ltd

DIGITAL BOOKS
디지털북스

D·J·I BOOKS
DESIGN STUDIO

굿즈 ——————— D·J·I BOOKS
DESIGN STUDIO
캐릭터 2018

광고

브랜딩 J&JJ BOOKS
2014

출판편집

I THINK BOOKS
2003

DIGITAL BOOKS
1999

facebook.com/djidesign

Book · Character · Goods · Advertisement · Graphic · Marketing · Brand consulting

D · J · I
BOOKS
DESIGN
STUDIO

D · J · I BOOKS DESIGN STUDIO